主编简介

张卫平，男，山东人，1979 年考入原西南政法学院法律系，1983 年本科毕业。1986 年研究生毕业留校执教。1993 年从讲师直接破格晋升为教授。同年赴日本留学，先后在东京大学法学部和一桥大学法学部学习。1996 年获得博士生导师资格，同年任《现代法学》主编。1999 年初调清华大学法学院任教至今。现为清华大学法学院教授、博士生导师，天津大学卓越教授，中国法学会民事诉讼法学研究会会长。代表著作：《程序公正实现中的冲突与衡平》(1992)、《破产程序导论》(1993)、《诉讼构架与程式》(2000)、《探究与构想：民事司法改革引论》(2004)、《民事诉讼：关键词展开》(2005)。在《法学研究》《中国法学》等杂志上公开发表学术论文百余篇。

齐树洁，河北武安人，1954 年 8 月生。1972 年 12 月自福建泉州一中应征入伍，1978 年 4 月从新疆军区 39487 部队退役。同年 7 月参加高考。1982 年 7 月毕业于北京大学法律系，获法学学士学位。1990 年 8 月毕业于厦门大学民商法专业，获法学硕士学位。2003 年 11 月毕业于西南政法大学诉讼法专业，获法学博士学位。曾在西南政法学院、中国人民大学、香港大学、澳门大学、台湾政治大学、菲律宾 Ateneo 大学、英国伦敦大学、德国 Freiburg 大学、法国巴黎第二大学、美国佛罗里达大学研修和访问。现为中国法学会民事诉讼法学研究会副会长，中国仲裁法学研究会副会长，厦门大学法学院教授、博士生导师、司法改革研究中心主任。

Judicial Reform Review

司法改革论评

张卫平　齐树洁　主编　　唐　力　执行主编

主办方：

西南政法大学法学院

西南政法大学比较民事诉讼法研究中心

图书在版编目(CIP)数据

司法改革论评.总第27辑/张卫平,齐树洁主编,唐力执行主编.—厦门:厦门大学出版社,2019.12
ISBN 978-7-5615-7270-2

Ⅰ.①司… Ⅱ.①张…②齐…③唐… Ⅲ.①司法制度—体制改革—文集 Ⅳ.①D916-53

中国版本图书馆CIP数据核字(2019)第296598号

出 版 人 郑文礼
责任编辑 李 宁

出版发行 厦门大学出版社
社 址 厦门市软件园二期望海路39号
邮政编码 361008
总 机 0592-2181111 0592-2181406(传真)
营销中心 0592-2184458 0592-2181365
网 址 http://www.xmupress.com
邮 箱 xmup@xmupress.com
印 刷 厦门兴立通印刷设计有限公司

开本 720 mm×1 000 mm 1/16
印张 22.75
插页 2
字数 428千字
版次 2019年12月第1版
印次 2019年12月第1次印刷
定价 88.00元

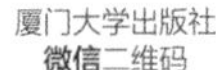
厦门大学出版社
微信二维码

厦门大学出版社
微博二维码

《司法改革论评》

目录

执行法论坛

刑事法律前沿

宪法与行政法论坛

比较法研究

卷首语

家事审判改革任重而道远

齐树洁*

18年前，有感于《婚姻法》修改之后家事审判出现的新动态，我写了一篇短文，投给《人民法院报》。文中写道：

近10年来，随着我国经济、文化的发展以及人们思想观念的变化，大量的婚姻家庭纠纷案件涌入法院，并且以平均每年10%的比例递增。全国法院2000年审理的婚姻家庭案件(又称家事案件)多达134.8万件。当婚姻法所规定的权利义务关系受到侵害或发生争议时，如果当事人诉诸法院，法院依据民事诉讼法的规定立案审理，依法作出判决。据统计，在审理的各类民事案件中，家事案件占45%左右。由此可见，婚姻法作为民事实体法，民事诉讼法作为民事程序法，各自以不同的方式维护婚姻家庭制度；二者相辅相成，缺一不可。

然而，司法并不是万能的。法律的公正不仅体现在实体或结果的公正上，还体现在程序的公正以及司法的效率上。不难想象，如果把所有的争议都交给法院处理，法院必将不堪重负。事实上，许多法院目前已经超负荷运转；而且，婚姻家庭关系中的许多问题涉及感情、伦理、道德、传统、习俗等非法律因素，单靠法律手段是无法解决或难以奏效的。在这方面，外国的经验值得借鉴。在许多法

* 厦门大学法学院教授、博士生导师，中国法学会民事诉讼法学研究会副会长，中国仲裁法学研究会副会长。

制健全的西方国家,设有专门审理家事案件的家事法院或家事法庭,还有专门的家事诉讼程序,但法律和法院仍极力鼓励家事纠纷的当事人相互协商让步,尽可能不经诉讼或开庭,以合意方式解决争议。这种替代诉讼或开庭的方式被称为ADR(Alternative Dispute Resolution),它为西方各国化解因“诉讼爆炸”而引发的司法危机,提供了一条出路。我国的人民调解、行政调解、社会团体调解等制度类似于西方的ADR,但因不具有法律效力及其他原因,这些诉讼外解决纠纷的方式近年来日渐萎缩。为此,有必要从观念和制度上对整个纠纷解决机制加以检讨,构建中国的ADR制度,发挥其解决婚姻家庭纠纷的特殊作用。

总之,新婚姻法的颁行将更有效地保护家事案件当事人的合法权益,维护平等、和睦、文明的婚姻家庭关系。传统的家事案件审判方式面临困难和挑战,新的家事诉讼制度正在重构之中。[①]

在当代社会,面对层出不穷的新型家事问题,由于利益平衡和社会政策的变化和需要,家事纠纷处理的ADR方式得到了各国的普遍认同和采用,显示出巨大的优越性和广阔的发展前景。实践证明,司法审判并不是处理家事纠纷的最佳方式,非诉讼方式更有利于家庭关系的修复和社会的和谐。各国在实务上逐渐把家事纠纷的处理方式,定位为问题解决(problem solving)程序而非传统的司法争端解决(judicial dispute resolution)程序。在我国家事审判改革中,建立起司法主导、行政配合和社会聚力的家事纠纷ADR解决机制已是大势所趋。

改革开放以来,随着我国经济、文化的发展以及人们思想观念的变化,家事纠纷案件逐年递增。全国法院受理的家事案件数量从1980年的36.5万件增长至2016年的175.2万件,传统的司法架构及程序规则的运作面临严峻考验。

近年来,我国学界和实务界逐渐重视社会变迁所带来的家庭问题及其妥适解决。2018年在河北保定举行的中国民事诉讼法学研究会年会,以“家事审判与非讼程序”为主题;南京师范大学刘敏教授、陈爱武教授出版了《〈中华人民共和国家事诉讼法〉建议稿及立法理由书》(法律出版社2018年版);西南政法大学陈苇教授出版了《中国家事审判改革暨家事法修改理论与实务研究》(中国人民公安大学出版社2018年版);中国民事诉讼法学研究会会长张卫平教授在他所著的《民事诉讼法》(法律出版社2019年第5版)中,专设一章“家事诉讼”。日渐丰硕的家事诉讼研究成果,对家事审判改革形成了较强的引导力。能否满足社

① 齐树洁:《家事诉讼:法院任重而道远》,载《人民法院报》2001年8月1日第3版。

会的现实需求，涉及司法活动的合法性，法院须有效地解决纷争，否则就丧失了其作为纠纷解决机构存在的理由。面对日益增多且复杂化的家事案件，地方法院自主试行家事法庭，开展了一系列改革和探索，成绩显著。然而，目前我国对家事审判改革的探索尚处于初始阶段，相关试验性改革散见于各地的经验介绍而尚未形成主流趋势。及时总结司法实践经验并对现行制度予以反思，对我国家事审判制度的重构必将大有裨益。

家事诉讼作为一种从普通民事诉讼程序中分离出来的特别程序，涉及婚姻家庭法和民事诉讼法两大领域，具有如下特点：

1.家事诉讼的亲缘性

家事诉讼多发生于有血缘关系或者拟制血缘关系的近亲属之间。当事人之间的特殊身份关系决定了家事诉讼不仅涉及法律问题，也存在情感交流和心理沟通等事实问题。因此，与对抗性的普通民事诉讼不同，家事诉讼呈现出非对抗性和斡旋式特征的"温情诉讼"状态。构建独立的家事诉讼程序不仅有利于满足多元化的利益需求，更有利于促成当事人间消除对立、实现和解以及恢复情感。

2.家事诉讼的隐私性

婚姻是指为社会制度所确认的一男一女互为配偶的结合。家庭是由一定范围内的亲属所构成的社会生活单位。相较于一般的民事纠纷，家事纠纷往往涉及当事人的私生活以及未成年子女的健康成长等问题，包括当事人之间的情感生活及相关的亲子关系。因此，家事诉讼应根据案件性质适用不公开审理原则，以更好地维护当事人的人格尊严，保护未成年子女的利益。

3.家事诉讼的公益性

婚姻家庭生活不可能与他人或社会之间毫无关联，家事案件不仅是个人的问题，也是社会的问题，从而具有较强的公益性。婚姻家庭关系破裂时，女性、儿童等弱势人群的权益保护属于国家的重任。由于"家"是一种强大的力量，国家希望借助婚姻家庭制度，适当地调控这种力量，以维持稳定和谐的社会秩序。由此可见，家事诉讼涵盖社会领域与私人领域的双重纠纷解决功能。

4.家事诉讼中非讼法理的部分适用

传统的对抗—判定式诉讼结构缺乏对家事案件特殊性需求的关照。在传统的诉讼模式中，家事案件需要经过举证、质证、辩论，既未考虑到家事案件当事人之间的"情绪调整"或"社会适应性调整"，也未关注到未成年子女等相关成员的利益维护。家事纠纷的情感性、公益性、社会连带性等特征使得非讼法理在家事诉讼中的部分适用成为可能。首先,法院斟酌适用不公开主义的法理;其次,家事诉讼中有必要限制辩论主义的适用,适用职权审理原则;复次,家事诉讼中当事人的处分权主义应受到限制;最后,家事诉讼中应赋予法官一定的自由裁量权。

维护婚姻家庭制度既需要民事实体法的权利授予,也需要民事诉讼法的程序保障,二者相得益彰。我国《婚姻法》《继承法》《反家庭暴力法》《未成年人保护法》《妇女权益保障法》等法律规定了"捍卫家庭""保护妇女""呵护儿童"等规范婚姻家庭关系的基本原则。这些特别关怀应通过完备的司法程序予以实现。因此,家事案件的当事人除需要接受传统的司法服务外,还需要辅之以心理辅导、家事调解等社会服务。

从法社会学的视角观察,我国司法实践中家事审判"麦当劳化"渐趋严重①:法官在审理家事案件中采取的单一化、机械化的审理方式,使得当事人及涉案未成年子女感到一种例行公事的刻板和生硬,缺乏家事纠纷解决应具备的温情和精致等特点。以未成年子女保护为例,离婚虽然不改变父母子女关系,但改变了子女与父母共同生活的方式,这种改变对未成年子女的身心发育产生极大的影响。联合国大会 1989 年通过的《儿童权利公约》第 3 条第 1 款规定:"关于儿童的一切行为,不论是由公私社会福利机构、法院、行政当局或立法机构执行,均应以儿童的最大利益为一种首要考虑。"儿童最大利益原则意味着将儿童视为明日的公民而在今日予以特殊对待,涉及一切儿童相关事务的处理,均应遵守该原则。为此,大多数国家和地区均要求家事法官在裁判时,应当尽力斟酌并保护未成年子女的利益。我国是该公约的签约国。然而,未成年子女的利益保护在我国司法程序中仍处于弱势地位,这是因为在家事审判中,当事人往往是夫妻双方,未成年子女既非诉讼主体,又难以独立真实表达意志,且法院由于案件负担较重,很难再进一步关心未成年子女的利益。近年我两次带队调研福建、广东法院的家事审判改革,深感目前我国家事审判的司法服务供给严重不足,难以满足法治建设与家庭和谐的需求。各地法院积极创设家事法庭,导入社会力量,尝试以温情的方式解决日益增多且复杂化的家事纠纷,正是对民众司法需求的直接

① "麦当劳化"是指快餐餐厅的准则正逐渐主宰着美国社会及世界其他更多领域的过程,表现为如下四大特征,即追求效率、可计算性(可量化)、可预测性以及可控制性。参见[美]乔治·瑞泽尔:《后现代社会理论》,谢立忠等译,华夏出版社 2004 年版,第 22 页。

回应。

放眼全国，家事审判改革方兴未艾，正朝着理性的方向推进。最高人民法院于 2016 年 5 月在全国范围内选取 100 家基层和中级人民法院开展家事审判改革。各试点法院纷纷开展探索式实践，陆续与政府机构或民间团体合作，在制度层面调整现有的审判结构和程序规则，试图发展出最为妥适的家事案件处理模式。各地法院针对家事审判的特点，从审判组织、证明标准、调解工作、制止家暴、诉讼程序等多个方面进行家事审判专业化的探索，设立家事法庭，探索家事案件自身的规律；建立家事案件案后跟踪、回访及帮扶制度，延伸家事审判的社会辐射功能；探索设立专业咨询机构和辅导机构，协助家事案件的审理，及时为当事人提供心理疏导等相关专业服务；探索建立反家庭暴力的整体防治网络。福建省厦门市海沧区人民法院、广东省珠海市香洲区人民法院、山东省武城县人民法院等法院组建了专业审判机构。一些法院选用经验丰富、知识多元的法官办理家事案件，如北京市高级人民法院要求家事法官除了熟悉家事审判业务外，还应掌握社会学、教育学、心理学知识，熟悉未成年人身心特点，耐心细致，善于做思想教育工作。此外，试点法院积极探索“调解前置、依职权调查取证、审限适当放宽、离婚等候期”等程序规则。在总结试点工作基础上，最高人民法院于 2018 年发布了《关于进一步深化家事审判方式和工作机制改革的意见（试行）》，提出了深化改革的 49 条意见，致力于推动家事审判改革向纵深迈进。

近年来，家事审判改革成效斐然，但也存在一些亟待解决的问题。实践表明，家事法庭的构建乃至家事审判制度的重构是一场未竟的转型，任重而道远，需要在不断的探索中反省试错并汲取经验，以期获得最优的结果。

本辑聚焦:中国特色社会主义法治理论

习近平重要论述指引下的中国司法公开*

高一飞**

摘要:习近平总书记所论述的司法公开,是作为阳光司法机制的广义的司法公开,包括审判公开、检务公开、警务公开、狱务公开四大内容。习近平认为,司法公开的出发点是保障人民知情权的需要、直接目的是让权力在阳光下运行、最终目的是实现司法公正。他提出,司法公开的原则是"除法律规定的情形外,一般都要公开",司法公开的标准是"开放、动态、透明、便民"。对于违法干预过问案件记录情况这一特殊司法信息,有的要向全社会公开,有的要在一定范围内通报。习近平对于媒体与司法关系作了重要论断,他指出,要充分认识到媒体与司法面临自媒体时代的新环境,执法司法时刻处在公众视野里、媒体聚光灯下。为此,政法机关要自觉接受媒体监督,以正确方式及时告知执法司法工作情况,有针对性地加强舆论引导。新闻媒体要加强对执法司法工作的监督,也要为执法司法营造良好舆论环境。我国司法公开取得了巨大的成绩,是中国对世界司法人权事业做出的重要贡献。我们应当在习近平新时代中国特色社会主义理论的指引下,不断拓展司法公开的广度、深度和力度。

关键词:阳光司法机制;司法公开;司法改革;司法人权

在中国,司法公开最初出现于2005年人民法院的文件,在此之前,人民法院只有审判公开的提法。审判公开是现代诉讼制度中一项重要的司法原则,我国

* 本文系国家社科基金重点项目"司法公开实施机制研究"(项目编号:14AFX013)、司法部重点课题"优化司法机关职权配置研究"(项目编号:17SFB1006)、重庆市"研究阐释党的十九大精神"委托项目"习近平司法思想研究"的阶段性成果。

** 作者系西南政法大学诉讼法与司法改革研究中心教授,博士生导师。

不仅在《宪法》中有关于审判公开的规定,三大诉讼法总则中也都明确规定了审判公开原则,即除了不公开审理的部分情形,所有案件的审理均应公开进行。

1999 年 3 月 8 日实施的最高人民法院《关于严格执行公开审判制度的若干规定》专门就公开审判问题进行规范,但公开的范围限制在庭审公开之内。1999 年 10 月 20 日,《人民法院五年改革纲要(1999—2003)》规定了审判公开的内容,全面落实审判公开制度,并增加了"公开裁判文书"的要求,提出"通过裁判文书,不仅记录裁判过程,而且公开裁判理由,使裁判文书成为向社会公众展示司法公正形象的载体,进行法制教育的生动教材"。该阶段在庭审公开的基础上,增加了文书公开的内容。

2005 年 10 月 26 日,最高人民法院颁布《人民法院第二个五年改革纲要(2004—2008)》提出"要进一步落实依法公开审判原则,采取司法公开的新措施"。这是首次在官方文件中出现司法公开一词,这里,司法公开的含义是指法院审判公开及与审判相关事务的信息公开。同时该文件提出"通过公开执行信息,加强对执行工作的管理与监督,确保执行公正",确立了执行公开规则。

2007 年 6 月 4 日,最高人民法院发布《关于加强人民法院审判公开工作的若干意见》,坚持"依法公开、及时公开、全面公开"三原则,提出"要按照法律规定,在案件审理过程中做到公开开庭,公开举证、质证,公开宣判;根据审判工作需要,公开与保护当事人权利有关的人民法院审判工作各重要环节的有效信息",公开的内容远远超过了庭审公开。2009 年 3 月 25 日,《人民法院第三个五年改革纲要(2009—2013)》提出了"庭审公开、执行公开、听证公开、裁判文书公开",将法院信息公开确立为四个方面。

2009 年 12 月 8 日,最高人民法院颁布《关于司法公开的六项规定》,进一步将司法公开确定为立案公开、庭审公开、执行公开、听证公开、文书公开、审务公开六大内容。这是关于法院司法公开的最重要、最全面的一个文件。

"司法公开"一词,在其提出之初,是法院信息公开的专用名词,它的提出旨在表明,法院公开的信息不仅包括庭审、审判,还包括与审判相关的其他信息,包括《关于司法公开的六项规定》的六项内容,以及以后可能拓展的法院信息如法院人事信息、行政信息等内容。

从十八大报告开始,司法公开又被赋予了新的时代内涵,即不但包括法院司法信息的公开,而且用这个词来概括所有与诉讼相关的执法司法信息的公开。

2012 年 11 月 8 日,党的十八大报告提出要"推进权力运行公开化、规范化,完善党务公开、政务公开、司法公开和各领域办事公开制度”,2013年11月12日,党的十八届三中全会通过的《中共中央关于全面深化改革若干重大问题的决定》,进一步提出要“推进审判公开、检务公开,录制并保留全程庭审资料”。这一文件在十八大报告中已经使用了“司法公开”的背景下,没有将“司法公开、检务公开”并提,而是将“审判公开、检务公开”并提,可见,它认可并解释了十八大报告中广义司法公开的提法,认为司法公开包括了“审判公开、检务公开”等内容。

2013年11月25日,中央政法委书记孟建柱同志在《深化司法体制改革》[①]一文中将审判公开、检务公开、警务公开、狱务公开纳入“深化司法公开的范围”。首次将司法公开的内涵界定为与诉讼相关的四大公开内容。

新的司法公开概念确立以后,在领导讲话和各种文件中得到重申和确认。

2014年3月14日,在第十二届全国人民代表大会第二次会议上,最高人民检察院曹建明检察长提出“要深化司法公开,推进阳光检察”,将检务公开(阳光检察)作为司法公开的一部分。

2014年10月29日,十八届四中全会审议通过的《中共中央关于全面推进依法治国若干重大问题的决定》之“四、保证公正司法,提高司法公信力”部分指出:“构建开放、动态、透明、便民的阳光司法机制,推进审判公开、检务公开、警务公开、狱务公开,依法及时公开执法司法依据、程序、流程、结果和生效法律文书,杜绝暗箱操作。加强法律文书释法说理,建立生效法律文书统一上网和公开查询制度。”把构建阳光司法(司法公开)机制作为依法治国的重要内容,而这里的司法公开包括审判公开、检务公开、警务公开、狱务公开四大公开。

由此也可以看出,十八大以后的“审判公开”,实为法院的司法公开另一种表述,目的在于用“司法公开”一词统括四大公开与诉讼有关的执法司法公开,这一表述符合我国大“司法”概念的约定俗成的理解,又能够对“与诉讼有关的执法司法信息公开”进行简约概括,可以说是合理借用了法院系统的发明,但又不得不让法院系统对这一词的使用让位。在一般情况下,以后法院的信息公开就只能用过去曾经被认为含义狭窄的“审判公开”所取代。但是,应当明确的是十八大以后的法院的审判公开,就是法院的司法公开。

法院的司法就是各国公认的狭义司法,而且狭义司法的含义也得到了中国的认可,习近平总书记就指出,“司法活动具有特殊的性质和规律,司法权是对案

① 孟建柱:《深化司法体制改革》,载《人民日报》2013年11月25日第6版。

件事实和法律的判断权和裁决权”[①]。另外,司法公开的发明权属于最高人民法院,在很长一段时间内,司法公开都是指法院的司法公开。基于以上两个原因,我们可以在特定语境下或者事前说明前提下,将人民法院的信息公开称为司法公开,而在其他的情况下,司法公开则包括了“审判公开、检务公开、警务公开、狱务公开”四大公开。

习近平总书记怀着对人民的深厚感情和对人民的高度负责的精神,对作为阳光司法机制的各类司法公开都非常重视,在担任党的总书记之后作了一系列重要的论述,提出了一系列关于司法信息公开的原则性、系统性、预见性、创造性的观点。我们应当认真学习、深刻领会。

一、司法公开的原因

我国是人民当家作主的国家,党的十八大报告中就提出“坚持用制度管权管事管人,保障人民知情权、参与权、表达权、监督权,是权力正确运行的重要保证”[②]。知情权是现代社会的一种重要民主权利,与知情权相对应的是广义政府和其他公共机构的信息公开义务。

(一)出发点是保障人民知情权

党的十八大报告多次谈到信息公开。在提到“完善基层民主制度”时指出,“要健全基层党组织领导的充满活力的基层群众自治机制,以扩大有序参与、推进信息公开、加强议事协商、强化权力监督为重点,拓宽范围和途径,丰富内容和形式,保障人民享有更多更切实的民主权利”。把信息公开作为保障人民享有更多更切实的民主权利的重要内容。在提到“深化干部人事制度改革,建设高素质执政骨干队伍”时,又提出要“全面准确贯彻民主、公开、竞争、择优方针”,还要求“推进权力运行公开化、规范化,完善党务公开、政务公开、司法公开和各领域办事公开制度,健全质询、问责、经济责任审计、引咎辞职、罢免等制度,加强党内监督、民主监督、法律监督、舆论监督,让人民监督权力,让权力在阳光下运行”[③]。特别是在列举了“党务公开、政务公开、司法公开”之后,增加了“各领域办事公开

---

① 中共中央文献研究室编:《十八大以来重要文献选编》(上),中央文献出版社2014年版,第723页。

② 胡锦涛:《在中国共产党第十八次全国代表大会上的报告》(2012年11月8日)。

③ 胡锦涛:《在中国共产党第十八次全国代表大会上的报告》(2012年11月8日)。

制度”。这是一项重要的创举。我国信息公开的主体范围在实践推进中越来越广泛，在信息主体范围的扩展这一特定方面，与信息公开制度的国际发展趋势相吻合。

习近平同志担任总书记之后，坚持和发展了十八大报告的信息公开理论。2013年2月23日，习近平在主持中央政治局全面推进依法治国第四次集体学习时要求：努力让人民群众在每一个司法案件中都感受到公平正义，所有司法机关都要紧紧围绕这个目标来改进工作，重点解决影响司法公正和制约司法能力的深层次问题。司法工作者要密切联系群众，规范司法行为，加大司法公开力度，回应人民群众对司法公正公开的关注和期待。①

2015年3月24日，习近平指出：“法官、检察官要有审案判案的权力，也要加强对他们的监督制约，把对司法权的法律监督、社会监督、舆论监督等落实到位，保证法官、检察官做到‘以至公无私之心，行正大光明之事’，把司法权关进制度的笼子里。”②

2015年4月28日，习近平重申了四大权利，指出：“我们一定要发展社会主义民主，切实保障和不断发展工人阶级和广大劳动群众的民主权利……更加有效地落实职工群众的知情权、参与权、表达权、监督权。”③

司法改革要以人民为中心。“司法体制改革必须为了人民、依靠人民、造福人民。司法体制改革成效如何，说一千道一万，要由人民来评判，归根到底要看司法公信力是不是提高了。”④司法是维护社会公平正义的最后一道防线。深化司法体制改革，要广泛听取人民群众意见，把解决了多少问题、人民群众对问题解决的满意度作为评判改革成效的标准。

要以人民为中心，首先要让人民知道他们的仆人做了什么，这就需要信息公

① 习近平：《深化司法体制改革》，载《习近平谈治国理政》(第二卷)，外文出版社2017年版，第132页。

② 习近平：《深化司法体制改革》，载《习近平谈治国理政》(第二卷)，外文出版社2017年版，第132页。

③ 习近平：《在庆祝“五一”国际劳动节大会上的讲话》(2015年4月28日)，http://www.xinhuanet.com/politics/2015-04/28/c_1115120734.htm，最后访问日期：2018年10月11日。

④ 习近平：《深化司法体制改革》，载《习近平谈治国理政》(第二卷)，外文出版社2017年版，第132页。

开。只有信息公开了,人民知道了他们应当知道的情况,才能进一步行使参与权、表达权、监督权。四大权利中,人民的知情权是基础,与之对应的是公共机构的信息公开义务。阳光是最好的防腐剂,让权力在阳光下运行,是现代民主政治的题中应有之义。

(二)直接目的是让权力在阳光下运行

阳光是最好的防腐剂,公开对于权力具有最好的监督作用,这是习近平总书记反复提到的重要论断。

早在2007年3月25日,习近平同志担任浙江省委书记的时候,就提到阳光是最好的防腐剂。其在《追求"慎独"的高境界》一文中提出,党员干部要"慎独","要办事公开透明。党员干部也是普通的人,难免存在各种弱点,会犯各种错误,而阳光是最好的防腐剂,只要办事讲民主、讲程序、讲纪律,避免暗箱操作、上下其手,就能减少各种诱惑的'渗透力',防腐拒变才不会成为一句空话"①。

担任总书记后,习近平同志多次提到要"让权力在阳光下运行""杜绝各种暗箱操作"。

2013年1月22日,从党要管党、全面从严治党的角度,提出要"依纪依法严惩腐败,着力解决群众反映强烈的突出问题"来谈时,他指出:"'权力导致腐败,绝对权力导致绝对腐败。'如果权力没有约束,结果必然是这样。""要健全权力运行制约和监督体系,让人民监督权力,让权力在阳光下运行,确保国家机关按照法定权限和程序行使权力……要加强对权力运行的制约和监督,把权力关进制度的笼子里,形成不敢腐的惩戒机制、不能腐的防范机制、不易腐的保障机制。"②

一个月以后,2013年2月28日,在中共十八届二中全会第二次全体会议上,他再一次提出:"只有让人民监督权力、让权力在阳光下运行,做到依法行政,才能更好把政府职能转变过来。要推进法治政府建设,坚持用制度管权管事管人,完善政务公开制度,做到有权必有责、用权受监督、违法要追究。"③把政务公

① 习近平:《之江新语》,浙江人民出版社2013年版,第272页。

② 习近平:《习近平谈治国理政》(第一卷),外文出版社2014年版,第388页。

③ 习近平:《在中共十八届二中全会第二次全体会议上的讲话》(2013年2月28日),http://theory.people.com.cn/n/2015/0126/c392503-26453095.html,最后访问日期:2018年11月10日。

开制度作为转变政府职能的重要标志。

2013年4月19日，习近平总书记在中共中央政治局第五次集体学习时指出：全党同志一定要从这样的政治高度来认识这个问题，坚定不移转变作风，坚定不移反对腐败，切实做到踏石留印、抓铁有痕，不断以反腐倡廉的新进展新成效取信于民。“制度问题更带有根本性、全局性、稳定性、长期性。关键是要健全权力运行制约和监督体系，让人民监督权力，让权力在阳光下运行，把权力关进制度的笼子里。”认为只有这样，才能“更加科学有效地防治腐败，全面推进惩治和预防腐败体系建设，提高反腐败法律制度执行力，让法律制度刚性运行”①。

2013年7月12日上午，习近平对河北省民政厅的同志提出要求：权力是人民赋予的，要为人民用好权，让权力在阳光下运行。②

2014年9月5日，习近平在庆祝全国人民代表大会成立60周年大会上的讲话中指出：“要坚持用制度管权管事管人，抓紧形成不想腐、不能腐、不敢腐的有效机制，让人民监督权力，让权力在阳光下运行，把权力关进制度的笼子里。”③

2014年9月21日，习近平在庆祝中国人民政治协商会议成立65周年大会上的讲话中再次指出：“要推进权力运行公开化、规范化，完善党务公开、政务公开、司法公开和各领域办事公开制度，让人民监督权力，让权力在阳光下运行。”④这重申了十八大提出的各项公开制度。

2015年6月26日，习近平在十八届中央政治局第二十四次集体学习时的讲话中又指出：“反腐倡廉法规制度建设，关键是制约和监督权力。……杜绝各种暗箱操作，把权力运行置于党组织和人民群众监督之下，最大限度减少权力寻

---

① 习近平：《习近平谈治国理政》(第一卷)，外文出版社2014年版，第392页。

② 李斌、鞠鹏、李涛：《习近平：为人民用好权 让权力在阳光下运行》(2013年7月12日)，http://www.xinhuanet.com/politics/2014-10/25/c_1112975663.htm，最后访问日期：2018年10月11日。

③ 习近平：《在庆祝全国人民代表大会成立60周年大会上的讲话》(2014年9月5日)，http://www.gov.cn/xinwen/2014-09/05/content_2746242.htm，最后访问日期：2018年2月20日。

④ 习近平：《习近平谈治国理政》(第二卷)，外文出版社2017年版，第298页。

租的空间。"①他指出只有"杜绝各种暗箱操作",才能让人民进行监督,减少寻租空间。在这一段论述中,前半部分是谈划清权力边界的,后半部分是谈监督权力的,体现的是权力的确立与监督的一般规律,但是他又将"杜绝各种暗箱操作"作为党组织和人民群众监督权力的基本前提。

2015 年 8 月 11 日,习近平再一次提出了其透明观,"用权必须透明,在阳光下运行,各级干部最好的用权方法就是推进权力运行的公开化、规范化,落实党务公开、政务公开、司法公开和各领域办事公开的制度;同时,加强党内监督、民主监督、法律监督、舆论监督,让人民来监督权力,让权力在人民眼皮底下运行,干部应该逐步习惯于在聚光灯下工作"②。再一次强调了让人民监督权力的重要方法是干部习惯于在聚光灯下工作。"在人民眼皮底下运行""在聚光灯下工作""让权力在阳光下运行"都是同一个含义,指的都是信息要公开,不能暗箱操作,习近平总书记反复用不同的比喻再三强调,充分体现了他对权力运行规律的深刻认识。

习近平总书记的"让人民监督权力,让权力在阳光下运行"的观点也写入了党的文件。2013 年 11 月 12 日《中共中央关于全面深化改革若干重大问题的决定》提出:"坚持用制度管权管事管人,让人民监督权力,让权力在阳光下运行,是把权力关进制度笼子的根本之策。"③2017 年 10 月 18 日,党的十九大报告再一次重申了"让人民监督权力,让权力在阳光下运行"的理念,报告要求"健全党和国家监督体系。增强党自我净化能力,根本靠强化党的自我监督和群众监督。要加强对权力运行的制约和监督,让人民监督权力,让权力在阳光下运行,把权力关进制度的笼子里"④。2018 年 2 月 28 日,十九届三中全会《中共中央关于深化党和国家机构改革的决定》又指出:"全面推行政府部门权责清单制度,实现权

① 习近平:《在十八届中央政治局第二十四次集体学习时的讲话》(2015 年 6 月 26 日),http://theory.people.com.cn/n1/2017/0817/c40531-29476785.html,最后访问日期:2018 年 3 月 24 日。

② 习近平:《在第十八届中央纪律检查委员会第五次全体会议上的讲话》(2015 年 8 月 11 日),http://cpc.people.com.cn/n/2015/0130/c64094-26476901.html,最后访问日期:2018 年 3 月 20 日。

③ 《中共中央关于全面深化改革若干重大问题的决定》(2013 年 11 月 12 日)。

④ 习近平:《中国共产党第十九次全国代表大会报告》(2017 年 10 月 18 日)。

责清单同‘三定’规定有机衔接，规范和约束履职行为，让权力在阳光下运行。”①

(三)最终目的是以公开促公正

公正是司法活动的最高价值和最终目标。习近平总书记指出：“坚持公正司法，需要做的工作很多。我们提出要努力让人民群众在每一个司法案件中都感受到公平正义，所有司法机关都要紧紧围绕这个目标来改进工作，重点解决影响司法公正和制约司法能力的深层次问题。”②这些“需要做的工作”在实践中逐渐得到落实，采取的措施也很多，其中最根本措施就是公开与透明。

习近平强调：“要靠制度来保障，在执法办案各个环节都设置隔离墙、通上高压线，谁违反制度就要给予最严厉的处罚，构成犯罪的要依法追究刑事责任。要坚持以公开促公正、以透明保廉洁，增强主动公开、主动接受监督的意识，让暗箱操作没有空间，让司法腐败无法藏身。”“司法不公开、不透明，为暗箱操作留下空间。”③“法律要发挥作用，需要全社会信仰法律。卢梭说，一切法律中最重要的法律，既不是刻在大理石上，也不是刻在铜表上，而是铭刻在公民的内心里。我国是个人情社会，人们的社会联系广泛，上下级、亲戚朋友、老战友、老同事、老同学关系比较融洽，逢事喜欢讲个熟门熟道，但如果人情介入了法律和权力领域，就会带来问题，甚至带来严重问题。”④司法为什么要公开，只有司法公开才能让正义以看得见的方式实现，才能让人民群众实实在在地在每一个司法案件中都感受到公平正义；只有司法公开，了解司法是如何运行的，才能让司法有密切联系群众的机会，发现司法行为中的问题；只有司法公开，才能实现司法案件让人民参与、人民监督、人民评判，提高司法公信力。

司法公开也是审判机关、检察机关依法独立公正行使审判权、检察权的前提。因为独立不是独断，它是以公正为前提的，只有公开才能监督，监督才能防止独立行使的司法权力不会被滥用。对于公正而言，实体公正要以事实和证据说话，程序公正要看是否保障了公民的权利、遵守了法定的程序，这些都是并不神秘的，都是可以看得见的。门难进、脸难看、事难办，这形式上就不公正，立案

① 《中共中央关于深化党和国家机构改革的决定》(2018 年 2 月 28 日)。

② 习近平：《习近平谈治国理政》，外文出版社 2014 年版，第 145 页。

③ 习近平：《习近平谈治国理政》，外文出版社 2014 年版，第 147 页。

④ 习近平：《严格执法，公正司法》，载中共中央文献研究室编：《十八大以来重要文献选编》(上)，中央文献出版社 2014 年版，第 721 页。

难、诉讼难、执行难,实体公正就无法兑现。

就司法腐败而言,金钱案、人情案、权力案是其具体表现。十八届四中全会通过的《中共中央关于全面推进依法治国若干重大问题的决定》要求:“坚决破除各种潜规则,绝不允许法外开恩,绝不允许办关系案、人情案、金钱案。坚决反对和克服特权思想、衙门作风、霸道作风,坚决反对和惩治粗暴执法、野蛮执法行为。对司法领域的腐败零容忍,坚决清除害群之马。”这些都是以严格的司法监督为前提的,而司法监督必须以人民知情权的实现为基础,人民不了解司法的运行情况,就无法监督、无法评判,人民的司法民主权利就无法实现。司法公开也是提高司法公信力、让人民群众信任司法的途径和方式。

习近平总书记在《深化司法体制改革》一文中指出:“司法体制改革必须同我国根本政治制度、基本政治制度和经济社会发展水平相适应,保持我们自己的特色和优势。我们要借鉴国外法治有益成果,但不能照搬照抄国外司法制度。完善司法制度、深化司法体制改革,要遵循司法活动的客观规律,体现权责统一、权力制约、公开公正、尊重程序的要求。”①人民监督司法活动,对司法工作是否规范进行监督并对此提出纠正意见,提高司法工作人员规范行为的意识。加强监督也符合司法规律“权责统一、权力制约、公开公正、尊重程序”的要求。在关于公、检、法、司广义司法机关应当遵循的司法规律16个字中,习近平把公开作为司法规律的重要内容。

二、司法公开的原则和标准

习近平总书记不仅对司法公开的意义和作用作了深刻的论述,对司法公开的原则和标准也提出了具体的要求,为司法公开的顶层设计指明了方向、提供了方法论。

(一)公开原则:一般都要公开

2014年1月7日,习近平在中央政法工作会议上发表重要讲话时强调:“阳光是最好的防腐剂。权力运行不见阳光,或有选择地见阳光,公信力就无法树立。执法司法越公开,就越有权威和公信力。涉及老百姓利益的案件,有多少需要保密的?除法律规定的情形外,一般都要公开。要坚持以公开促公正、以透明保廉洁。要增强主动公开、主动接受监督的意识,完善机制、创新方式、畅通渠

① 习近平:《习近平谈治国理政》(第二卷),外文出版社2017年版,第131~132页。

道,依法及时公开执法司法依据、程序、流程、结果和裁判文书。”①

“一般都要公开”这一通俗的说法,正是国际通行的“最大限度公开原则”。国际非政府组织“第19条组织”②在《公众的知情权:信息自由立法的原则》中提出了最大限度公开原则。该原则要求:“信息自由权立法必须以最大限度公开原则为指导。正如前文所示,最大限度公开原则也许直接出自对信息权的基本保障。这一原则概括了信息权的核心意义。在众多的国家法中,这一观点都被明确地陈述为一个目标。最大限度公开原则意味着信息权的范畴必须广泛,既关系到相关信息和机构的范围和种类,也关系到可能提出维权要求的个人。”③

为落实习近平总书记“一般都要公开”的观点,我国最高司法机关领导先后提出了“公开是原则,不公开是例外”的理念。为推进司法公开的全面有效进行,扩大司法公开的范围,让人民群众在每一个案件中都能感受到公平正义,2013年7月,最高人民法院院长周强在全国高级法院院长座谈会上表示:“通过每一个案件的审理,来积累司法机关的公信力,来维护和实现社会的公平正义。以司法公开促进公正,我们强调的是依照法律的规定公开,公开是原则,不公开是例外。”④最高人民检察院检察长曹建明在最高人民检察院举行的第六次“检察开放日”活动上表示,要坚持“‘公开是原则,不公开是例外’,对执法依据、执法程序、办案过程、执法结果等都要向社会公开,不断拓展公开的范围”。⑤“公开是原则,不公开是例外”是“最大限度公开原则”的中国特色的表述方式,遵循了司法公开的普遍规律,体现了坚持最大限度公开的决心和信心。警务公开和狱务

① 中共中央文献研究室编:《十八大以来重要文献选编》(上),中央文献出版社2014年版,第720页。

② “第19条组织”是一个致力于保护和提高表达自由水平的民间国际组织,该组织因主张符合《世界人权宣言》第19条“为表达自由”而得名。该组织通过系统和平的工作在世界范围内维护和保护公民的言论自由,其所制定的为维护言论自由的相关原则和规定,为世界大多数国家借鉴和接受。

③ [加]托比·曼德尔:《信息自由:多国法律比较》,龚文庠等译,社会科学文献出版社2011年版,第41页。

④ 张先明:《全国高级法院院长座谈会在长春开幕》,载《人民法院报》2013年7月5日第4版。

⑤ 熊红祥:《曹建明:检务公开是原则,不公开是例外》(2013年7月1日),http://news.xinhuanet.com/politics/2013-07/01/c_124932601.htm,最后访问日期:2018年12月3日。

公开应当在建立自己独特的例外规则的前提下,同样也应当坚持"一般都要公开"的最大限度公开原则。

当然,最大限度的公开显然不代表没有限制的无限公开,司法公开的过程中还应当注意对国家秘密、商业秘密、个人隐私以及审判秘密的保护。只有通过明确的公开范围,确定的限制例外,规范可行的"公开"与"例外"标准,才能实现司法信息的最大限度公开,才是实现司法透明的有效途径。

(二)公开标准:开放、动态、透明、便民

在公开的具体内容上,习近平总书记首先提出了内容(权力清单)和流程的公开。他指出:"权力不论大小,只要不受制约和监督,都可能被滥用。……要强化公开,推行地方各级政府及其工作部门权力清单制度,依法公开权力运行流程,让权力在阳光下运行,让广大干部群众在公开中监督,保证权力正确行使。"①

习近平总书记提出了构建开放、动态、透明、便民四大公开标准。2014 年 10 月 23 日,习近平在《求是》杂志发表《加快建设社会主义法治国家》的署名文章,对行政执法和司法提出了要解决"不透明"的问题,提出公开要达到"透明"的要求:"推进严格执法,重点是解决执法不规范、不严格、不透明、不文明以及不作为、乱作为等突出问题……要全面推进政务公开,强化对行政权力的制约和监督,建立权责统一、权威高效的依法行政体制。""司法人员要刚正不阿,勇于担当,敢于依法排除来自司法机关内部和外部的干扰,坚守公正司法的底线。要坚持以公开促公正、树公信,构建开放、动态、透明、便民的阳光司法机制,杜绝暗箱操作,坚决遏制司法腐败。"②这是对于公开程序的新要求,也符合世界上建立透明政府的大趋势。

十八届四中全会通过的《中共中央关于全面推进依法治国若干重大问题的决定》将习近平提出的司法公开的"开放、动态、透明、便民"标准和要求写入了党的文件,进一步体现人民主体地位和对满足人民知情权的重视,也反映了"杜绝暗箱操作"的要求。在公开的内容和方式上,要求"依法及时公开执法司法依据、

---

① 习近平:《在第十八届中央纪律检查委员会第三次全体会议上的讲话》(2014 年 1 月 14 日),http://politics.people.com.cn/n/2014/0115/c1001-24130035.html,最后访问日期:2018 年 3 月 20 日。

② 习近平:《加快建设社会主义法治国家》,载《求是》2015 年第 1 期。

程序、流程、结果和生效法律文书,加强法律文书释法说理,建立生效法律文书统一上网和公开查询制度”,这些内容和方式本身已经体现了“开放、动态、透明、便民”的基本要求,但是在实践中,我们还应当进一步探索符合这一要求的具体内容,如在审判公开、检务公开、警务公开、狱务公开中,具体有哪些司法依据、程序、流程、结果和生效法律文书是应当公开的。同时要制作和出台“开放、动态、透明、便民”的具体标准。所谓开放、动态、透明、便民,是一个统一、完整的体系。开放,要求破除司法工作神秘化,体现主动公开,对人民群众申请和要求公开的内容要积极回应。动态,要求司法公开及时、连续,司法公开永远在路上,只有起点,没有终点。透明,是最大限度公开的另一种表达方式,体现的是公开的内容要最大化。便民,是指司法公开的方式要方便当事人和其他诉讼参与人,简单实用,方便快捷,如能够通过网络办理的,就不需要让人多跑路,直接进行网上查询与答复,或者通过网络传递诉讼资料,而互联网法院则是便民程度最大化的最好例证。

习近平总书记的讲话中和四中全会决定中所说的“公开”与“透明”不是简单的重复,公开是指主动公开,透明是从知情权的角度,也即从人民群众感受到的公开的角度,是人民群众对司法机关由外向里观察到的公开,它体现的是人民主体地位和人民要求公开的权利。

三、违法干预过问案件记录的通报与公开

早在2014年1月7日的中央政法工作会议上,习近平总书记就指出:“要把能不能依法办事、遵守法律作为考察识别干部的重要标准。要建立健全违反法定程序干预司法的登记备案通报制度和责任追究制度,对违反法定程序干预政法机关执法办案的,一律给予党纪政纪处分;造成冤假错案或者其他严重后果的,一律依法追究刑事责任。”①

2014年10月23日,《中共中央关于全面推进依法治国若干问题的决定》要求:“任何党政机关和领导干部都不得让司法机关做违反法定职责、有碍司法公正的事情,任何司法机关都不得执行党政机关和领导干部违法干预司法活动的要求。对干预司法机关办案的,给予党纪政纪处分;造成冤假错案或者其他严重

① 中共中央文献研究室编:《十八大以来重要文献选编》(上),中央文献出版社2014年版,第720~721页。

后果的,依法追究刑事责任。”①杜绝干预是实现独立的关键。

2015 年 2 月 27 日,中央全面深化改革领导小组第 10 次会议审议通过了《领导干部干预司法活动、插手具体案件处理的记录、通报和责任追究规定》,其中第 8 条规定:“领导干部有下列行为之一的,属于违法干预司法活动,党委政法委按程序报经批准后予以通报,必要时可以向社会公开……”

2015 年 3 月 5 日,习近平在参加十二届全国人大三次会议上海代表团审议时的讲话中指出:要“建立领导干部干预司法活动、插手具体案件处理的记录、通报和责任追究制度,建立法治建设成效考核制度,等等”②。

2015 年 3 月 30 日,中共中央办公厅、国务院办公厅公布《领导干部干预司法活动、插手具体案件处理、通报和责任追究规定》,中央政法委也公布了《司法机关内部人员过问案件的记录和责任追究规定》。2015 年 4 月 9 日,国务院办公厅印发的《关于贯彻落实党的十八届四中全会决定进一步深化司法体制和社会体制改革的实施方案》特别就司法改革中社会各界尤为关注的如何防范司法“打招呼”等焦点问题进行了详细部署分工。

根据上述规定,违法干预司法活动,一般是在一定范围内通报,“必要时可以向社会公开”。向社会公开是最有效的手段。在前述规范性文件出台后的 2015 年 11 月,中央政法委首次公开通报 5 件干预司法的典型案件,特别是云南省昭通市维稳办副主任彭泽高干预司法活动、插手具体案件处理案③,中央政法委通过典型案件的通报,否决了长期以来政法委书记可以干预个案的不良惯例④,为防止各级政法委干预个案起到了很好的示范作用。2016 年年初,中央政法委对干预司法的典型案件进行公开通报,对违法违规者亮起了“红牌”。7 起典型案件涉案人员 20 人,其中,市委书记 1 人,律师 2 人,法院系统 5 人,检察院系统 3

① 《中共中央关于全面推进依法治国若干问题的决定》(2014 年 10 月 23 日)。

② 新华社:《习近平参加上海代表团审议》(2015 年 3 月 5 日),http://www.xinhuanet.com/politics/2016lh/2016-03/05/c_1118244365.htm,最后访问日期,2018 年 6 月 10 日。

③ 彭波:《中央政法委首次通报五起干预司法典型案例》,载《人民日报》2015 年 11 月 7 日第 5 版。

④ 2010 年,时任昭通市彝良县政法委书记的彭泽高要求县公安局、检察院成立联合调查组,对已经二审终审的 5 岁儿童邓某触电伤害民事赔偿案件进行刑事侦查,导致该案生效判决被推翻,代理律师刘某被追究刑事责任,4 名证人被羁押。

人，公安系统9人。① 这两起非法干预案件向全社会的公开通报，对以后可能出现的类似情况起到很好的防范作用，"通过建立防止领导干部和内部人员干预过问案件记录、通报和追责制度，建成内外部人员过问案件信息专库和直报系统，'批条子''打招呼'等违法干预过问案件情形显著减少，法官依法履职有了'防火墙'"②。违法干预过问案件记录通报制度已经为保障检察机关、人民法院独立行使检察权、审判权起到了重要作用。

干预过问案件记录、通报和追责制度，是一种巧妙的程序设计，它通过记录和公开，隔离了权力对司法的干预，有效地阻止了权力案的发生。正因为如此，对这样一个看来很具体、细微的制度设计，习近平总书记却再三叮嘱："这些制度要抓紧建立健全，早日形成，早日发挥作用。"③

四、我国司法公开取得的整体成绩

把构建阳光司法机制作为构建依法治国、推进司法改革的重要内容。中国特色阳光司法机制的构建，是我们促进司法公正的基础，也是保障公民司法知情权的体现，中国所推行的一系列前所未有的司法公开举措，是对世界人权事业的伟大贡献。

(一)审判公开

2009年，最高人民法院《关于司法公开的六项规定》提出立案公开、庭审公开、执行公开、听证公开、文书公开、审务公开六大公开。2010年8月16日《最高人民法院关于庭审活动录音录像的若干规定》发布实施。2013年再次迎来制度建设新高峰，先后发布了《关于推进司法公开三大平台建设的若干意见》《关于人民法院在互联网公布裁判文书的规定》《关于公布失信被执行人名单信息的若干规定》，对审判流程、裁判文书、执行信息等核心环节的信息公开提供明确的规范指导，同时建立统一的司法公开平台，实现司法信息公开的集约化，方便公众

① 彭波、魏哲哲：《中央政法委通报七起干预司法典型案件》，载《人民日报》2016年2月2日第11版。

② 周强：《最高人民法院关于人民法院全面深化司法改革情况的报告》(2017年11月1日)，http://www.china.com.cn/news/2017-11/01/content_41830629.htm，最后访问日期：2018年11月20日。

③ 新华社：《习近平参加上海代表团审议》(2016年3月5日)，http://www.xinhuanet.com/politics/2016lh/2016-03/05/c_1118244365.htm，最后访问日期：2018年6月10日。

快捷查询信息,统一了公开标准,促进全国司法公开工作协调均衡发展。2013年11月28日,最高人民法院发布了《关于推进司法公开三大平台建设的若干意见》,就人民法院如何全面推进审判流程公开、裁判文书公开和执行信息公开三大平台建设提出了具体要求,明确了工作机制。《最高人民法院关于人民法院庭审录音录像的若干规定》自2017年3月1日起施行,该文件是对2010年8月16日《最高人民法院关于庭审活动录音录像的若干规定》的重新修订,具有司法解释的效力。修订后的《最高人民法院关于人民法院庭审录音录像的若干规定》,注重适应互联网时代对司法公开的多元化需求,要求庭审活动全程同步录音录像,建设透明法庭,并借助诉讼服务平台为依法查阅庭审录音录像提供便利,开辟庭审公开新路径,同时注重发挥信息技术的优势,为提升审判质效增添助力。

2018年3月4日,最高人民法院发布《最高人民法院关于人民法院通过互联网公开审判流程信息的规定》,于2018年9月1日施行。今后,包括案件基本情况、审判组织情况、案件进展情况等审判流程信息将全面通过互联网对当事人公开。除涉及国家秘密以及法律、司法解释规定应当保密或者限制获取的审判流程信息以外,人民法院审判刑事、民事、行政、国家赔偿案件过程中产生的程序性信息、处理诉讼事项的流程信息、诉讼文书、笔录等四大类审判流程信息,均应当通过互联网向参加诉讼的当事人及其法定代理人、诉讼代理人、辩护人公开。特别是,其中规定:诉讼文书、笔录将在《最高人民法院关于人民法院通过互联网公开审判流程信息的规定》施行后随案公开,当事人不必再等到案件审结后以申请查阅归档卷宗方式获得。公开内容由节点信息向实体材料进一步延伸,促进了审判流程信息公开更趋实质化。2018年11月20日,最高人民法院发布《关于进一步深化司法公开的意见》,为人民法院进一步深化司法公开提出了新的更高要求。为了推动开放、动态、透明、便民的阳光司法机制更加成熟定型,提出了31条具体举措。概括起来,包括三方面:一是进建立完善司法公开内容动态调整制度,推进司法公开规范化标准化建设,全方位拓展司法公开范围。二是健全司法公开形式,畅通当事人和律师获取司法信息渠道。三是加强人民法院白皮书工作,加强人民法院政务网站建设管理,深化司法公开四大平台建设,发挥现代信息技术作用,增强司法公开平台服务群众和对外宣传功能,加强与新闻媒体良性互动,加强法院自有媒体建设和新闻宣传工作,巩固拓展司法公开平台载体,促进规范管理与功能优化。

诉讼档案中的其他材料特别是案卷材料是否可以公开呢?这成为实践中一

个很有争议、已经引发矛盾的问题。近年来平反的呼格案、聂树斌案中,大家注意到了一个特别的现象:案件在10多年前就怀疑是错案,错误的裁判生效了,但当事人亲属、申诉代理律师、各大媒体记者无法看到案件的档案材料。在聂树斌案件中,直到2015年3月17日,聂树斌被执行死刑近20年后,律师才首次获准查阅该案完整卷宗。[①] 没有案件材料,"怀疑"就无法查证,申诉就无法展开。而根据上述2017年《最高人民法院关于人民法院庭审录音录像的若干规定》第10条,"人民法院应当通过审判流程信息公开平台、诉讼服务平台以及其他便民诉讼服务平台,为当事人、辩护律师、诉讼代理人等依法查阅庭审录音录像提供便利",庭审录音录像向当事人和辩护律师、诉讼代理人公开成为现实。

我国的审判公开,覆盖法院工作各领域、各环节。开通审判流程、庭审活动、裁判文书、执行信息四大公开平台,在满足当事人知情权、参与权的同时,自觉接受监督,倒逼法官提升司法能力,让人民群众以看得见的方式感受公平正义,在国内外产生广泛影响。截至2019年2月19日,全国各级法院依托中国庭审公开网累计直播案件庭审超过249万余场,网站总访问量超过145亿次。仅用两年时间,庭审直播量从7.7万场增加到200万场。截至2019年2月,中国裁判文书网上载文书总量6368万多篇,访问总量225亿多人次,用户覆盖210多个国家和地区,成为全球最大的裁判文书资源库。[②] 加强网站、微博、微信、客户端等新媒体建设,主动公开司法信息,让司法公正看得见、能评价、受监督。将来司法公开将扩大庭审直播、文书上网、审判流程及各类司法信息公开范围,全面拓展司法公开的广度和深度。加强信息化、人工智能与法院工作的深度融合,完善智能审判支持、庭审语音识别、电子卷宗随案生成等智能辅助办案系统。建设世界一流的司法大数据研究院,深度运用审判信息,促进社会治理。将社会主义司法体制优越性与现代科技紧密结合起来,努力创造更高水平的司法文明。[③]

(二)检务公开

为了保障人民群众对司法工作的知情权、参与权和监督权,增强执法工作的透明度,规范执法办案行为,相关部门出台了很多规范性文件进行检务信息公

① 范友峰:《聂树斌案从"铁案"到疑案的始末》(2014年12月19日),http://www.he.xinhuanet.com/news/2014-12/19/c_1113704533.htm,最后访问日期:2018年10月20日。

② 以上数据为文章所注明时间查阅网站实时情况所得。

③ 周强:《最高人民法院工作报告》(2018年3月9日)。

开,形成了我国现有的检务公开规范制度。从1998年至今,从公开对象来看,我国检务公开主要包括通过包括网络、媒体等各种平台在内的媒介向当事人、社会大众公开,以及向人民监督员公开。

在向当事人和社会大众公开方面,1998年10月,最高人民检察院下发了《关于在全国检察机关实行"检务公开"的决定》,通过7个条文,部署了全国检察机关的检务公开工作,是我国检务公开制度的开端。随后,1999年1月4日,最高人民检察院还制定了《人民检察院"检务公开"具体实施办法》,要求检察人员在执行公务时必须履行告知义务,保障当事人对检务信息的知情权。之后最高人民检察院还下发了一些文件专门规定信息通报制度和新闻发言人制度,如2006年6月最高人民检察院颁布的《关于进一步深化人民检察院"检务公开"的意见》,拓宽了检务公开的渠道,对定期通报和新闻发言人制度进行规定和进一步完善。

为了扩大检务工作公开审查的范围,2001年3月5日,最高人民检察院公诉厅印发了《人民检察院办理不起诉案件公开审查规则(试行)》,要求对存在较大争议且在当地有较大社会影响的不起诉案件公开审查。在审查申诉案件公开方面,2011年12月29日最高人民检察院第十一届检察委员会通过的《人民检察院刑事申诉案件公开审查程序规定》和2013年3月22日最高人民检察院出台的《最高人民检察院关于加强和改进刑事申诉检察工作的意见》,都对严格落实刑事申诉案件公开审查制度予以规定,着重提高公开审查工作水平和实效。

除相关的文件性规定之外,最高人民检察院还将检务公开的内容作为检察改革的重要组成部分纳入检察改革的规划运行之中。例如2000年1月通过的第一个改革规划《检察改革三年实施意见》第5部分第23条、2005年8月24日通过的第二个改革规划《最高人民检察院关于进一步深化检察改革的三年实施意见》第16条、2009年3月最高人民检察院印发的《关于贯彻落实〈中央政法委员会关于深化司法体制和工作机制改革若干问题的意见〉的实施意见——关于深化检察改革2009—2012年工作规划》(第三个检察改革规划),以及2013年12月10日最高人民检察院公布的《2014—2018年基层人民检察院建设规划》,都提出要深入推进检务公开工作,细化执法办案公开的范围、对象、时机、方式和要求,将检务公开的内容作为检察改革的重要任务,对检务公开工作全面规划。

十八大以后,我国检察机关以习近平司法公开理念为指导,检务公开进入了新时代。2014年10月1日开始试行的《人民检察院案件信息公开工作规定(试行)》(2014 年 6 月 20 日最高人民检察院第十二届检察委员会第二十四次会议通过)是十八届三中全会以后我国全面深化检察改革的重要成果,主要规定了全面推行案件程序性信息网上查询、健全重要案件信息发布机制、加大法律文书公开力度三个方面的内容。2015 年 2 月 28 日出台的《最高人民检察院关于全面推进检务公开工作的意见》是迄今为止最新最全面地直接规定检务公开的文件,出台目的在于全面推进检务公开各项机制建设。在这个文件中,除了要求公开检察机关流程信息、终结性法律文书,还要求公开检察政务信息、检察队伍信息、重要案件信息发布,这是前所未有的进步。

十八大以来的最近五年,全国检察机关落实党的十八届三中、四中全会要求,坚持"公开是原则,不公开是例外",坚持以案件信息公开为重点,建立完善开放、动态、透明、便民的司法公开机制。最高人民检察院先后颁布全面推进检务公开工作意见、案件信息公开工作规定,全国四级检察机关 3662 个检察院已实现"六个全覆盖":一是案件信息公开系统全覆盖。2014 年开通人民检察院案件信息公开网,运行案件程序性信息查询、法律文书公开、重要案件信息发布、辩护与代理预约申请"四个平台",已发布案件程序性信息 603 万余条、重要案件信息 30 万余条、法律文书 224 万余份,接受辩护与代理预约申请 13 万余人次。2016 年全面运行案件信息公开微信服务平台,主动向当事人和律师告知案件进展情况,实现从被动查询到主动推送、"网上公开"向"掌上公开"转变。二是电子卷宗系统全覆盖。2015 年全面部署电子卷宗系统,将纸质案卷材料转换为电子文档,方便律师查阅复制,已提供服务 16 万余件次。三是远程视频接访全覆盖。2016 年建成四级检察机关全联通的远程视频接访系统,已通过视频同步接访 1.8万余次。四是微博、微信、新闻客户端全覆盖。2016 年 6 月,全国四级检察机关全部开通"两微一端"。目前,检察新媒体总数达 1.3 万余个,发布信息 2300 万余条,总粉丝数近 1.2 亿。五是新闻发言人全覆盖。2017 年 1 月,向社会公布全国四级检察机关 4473 名新闻发言人名单和电话。六是检察开放日活动全覆盖。广泛邀请社会各界代表走进检察机关,了解监督检察工作。① 检务公开形式的多样化,体现了开放主动的公开立场,实际上创设了向全社会公开(如通过网络平台)、向特定民意代表(人民监督员、执法监督员)公开、向诉讼参与人(当事人及其辩护人、代理人)公开等多种形式,将刑事执法机关信息最大限度公开,

① 曹建明:《最高人民检察院工作报告》(2018 年 3 月 9 日)。

这是世界各国执法信息公开的典范。

(三)警务公开

1979年《刑事诉讼法》确立的"不立案告知制度"拉开了公安机关警务公开改革的序幕,历经三十余年的发展,警务公开已经发生了质的转变:一是警务公开的信息范围从格式信息向非格式信息转变;[①]二是警务公开的阶段从立案阶段向立案、侦查阶段转变。

1998年5月4日,公安部发布《公安机关关于办理刑事案件程序规定》第156条、第159条、第162条及第164条规定,公安机关应根据不同情形制作《接受案件登记表》《刑事案件报告书》《不予立案通知书》及《不立案理由说明书》,并且必须将后两类文书告知控告人。上述规定是我国警务公开改革的雏形,公开的执法信息特别是非格式信息集中于立案阶段,包括控告人在内的特定对象有权知悉刑事案件是否已经被立案及不立案的理由。

1999年6月10日施行的《警务公开制度》明确规定公安机关应当向社会公布执法依据、程序、律师及诉讼参与人的权利与义务,并提出要建立和完善新闻发言人制度、群众评议制度,及时向社会发布、通报警务公开工作。令人遗憾的是,《警务公开制度》所强调的是向社会发布格式信息,并未提及应当向诉讼参与人告知非格式信息,而这恰恰是最为关键和重要的。

2008年4月10日施行的《办案公开制度》作出一些突破,明确公安机关在办理刑事案件过程中应主动或配合公布的信息范围,其中不乏侦查阶段的非格式信息。上述规定与第一阶段的改革成果相比,本阶段的进步之处跃然纸上:其一,格式信息应当全面公开。立案阶段与侦查阶段的格式信息都应当及时告知,如此,在有法可依的前提下,公众才能明晰公安机关是否依法办事。其二,有限度地公开非格式信息。破案回告和命案进展回告机制的设立将执法公开推进至侦查阶段,健全了公安机关执法公开体系。其三,遵循信息公开的比例原则。

2012年10月30日,公安部颁布了第一部全面规范公安机关执法公开工作的规范性文件——《执法公开规定》,全力推进警务公开改革。在吸收和发展《立

① "公安机关公开的立案信息分为格式信息与非格式信息。格式信息包括公安机关的执法依据、程序以及诉讼参与人的权利、义务等,非格式信息主要指公安机关是否立案、不立案的理由、案件进展信息、办案民警信息等。"参见高一飞、高建:《论公安机关刑事立案公开之改革》,载《中国人民公安大学学报(社会科学版)》2012年第5期。

案公开制度》《办案公开制度》合理内容的基础上,《执法公开规定》从信息公开主体、信息公开对象、信息公开的内容、信息公开方式、信息公开时限、信息公开的监督、信息公开的责任、信息公开的例外等八个方面规范了警务信息的公开程序。① 与前述规范性文件相比,这八个方面都有自己的进步之处,如公开对象日益多元化、公开方式越发多样化。

2015 年 2 月 15 日,中央审议通过《关于全面深化公安改革若干重大问题的框架意见》,意见总结了深化公安改革的七个方面的主要任务、100 多项改革措施,例如,完善执法权力运行机制,将警务公开改革向纵深推进。

2018 年 8 月 23 日,公安部发布新修订的《公安机关执法公开规定》,于 2018 年 12 月 1 日起施行,修改的内容有:明确规定公安机关所有的执法信息公开(当然包括行政和刑事执法信息公开)都适用《政府信息公开条例》,将通过互联网向社会和特定办事人员公开执法信息规定为法定义务,规定了一系列防止不当公开的措施和程序等。这一文件,回应了实践中刑事执法公开是否应当适用《政府信息公开条例》、是否可以对公安机关刑事执法信息公开提起行政诉讼、通过互联网公开执法信息是否应当成为新的义务和责任等重大问题,对新时代公安机关执法公开提出了新的任务和要求,这是中国信息公开立法历史上的一个重大历史事件。

警务公开是一个体系化的公开,涉及公开主体、公开内容、公开方式、公开对象等诸多事项,经过长时间的自我革新,《警务公开制度》《办案公开制度》《执法公开规定》等规范性文件已经构筑了警务公开的框架,为回应人民群众的期待、践行全面深化公安机关改革的要求,警务公开框架还有一定的完善空间。

从 2008 年起至今,公安部每年都公布上一年度的信息公开情况,根据《公安部政府信息公开工作年度报告(2017 年度)》②,自 2017 年 1 月 1 日起至 2017 年 12 月 31 日止,公安部共主动公开政府信息 33827 条。其中,规范性文件 26 项,行政执法流程、进展、结果和网上公开办事 14 项,便民措施及解读 10 条,行政审批改革和行政决策、管理、许可 11 项,干部招录任免信息 7 项,重要工作和专项

---

① 如《执法公开规定》第 8 条、第 9 条、第 10 条规定了信息公开的内容;第 13 条规定了公开的方式;第 14 条规定了公开的主体。

② 公安部:《公安部政府信息公开工作年度报告(2017 年度)》,http://www.mps.gov.cn/n2254314/n2254396/n2254408/index.html,最后访问日期:2018 年 6 月 10 日。

行动信息 33466 条,国际警务执法合作协定 4 项,公共财政资金信息 282 项,公安统计数据 7 项。

依申请公开政府信息和不予公开政府信息方面,2017 年,公安部共收到政府信息公开申请 725 件。其中,涉及人事信息和机构设置 8 件,纪检工作 4 件,督察工作 17 件,经侦工作 9 件,治安管理 33 件,刑侦工作 9 件,出入境管理 7 件,消防管理 5 件,网络管理 117 件,监所管理 1 项,交通管理 30 件,法制工作 46 件,信访工作 372 件,公共财政资金 7 件,禁毒管理 2 件,科技信息化管理 4 件,个案咨询等其他方面 54 件。

当然,《执法公开规定》的内容尽管符合司法公开的潮流,但非格式信息公开可能成为公安机关的一项权力而非义务,特定对象可能无法如期获知非格式信息。《执法公开规定》要求公安机关向社会公众和特定对象公开范围广泛的执法信息,当这项权利受到执法机关侵犯时,在现有文本框架内,实现公众尤其是特定对象刑事执法信息知情权更多地有赖于执法者的自律能力。

(四)狱务公开

十八届四中全会第一次将狱务公开写进了党的文件,但事实上,狱务公开实践则早已存在了 30 年。1988 年,河南省第一监狱就在罪犯减刑、假释工作中推行了“三公开、一推荐”制度,该制度在全国引起较大反响,并逐渐在全国全面推广。不过,这个时期的狱务公开尚属于地方监狱做法,没有形成制度规定,在内容上也并不系统、全面,仅涉及部分狱务信息的公开。

到了 1998 年年初,浙江省监狱系统在乔司监狱、第二监狱、第五监狱开始狱务公开试点,浙江省监狱系统形成了一整套完整的狱务公开制度。1998 年年初,北京市监狱系统开始向罪犯公开监狱执行刑罚的办事制度、办事程序、办事结果。1998 年年末,山西省监狱局向社会公布“山西省监狱系统文明执法向社会公开承诺的十项内容”。1999 年 3 月,内蒙古自治区监狱系统举行新闻发布会,就文明管理、热情服务、公正执法等方面向社会作出 15 条承诺,决心在推行狱务公开的过程中,严格信守诺言,忠实履行职责,不断提高执法水平。

经过了十年实践和经验总结,1999 年 7 月,司法部下发了《监狱系统在执行刑罚过程中实行“两公开、一监督”的规定(试行)》的通知,这是我国第一个要求监狱系统执行刑罚过程实行公开的规范性文件,其明确规定了七项需要公开的内容,对公开的形式也作出具体的列举。

随着我国法治建设的推进,狱务公开的必要性和重要性也逐渐突显出来。

2001年8月8日至11日,司法部在武汉市召开了全国监狱系统狱务公开工作会议,司法部副部长范方平在会上指出,狱务公开就是监狱执法的主要依据、程序和结果,通过一定的形式,向罪犯及其亲属和社会公众公布并接受广泛监督的一种执法活动。

2001年10月12日,司法部下发了《关于在监狱系统推行狱务公开的实施意见》,该文件首次把狱务公开以法律的形式确定下来,为我国各级监狱机关广泛开展狱务公开工作提供了法律支持。

由于党的十八大以及十八届四中全会对于阳光司法机制的重视,为进一步增强监狱执法透明度,2015年4月7日,司法部下发了《关于进一步深化狱务公开的意见》,对狱务公开的原则、内容、方式和方法进行了全面部署,使狱务公开更为细致化、规范化和科学化。该《意见》最大的贡献在于,它将公开对象分为三种:罪犯、罪犯近亲属、社会公众,按照不同对象对公开内容作出细化规定,同时按照公开对象、内容的不同对公开方式作出区别规定。除此以外,由于我国存在不同于其他国家的监狱检察制度,监狱信息的公开还存在向检察机关公开这一形式,我们把检察机关作为狱务公开的第四种对象。

狱务公开作为阳光司法机制的内容之一,是我国司法公开的重要组成部分。尽管到目前为止,其同警务公开一样,没有"信息公开法"进行规范,而是由司法部发布的《关于进一步深化狱务公开的意见》来规定的,即便如此,狱务公开所取得的成绩是巨大的,其伟大的机制创新,尤其是我国的监狱检察制度为世界监狱制度贡献了中国智慧和中国方案。

中国的监狱检察制度——同时也是监狱信息向检察机关公开的制度,与国外仅仅依靠特定时间的巡视监督相比,具有对监狱监督的特殊优势。同步、内行的检察机关监督意味着监狱警察在对囚犯执法的同时,还有一群法律同行在监督执法的监狱警察,检察机关作为法律监督机关的程序化监督,是司法权力分开与制约的一部分。十八届四中全会通过的《中共中央关于全面推进依法治国若干重大问题的决定》首次提出"健全公安机关、检察机关、审判机关、司法行政机关各司其职,侦查权、检察权、审判权、执行权相互配合、相互制约的体制机制"。将原来的"三机关配合与制约原则"发展成为"四机关配合与制约原则",对检察机关与司法行政机关(包括监狱)的关系作了全新的概括。我国的监狱检察制度已经形成了成熟的体制机制,在实践中也取得了良好的效果。检察机关监督监狱的体制及其实践经验和成就,是中国对世界司法人权事业的贡献。加强对监狱的检察监督,也是将来我国检察权改革的方向。

2016 年 5 月 17 日,习近平总书记在哲学社会科学工作座谈会上发表重要讲话,他指出:“当代中国的伟大社会变革,不是简单延续我国历史文化的母版,不是简单套用马克思主义经典作家设想的模板,不是其他国家社会主义实践的再版,也不是国外现代化发展的翻版,不可能找到现成的教科书。我国哲学社会科学应该以我们正在做的事情为中心,从我国改革发展的实践中挖掘新材料、发现新问题、提出新观点、构建新理论。”①狱务公开正是在当代中国的伟大社会变革中产生、发展的司法改革创举,是监督监狱执法权力、保障囚犯人权的中国方案和中国智慧。

十八大以来,全国监狱系统根据社会公众、罪犯近亲属和罪犯等公开对象的不同需求,深化狱务公开内容。对社会公众主要公开监狱执法、管理过程中的条件和程序,以及监狱罪犯减刑、假释、暂予监外执行结果等 22 项社会关注度较高、监狱执法领域的重点热点内容;对罪犯近亲属,除向社会公众公开的内容外,还依法公开监狱对罪犯实行分级处遇、考评、奖惩等 10 项具体涉及罪犯权利义务的信息;对罪犯,除向社会公众和罪犯近亲属公开的内容外,还以监区或分监区为单位,向罪犯依法公开监狱执行刑罚和管理过程中的法律依据、程序、结果,以及对结果不服或者有异议的处理方式等执法管理信息。与此同时,各地监狱创新运用信息查询终端、电子显示屏、手机短信、政务微博、微信公众平台、服务热线等新媒体新手段,拓宽公开渠道,使罪犯的亲属和社会公众能够更加方便快捷及时地获得公开信息。

全国监狱系统完善深化狱务公开工作制度。各地普遍实行罪犯权利义务告知制度,监狱在罪犯入监后,通过发放罪犯服刑指导或罪犯权利义务告知书等方式告知其相关权利义务;强化公示制度,监狱严格依法对罪犯计分考评、分级处遇等信息进行公示,及时处理相关异议;健全完善执法监督员聘任制度,邀请执法监督员列席在社会上有重大影响等案件评审会议或参与旁听罪犯减刑、假释案件的开庭审理;建立完善门户网站和执法办案平台工作制度,各省级监狱管理机关设立门户网站,除公开监狱提请罪犯减刑、假释建议书和暂予监外执行决定书外,其他向社会公开的信息都在门户网站上公开发布。

① 习近平:《习近平谈治国理政》(第二卷),外文出版社 2017 年版,第 344 页。

结　语

中国的司法公开体现了主动公开和积极公开。中国的执法司法机关与其他国家相比,体现了更多的主动性和积极性。例如在庭审公开方面,英国和美国的联邦司法系统主张法院庭审要公开举行,但是法院要与媒体保持距离来保障司法的独立性,虽然允许媒体代表到场报道,但是一般并不会主动发布庭审现场的图文信息和录音录像,但是,中国法院通过自己的审判管理人员专门组织庭审直播,有的案件在庭审中通过微博直播现场发布书记员的庭审记录和部分现场录像,有的直接通过视频全面直播。由法院官方组织的这种直播与西方国家允许媒体记者发布庭审现场信息的方式相比,更加及时、全面、准确、权威,如法院在适当延时的情况下,经现场审查把关,通过微博发布书记员的现场记录,这是任何记者的记录都无法相比的。

中国的司法公开体现了信息化、电子化、数据化特征。司法机关通过新闻发布会、政务网站、微博、微信、新闻客户端等,创新司法公开的形式和内容。"司法公开方式实现跨界融合。各级人民法院以建设'智慧法院''电子法院'为契机,大力推动司法公开与'互联网+'的跨界融合,以实时、迅捷、海量、互动、体验为核心的互联网思维推进司法公开工作。""司法公开信息实现深度应用。司法公开与诉讼服务实现全面对接,依托信息化手段,提升人民群众获取司法信息,了解司法动态,参与司法过程,监督司法活动,反馈司法评价的便捷性和有效性。依靠大数据和云计算技术,对相关数据进行抓取和分析,统计类型化案件的司法规律,了解社会司法认知和评价,分析公众司法需求和期待。"①

中国的司法公开,与我国政法机关司法为民理念和党的群众路线紧密相联。在中国这样一个大国,要实现全面司法公正,是一个大的系统工程。对司法权力进行监督,防止司法腐败和司法不公,既要通过将司法权力关进笼子里,又要通过将司法权力放在阳光下运行来实现,而司法公开相对于权力运行机制改革而言,改革触及的利益和问题相对间接,但收效最快。司法公开是司法权力运行机制改革的前提和基础,将司法公开作为司法改革的前沿性任务,是明智务实之举。

中国的司法公开和高速前进的中国改革开放事业一样,充分体现了中国特

① 最高人民法院:《中国法院的司法改革白皮书》(2013—2016)。

色和制度优势,体现了司法公开以人民为中心、与时俱进、满足人民的期待和要求。在国际上,中国司法公开的成绩是中国对世界人权事业和司法文明的贡献,其经验值得包括域外国家和地区借鉴。但中国全面推进司法公开还是在党的十八届四中全会之后,未来的道路还很长,我们应当在习近平新时代中国特色社会主义思想的指引下,不断拓展司法公开的广度、深度和力度。

公开司法信息应当全面落实"公开为原则,不公开为例外"的基本准则。除涉及国家秘密、商业秘密及个人隐私的信息外,应当主动、全面公开司法执法信息,如人民法院公开法官的姓名、照片、学历、生平经历、职业经历、工作时间等信息。此外,我们也应当认识到的是,"公开为原则,不公开为例外"不等于选择性公开,人为地"屏蔽"负面消息显然与该原则的宗旨不符,今后,人民法院在宣扬正面信息时,也应主动公开负面信息,如法院审判人员和工作人员违法违纪处理情况。目前,只有检察机关要求司法政务与队伍建设信息公开,其他机关没有对这两方面进行规定。但是,遗憾的是,目前检察机关自己的报告和网络中,也没有能够做到文件所规定的政务信息公开。目前,迫切需要将刑事执法机关的执法信息与政务信息区分,政务信息公开是任何广义政府机关都应当承担的普通政府信息公开义务,不应当与执法信息混同,政务信息在目前应当纳入《政府信息公开条例》①的范围,而且应当及时公开并在年度报告中公开。

要规范窗口建设,解决司法机关"门难进"的问题。我国公安司法机关通过窗口建设和司法公开大厅建设已经让政法机关向民众开放,方便了群众办事和近距离监督。现在,就连长期不为人熟知的监狱,也在司法公开的浪潮中"敞开了大门",通过组织开放日活动,接待社会各界人士。早在 2009 年 12 月 15 日,最高人民法院就颁布了《关于进一步加强人民法院"立案信访窗口"建设的若干意见(试行)》,指出"立案信访窗口"是人民群众表达诉求、参与诉讼、解决纠纷的重要场所,也是人民法院了解社情民意、服务涉诉群众、联系社会各界的桥梁纽带,并规定立案信访窗口有 8 项具体功能,并对立案信访窗口的基础设施、工作

① 2008 年 5 月 1 日起施行的《政府信息公开条例》第 36 条规定:"法律、法规授权的具有管理公共事务职能的组织公开政府信息的活动,适用本条例。"第 37 条规定:"教育、医疗卫生、计划生育、供水、供电、供气、供热、环保、公共交通等与人民群众利益密切相关的公共企事业单位在提供社会公共服务过程中制作、获取的信息的公开,参照本条例执行,具体办法由国务院有关主管部门或者机构制定。"不属于狭义政府的司法机关如人民法院、检察院等反而不在《政府信息公开条例》的适用主体之列。

制度、岗位要求、行为规范、接待用语作了规定,甚至于附录了“立案信访窗口文明用语”和“立案信访窗口禁用语”的具体内容。人民法院场所公开的做法,值得检察机关、公安机关和监狱在窗口建设中予以借鉴。实践中,由于缺乏统一部署和明确规范,还有些司法机关大厅没有一条可供老百姓坐的凳子、椅子,没有供来访人员休息的条件,“窗口建设”沦落为单一的大楼建设,形式主义严重。曹建明检察长曾经提出,要“规范检务公开场所,推进统一的检务公开大厅建设,最高人民检察院正在制定检务公开大厅建设方案和管理规则,即将颁布”。四大司法机关都应当根据各自的特点,颁布大厅建设方案和管理规则,实现场所公开,方便群众办事和监督,彻底解决“进门难”的问题。

司法机关在主动公开之外,还应当“主动接受监督”,对没有公开但是人民群众提出公开的合理要求的,应当认真审查、慎重作出是否公开的决定。既要有主动公开,也要接受依申请的公开。主动接受监督的一个前提是,司法信息应当全面、充分,否则,人民群众依然需要向信息发布机关索取信息,结果是主动监督变成了被动监督。例如,人民法院通过裁判文书网发布判决书时偏重事实论述,弱化证据分析与论证,看完判决文书后,除判决结果,人民群众依然不明白判决理由。因此,应当尽可能地向社会公开全面、充分的司法信息,让公开的信息直接发挥答疑解惑的作用。

一种无法诉诸法律保护的权利,实际上就不是法律权利。当这项权利受到执法机关的侵犯时,实现公众尤其是特定对象的司法信息知情权则更多地依赖司法者的自律能力。而司法公开权利的救济仍存在司法公开的规范性文件效力等级偏低、难以发挥强制性作用;没有将行政复议、行政诉讼列为权利救济途径,权利救济成效不明显等问题。今后我国应出台统一的《信息公开法》,将人民法院的信息列为信息公开范围,并规定对上述机关不公开司法执法信息的行为可以提起行政复议或行政诉讼,增强公民知情权的可救济性。

审判独立:中国特色社会主义法治理论的构成语词

李　利*

摘要:在“发展中国特色社会主义法治理论”的进程中,审判独立,作为司法独立的核心内涵,又区别于司法独立,应该为“中国特色社会主义法治理论”体系所吸收,成为我国与外界展开对话的语词。审判独立理论的关键在于司法裁判与其他因素之间不合适或者合适的联系或不联系。基于此种理解,党的领导、人大监督与法院内的审判监督管理并不必然有损审判独立功能的发挥,以上三方面与审判独立是可以共存于现行政治结构之中,审判独立可以成为中国特色社会主义法治理论的构成语词。

关键词:审判独立;中国特色;社会主义;法治理论

一、问题的提出

“中国特色社会主义”自邓小平同志提出以来,已发展成为包括邓小平理论、“三个代表”重要思想、科学发展观与习近平新时代中国特色社会主义思想的理论体系。十九大报告指出“中国特色社会主义进入新时代”,习近平新时代中国特色社会主义思想强调“坚持全面依法治国”,“建设中国特色社会主义法治体系,建设社会主义法治国家,发展中国特色社会主义法治理论”。其中“中国特色社会主义法治理论”为“法治体系”与“法治国家”的建成提供理论供给,其一方面,强调我国法治建设理论体系特有的,与历史传统、法律文化、当下社会现实不可割裂的理论学说;另一方面,它应该是一套以普遍接受的法治思想观念为依托,传承人类精神文明成果,能够承担起与世界其他国家和地区展开对话功能的

* 作者系中山大学法学院讲师,法学博士。

话语体系。在发展这套话语体系的过程中,不可避免的是对现有的理论语词的甄别,它们的概念内涵以及与其相伴而生的政治制度、经济环境、体制特征。简单而粗暴地否定或接受,既是对人类法治文明的背离,也终将削弱我们构建中的“中国特色社会主义法治理论”体系的根基。审判独立,作为司法独立的核心内涵,又区别于司法独立,就是这样一个概念语词,它需要研究者的深入研习,才能决定其是否能被“中国特色社会主义法治理论”体系所接纳吸收,并成为我们与外界对话时的语词。

二、审判独立的概念解析

审判独立是司法独立的核心内涵。司法独立被各类国际性文件接受和定义。在《亚洲与西太平洋地区关于司法机关独立原则的北京声明》中,司法独立被定义为司法机关免于来自任何源头直接或间接的不当影响,其只根据它对事实公正的评价和对法律的理解进行裁判。此外司法独立还要求司法机关直接或者通过审查的方式对所有可裁判事项享有管辖权,并对提交其裁决的问题是否属于法定可裁判范围具有排他的决定权。《联合国关于司法机关独立的基本原则》第 2 条,将司法独立定义为,司法机关应不偏不倚,依据事实和法律来裁决案件,而不应受到任何限制,也不应被任何直接或间接的不当影响、引诱、压力、威胁或干涉所左右,无论其来自何处或因为何种理由。以上定义都确认了司法独立的核心内涵就是要保证法官在审判案件中独立的品性,使其裁判时不受不适当因素的干涉,实现审判独立。

此外,根据产生不当影响的源头不同,法院与法官需要独立的对象不同,德国学者将司法独立列举为八个方面:(1)独立于国家和社会间的各种势力;(2)独立于上级官署;(3)独立于政府;(4)独立于议会;(5)独立于政党;(6)独立于新闻舆论;(7)独立于国民时尚与喜好;(8)独立于自我偏好、偏见与激情。[①] 在英文中可以表述为“independent of their superiors”,“independent of the executive”,“independent of the legislative”,“independent of political parties”与“independent of the press”等,可以概括表述为“independent of something”。[②] 由于

---

① 龙宗智:《相对合理主义》,中国政法大学出版社 1999 年版,第 165 页。

② Li Li, *Judicial Discretion within Adjudicative Committee Proceedings in China: A Bounded Rationality Analysis*, Heidelberg: Springer, 2014, p.9.

法院与法官的主要职能是裁断案件当事人法律上的权利与义务,进行司法审判,“independent of something”的核心也应是强调司法审判过程独立于某些因素,不受该等因素影响,即审判独立。

在论证了审判独立是司法独立的核心内涵的基础上,进一步分析,“independent of something”关注的是司法审判与其他因素之间的关系,其强调的是司法审判与其他因素之间不合适或者合适的联系或不联系。[①] 因此,审判独立概念的关键词是“合适”,有些因素与司法审判的不联系是合适的,从而有利于司法独立;有些因素与司法审判的联系是不合适的,从而削弱了审判独立。然而是否“合适”是一个相对主观的评价。本文拟以审判独立的功能主义为视角,继而探讨现行我国的人大监督、执政党领导与审判监督管理与司法裁判间的关联对审判独立功能的作用,不利于审判独立功能实现的将被视为不合适关联,反之则视为合适关联。经过分析,本文认为,人大监督、执政党领导与审判监督管理可以与审判独立兼容并存,审判独立与我国的政治现实并不冲突,其可以为“中国特色社会主义法治理论”吸收接纳,成为其话语体系的一部分。

三、审判独立的功能价值

审判独立有助于实现法治。审判独立与法治之间是手段与目的,途径与目标的关系。正如 Frances Kahn Zemans 论述道:“司法独立只是为达到目的的方法。它是建国者选择来确保法治的机制。它具有工具价值,以用于维持法治和宪政民主价值。”[②]作为司法独立核心内涵的审判独立,自然也有助于维持法治。法治是治国理政的理想图景,我国在 1999 年修宪时,增加了“中华人民共和国实行依法治国,建设社会主义法治国家”,将法治国家纳入正式的话语体系。法治强调每个公民都服从于明确、稳定、公开的法律规则,法律的权威受到尊崇,法律是政府治理国家的根本依据,实现法律的主治。其中更为主要的是法律对国家权力运行的限制,政府官员在运用权力时要服从规则,不容许“法自上而犯

① Li Li, *Judicial Discretion within Adjudicative Committee Proceedings in China: A Bounded Rationality Analysis*, Heidelberg: Springer, 2014, p.9.

② Frances Kahn Zemans, The Accountable Judge: Guardian of Judicial Independence, *Southern California Law Review*, Vol.72, no. 2 & 3 (January & March 1999), p.632.

之”,[①]实现法律对所有公民与机构的平等适用。而保证法律一视同仁地适用需要依靠独立的审判,审判独立是实现法治的制度保障,只有保证了法官审判独立,其才能秉公执法、对所有违反宪法的行为和违法行为公正裁判、施以惩罚,从而以规则驯化、制约、规制权力,规范权力运行,防止滥权,保护公民自由,保证法律在国家治理中有至高权威,实现法律的统治。如果审判不独立,易受到各种影响,当行政机关或政府官员违反法律规定,他们具有的体制影响力势必为其在司法程序中争取到有利地位,使他们的违法得不到制裁与矫正,当公权力不受规则限制时,法治即失败了。

审判独立有助于实现机构间的分工制衡,实现国家机构的协调运作。在一些宪政国家,司法机关可以对立法机关和行政机关制定的法律、法规和其他行使职权的行为进行审查,对违反宪法的法律法规宣告无效,从而实现权力制衡,保证其他机构遵守法律与国家机构间协调运作。我国没有实行权力分立,机构之间只是分工,有分工自然也应该有相互的制衡与协调机制,当各机构行使职能出现摩擦和矛盾时,制衡协调机制发挥作用,使其与其他机构协调共同参与国家治理。在我国,法院无权审查立法机关的立法和行政机关的抽象行政行为,然而,我国法院可以审查具体的行政行为,对不合法的行政行为法院可以宣告全部或部分撤销,可以判决行政机关重新作出行政行为,还可以判决行政机关在一定期限内履行法定职责等,司法裁判对行政机关行使职权构成制约。要使制衡协调机制有效运行势必要求审判独立。只有独立的审判,才能实现分工制衡与协调,在行政部门违反规则执法时使其违法行为无效,促其遵守立法机关所立之法,实现立法、司法与行政之间的良性互动,共同协调实现国家的良善治理。

审判独立还有助于利益集团政治的施行。利益集团理论视公共政策为利益集团讨价还价的产物。[②] 法律作为持续、稳定、公开、统一的行为规范,是利益集团斗争的结果,反映利益集团的利益。独立的审判对维护法律的实施具有重要意义,其使法官能遵照立法原意司法,从而实现利益集团的意志与利益。William M. Landes 和 Richard A. Posner 对这一过程进行了细致的描述。他们

① 江平、季卫东:《对谈:现代法治的精神》,载《交大法学》2010 年第 1 期。

② John Ferejohn, Independent Judges, Dependent Judiciary: Explaining Judicial Independence, *Southern California Law Review*, Vol.72, No.2 & 3 (January & March 1999), p.372.

认为当司法机关服从于现在的立法者，法官将不会按照法律制定时那届立法者的意图解释法律，他们将在司法实践中使立法原意无效。① 他们能够偏离立法原意解释法律的原因在于立法者有限的预见能力、语言的模糊性和立法成本高导致的立法的不清晰、不完整，法律中许多不确定留给法官解决。② 只要法官是现任立法者的代理人，他们就将利用他们宽泛的解释权按照现任立法者而非当时立法者的观念重写立法，从而破坏当时立法者与促成立法利益集团之间的契约。③ 而独立的审判更能遵循立法原意，按照立法当时立法者的意图实施解释法律，从而有助于利益集团政治的运行。

此外，审判独立有利于实现个案的公正审理和公平裁判。坚持审判独立，即要求法官在审理裁判案件时不受法院内外的不当因素的影响，能够根据事实、法律和自己的内心良知进行公正裁断。只有免于行政机关、立法机关、公众媒体、政党政治与利益集团的不当影响，法官才能根据事实和法律，不偏不倚，秉公裁判。很难想象经费、人事、物资、设备受到其他机构控制的法院，在审理涉及相关机构的案件时，能够不顾及自身人财物受制于人的情势，保持中立，公正判决。因此，美国、英国、新西兰、新加坡等国法官的报酬绝对禁止减少，以减少法官的顾虑，能够独立审理并公正裁判。

四、审判独立与立法机关的监督

在实行权力分立的资本主义国家，司法权往往认为独立于立法权，司法机关与立法机关分立，不存在隶属关系。然而，由于历史传统、政治理念与社会文化的差异，各国政权组织形式权力分立样态不同，司法机关与立法机关的关系也不同。例如在美国，立法机关时常被认为是政府中最为危险的部门，因为它与人民

---

① William M. Landes and Richard A. Posner, The Independent Judiciary in an Interest-Group Perspective, *The Journal of Law & Economics*, Vol.18, No.3 (December 1975), p.879.

② William M. Landes and Richard A. Posner, The Independent Judiciary in an Interest-Group Perspective, *The Journal of Law & Economics*, Vol.18, No.3 (December 1975), p.879.

③ William M. Landes and Richard A. Posner, The Independent Judiciary in an Interest-Group Perspective, *The Journal of Law & Economics*, Vol.18, No.3 (December 1975), p.879.

的紧密联系,可能带来大多数人的暴政。[①] 它可能制定有缺陷的法律,而对人民的自由带来威胁。因而美国实行司法审查制度,司法机关有违宪审查权,对有违反宪法的法律,司法机关可以宣布无效。在英国,权力分立被视为保障司法独立的工具,[②]其坚持"议会至上",立法机关中的上议院曾对部分案件行使终审权。因而司法与立法的关系并非一成不变的,它们存在着不同的样态,不同形式的司法和立法的关系主要由当地的社会演进、经济安全与政治自由的需要所决定。

我国继承马克思主义经典作家的传统不赞同三权分立,但赞成在统一国家权力下的功能分立。在功能分立理论的指导下,我国实行议行合一、民主集中的人民代表大会制度。根据宪法,人民代表大会制度是最高权力机关,人大集合了立法、行政、司法(包括审判权和法律监督权)和军事权。[③] 把人大定位为最高层次的权力机关,就是考虑到我国人民民主专政的新型体制,人民的意志可以更为充分的体现。[④] 在统一权力的前提下,全国人大结合我国政权组织形式,将以上权能分工赋予国务院、最高人民法院、最高人民检察院与中央军事委员行使,自身保留了立法权与监督权,以确保国家权力的统一性和体现国家意志的宪法、法律得以遵守执行。[⑤]

人大对司法机关的监督是否构成对审判独立的侵犯是本文要讨论的问题。笔者认为,是否构成对审判独立的侵犯主要视其监督方式而定。人大可以从宏观上实施监督,通过审议法院的工作报告,对法院官员的提名和罢免权、质询权、视察权,实现总体的事后监督。正如前文谈到,审判独立强调的是司法裁判与其他因素之间不合适或者合适的联系或不联系,而仅仅实施宏观的监督没有干扰到个案中的司法判断,与司法判断不发生直接联系,进而对审判独立不产生直接影响。人大除了宏观上的监督,还可以从微观上监督,即个案监督,不同的个案

---

① John Ferejohn, Independent Judges, Dependent Judiciary: Explaining Judicial Independence, *Southern California Law Review*, Vol.72, No.2 & 3 (January & March 1999), p.378.

② John P. Humphrey, The Theory of the Separation of Functions, *The University of Toronto Law Journal*, Vol.6, No.2 (1946), p.359.

③ 万春:《论构建有中国特色的司法独立制度》,载《法学家》2002 年第 3 期。

④ 卞建林、姜涛:《个案监督研究——兼论人大审判监督的合理取向》,载《政法论坛》2002 年第 3 期。

⑤ 万春:《论构建有中国特色的司法独立制度》,载《法学家》2002 年第 3 期。

监督方式会与司法裁判发生不同的关联,从而对审判独立造成不同的影响。

根据蔡定剑的调研,人大个案监督有四种方式:转办、督办、查办、审办。① 在这四种监督方式中,转办案件人大并不就案件的处理提出意见,向法院施压要求改判,并未直接介入司法裁判中,转办只起到警示作用,提醒法院工作人员认真办案,秉公司法,其难以视为对审判独立产生负面影响。督办案件虽然要求法院报告复查结果,督办未果的重大案件将有可能引发查办,但与转办类似督办案件中人大对案件复查结果不予置评,不会对督办案件提出意见影响法院裁决,因而不会侵犯到审判独立。与转办、督办不同,在查办、审办案件中人大经过自己调查,会就案件结果提出监督意见,从而影响法院的裁判。在这一过程中人大监督与司法裁判发生了联系,而这一联系是不适合的,因为其削弱了审判独立功能的发挥。

查办与审办不利于实现法治。法治要求法律法规能够在全国范围内统一、协调、稳定地实施,而地方人大代表由地方人民选举产生,它代表地方各行各业的利益,具有地方性。人大查办审办案件,对案件提出处理意见,代表地方利益,在案件涉及外地当事人时,人大的地方保护倾向可能导致法律法规的曲解,破坏法律统一、协调、可预期的施行,从而不利于法治的实现。此外,法治的核心要素是对行政权力的限制,防止其滥用,然而我国部分人大代表来自于行政机关,甚至有相当多的地方人大常委会主任与当地的行政长官由一人兼任②,鉴于人大与行政机关如此紧密的联系,当案件涉及行政机关时,人大提出的监督意见有偏私行政机关的可能,司法限制行政权力的功能将受损,弱化司法钳制行政的功能必将不利于法治的实现。

查办与审办不利于程序正义的实现,不利于案件得到公正处理。不可否认,人大监督查办与审办案件中有成功的案例,在这些案例中人大纠正了枉法裁判的错误判决,追究了违法审判责任,肃清了法官队伍,保证了实质正义在个案中的实现。这些成功的个别案例,却不能为人大查办审办案件,向法院提监督建议,影响法官判案提供正当性论证,因为人大干预司法裁判违背了多项程序性原则,与现代程序正义理念相背。人大监督意见不符合直接审理原则,直接审理原则要求审判时法官、检察官、被告人、辩护律师、诉讼代理人以及其他诉讼参与人

① 蔡定剑:《人大个案监督的基本情况》,载《人大研究》2004 年第 3 期。

② 刘瑞华:《论人大的个案监督》,载《现代法学》2002 年第 8 期。

必须亲自出庭参加审理,以便法官集中审理,在各方参与的诉讼活动中形成心证。而人大监督意见是在庭外查阅案卷、听取汇报、开会审议中间接形成的,不符合直接审理原则。此外,人大监督意见不符合言词辩论原则,该原则要求参加审理的各方以言词方式进攻、防御,通过双方针锋相对的辩论揭示案件真相、阐明法律适用,法官据此裁判。而人大监督意见并非在两造对抗中形成,它是人大通过单方面调查、听取汇报等非辩论方式形成,因而不符合言词辩论原则,有违程序正义的理念。

五、审判独立与党的领导

资产阶级学者一般主张法官独立于政党包括执政党。① 有的国家,禁止法官保有党员身份,以防止司法裁判受到政党政治影响。有的国家,虽然不禁止法官参加政党,但要求法官参与审判活动时不受政党政策和政治倾向的影响。政党为国家产生持久变革和化解变革所带来的冲击提供制度化手段,并增强了国家推进政治、经济、社会现代化方面的能力。② “它就像润滑剂一样促进立法、司法和行政的相互联系、相互妥协,使分立的国家权力在政党政治中得以融和、平衡。政党以‘一统三’的方式成为整个国家政权和公民政治生活的实际控制者。”③政党在协调分立的国家权力与功能的同时,对各个权力与功能的运行产生影响,其中包括对司法权与功能的影响。例如,在美国,政党对联邦法官的选任、惩戒、退休都可能产生影响。然而,政党对审判的影响是间接的、隐性的,它是通过政治手段将其代表推送入政府系统,由它们的代表运作政府机关并行使机关职能时对审判产生影响,它们并不直接作用于审判。在我国,中国共产党集领导党与执政党双重身份于一身,它的领导地位以人民自愿接受为前提,包括对政治、经济、文化各方面的领导,其领导权不具有强制性。而它的执政以法律与暴力机关的强制力为基础,通过执掌和运作国家机关将党的政策转化为国家意志。

① 万春:《论构建有中国特色的司法独立制度》,载《法学家》2002 年第 3 期。

② 塞缪尔·P.亨廷顿:《变化社会中的政治秩序》,王冠华等译,三联书店 1989 年版,第 139 页。

③ 张璇孟:《论美国司法独立的政党困境及其制衡之道》,载《中共浙江省委党校学报》2011 年第 2 期。

在我国,执政党对审判独立产生影响的表现之一在于案件的党内审批制度。该制度是新中国成立初期,在强调党对司法工作的全面绝对的领导前提下,建立起来的。随着党法关系的理顺,1979 年 9 月 9 日,中共中央《关于坚决保证刑法、刑事诉讼法切实实施的指示》(即“64 号文件”)明确取消了各级党委审批案件的制度。执政党对审判独立产生影响的另一个表现是政法委的案件协调功能。政法委的功能包括督促推动大案要案的查处工作,研究、协调有争议的重大、疑难案件。政法委协调案件会涉及案件的事实、证据、法律、程序诸多方面,政法委会议纪要对法院裁判往往有约束力,影响法院的最终判决。据报道,有的承办法官对政法委协调结果存疑,为避免以后担责,将协调会会议纪要归入案卷。[①] 赵作海案件中,在政法委协调下,检察机关最终放弃缺少 DNA 鉴定结果这一疑点,并提起起诉,法院全部采信公诉人意见,下判定罪,最后造成错案。因此,政法委协调个案对法官事实的认定、法律的适用和最后的定罪量刑都产生影响,进而对审判独立产生影响。

政法委个案协调功能与法官裁判产生关联,我们进一步追问这样的关联对审判独立功能的实现起到何种作用。首先,政法委的个案协调不利于法治的实现。独立的审判能够通过公正裁判,一视同仁地惩治违法行为,限制公权力,保证法律的最高权威,最终实现法治,然而在我国现有权力架构中,很多地方的政法委书记由公安厅(局)长兼任,公安厅(局)长通常是省(市)委常委,有的还是副省(市)长,分管政法,造成公检法系统里警察的主导地位。政法委协调刑事案件赋予了公安机关正式的渠道,解决公检法机关在事实、证据、程序、法律适用上的分歧,同时有机会绕开刑事诉讼程序,利用公安机关的在权力构架中的主导地位向检察与法院施压,促使刑事流程向有利于公安部门利益方向发展。政法委个案协调机制强化了部门间的配合,却架空了部门间的相互制约,尤其是检察机关与法院对公安的制约,从而造成警察权力的变相扩张,这样的扩张与法治精神是相悖的,其将不利于依法治国的政治方略的实现。

其次,政法委个案协调也不利于个案得以公正处理,易造成冤假错案。近些年,刑事司法中曝光的一些全国知名冤案,其中政法委以“三长会”或其他形式进行的个案协调都起到一定推波助澜的作用。陈永生实证研究了 20 起刑事冤案,

① 叶竹盛:《政法委协调会机制面临变革》,载《南风窗》2014 年第 1 期。

其中多达9起案件受到地方党委(政法委)甚至同级政府部门干预协调,比例高达45%。① 方福建与钱文杰扩大了错案范围,以37起错案为样本,研究导致错案的原因。他们指出在39起错案中,有19起案件明确存在政法委的介入协调,比例高达51%。② 两份错案研究都同时指出政法委协调对案件的处理产生实质性影响。③ 政法委协调案件易导致案件的不公正处理,溯其根源,其制度设计的目的在于刑事政策的实现,在于追求社会稳定与社会效果。个案在正当程序中得以公正处理的价值目标被淡化,冤假错案发生的概率得以增加。政法委通过阅读书面案件材料,在协调会议上听取公、检、法案件汇报,进而协调案件处理,同样有违直接言词原则,案件的审查缺乏被告方的参与,缺乏双方对证据的开示与质证,缺乏双方的当庭辩论,没有现代法庭技术的支持,案件的审查落入行政模式的窠臼,案件证据的准确认定,事实确信,法律的正确适用等的可能性都被削弱,个案公正无法保障。最后,政法委协调的案件往往是公、检、法对案件的证据、事实、法律存在争议的案件,根据正常的刑事程序流程与审判中心主义,此类争议应由法院根据审理情况作出判断,另行引入政法委协调,一则削弱法院权威,二则为实现某些政策目标,在公、检、法间达成一致,容易忽视疑点,降低证明标准,牺牲被告人利益,造成个案公正的缺失。

虽然政法委的协调不利于法治与个案的公正处理,但其一定程度上可以缓解公、检、法之间的程序争议,促使刑事诉讼流程的协调运作。曾军与师亮亮认为在特定情况下,由于我国《刑事诉讼法》不具备解决公、检、法、司程序争议的功能,而政法委却能缓解程序争议,这是地方政法委协调刑事诉讼程序的主要原

① 陈永生:《我国刑事误判问题透视——以20起震惊全国的刑事冤案为样本的分析》,载《中国法学》2007年第3期。

② 方福建、钱文杰:《刑事错案的成因及对策——以37起典型错案为样本》,载《江苏警官学院学报》2015年第2期。

③ 此外,李先伟的研究表明,政法委协调造成的冤案,全部出自基层政法委,而中央政法委和省级政法委协调的个案迄今未发现冤案。李先伟指出基层政法委协调的案件是同一被告单一犯罪行为的案件,协调的空间小,协调的结果往往使正常的司法程序基本消失,检察官和法官都难以依法独立地行使职权,刑事辩护难以发挥作用,错案的可能性提高。李先伟:《政法委的级别与个案协调差异研究》,载《山东警察学院学报》2011年第4期。

因。[①] 程序争议可能发生在管辖阶段,也可能发生在需要不同机关配合的环节,如法院决定的逮捕需要公安机关执行时,检察院将案件退回公安机关补充侦查时等。政法委介入程序争议,为争议的解决提供了一个独立权威的裁断机构,可以避免刑事诉讼程序"失灵",为解决程序争议和刑事诉讼的顺利进行提供了可能。虽然政法委程序争议协调客观上推进了刑事诉讼进程,但根本上解决程序争议应有赖于细化规则,发挥诉讼程序内的协调机制,避免争议发生,而非另行引入非法定程序外第三方协调。此外,需要注意的是,这里的程序争议不应当包括检察机关对公安机关移送的案件决定不逮捕或不起诉,法院不认同检察机关的指控判决无罪,检察机关对法院判决提起抗诉的情形,对于这些决定,其他机关可能持有异议,但这些决定属于刑事诉讼法赋予检察院与法院职权范围之内,实现了三机关之间相互制约的组织关系,政法委若介入加以协调,无疑会打破三机关之间的制约与平衡,不利于办案机关保证办案质量提升办案水平,为冤假错案的发生埋下伏笔。

六、审判独立与审判监督管理

审判监督管理是对审判活动的指导、组织、评价、监督、制约,从而保证审判的有序进行,确保审判活动的公正、廉洁、高效运行的制度安排。[②] 绝对的权力导致腐败,公权力需要受到约束和限制,审判权也不例外。审判监督管理为审判权的行使提供了有效的制约监督机制,可以促使法官公正高效地裁判案件,防范自由裁量权的滥用,提升司法权威。具体而言,我国审判管理的内容主要包括院庭长监督指导审判工作、审判委员会讨论决定重大案件以及专门机构的案件评查、绩效考评。院庭长监督指导审判工作与审判委员会制度根植于我国法院独立而非法官独立的宪法设计。我国宪法规定,法院依照法律规定独立行使审判权。院庭长监督指导审判工作与审判委员会讨论决定案件通过制度形式将审判权分配于法院的各个内设机构,使法院的不同层级参加到案件的裁判过程之中,整合了审判力量,将合议庭或独任法官的意见上升为法院意见,从而保证了法院集体行使审判权。院庭长和审判委员会对审判活动的监督指导同时也是大陆法

① 曾军、师亮亮:《地方政法委协调处理刑事案件的制度考察及分析》,载《西南政法大学学报》2012 年第 2 期。

② 龙宗智:《审判管理:功效、局限及界限把握》,载《法学研究》2011 年第 4 期。

系传统科层制在审判权运行机制上的体现。大陆法系国家法院在组织结构上具有层级特征,承继这一传统,我国法官具有不同的职务和行政级别。“处于上级的司法人员往往对处于下级的司法人员在考评、工作安排、职务晋升等各方面产生作用,从而将官僚科层影响引入到法院组织。”①由于审判与管理,司法与行政的混同,科层制被引入审判权的配置当中,从而出现了院庭长监督指导审判工作和审判委员会讨论决定案件制度。

虽然院庭长对审判工作的监督指导和审判委员会制度有宪法与历史基础,但两者对司法裁判的影响,与直接言词原则、辩论原则、公开原则、回避原则等程序性原则相抵触,并被批评为不利于法官和合议庭独立行使审判权。判断这两种制度对司法裁判的影响是否合适,是否有利于审判独立,即要分析它们对法治、司法公正、机构间的分工制衡以及利益集团政治的施行的影响是积极的或是消极的。笔者认为现阶段院庭长的监督指导与审判委员会制度对法治的实现起促进作用。法治的关键在于限制政府权力,使政府机关、官员及其代表依法行使权力。这需要独立的审判作为保证,使其可以惩治不合法的行政行为,对其撤销,令其无效。而现阶段我国法官的保障制度乏力,难以寄希望于独立的法官个人承担起限制政府权力的职能。我国法官并不享有终身制,现行法官管理体制是地方党委主管,上级法院协管,法官事实上可以被任意撤换和调动。当法官面对公权力机关滥权时,职业保障乏力的法官个人难以与公权力抗衡,可以想象他们首先能够寻求的支持自然来自法院内部,他们通过征求庭长、副院长、院长甚至审判委员会的意见分散压力与风险,将个人承担的压力转换为由整个法院来承担,将法官裁判转化为法院裁判。Owen M. Fiss 在司法官僚化一文中论述道,司法独立于政治机构可能有赖于法院通过官僚组织发展组织资源的能力。②当院庭长与审判委员会委员参与到案件的裁判中,他们能够调动更为广泛的政治、行政、人脉资源,对案件中的公权力机关采取更为强硬的态度,限制其滥用权力。院庭长指导监督审判工作和审判委员会制度即为院庭长和审判委员会委员参与案件裁判提供了这样一个正式的制度。也许有人会反对这一论述。他们认

① 李利:《中国法院改革:职业化与官僚化组织特征比较之研究》,载《兰州学刊》2016年第2期。

② Owen M. Fiss, The Bureaucratization of the Judiciary, *The Yale Law Journal*, Vol.92, No.8 (July 1983), 1443.

为院庭长和审判委员介入裁判也可能为外部公权力干预影响裁判程序提供渠道。贺卫方论述道,地方党政官员更多是通过法院院长影响案件结果,而非承办法官。[①] 张洪涛从法律组织学角度论证了审判委员会具有"十字形"组织结构,这种结构使外来的行政干预可以以"民主化"集体决策方式出现,[②]从而影响案件裁判。因此,院庭长和审判委员会委员是否有勇气抵御来自其他政府部门的压力与干扰是关键。他们的勇气除了他们的性格倾向外,更有赖于法院人事、财政、物资的独立,不受其他政府部门公权力机关的钳制。随着省级以下法院人财物的统一管理,地方法院对当地政府的依赖减弱,法院的整体独立得以强化,而院庭长监督指导审判工作和审判委员会制度使法官个人能够向法院组织体"借力",使其能够有足够的权威,惩治不合法的行政行为,规范公权力,实现法治。

院庭长监督指导审判工作与审判委员会制度也有利于保证案件质量、实现个案中的实体公正。院庭长与审判委员会委员一般为办案经验丰富的法官,他们监督指导案件,可以弥补法官经验缺乏、法学专业能力和技能不足等缺陷。他们对案件事实的认定、证据的评价、法律的适用都可能提出专业性意见,从而有助于厘清案件思路,找准关键,提高审判质量,实现实体公正。此外,院庭长对案件的监督指导与审判委员会讨论决定案件,也有助于防止司法腐败。近年来,司法腐败情况严峻,多有案件见诸报端,例如武汉市中级人民法院原院长周文轩受贿案、湖南省高级人民法院原院长吴振汉受贿案、辽宁省高级人民法院原院长田凤岐受贿案等。院庭长对审判工作的监督指导为司法腐败增添了一面防火墙,院庭长对相关领域的案件熟悉,对审判工作中出现的隐匿证据、重要情节和故意提供虚假材料等异常情况会有所警觉,有助于遏制司法腐败。此外,院庭长监督指导审判工作和审判委员会讨论案件,使更多法官参与到司法裁判产品的生产链条中来,增加腐败成本,遏制腐败势头。

结　语

通过以上分析,笔者认为在现行政治构架下,审判独立可以为"中国特色社会主义法治理论"体系所接受,成为其与外界对话的语词。本文认为审判独立概

---

① 贺卫方:《关于审判委员会的几点评论》,载《北大法律评论》1998 年第 2 辑。

② 张洪涛:《审判委员会法律组织学解读——兼与苏力教授商榷》,载《法学评论》2014 年第 5 期。

念的核心是司法裁判与其他因素之间不合适或者合适的联系或不联系。其中“合适”是关键词。执政党领导、人大监督和审判监督管理是否与审判独立理论冲突,要视其与司法裁判之间的关联是否“合适”。而是否“合适”的判断标准在于这三种制度设计对审判独立功能的影响,不利于审判独立功能实现的将被视为不合适,反之则视为合适。以上分析显示,人大监督、党的领导与审判监督管理并不必然与审判独立理念相冲突,审判独立可以为“中国特色社会主义法治理论”体系所接受。

当审判独立理念为“中国特色社会主义法治理论”体系所接受后,现行制度中的相关次要方面需要改进。例如人大个案监督中的查办与审办,其形成了监督意见,与司法判断产生关联,而此类关联不利于司法独立实现法治和个案公正功能的发挥,是不“合适”的,需要废止。又如党通过政法委协调案件的方式领导司法工作,其将对具体案件事实的认定、程序的进展、法律的适用产生影响,从而与司法裁判过程发生关联,这样的关联不利于法治的实现和案件得以公正处理,其是不合适的,需要改革。虽然政法委协调个案有助于公检法之间的协调运作,但程序外的协调机制违背了程序法治、审判公开、辩论、直接言词等原则,增添了错案的隐患,也是不可取的。刑事程序的协调运作应有赖于精细化公、检、法三家之间程序内的协调机制来完成,政法委不应介入,避免扭曲刑事诉讼程序结构等问题的出现。

因此,若以审判独立作为我国“中国特色社会主义法治理论”的一部分,我们应当废除人大个案监督中的查办与审办以及政法委的个案协调,这些制度的废除并未完全废止人大监督与执政党领导职能,却能平衡司法权、监督权与领导权能。对于较为严密的审判管理监督,其制度正当性在于我国现阶段法官职业保障不健全与法官清正廉洁的法律文化氛围尚未形成,随着法官职业保障的完善与专业道德技能的提升,审判监督管理也应当弱化,防止其在实务中的异化,侵害审判独立。

从形式到实质:司法责任制语境下错案甄别及功能检视

谷昔伟*

摘要:党的十八届三中全会确立了“让审理者裁判,由裁判者负责”的理念,法官依法独立行使审判权得到进一步落实,在放权和减少不当干预的同时,司法责任制成为牵住司法改革的牛鼻子。应当区分形式意义上的错案和实质意义上的错案,发改案件的增加仅意味着形式意义上错案的增加。厘清发改案件中的不合格案件、被再审改判案件、司法责任制中的“违法判决”等实质意义上错案的判断标准,在有效约束法官不当行为的同时,保障法官的裁判权,发挥二审发改的纠错、统一法律适用、消解不满功能,弱化发改率的考核功能,对于形式意义上的错案,设置一定的容错率,纳入法官绩效考核范畴,激励法官提升法律素养,依法独立行使审判权。对于司法责任制中的“违法判决”,除受贿、枉法裁判、制造虚假案件等主观恶性较重的几类情形,对于其他故意或重大过失并造成严重后果的违法判决,由法官惩戒委员会调查后,提交职权部门依法处理。案件质量终身负责制为内部追责程序,与刑事责任追诉期限并不冲突。

关键词:司法责任制;错案;发改案件

党的十八届三中全会提出“让审理者裁判,由裁判者负责”的审判理念,员额制改革后,主审法官对个案裁判的话语权增强。同时,随着司法责任制的落实,法官错判风险随之增加。当前,由于我国二审终审以及再审监督功能的设置,实际上二审仅具有形式上的终局性,实质上当事人依然可以通过申请法院再审和检察院抗诉对生效判决进行审查。从该意义上,二审发改案件应认定为形式意

---

* 作者系华东政法大学2018级民商法博士研究生,江苏省南通市中级人民法院民一庭审判员。

义上的错案,不同于被再审纠正或法院内部认定为不合格案件的错案,更有别于违法审判的错案,该类错案为实质意义上的错案。

本文以J省N市中院员额制改革前后民事案件发改情况为样本,透视司法责任制语境下,区分形式意义上错案和实质意义上错案,以进一步强化二审发改的制度功能。

一、样本比较:基于J省N市中院员额制前后民事案件发改率的考察

(一)样本的定量分析

J省N市两级法院在2016年启动法官员额制改革,并于同年下半年产生首批员额法官。2017年,随着员额制改革的深入,N市中院未入额审判员、助理审判员不再独立承办案件,案件主要由员额法官办理,基层法院未入额审判员、助理审判员继续办理简易民事案件。由此,N市法院2017年民事案件大多由员额法官所完成,有别于2016年。以下就2016年、2017年N市中院民事发改案件进行比较。

表1

年度		2016年	2017年
二审案件数(件)		3028	3046
发改案件数(件)	合计	288	348
	其中:改判	238	265
	撤销原裁定	21	15
	发回重审	29	68
发改率(以二审案件数为基数)		9.51%	11.4%
发改原因	认定事实正确但处理不当或适用法律错误(百分比)	125(43.4%)	118(33.9%)
	认定事实错误或事实不清(百分比)	64(22.22%)	108(31%)
	出现新证据(百分比)	37(12.85%)	56(16.1%)
	撤销原裁定指令再审案件(百分比)	21(7.29%)	15(4%)
	其他(百分比)	41(14.24%)	51(15%)

(二)样本的定性分析

二审案件发改率的提升与发回案件的大幅度增加,究其原因:

1.案件把关机制式微。因司法责任制之后,员额法官定案权增加,法院院庭长不再签发文书,院庭长把关机制缺失,除独任制外,尚有较多案件由人民陪审员组成合议庭,而人民陪审员陪而不审现象较为普遍,导致在一定时期内,案件整体质量有所下降。

2.责任风险规避考量。“在许多案件中,法院也可能会诉诸法律规则。但是在每一个案件中,法院可以自由地权衡将规则适用于特定的事实情景所带来的后果是否弊大于利。”①一审法官在处理案件的过程中,立足规范意义上的裁判思维,一般根据请求权基础作出裁判。对于有所争议的案件,一审法官会提交法官会议乃至审判委员会讨论;对法律适用争议较大、错判风险系数较高的案件,会通过书面或口头请示的方式,向上级法院请示。

在不同风险同时存在时,一审法官出于风险规避的利益衡量,会选择风险相对较小的裁判方式,可能该裁判结论明显错误,但一审法官依然会选择如此裁判,将案件的额外风险转移到二审法院。二审法院选择维持,则面临错案风险;但如果改判,则当事人无休止上访等无法预测的风险将由二审法官承担。二审法官在该困境中,基于风险和收益的权衡,会尽可能促成调解。对于无法调解的案件,发回的风险远小于改判,变相导致发回案件的增加。

3.事实不清被发回案件增加。J 省 N 市 2017 年因事实认定错误或不清被发改案件达到 108 件,较 2016 年增加近一倍。员额制后,司法责任制如同达摩克利斯之剑,二审法官更加谨慎对待事实认定问题。对部分事实不清的案件,在矛盾不大时,二审法官会选择查明后改判,但对于风险较大的案件,则更有可能以事实不清发回重审。

实际上,因上下级法院系统内的认同关系,发回重审并不容易。但员额制后,合议庭享有更大的定案权限,合议庭其他成员对承办人的意见,基于彼此合作的需要,一般倾向性同意,由此导致二审发回较改革前更为便利,因事实不清发回重审案件数大幅增加。发回重审变相成为规避风险和矛盾的策略性选择。

---

① [美]理查德·瓦瑟斯特罗姆:《法官如何裁判》,孙海波译,中国法制出版社 2016 年版,第 186 页。

二、二审发改的显性目标与隐性功能

(一)显性目标

1.纠错和统一法律适用。除小额诉讼和特别程序案件外,我国普通案件实行二审终审制,当事人对一审判决结果不服,有权在法定期间提起上诉。上诉权具有两方面的社会宗旨:其一,降低法律错误成本;其二,使统一的法律规则得以创制和维持。[①] 二审的主要目标在于纠错和维持法律适用的统一性。通过第二审程序,上级人民法院可对下级人民法院的审判工作进行有效的监督,维护司法的公正性和统一性。[②]

根据最高人民法院公报中历年全国司法统计公报的数据,自 2010 年至 2014 年,二审发回改判案件呈下降趋势,而 2014 年之后,开始呈现上升趋势。有学者曾对 1993—2012 年期间我国民商事二审案件改判和发回重审情况进行了实证研究,得到的结论是 20 年间上诉率大体呈"V"字形变化,其中以 1999 年为界,之前由 24.4%下降至 17.4%;之后则升至 2010 年的 30.8%,此后两年小幅下降维持在 29%左右。[③]

但总体而言,发回改判率的变动幅度较小,通过发回改判率的分析难以断言实质意义上错案增多。毕竟,二审终审并非实质终审,在我国还有法院内部的再审监督机制和检察机关的抗诉机制。发改率作为考核法官业绩和法院工作的重要指标,其主要目标自然在于纠正错误判决,输出更为公正的司法产品。

2.消解当事人不满情绪。我国民事二审由全面审理向续审制转变后,二审功能侧重于当事人的权利救济。除违反法律规定,损害国家、集体或他人合法权益的情形,二审一般仅审查当事人上诉部分,亦不能作出对上诉人更不利的判决。

长期以来,二审乃至再审程序的设置,除了纠错和统一法律适用外,其重要功能还在于吸收不满。我国基层法院承担了大量一审案件的审判工作,一审法

---

① [美]理查德·波斯纳:《法律的经济分析》,蒋兆康译,法律出版社 2012 年版,第 868 页。

② 张卫平:《民事诉讼法》,法律出版社 2016 年版,第 352 页。

③ 席月民:《民商事案件二审改判的标准和规则之治》,载《中国政法大学学报》2018 年第 3 期。

官更关注纠纷处理结果的实质公正,对于裁判文书的说理相对简略。

二审期间,当事人上诉范围较一审审理范围小,二审法官就当事人不满的焦点问题,进行较为充分的说理论证。二审后,当事人申请再审的案件比例较提起上诉的比例低得多。二审终审固然导致部分败诉当事人的无奈放弃,也在一定程度上让当事人意识到其诉求是否确实不当或者从法律角度而言其主张不应当得到支持。

(二)隐性功能

二审的功能侧重于对当事人的权利救济,二审法院大多遵循"依法维持、慎重改判、强化调解、严格发回"的司法政策,[①]就二审与再审的功能分析,二审所审理的是尚未生效的案件,对于可改可不改的案件,应当改判或发回;而再审审理的是已经生效的判决,基于对法院生效判决的既判力考量,对于可改可不改的案件,一般予以维持。

但在实际的司法运行中,二审法官基于上下级法院关系、个人在系统内声誉、法院整体发改率等因素的考虑,在二审时对于是否发改并不明确的案件,倾向于维持,该心理机制的形成导致二审法官改判的标准为明显不当或错误案件,对于微小瑕疵趋向于保守。之所以对二审发改率予以控制,还在于我国审判管理中占比较高的案件质量绩效考核,在我国四级法院管理体制中,高级法院对中级法院进行考核。其中,发改率的高低直接影响该中级法院的绩效指标,一审案件发改率实际上计入高级法院对中级法院的考核指标中。

如此,中级法院对基层法院一审案件发改率的高低,势必影响本地区的审判业绩。中级法院承担了对基层法院的指导功能,一审发改率的提升,意味着二审法院对一审法院的指导不够,也会让当事人对二审法院的改判有了更多的期待。尽管很多期待并不合理合法,但从当事人的视角,其一般不认为自己的主张在法律层面无法得到支持。发改率的大幅度提升会激发当事人上诉的本能冲动,二审案件数必然上升,由此导致二审法院案多人少矛盾的进一步突出。

(三)自由裁量权行使中的价值考量

1.自由裁量权行使中的个体价值差异。一直以来,发改率都是衡量案件质量的重要指标,但需要进一步分析的是,二审案件的发改未必一定正确。审判实

① 纪敏:《公正司法,一心为民,廉洁自律,一生平安——在全国民事审判工作座谈会上的讲话》,载《民事审判指导与参考》2007 年第 2 辑,法律出版社 2007 年版,第 71~72 页。

践中,相当一部分再审案件推翻二审判决结果,维持了一审判决结论。但对于检察机关提起抗诉再审的案件,改变二审案件裁判结果的相对较少。

员额制改革后,除少数认定事实或适用法律明显错误的案件外,不同法官对于事实认定和法律的理解存在差异,尽管我国长期以来注重实证法学的研究和实践,司法裁判注重法教义学功能的发挥。但是法律适用本身存在诸多不确定因素,在法律的适用过程中,有大量不确定法律概念,诸多法律规范较为原则和模糊。在适用过程中融入法官个人的解释,正所谓法律的生命在于经验,更在于解释。故而在裁判案件的过程中,法官享有自由裁量权,承认法官的裁判过程涉及自由裁量问题,其实就是认可法官不能机械地适用法律,其自身的价值判断必然在法律适用中扮演重要的角色。① 但不同法官特别是不同层级法官对于个案的价值判断存在显著差异,而价值判断则是法官解释不确定法律概念的核心要件,直接影响案件的裁判结论。法官有一定的自由裁量权限,行使裁量权注定会受个人经验、性格弱点等因素的影响,不同经验、气质以及其他的两位法官会经常产生分歧,但并不表明哪位法官干得更好。②

在法官享有自由裁量权和自主权的时候,二审案件的发改率有所提升就更容易让人理解。通常而言,二审法官不宜改变一审法官的自由裁量问题。但在涉及价值判断时,一审法官更加注重经验,其对案件的亲历性优于二审法官。一审法官更容易在庭审中根据当事人的表现,形成支持原告或被告经验性的内心确信。但二审法官对案件事实的查明仅为补充性和针对性查证,更多从法律适用层面对一审的结论进行分析,最终可能形成与一审不同的结论。

因为敲响法槌的法官始终是人。在训练、能力、偏见以及知识方面存在的差异依然存在,这会导致他们依据类似事实得出不同的结论。③ 正是法律适用的不确定性以及个案中不同价值判断,司法实践中,相当数量的案件存在类案不同判的现象。

2.发改案件作为形式意义上错案的功能。就此而论,从J省N市两年民事

---

① 陈景辉:《原则、自由裁量与依法裁判》,载《法学研究》2006年第5期。

② [美]理查德·波斯纳:《法官如何思考》,苏力译,北京大学出版社2009年版,第198页。

③ [美]卢埃林:《荆棘丛——关于法律与法学院的经典演讲》,明辉译,北京大学出版社2017年版,第40页。

案件的发改定量数据可以看出,事实认定问题是发改的主要原因。但是任何人无法还原客观事实。法院的事实认定仅为在证据规则下,对法律事实的认定,纵然该事实认定应尽可能接近客观事实,但依然远离甚至背离客观事实,事实认定中的证人证言的可采信程度、证据的高度盖然性标准等,与法官的个体认知和价值判断直接相关。即便不考虑一、二审法官之间长期合作形成的"共同体"关系认同,也应当认识到,二审发改率一定幅度内的提升,实际上并不意味着案件质量的必然下降,反而凸显了现行司法运行制度所必然具有的特点。

问题在于,审判管理中,发改案件作为形式意义上的错案,直接影响法官个人的绩效考核和法院的考核指标。对于发改率的过度依赖,一定程度上导致一、二审法院之间的常年博弈,弱化了二审的纠错监督功能。发改案件不仅影响一审法院的晋职晋级和绩效考核,也影响一审法院的工作业绩,有必要就发改案件的功能予以重新认识,对形式意义上的错案和实质意义上的错案进行重新定位。

三、司法责任制语境下实质意义上错案标准的限定

(一)司法责任制下的"违法审判责任"

2013 年 11 月 12 日,党的十八届三中全会通过了《中共中央关于全面深化改革若干重大问题的决定》,要求完善主审法官、合议庭的办案责任制,明确提出"让审理者裁判,由裁判者负责"。2015 年 3 月,习近平总书记提出"要紧紧牵住司法责任制这个牛鼻子"。党的十八届四中全会通过的《中共中央关于全面推进依法治国若干重大问题的决定》进一步明确法官办案终身责任制和错案责任倒查问责制。《人民法院四五改革纲要》明确要健全司法过错追究机制。

但一直以来,对于形式意义上的错案与实质意义上的错案关系如何定位,在认识上较为模糊。近年来,各地法院加强对发改案件的评查,由资深法官组成评查委员会,对发改案件评定为合格、基本合格、不合格几类。司法实践中,发改案件并不直接导致对法官的责任追究,但对法官个人的绩效考核有所影响,进而影响到其声誉、晋职晋级、评先评优等隐性或显性福利。

2015 年,最高人民法院发布《关于完善人民法院司法责任制的若干意见》(以下简称《意见》),其中,第四部分专门规定"审判责任的认定和追究",第 25 条规定:"法官应当对其履行审判职责的行为承担责任,在职责范围内对办案质量终身负责。法官在审判工作中,故意违反法律法规的,或者因重大过失导致裁判错误并造成严重后果的,依法应当承担违法审判责任。法官有违反职业道德准

则和纪律规定,接受案件当事人及相关人员的请客送礼、与律师进行不正当交往等违纪违法行为,依照法律及有关纪律规定另行处理。”该条确立了法官“对办案质量终身负责”的原则,界定了构成“违法审判责任”的条件。除此之外,还明确了“不得作为错案进行责任追究”的情形,但该规定在实际操作层面,依然需要各地出台较为明确的意见。

该规定是法院内部的政策性文件,一度被关注的是办案质量终身负责制。根据该意见,对违法审判的责任主要有行政责任、刑事责任。对于发改案件中被评查为不合格案件的,如果没有故意或重大过失,则不属于以上责任的追究范围,对于故意或重大过失,除了“审理案件时有贪污受贿、徇私舞弊、枉法裁判行为的”或“违反规定私自办案或者制造虚假案件的”外,其余的都以造成严重后果为终身负责的追责要件。

办案质量终身负责并非意味着涉及刑事责任的,不受刑事诉讼法关于刑事追诉时效期间的限制,而是法院对违法审判的工作人员,可以终身追究其失职的责任。根据该意见,对于民事案件,一般只要不涉及主观上的贪污受贿、徇私舞弊等明显违法行为,被界定为违法审判的可能性极低。因为民事案件更多处理的是财产纠纷,不涉及当事人的人身自由及生命,很少会导致严重后果。除前述文件外,2016 年,最高人民法院、最高人民检察院印发《关于建立法官、检察官惩戒制度的意见(试行)》;2017 年,最高人民法院发布《最高人民法院司法责任制实施意见(试行)》,均进一步明确故意或重大过失导致案件错误并造成严重后果的,由法官惩戒委员会调查后提出意见并提交不同部门处理。

(二)违法审判“严重后果”认定时刑法意义上的因果关系的判断

“严重后果”的认定依然比较模糊,比如少数当事人常年信访,是否属于严重后果,不同时期不同地区的认识并不统一。比较典型的有广东莫兆军玩忽职守罪案①、天津马瑞芝滥用职权罪案②,该两起案件中,均因法官审理民事案件引发“严重后果”导致检察机关启动刑事追责程序。

在莫兆军案的终审判决中,法院认为“被告人莫兆军作为司法工作人员,在民事诉讼中依照法定程序履行独任法官的职责,按照民事诉讼证据规则认定案件事实并作出判决,没有出现不负责任或不正确履行职责的玩忽职守行为,客观

---

① 参见广东省高级人民法院(2004)粤高法刑二终字第 24 号刑事裁定书。

② 参见河北省秦皇岛市中级人民法院(2014)秦刑终字第 84 号刑事裁定书。

上出现的当事人自杀结果与其职务行为之间没有刑法上的必然因果关系,其行为不构成玩忽职守罪”。在马瑞芝案件的二审判决中,法院认为“从本案造成的影响看,案外人的上访的确由本案引起。但上访本身是公民权利,不是恶劣社会影响的表现形式。即使上访人有过激的行为,也是其对相关诉讼救济权利的放弃及自身的认知造成的,不是该案本身的必然结果。上访后果与二原审被告人的职务行为之间没有刑法意义上的必然因果关系……二原审被告人的行为不构成滥用职权罪”。

从两起案件的结果来看,最终都被认定为无罪,但对当事法官个人而言,即使最后被判决无罪,但职业生涯也基本宣告结束。因两起案件涉及玩忽职守罪和滥用职权罪,主观要件为过失,客观上,均需要玩忽职守、滥用职权行为与损失后果之间具有刑法上的因果关系。对于主观上故意的,则可能涉及其他刑事犯罪,是否需要具备严重后果、是否需要具备刑法意义上的因果关系,应当根据所涉罪名构成要件予以认定。

(三)发改案件与司法责任制语境中的违法判决

厌恶风险乃人之本性,长期以来,对于错案的模糊认识,导致法官在裁判案件中基于自我保护的需要,对于疑难复杂案件、矛盾较大案件,不敢裁判或倾向性作出对“老实人”不利的判决,最为典型的是,部分案件以保护弱势群体利益的名义作出对所谓强势群体不利的判决,原因在于,一、二审法官都可能合理预测到如此判决,即使未必正确,但确实是风险最小的判决。由此,法律的判断让位于政治性、利益性的考量。

对于法官自由裁判权的尊重易引起社会的不安,特别是当前的司法环境下,司法不公、司法腐败现象屡屡见诸报端,部分冤假错案的纠正更让社会对法官独立行使审判权有所质疑。但对法官行使司法权的尊重,正是现代意义上法治国家的必然要求。近年来,随着司法改革的推进,在全面落实司法责任制的背景下,错案终身追究制也重磅落地。但因为语言的多义性,在认定“错案”时,不同群体,不同语境之下,其意涵并不一致。各地法院对错案的认定标准也不同,有的法院制定了较为详细的错案认定标准,有的法院将发改案件等同于错案。

但是,因发改案件并不意味着是实质意义上的错案,发改率短期内一定幅度的升降,与案件质量的优劣未必有必然联系。通过二审和再审程序,让判决结果得到多数人的认同,即形成多数人的共识。对于二审发改或再审发改的案件,如经评查,确定为法律适用错误(法律规定或司法解释明确无争议)、程序明显不当或者事实认定明显错误的案件,属于实质意义上的错案,但该类错案不同于司法责任终身追究制中的违法违规案件。

人类在认识世界和改造世界的过程中,有追求完美的原始冲动,但100%正确仅为理想化的愿景。既然法官也是人,苛求100%正确并不现实。对于执掌审判权的法官,应当具备优于常人的判断能力,提供更好的司法产品和服务,对于非本人主观原因(关系案、人情案等)的发改案件,应当设置一定的容错率。即对其司法产品允许有极少数瑕疵,如瑕疵较多,且经培训、提醒等无法改变的,则应当调整其岗位直至退出员额。

四、司法责任制语境下二审发改标准及功能检视

(一)细化发回改判标准及程序

我国民事诉讼法对于发回案件的次数作了严格控制,因事实不清而发回的,只能发回一次。但对程序严重违法的发回,并无次数限制。而事实不清则存在改判或发回重审两种可能性。标准的模糊性,导致法官基于责任风险的规避,更愿意选择发回重审而非查清事实后改判。

在英美法系及大陆法系其他国家,高审级法院实行专门的"法律审",①在美国,对于事实不清的,发回一审重审;但德国、日本、我国台湾地区等大陆法系为续审制,我国亦如此。二审法院针对上诉请求的事实及法律理由,一并审查原审的事实认定与法律适用,是为"事实审"。② 对于基本事实未查清的,二审法院才可以发回重审。但对于少数即便发回也无法查清事实的,应当通过强化当事人举证质证认定法律事实,在二审阶段予以改判而不是发回。

按照我国《民事诉讼法》第170条规定,事实错误、一审判决适用法律错误以及一审判决认定基本事实不清但二审已查清事实这三种情形应依法改判。二审改判应当加强规则续造,对争议性较大的问题或有重大社会影响的问题,通过改判凝聚道德和法律共识,如郑州电梯劝烟猝死案的二审改判。但对于一审法院自由裁量问题,在没有明显不当时,二审法院不宜改判。同时,由于一审法官的

① 王亚新、陈杭平、刘君博:《中国民事诉讼法重点讲义》,高等教育出版社2017年版,第267页。

② 王亚新、陈杭平、刘君博:《中国民事诉讼法重点讲义》,高等教育出版社2017年版,第267页。

亲历性较二审法官更强,在改判或发回案件时,应当与一审法官进行沟通,听取一审法官的意见,避免不必要改判给司法权行使带来的不确定性。

(二)加强裁判说理和发改案件的评查

发改案件对当事人的权利影响较大,二审在发回改判时,应当有充分的理由。对于疑难复杂案件或者个案涉及某一方面法律适用问题需要统一的,应当提交法官会议予以讨论,必要时,提交审判委员会。通过发改案件,统一裁判制度,给一审法院和当事人以合理的预期。

对改判案件,应当全面加强裁判文书说理。2018 年 6 月 1 日,最高人民法院印发《关于加强和规范裁判文书释法说理的指导意见》,该意见第 8 条明确规定,二审改判或者发回重审案件应当强化释法说理。当事人在一审胜诉后,二审被改判,必然带来利益格局的显著差异,二审裁判文书应当对改判理由进行充分说理,避免引发当事人对法院合法裁判的不满,接受社会的监督。

上级法院应当组织对一审发改案件的评查和分析,主要目的在于重新审视二审发改的正当性、合法性是否充分,并针对一审被发改案件普遍存在的问题予以梳理,并加强对下指导。一审法院对发改案件组织评查分析,降低因法律适用不统一导致的发改。

(三)弱化发改率考核功能与强化违法审判责任追究

如前文所述,二审的功能在于纠错和吸收当事人的不满,形成多数人的共识。但因二审发改未必一定正确。对于发回改判率的考核应当有所弱化,减少一审法院因忌惮二审改判,将大量疑难复杂案件或矛盾激化案件通过内部请示的形式提交上级法院,变相导致当事人上诉权的丧失。

员额制后,司法责任制中的错案标准应当进一步明确,各法院设置案件质量评查小组,评查被发回案件是否合格。根据 J 省 N 市的发改案件,较多二审改判案件为新证据的出现,尽管该类案件不被认定为错案,但依然统计在发改率中,不尽合理。二审发改率的功能弱化,有利于一审法院依法独立行使审判权,为当事人提供更为公平的救济途径。毕竟,二审法院在发改案件时,或多或少受制于考核指标、人际关系的功利性考量。发改率指标的科学化设置和功能弱化,不代表弃用,毕竟裁判权不仅仅是权力,更伴随着责任。在对发改案件设置一定的容错率基础上,加强对法官的内部考核,对经案件评查小组认定为不合格案件的数量超过一定容错率的,应当通过内部考核程序予以处理。

但发改案件不同于司法责任制中的违法审判,对于是否涉及《意见》中违法审判的案件,应当通过加强外部监督的方式,予以界定。既要确保一审法官依法行使审判权,也要防止权力的滥用所形成的腐败和冤假错案。权力导致腐败,绝对的权力导致绝对的腐败。[①] 不过,采取必要的程序措施,预防、制止并制裁社会监督中发生不应有的个人暴力、群体暴力甚或大众舆论暴力,也是二审改判社会监督的题中应有之意。如果我们想通过相关行为人的偏好来解释社会制度的发展和维持的话,就需要详细说明,理性行为人希望这些规则的实质内容,在多样化的分配形式下究竟是什么。[②] 对于二审期间发现有徇私舞弊、受贿等严重违法违规的行为,应当依法依规进行党纪政纪处理,并由法官惩戒委员会进行调查,根据调查的结论分别提交相关部门处理,涉及刑事犯罪的,报送监察机关,由监察机关审查是否涉及刑事犯罪的情形。

结　语

党的十九大报告指出,要深化司法体制综合配套改革,全面落实司法责任制,努力让人民群众在每一个司法案件中感受到公平正义。二审程序作为正常诉讼进程中的终审程序,对当事人的权益影响较大,在依法保障法官审判权的同时,进一步明确二审的制度功能,厘清二审发回改判的标准。

加强对发改案件的评查,防止审判权垄断所造成的冤假错案发生。对于因发改被认定为错误判决的,应当进一步审查是否属于司法责任制中的"违法判决",认识到错误不同于违法。设置发改案件容错率。对于超过容错率指标的,应当通过绩效考核予以体现。如发现有受贿、滥用职权等严重违法行为,移送监察委进一步调查,依法追究其责任。

准确界定故意、重大过失导致的"严重后果",在认定玩忽职守、滥用职权等刑事责任时,不仅要有严重后果,还要有重大过失与严重后果之间有刑法意义上的因果关系。如此,以进一步明晰案件质量终身负责制的实质内涵。

---

① 阿克顿:《自由与权力》,侯健、范亚峰译,商务印书馆 2001 年版,第 342 页。

② 苏新建:《程序正义对司法信任的影响——基于主观程序正义的实证研究》,载《环球法律评论》2014 年第 5 期。

建构合作型司法:法院调解的行动逻辑与生成机制

李东澍*

摘要:调解具有“基于法律”的特性,以不突破法律限定的框架和不违背法律的强制性规定为原则,其指向的是司法柔性的、实质正义的一面。因此,调解呈现出生产“模糊的法律产品”从而“熨平法律的皱折”之行动逻辑,并且在生成上有赖于主持调解的法官所拥有的“司法的默会知识”。究其本质,调解笼罩在“法律的光影”之中,其注重国家法律规范与社会生活事实之间的沟通关系,乃是一种法院、纠纷当事人共同建构出一个半自主社会领域的合作型司法。

关键词:调解;合作型司法;基于法律;模糊的法律产品;默会知识

一、问题的提出

司法的本质是法院依法实施社会治理,生产出相应司法产品来满足社会公众需求。法院的司法运作模式或者说案件制作术可分为调解与裁判(判决、裁定)两大理想类型(ideal types)。以对法律的恪守程度(即合法律性,legality)和倚重程度为标准,裁判堪称“遵循法律”,调解堪称“基于法律”。“遵循法律”,是指裁判高度遵循国家法律,在程序和实体上均受到法律严格约束,故更多指向司法刚性的、程序正义的一面。“基于法律”,则是指作为调解者的法院和作为纠纷双方的当事人在“法律的光影”中磋商、博弈,调解的过程和结果以不突破法律限定的框架和不违背法律的强制性规定为原则;在此区间内,法律程序的简易化和民间规范的准据化都是允许的,当事人的意愿表达和合意达成乃是关键。因此,

* 作者系华东师范大学2015级社会发展学院社会学专业博士研究生,贵州中创联律师事务所律师。

调解更多指向司法柔性的、实质正义的一面，与裁判刚好互补。①

审视相关实践，可以发现我国法院系统长期以来对调解相当倚重。此点可由全国统计数据和笔者在贵州省远山县(化名)田野调查获得的地方统计数据予以证实。② 详言之，表1、图1、图2是2000—2017年期间，全国法院民事一审结案中的调解情况；表2、图3、图4是2006—2018年期间，远山县法院民事一审结案中的调解情况。需要说明的是，表1、图1、图2中的数据来源于《中国法律年鉴》2001—2018年各卷，因收录2018年司法统计数据的《中国法律年鉴》2019年卷尚未出版，故表1、图1、图2中的相应数据以2017年为终点；同时，由于远山县法院是从2006年起将相应档案资料进行电子数据化，故表2、图3、图4收集的是远山县2006—2018年期间的数据。

表1　2000—2017年全国民事诉讼一审结案中的调解情况

年份	结案数(件)	调解结案数(件)	调解结案占比(%)
2000	4733886	1785560	37.72
2001	4616472	1622332	35.14
2002	4393306	1331978	30.32
2003	4416168	1322220	29.94
2004	4303744	1334792	31.01
2005	4360184	1399772	32.10
2006	4382407	1426245	32.54
2007	4682737	1565554	33.43
2008	5381185	1893340	35.18

① 参见李东澍：《熨平皱折：司法调解对法律与民俗之弥合》，载《原生态民族文化学刊》2018年第4期。

② 远山县系贵州省新兴工商业重镇，远山县法院为该省第二批司法改革试点单位。需进一步说明的是，笔者是以公开身份从事的田野调查，并依照社会科学惯例对本文中所涉及的省级以下地名和人名一一作出技术处理。本文中的资料均来自合法渠道，不涉及对国家秘密、个人隐私或商业秘密的不当披露。

续表

年份	结案数(件)	调解结案数(件)	调解结案占比(%)
2009	5797160	2099024	36.21
2010	6112695	2371683	38.80
2011	6559621	2665178	40.63
2012	7206331	3004979	41.70
2013	7510584	2847990	37.92
2014	8010342	2672956	33.37
2015	9575152	2754843	28.77
2016	10763889	2787475	25.90
2017	11651363	2885318	24.76

资料来源:《中国法律年鉴》2001—2018 年各卷

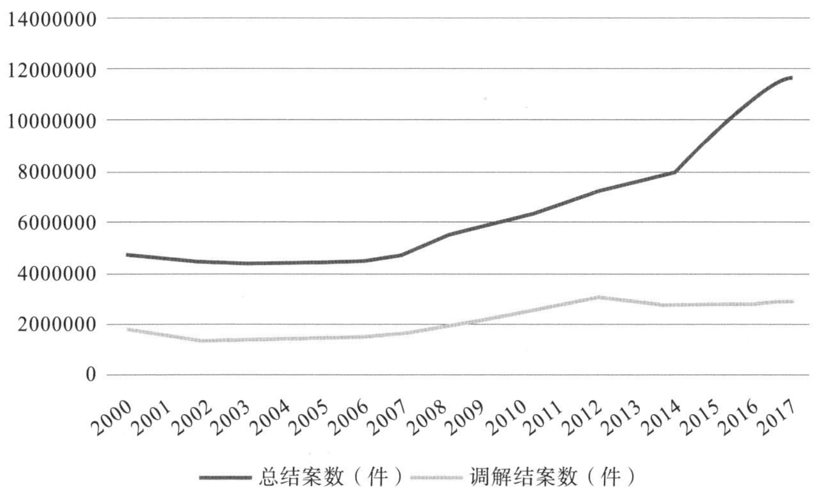

图 1　2000—2017 年全国民事诉讼一审结案数及调解结案数变化趋势

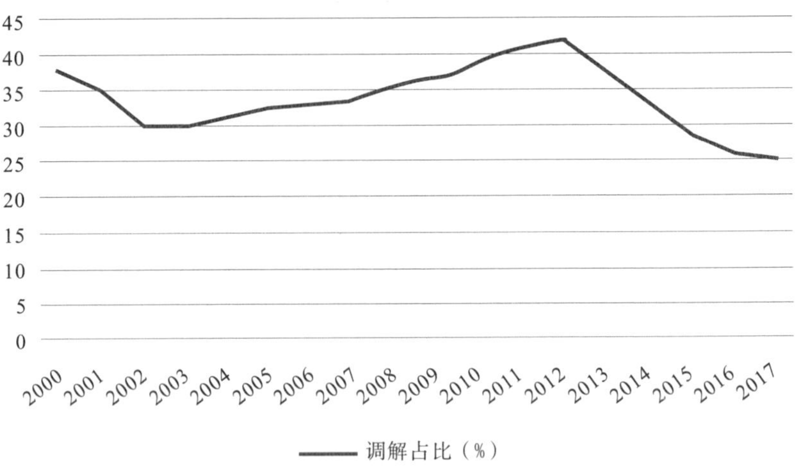

图 2　2000—2017 年全国民事诉讼一审结案中的调解占比变迁

从表 1、图 1、图 2 可知，在 2000—2017 年期间，全国法院民事一审结案中的平均调解结案率为 33.64%。比较而言，2012 年度的调解结案率为 41.70%，系历年最高水平，这无疑是一个令人瞩目的数据；2017 年度的调解结案率为 24.76%，虽然系历年最低水平，但是这一数据仍显得十分可观。除 2003 年度、2015 年度、2016 年度、2017 年度之外，其他年度的调解结案率均高于 30.00%，其中 2011 年度和 2012 年度更是超过了 40.00%。我国法院系统在司法实践中对于调解的倚重程度可见一斑。

表 2　2006—2018 年远山县民事诉讼一审结案中的调解情况

年份	结案数（件）	调解结案数（件）	调解结案率（%）	调解后自愿撤诉案件数（件）	调解后自愿撤诉率（%）	调撤案件数（件）①	调撤率（%）②
2006	988	543	54.96	232	23.48	775	78.84
2007	1260	564	44.76	352	27.94	916	72.70

① 调撤案件数即调解结案数与调解后自愿撤诉案件数之和。

② 调撤率即调解结案数与调解后自愿撤诉案件数之和除以当年结案数所得出的比值。

续表

年份	结案数（件）	调解结案数（件）	调解结案率（%）	调解后自愿撤诉案件数（件）	调解后自愿撤诉率（%）	调撤案件数（件）	调撤率（%）
2008	1100	425	38.64	312	28.36	737	67.00
2009	1065	387	36.34	308	28.92	695	65.26
2010	976	395	40.47	292	29.92	687	70.39
2011	985	417	42.34	272	27.61	689	69.95
2012	1293	595	46.02	389	30.08	984	76.10
2013	1563	722	46.19	469	30.01	1191	76.20
2014	1913	735	38.42	562	29.38	1297	67.80
2015	2879	1003	34.84	912	31.68	1915	66.52
2016	3627	1210	33.36	1010	27.85	2220	61.21
2017	4485	1626	36.25	1143	25.48	2769	61.73
2018	5427	1967	36.24	1359	25.04	3326	61.28

资料来源：远山县法院研究室 2006—2018 年民事司法档案

从表 2、图 3、图 4 可知，在 2006—2018 年期间，远山县法院民事一审结案中，调解结案率最高的是 2006 年度的 54.96%，最低的是 2016 年度的 33.36%，平均调解结案率为 40.68%。调解后自愿撤诉率最高的是 2015 年度的31.68%，最低的是 2006 年度的 23.48%，平均调解后自愿撤诉率为 28.13%。调撤率最高的是 2006 年度的 78.84%，最低的是 2016 年度的 61.21%，平均调撤率为 68.84%。这意味着相对于全国整体的平均状况而言，作为基层法院的远山县法院对调解更加青睐，连续十多年来其超过半数的民事案件均是以调解方式完结。

有鉴于此，我们有必要进一步追问的是，“基于法律”的调解缘何如此重要？它凭借何种优长得以维持自身长盛不衰的生命力？要想回答这样的疑问，需要通过相关经验材料来探究法院调解的行动逻辑和生成机制。基于在远山县所获田野材料可以发现，调解因其“基于法律”的特性，呈现出生产“模糊的法律产品”

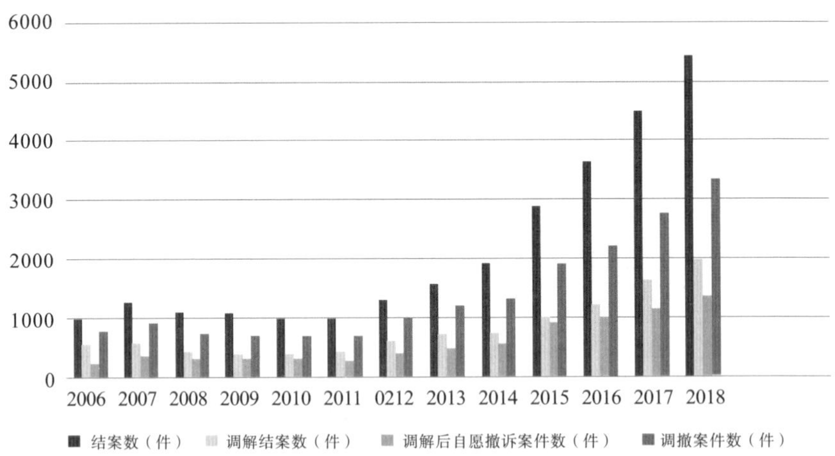

图3　2006—2018年远山县民事诉讼一审中的调解结案数及调解撤诉案件数变化

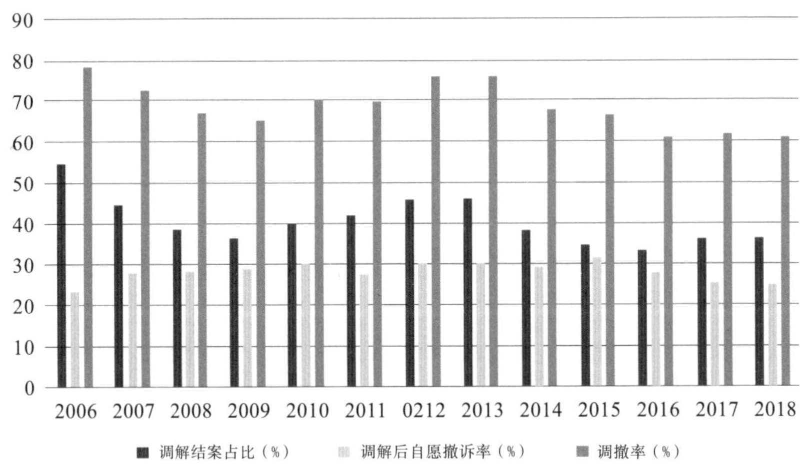

图4　2006—2018年远山县民事诉讼一审中的调解结案占比及调解撤诉率变迁

从而"熨平法律的皱折"之行动逻辑；同时，调解在生成机制上有赖于主持调解的法官所拥有的"司法的默会知识"。就本质来说，调解笼罩在"法律的光影"之中，其注重国家法律规范与社会生活事实之间的沟通关系，是一种法院、原被告双方当事人共同建构出一个半自主社会领域的合作型司法。

二、行动逻辑:“模糊的法律产品”

比较而言,裁判生产的是“精确的法律产品”,而调解生产的是“模糊的法律产品”。毋庸置疑,大千社会包罗万象、日新月异,法律文本则容量有限、相对静止;法律在很大程度上是立法者在立法之际对当时社会的思考判断,它并非完美无缺、无所不包,社会却持续变迁、无限繁复,法律与社会之间无可避免地存在着一定的抵牾或脱节。是故,在缺乏具体的既定法律规范可供适用时,或者法律条文在特定问题上含混不清时,调解因为能够生产出“模糊的法律产品”而具备若干便利,并由此获得法院系统和相应法官的青睐。

正如英国资深法官丹宁勋爵在阐述司法之道时所言:“我想作个简单的比喻,就是,法官应该向自己提出这么个问题:如果立法者自己偶然遇到法律织物上的这种皱折,他们会怎样把它弄平呢?很简单,法官必须像立法者们那样去做。一个法官绝不可以改变法律织物的编织材料,但是他可以,也应该把皱折熨平。”[①]可见,在司法中创造性地适用和发展法律,从而使得国家和法律能够积极地回应和服务社会,是法院的重要使命;而调解正是法院熨平法律皱折、弥合法律与社会缝隙的有效手段。远山县法院民庭2017年审理的远山芳草商贸有限责任公司(以下简称芳草公司)房屋租赁合同纠纷案可谓典型案例。

案例1:芳草公司房屋租赁合同纠纷案

芳草公司系远山县一家民营企业,拥有一处临街院落。2013年时芳草公司在未经相应行政许可的情况下,将院落中原有的露天车棚改建为一间房屋。芳草公司于2014年9月16日将该房屋出租给居民姜瑞林,并在租赁合同中约定如下:该房屋用途为餐厅经营,租期三年(截至2017年9月15日);年租金9万元,一年一付,于每年9月之内付清。租赁合同签订后,姜瑞林按时支付了前两年(2014年9月16日至2016年9月15日)的房租。

时至2017年8月初,在远山县多部门加强城市管理、整顿违章建筑的联合行政执法行动中,芳草公司用作餐厅出租的房屋被认定为违章建筑,并被依法要求限期整改。嗣后,姜瑞林在2017年9月租期届满时未支付当年租金给芳草公

① [英]丹宁勋爵:《法律的训诫》,杨百揆、刘庸安、丁健译,法律出版社2011年版,第16页。

司。芳草公司多次交涉无果。2017 年 11 月,芳草公司几经权衡,向远山县法院提起民事诉讼,要求姜瑞林履行租赁合同所约定的租金给付义务,及时偿还所欠 9 万元租金。姜瑞林以用作餐厅的房屋系违章建筑为由,主张该租赁合同属无效合同,故拒绝支付所欠租金。芳草公司则认为该房屋虽系违章建筑,但由于姜瑞林实际进行了使用,故仍理应支付一定的占用费。双方僵持不下。

根据案件事实和双方主张,独任庭法官王亚辉在经过查证相应法律规范后,得出了下述判断:其一,依据《合同法》第 52 条第 5 项、《城乡规划法》第 40 条第 1 款、《最高人民法院〈城镇房屋租赁合同案件解释〉》第 2 条之规定,如在本案一审辩论结束前,芳草公司仍未取得建设工程规划许可证,或者经主管部门批准该房屋建设,则该涉案房屋确系违章建筑,并将会导致该租赁合同因违反法律(即《城乡规范法》第 40 条第 1 款)的强制性规定而构成无效合同。其二,依据《合同法》第 58 条、《最高人民法院〈城镇房屋租赁合同案件解释〉》第 5 条第 1 款之规定,姜瑞林需交还该房屋给芳草公司(此点已履行);同时,尽管该租赁合同无效,但是芳草公司有权要求姜瑞林参照合同约定的租金标准来支付房屋占用费,且法院原则上应予支持。① 故此,独任庭将前述法律信息反馈给双方,并建议通过调解方式解决本案,双方经深思熟虑后均表同意。然而,几经磋商,双方对房屋占有使用费的金额并未顺利达成共识。一方面,在姜瑞林看来,双方各有理亏之处,故“各打五十大板”比较合理——从诚信的角度讲,自己确实使用了三年房屋;而芳草公司明知该房屋是违章建筑却仍将其出租,对此种违法行为不宜鼓励,因此原定租金各承担一半即 4.5 万元比较合适。另一方面,芳草公司认为虽

① 《合同法》第 52 条第 5 项:“有下列情形之一的,合同无效……(五)违反法律、行政法规的强制性规定的,合同无效。”《城乡规划法》第 40 条第 1 款:“在城市、镇规划区内进行建筑物、构筑物、道路、管线和其他工程建设的,建设单位或者个人应当向城市、县人民政府城乡规划主管部门或者省、自治区、直辖市人民政府确定的镇人民政府申请办理建设工程规划许可证。”《最高人民法院〈城镇房屋租赁合同案件解释〉》第 2 条:“出租人就未取得建设工程规划许可证或者未按照建设工程规划许可证的规定建设的房屋,与承租人订立的租赁合同无效。但在一审法庭辩论终结前取得建设工程规划许可证或者经主管部门批准建设的,人民法院应当认定有效。”《合同法》第 58 条:“合同无效或者被撤销后,因该合同取得的财产,应当予以返还;不能返还或者没有必要返还的,应当折价补偿。有过错的一方应当赔偿对方因此所受到的损失,双方都有过错的,应当各自承担相应的责任。”《最高人民法院〈城镇房屋租赁合同案件解释〉》第 5 条第 1 款:“房屋租赁合同无效,当事人请求参照合同约定的租金标准支付房屋占有使用费的,人民法院一般应予以支持。”

然该房屋是违章建筑,但是客观上并未因此造成姜瑞林的租用受到实质影响,其餐厅经营的利益得到了充分实现。考虑到联合执法行动认定该房屋系违章建筑的时间是 2017 年 8 月初,故愿意减去一个月的租金即 7500 元,姜瑞林仍需支付 8.25 万元。

面对僵局,独任庭向冲突双方提示道:在法定审限内,双方可继续洽谈,但如届时仍未达成合意,则远山县法院将依法作出判决。由于法律和司法解释只是原则性地规定"参照合同约定的租金标准支付房屋占有使用费",而未明确给出具体比例,故法院有着较大的自由裁量空间。因此,判决结果存在着不符合一方或双方预期值的可能性。即使将案件上诉到北定市中级人民法院,双方仍需面对此种"结果不确定性",而彼此消耗的时间、精力、金钱成本却势必增加。双方经过郑重考虑,均表示"不愿太过麻烦",并请求独任庭提供一个调解方案。在此基础上,独任庭建议将双方提出的金额进行折中,得出 6.375 万元的数值,并且本着双方既往的友好关系和互谅互解的精神,可进一步将零头去掉,以 6 万元作为和解金额。双方对此表示满意,其中芳草公司自愿负担本案诉讼费(原为 1650 元,因系调解结案故依法减半收取)。随即,双方在独任庭主持下签收了相应民事调解书。

立足于案例 1,之所以说调解生产出的是"模糊的法律产品",原因如下。

首先,相对裁判所生产的判决书、裁定书而言,作为调解最终产物的调解书在写作上便具有模糊性。由上可见,调解书乃是填充式的,法院仅需要对原被告双方的基本信息、达成了何种协议以及诉讼费用负担进行填写,既无须对证据事实进行陈述并展开分析认定,同时也无须对其司法结果展开充分的释法明理,灵活而简便。作为案外人,难以单凭一纸调解书本身了解到整个案件的来龙去脉,一切都被遮蔽在宏观而模糊的叙述之中。相反,如果以裁判方式结案,对应的司法产品将呈现为截然不同的另一种样式。申言之,裁判最终表现为一份以精准的法律语言和严谨的法律推理来支撑的判决书或裁定书,并且它的篇幅短则数页,长则数十页甚至数百页;无论是对证据事实的辨别和筛选,还是对法律条文的适用和论证,都需要全面、完整、规范、细致、周密,用精工细作、滴水不漏来形容亦不为过。作为案外人,即使未旁听审理过程,亦无须借助庭审笔录等卷宗材料即可掌握案件的大量信息。因此,概括而言,调解书是"模糊的",判决书、裁定书是"精确的",它们的长处与短处恰好相反。对于作为制作主体的法院来说,

“精确的判决书(裁定书)”是“用法律技术建构逻辑世界,而这种对日常生活的抽象化需要良好的法律逻辑思维和审判经验”,[①]殊为不易;而“模糊的调解书”则简单易写、便捷省事。对案例1而言,其民事调解书如下:

贵州省远山县人民法院

民事调解书

(2017)远初字第×号

原告远山芳草商贸有限责任公司,住所地远山县×街×号,联系电话××××。

被告姜瑞林,男,×年×月×日生,汉族,身份证号××××,住××××,联系电话××××。

本院于2017年11月13日立案受理了原告远山芳草商贸有限公司与被告姜瑞林房屋租赁合同纠纷一案,依法由审判员王亚辉适用简易程序公开进行了审理。原告要求被告给付租金8万元。

本案在审理过程中,经本院主持调解,双方当事人自愿达成如下协议:

被告姜瑞林于本协议签订后30日内一次性支付现金6万元(大写:¥陆万圆整)作为涉案房屋占有使用费给原告远山芳草商贸有限责任公司。

本案案件受理费825元,远山芳草商贸有限责任公司自愿承担。

上述协议,符合有关法律规定,本院予以确认。

本调解书经双方当事人签收后,即具有法律效力。

审判员 王亚辉

二〇一七年十二月四日

书记员 侯晓梅

(院印)

其次,调解书的模糊性与调解过程本身的模糊性是交相辉映、彼此勾连的。案例1显现出调解的一个特性——无论是作为案件审理者的法院还是作为纠纷双方的原、被告,均可以借此有效规避举证质证和法律适用难题。一方面,尽管当事人双方对一些模糊的法律事实缺乏举证和质证,但是只要他们没有明显分

① 张永和等:《大邑调解》,法律出版社2011年版,第39页。

歧，法院即可不必再依职权主动去调查清楚相应事实，或者像是在判决书、裁定书中那样详细叙述这些事实并郑重注明“双方均不持异议”。因为调解书是大而化之的，所以在调解过程中也就可以从容不迫地进行简省，从而最大化地尊重纠纷双方对于程序的选择权和对于实体的处分权。另一方面，对于案例1来说，法律条文的规定本身就具有一定模糊性，法律和司法解释只是原则性地规定“参照合同约定的租金标准支付房屋占有使用费”，那么，“以模糊（处理）对模糊（规定）”不失为一个明智之举。详言之，在案例1中选择调解而非裁判，将更有助于法院、法官积极回应社会需求，克服具体个案中法律资源不足的难题。既然法律规范赋予了法院酌情决定的权力，那么从符合法律精神与合情合理的角度讲，“参照”意味着只要是相对低于原本约定的租金标准便是正当的——毋庸赘言，如果是趋近于原定租金，则有鼓励出租人肆意出租违章建筑之弊；如果是显著低于原定租金，则有纵容承租人损害出租人信赖利益和不当得利之失。因此，其尺度把握不易。如果是以裁判方式完成审理，远山县法院基于自身意志而作出的判决在合法律性维度并无缺失，但是当事人一方甚至双方却有可能倍感失衡而会提起上诉。并且，将案件上诉到北定市中级人民法院，双方仍需面对此种“法律的模糊性”所带来的结果不确定性，而当事人的诉讼成本和法院系统的司法成本却必然大幅增加。若如此，不如尽可能引导当事人达成合意，以调解方式得出一个法院和原、被告三方都满意的结果，实现定分止争、案结事了的合作共赢局面。诚然，通过调解“熨平法律的皱折”，可以同时兼顾司法的法律效果和社会效果，从而彻底化解矛盾、定分止争，践行司法为民的社会主义法治理念。毕竟，司法是一门从正义而生活的艺术，司法技艺既是对法律规范进行逻辑演绎的技艺，更是为社会生活尝试纠纷化解的技艺；法院、法官既需要在形式上“处置纠纷”，更需要切实地“解决纠纷”——从根本上消除矛盾、修复双方受损的社会关系。

最后，调解在过程和结果上的模糊性，同它具有的内容开放性和信息保密性密不可分。一方面，从内容而言，调解更具开放性而裁判更具封闭性。因为调解是模糊的、填充的，所以它是开放的——调解允许法院根据案里案外的各种信息，发现潜藏在表面争议下的深层次矛盾，从而整体地、根本地解决纠纷、消除冲突；调解需要但不囿于就事论事，它可以避免仅仅局限于过去，从而积极面向未来以寻求解纷之道。对案例1来说，如果双方愿意，他们完全可以在调解中达成这样的协议：如芳草公司的涉案房屋能够补办相应手续而合法律化，则姜瑞林可以优先承租，并且获得一定的租金折扣。相反，因为裁判是逻辑的、精确的，所以它是封闭的——裁判面对的是过去,是解决发生在诉讼前的冲突,裁判仅针对当事人的诉讼请求而作出,对于诉讼其请求之外的事项,无论它如何利于从整体上解决双方冲突和符合当事人的长远利益,裁判都不能对此予以回应。另一方面,调解的“模糊性”也意味着当事人可因此为纠纷解决赋予一定的“私密性”。由于调解在程序方面更为简便灵活,而且调解最终是基于纠纷双方合意而达成的,故无须像裁判那样一丝不苟地进行全程公开庭审,以防作为调解人的法院滥用权力。在此前提下,最终形成的调解书通过简化叙事,使得原告出租违章建筑和被告拖欠租金这样的细节被免于在司法文书中完整地公之于众,双方纠纷可谓淡化处理、悄然解决,最大程度避免了彼此可能遭遇的尴尬。[①] 相反,裁判作为强制性的纠纷解决,其合法性(或曰“正当性”,legitimacy,下同)需要靠审判公开来予以保证,而严格的全程公开同当事人信息保密最大化之期望难免抵触。

通过设身处地的思考,我们不难发现下列因素均可成为调解的动力:第一,调解立基于纠纷双方所达成的合意,这是调解与裁判的重要分水岭。申言之,因为调解是双方当事人合意的结果,所以他们相对容易服判,更有望自觉履行调解所达成的协议。如果负有义务的一方当事人不积极履行其义务,则意味着他(她)是对自己所作允诺的背叛,相当于对社会宣示自身是一个反复无常、缺乏诚信之人,会遭受巨大的社会压力。第二,以调解方式结案,案件即失去了可上诉性,作为一审法院的基层法院借此避免了对应中级法院在二审中对案件作出改判的风险,对自身的办案绩效考核有一定益处。第三,调解的达成依赖于法院、法官的循循善诱和因势利导。部分法官因为社会阅历丰富而对调解技术的应用得心应手,所以只要案件性质适合调解且双方当事人愿意调解,他们往往更倾向于调解。特别是对于部分未受过系统的正规法学教育的基层法官来说,虽然调解往往意味着多轮的沟通、谈判、说服工作,在整体上效率未必高于在经过双方举证、质证、辩论后的直接据法裁判,却为他们省去了难度甚大,需要绞尽脑汁、字斟句酌的判决书、裁定书写作之苦。第四,法院系统对调解的激励措施亦会促使法官优先采用调解方式来进行审理运作。考察实践可知,法院系统曾一度流行将调解结案率作为考核法官业绩的重要指标的做法,并且长期致力于让法院

① 需要补充说明的是,在建设数字化法院和推进司法公开浪潮中,对于判决书、裁定书的要求是逐步全面录入最高人民法院建立的中国裁判文书网,而对于调解书则无此硬性要求。

的司法调解与行政调解、人民调解相衔接,从而形成相辅相成的大调解格局。在制度激励下,部分基层法院甚至推出了"调解标兵评比"和"调解排行榜"等措施。① 事实上,调解和裁判各有所长,相对片面强调"调解优先"而言,"能调则调、当判则判,调判结合、案结事了"更为符合司法的实际需求。

概而论之,作为"模糊的法律产品",调解的比较优势可归纳为:利用自愿性(程序自愿与实体自愿,即当事人具有选择是否调解、达成何种调解的自愿)、目的和解性、过程协商性、内容开放性、信息保密性、程序简易性、结果灵便性和费用低廉性(调解结案,诉讼费将减半收取,且不存在二审费用,通常也不存在执行费用)。② 调解因其模糊性而满足了合作型司法对实质正义、结果导向之需求,从而为审理运作开放出一个可供法院和冲突双方进行沟通协商的制度性回旋空间。在这一空间中,纠纷双方可以基于自身利益而在法律框架内求取中道,在互无异议的事实或者说"自认真相"的基础上,谋求一个"大家都有台阶下"的结果,从而握手言和、皆大欢喜;这种大团圆式结局对法院也是富有意义的,因为案结事了意味着法院真正完成了定分止争的司法任务。不同行动者的策略选择展现出了法院调解场域的结构特征:当事人与当事人之间的横向合作、当事人与法院之间的纵向合作均被整合进由司法支配的调解机制中,两者共同构成一种动态均衡。"法律"则呈现出一定模糊性:对当事人而言,"法律"是一种符号,更是一种能够带来利益的力量;对律师而言,"法律"是一种获取利益的规则体系,可据此为当事人"找说法";对法院而言,"法律"是随时存在的底线,但只要不超出其原则性框架、不违背其强制性规定,适当变通、折中是允许的。③

归根结底,因为社会本身是法律发展过程中的决定因素,社会秩序本身才是真正的法律,所以要避免单纯就法律而法律的机械司法,而应当致力于让纸面的、静态的、有限的法律去适应鲜活的、流动的、无限的社会。因此,司法必定流连于事实与规范,穿梭于司法场域与生活场域;司法在特定案件中所仰赖的"规范"往往是法律规范与民间规范之合,两者各有千秋、各有长短,可以相互补正。

① 参见张永和等:《大邑调解》,法律出版社 2011 年版,第 40～46 页。

② 参见李浩:《调解的比较优势和法院调解制度的改革》,载何兵主编:《和谐社会与纠纷解决机制》,北京大学出版社 2007 年版。

③ 参见李瑜青、雷明贵:《合作型司法及其权威——以法院调解实践为视角》,载《中国农业大学学报(社会科学版)》2011 年第 4 期。

基层法院通过对国家整体和地方局部、国家法律和民间规范、法律知识和地方知识、法律推理技术和日常生活技术进行衡平和调谐①,同时兼顾了国家立法层面的普遍公正和语境化的地方公正。是故,实务界提倡"在案件审理中追求法律效果与社会效果的统一",既对代表全国这一社会整体的意志的国家立法负责,同时又对当地社会尤其是特定社区公众的合理期待负责。②

综上所述,在生产制作"模糊的法律产品"过程中,法院扮演的是积极引导双方正和博弈的调解人,采用的不是非此即彼、非对即错、非输既赢的形式逻辑,而是消解对抗、和衷共济、互惠互利的辩证逻辑——恰如季卫东教授所言,"审判者的主要作业是把对抗性因素不断分解重组,通过反复的'一分为二'和'合二为一'式的辩证法处理,使对立的逻辑转化为连续的逻辑,导致广泛的中间项和灰色区"。③ 借此,国家和社会、国家法律和民间规范实现了良性互动,个案的实质正义、"和为贵"的优良传统得到尊重,各地司法实践中所收获的法律知识、司法信息亦被有效反馈给国家,从而推动了立法的不断修订完善。④ 可见,调解以"基于法律"为特征,并以"生产模糊的法律产品"从而"熨平法律的皱折"为行动逻辑,反映出的是司法对法律的本土资源的探寻和利用——法律的本土资源不仅仅源于历史传统,更源自当下法律实践中的智慧结晶。⑤借用郭星华教授的话来说:"从一个更加开放的视野去理解法律的逻辑,我们就会发现对于后发性法制现代化国家来说,其法治的发展正是现代性与地方性相互建构、彼此形塑,

① 早在两千多年前的古希腊,思想家亚里士多德即揭示了法律普遍性与个案特殊性之间可能存在的冲突:"法律是一般的陈述,但有些事情不可能只靠一般陈述解决问题。"对于这一难题,亚里士多德认为有赖于法院、法官通过"衡平"的手段来进行补救,此时司法者要把自己看成是立法者,以设身处地、身临其境的方式来理解立法者在这一时空情境会何去何从。参见[古希腊]亚里士多德:《尼各马可伦理学》,廖申白译,商务印书馆 2003 年版,第 161 页。

② 参见李东澍:《熨平皱折:司法调解对法律与民俗之弥合》,载《原生态民族文化学刊》2018 年第 4 期。

③ 季卫东:《中国司法的思维方式及其文化特征》,载葛洪义主编:《法律方法与法律思维》(第 3 辑),中国政法大学出版社 2005 年版。

④ 基层司法中的大量经验被最高人民法院总结成司法解释或指导性案例,从而具有准法律性质;而法院系统向权力机关兼立法机关、行政机关反馈的法律建议也成为人大立法工作、行政立法工作的重要参考。

⑤ 参见苏力:《法治及其本土资源》,北京大学出版社 2015 年第 3 版,第 15～22 页。

最终形成新的法律传统的过程。”①

三、生成机制:司法的默会知识

前文指出,调解的行动逻辑在于生产“模糊的法律产品”从而“熨平法律的皱折”。通过对案例1的探讨,我们可以发现调解在生成上相当依赖司法的默会知识。一个必要的佐证是最高人民法院所编撰的指导案例几乎都是以裁判方式办结的案例,它们更多依赖于司法的显性知识。英国学者迈克尔·波兰尼指出,人类的知识可分为两大类型:一类是明确知识(或译“显性知识”,explicit knowledge),它能够以明确的书面文字、图表和数学公式等符号进行编码表述,故亦称为“编码知识”(coded knowledge)、“明言知识(articulate knowledge)”、“理性知识”(rational knowledge)等。另一类是默会知识(或译“隐性知识”,tacit knowledge),它是一种可意会而难言传的知识,人们经常使用它却不能通过书面文字、图表和数学公式等符号对其予以清晰表达或直接传递,因此,它本质上是一种理解力、领悟力、判断力、创造力,故亦称为“行动中的知识”(knowledge in action)、“内在于行动中的知识”(action-inherent knowledge)以及“非明言知识”(inarticulate knowledge)等。② 尽管默会知识是需要意会而难以言传的,但是通过深描远山县法院相应的调解实践,从而尽可能让理论界和实务界感受、领略这种“行动中的知识”是具有意义的。大量平凡而又耐人寻味的田野材料充分折射出司法默会知识对于调解的重要性。申言之,这些默会知识是建构在当地社会的地方性知识和练达通透的人情世故基础上的。下面请看远山县法院东岭人民法庭2016年审理的南涛与梁丽离婚纠纷案。

案例2:南涛与梁丽离婚纠纷案

2016年1月22日,在远山县法院东岭人民法庭的调解室中,一起离婚纠纷案件正在按照法律要求先行调解。③ 青年夫妇南涛和梁丽因为感情失和而对簿

---

① 郭星华主编:《法社会学教程》,中国人民大学出版社2015年第2版,第196页。

② 参见[英]迈克尔·波兰尼:《个人知识:迈向后批判哲学》,许泽民译、陈维政校,贵州人民出版社2000年版,第101~128页;李白鹤:《波兰尼的“默会认识”思想研究》,载《武汉大学学报(哲学社会科学版)》2006年第4期;郁振华:《波兰尼的默会认识论》,载《自然辩证法研究》2001年第8期。

③ 依照《婚姻法》第32条之规定,离婚案件属于法院必须先依法调解的案件。

公堂，双方的父母、兄弟乃至七大姑八大姨全部赶到，分别给自己的家人站场助威。原本不大的调解室人满为患，水泄不通。由于双方在生活中因琐事有颇多磕碰，而亲友群在两旁的围观更加导致彼此剑拔弩张。调解工作在充满火药味的氛围中艰难进行，两人并非有条不紊地摆事实讲道理，而是互爆粗口，比谁的嗓门更大、气势更强，而两人之子南冬（十一岁）则在现场眼泪打转地看着双方争执。随着双方争吵愈发激烈，女方兄长梁斌竟然走上前来推搡男方，而男方之弟南刚见状亦不甘示弱地撸起袖子准备反手相搏……

眼见事态有失控之虞，负责本案的五十余岁的老法官罗军庭长猛然起身，用洪亮而略显沧桑的声音喝阻道："住手！你两个是娃娃的舅舅、叔叔，推来闹去的像啥子话！当着娃娃的面，咋个不给娃娃带个好头、做个讲道理的榜样？他是你们大家的心肝宝贝吧？"话音落下，双方稍作克制，互相怒视但不言语。罗军先是慈祥和蔼地抚摸了一下孩子的脑袋，并且宽慰了几句，孩子显得不像刚才一样战战兢兢。罗军进而走到双方亲友中间，掏出烟来按照年纪大小依次发给在场成年男性，对比自己年长者，罗军还主动用打火机帮其点烟，随后，罗军也给自己点了一根烟。于是，罗军像拉家常一样和大家聊了起来。待气氛稍微缓和后，罗军把南冬叫到跟前说道："因为南冬已经超过十岁了，已经具有一定民事行为能力，所以我们法院需要征询他是随父还是随母生活的意愿。[①] 小冬，你愿意爸爸妈妈离婚吗？如果爸爸妈妈离婚，你愿意跟谁在一起？"南冬泪流满面哭出声来："我不愿意爸爸妈妈离婚，我想跟他们两个在一起而不是单独跟其中哪一个！"

此时，原本如斗鸡一般的双方亲属均沉默不语，南涛垂下了头，梁丽则跟着南冬落泪。罗军走到两人跟前，郑重地说道："我今天听你们双方吵了半个多小时，但是听来听去，发现其实就是一些日常生活中因为柴米油盐而发生的鸡毛蒜皮的小事。因为没有及时地合理解决，双方气就越生越大，还把两边的家里人都卷进来了。"罗军环顾了一下四周，继续说道："娃娃的想法你们也听到了。你们两个离婚容易，之后再娶再嫁都行；财产分割的问题，法院也会公平处理。可是，亲爹亲妈是独一无二的，别人再好也没法替代。如果不是别无选择，还是尽量给娃娃一个完整的家！"一番入情入理、掷地有声的话语打动了在场所有人。最终，

---

① 《婚姻法》第 36 条第 3 款："哺乳期后的子女，如双方因抚养问题发生争执不能达成协议时，由人民法院根据子女的权益和双方的具体情况判决。"因为南冬已年满十周岁，系限制民事行为能力人，已具有一定的民事行为能力，所以法官会征求其本人意愿。

案件的结果是调解和好。在双方及其亲属临走之际，罗军又拜托双方长辈多作表率和劝导，反复叮嘱二人"家和万事兴"。南涛和梁丽感动地表示今后一定互谅互让，好好抚养南冬。

就案例2等离婚案件来说，法律对夫妻共同财产分割和子女抚养问题作出明确规定，同时还要求离婚案件必须先行调解，只有在调解无效的情况下方可作出判决。然而，如何进行调解、怎样把握调解的尺度，这并没有也不可能规定在相应法律条款中。英国哲人弗朗西斯·培根的揭示道："书并不以用处告人，用书之智不在书中，而在书外，全凭观察得之。"对作为调解人的法院而言，需要凭借承办法官的默会知识来完成把握尺度、妥善调解这一使命。本案中的默会知识在某种意义上可以称为"观察的能力""说话的本领""举止的学问"，这是与罗军深厚的司法经验、丰富的社会阅历和对人情世故的练达通透密不可分的。首先，观察的能力。罗军在审理过程中准确地分析判断出南涛和梁丽二人在既往夫妻生活中并无实质性的严重冲突，而是点滴琐事日积月累造成了夫妻关系"雪崩"；同时，罗军发现双方及其亲属对二人之子南冬是疼爱有加的。其次，说话的本领。依托于准确的观察，罗军选择以南冬作为突破点，通过有礼有节、有理有据、入情入理的话语制止了双方对抗，并且运用深入浅出的法律说理和通俗易懂的生活道理打动双方，从而解开了矛盾症结、平息了对立冲突。罗军在调解达成后对夫妻二人的叮嘱和对双方长辈的拜托也深具意义。最后，举止的学问。罗军的敬烟之举有效缓和了原本紧张的气氛，巧妙地照顾到了冲突双方的情绪，使得他们的怒火被逐渐熄灭，彼此的情感被拉近；而作为长辈，罗军对南冬充满关爱的轻抚之举更是打动了所有在场人员，引起了大家对家庭亲情的共鸣——旁听庭审的笔者尚且为之动容，遑论与南冬具有血缘关系的亲属们。

在事后交流中，罗军的一番话语同样显现出默会知识对于调解的重要意义：

> 老话说："宁拆十座庙，不毁一桩婚。"婚姻能挽救的当然要挽救，有很多当事人通过我们的调解，家庭生活回到正轨，这是好事。但是调解要把握好度、不能乱调，如果双方矛盾确实很大、婚姻无可挽回的，就应该尊重当事人的离婚意愿，"强扭的瓜不甜"嘛。这个时候，我们该做的就是帮他们处理好共同财产分割和子女抚养问题。二十出头的年轻法官相对较难胜任离婚案件的调解工作。你想嘛，他（她）自己都还缺乏婚姻家庭生活的经验，有的甚至还没结婚、生育，咋个强求他（她）设身处地的换位思考，从而说服当事人？

当事人也容易觉得“嘴上无毛，办事不牢”嘛。[①]

罗军的看法是富有说服力的。基层司法讲求的是案结事了，有效预防发生新的矛盾纠纷，这就要求法官不断积累经验、增加阅历，从而驾驭审理现场。如果细心发掘，我们还可以看到罗军的默会知识实际上还包括对庭审现场的安全和秩序的掌控，此点对于东岭人民法庭这类派出法庭十分重要。毕竟在南涛与梁丽离婚纠纷案中就出现了有惊无险的状况——双方家庭多达数十人在场，如果真的动手打斗起来，场面不堪设想。故而，准确判断并有效安抚当事人及其在场亲友的情绪也是重要的默会知识。正如强世功教授所言：“细致耐心的调解工作所追求的恰恰是法律的社会效果。从这个意义上讲，法律就不仅仅是一门体现在案卷中的逻辑演绎技艺，更主要的是体现在社会生活中的化解纠纷的技艺。”[②]

为进一步探究司法的默会知识问题，笔者采访了该院曾荣获“调解能手”称号的汪敏俐和王鸿雁两位法官。汪敏俐法官的默会知识可谓之“找对钥匙开对锁”：

> 我个人的一个经验之谈叫“找对钥匙开对锁”。对于适合调解但是调解陷入僵局的案件，就需要换个思路，另辟蹊径。在这种情况下，我会选择调查走访，找到并请出一些德高望重、对当事人说话管用的人来协助调解工作。[③] 法律是允许而且鼓励法院在审理活动中寻找适当人员协助调解的，具体怎么操作就看法官的悟性和责任心了。[④]

汪敏俐的这一经验之谈闪烁着智慧的光芒。在基层特别是农村做调解遭遇困难时，法官们往往会在当事人家周围访一访，打听这一范围内有没有口碑较好的乡镇工作人员、村干部、乡村教师或者乡村医生。作为经验总结，家里有乡镇工作人员或村干部的人家，如果是行得正、走得直的，他们的号召力往往不错——因为这种人家平时主持村里的公共事务较多，大事小情出力多了说话便

---

① 2016年1月22日访谈。

② 强世功：《法制与治理——国家转型中的法律》，中国政法大学出版社2003年版，第231页。

③ 《民事诉讼法》第95条：“人民法院进行调解，可以邀请有关单位和个人协助。被邀请的单位和个人，应当协助人民法院进行调解。”

④ 2016年2月3日访谈。

有分量。乡村教师因为教书育人、桃李无数，而我国又长期传承着尊师重教的优良文化，所以他们在当地的影响力不言而喻。乡卫生院和村卫生室的医生，他们担负着广大村民的生命健康保障职责，加之山村出门看病不够方便（特别是在过去交通不便时），故而医术过硬、医德良好的乡村医生在当地的社会地位非常崇高。请他们协助调解，通常都能起到好的作用，当事人往往会对他们予以礼让，在一些争议问题上也就不会过分固执己见——毕竟，如果一味顶撞他们，以后自己有事需要大家帮忙时难免尴尬。这些关键人士在调解中起到的积极作用，堪比电力输送所需要的变压器。因此，正如"找对钥匙开对锁"，找到合适的人，特别是找到当事人信赖的、对他（她）有过重要帮助的人，有时候三言两语就能决定调解成败。他们即使是重申法官讲过的话语，当事人也会因为心理的亲近性而更加容易听进去。于是，争议变和解、干戈化玉帛、愤怒变理解。

王鸿雁法官的经验总结与罗军的心得体会是彼此呼应、相互印证的。王鸿雁同样强调调解的默会知识有赖于年龄、阅历和经验：

> 调解中实际存在着法院、原告、被告的三方博弈关系。法官看起来太"嫩"，容易让当事人觉得"不牢靠"；何况有的当事人心眼很活，法官显得太"嫩"，他（她）就会倾向于占据主导地位，牵着法院和对方当事人往自己期待的方向走，但他（她）的方向未必是法律支持的。相比之下，我这种年过半百的老法官，恰好还长得比较沧桑，要相对镇得住场。①

同时，王鸿雁还指出，由于调解的默会知识并非书本知识，故而只能通过"师傅带徒弟"的方式，身体力行、手把手地教给新法官：

> 调解时，法官得有"一碗水端平"的样子，说话稳重而不失和气，积极引导但不作偏袒。条件允许的话，调解要尽可能选择当事人方便的时机。你想，要是人家手里面忙着农活，特别是播种插秧这种事情是要抢时间的，得尽量避免在人家劳作的时候搞调解。法官先做到换位思考，才方便让纠纷双方心平气和地交流。这种功夫是需要时间来培养的。②

王鸿雁的看法与文学家曹雪芹的名言"世事洞明皆学问，人情练达即文章"不谋而合。诚然，法官洞明世事、人情练达才能写好司法文书这样的"文章"，才

---

① 2016年2月3日访谈。
② 2016年2月3日访谈。

能拿捏好和当事人调解的分寸。在田野调查中,笔者便发现有时候双方当事人是因为赌气而在气头上不愿达成共识,并不是真的不愿达成共识,而此时此刻法官往往会选择把案子放一放,让他们静一静、消消气。在做好疏导工作后,调解即可重新开启。部分法官将这一手法称为"以拖促调",部分法官则谓之"以静制动"。有的当事人在调解开始时提出的条件比较高,但是在不断衡量后会感到对此要求并无把握,于是会咨询法官的专业意见,询问法官如果达不成调解而采取判决结案的话,自己的主张是否不那么能够得到法律支持?在这种情况下,法官可以为他(她)阐明法律规定,适当提示法律风险,供他(她)参考。部分法官谓此"以判促调"。王鸿雁对此也总结了自己的经验:

> 在这种情况下可以答疑解惑,讲明相关法律规定,让当事人斟酌取舍,但是话不宜说得太绝对,像"我一定会怎么怎么判"可能不太恰当,会给人一种越位和诱导的感觉。调解毕竟要取决于双方的合意,在调解达不成的情况下该怎么判决再怎么判决。①

不难看出,远山县法院的罗军、汪敏俐、王鸿雁三位法官均深谙调解之道,而这种"道"在很大程度上是由默会知识所承载的。无疑,对这些默会知识的观察、掌握和运行必须依靠身体力行才能实现。这正是文豪陆游在《冬夜读书示子聿》一诗中所言的"纸上得来终觉浅,绝知此事要躬行"。换言之,掌握书本上的法律规定亦即文本中的法(law in books)相对容易,但是妥善地将它化为行动中的法(law in action)却不简单。是故,倡导法律现实主义的美国大法官小奥利弗·霍姆斯强调:"法律的生命不是逻辑,而是经验。"②在此意义上,对于调解这一司法产品的生产来说,"阅历即学问,经验即力量"。既然调解立基于纠纷双方所达成的合意,而合意的达成又依赖于法院方面的循循善诱和因势利导,那么,我们有充分的理由得出这一结论:法律是一项被规定的制度,更是一种被实践的权力技术。

法国思想家米歇尔·福柯揭示道:权力是无所不在、渗透于人类诸领域的,知识和真理亦概莫能外,故需要将权力放置在关系中进行考察。在其看来,任何

① 前文案例1在一定程度上也反映出在调解中对"以拖促调""以判促调"两种技术的运用。

② [美]小奥利弗·温德尔·霍姆斯:《普通法》,冉昊、姚中秋译,中国政法大学出版社2006年版,第1页。

权力首先都是一种策略;权力具有不同的形态,使用不同的技术来运作。知识的真理性与实用性决定了其所拥有的权力性,知识越来越拥有权力、权力越来越依靠知识,从而形成了知识性权力。在此意义上,知识即权力。① 沿着这一启示,我们可以发现调解之道的关键在于法院方面努力建构起法律的知识性权力支配,从而引导纠纷解决朝着理想的方向良性发展。无疑,法官们既拥有作为法律专业人士才具备的法律素养,又拥有作为远山县本地人而熟悉的关于风土人情的地方性知识;同时,凭借对案件信息的全面掌握,他们在调解中妥善运用知识、技术和策略,实现了对纠纷当事人的法律知识性权力支配,以公正、中立的立场积极引导原、被告双方正和博弈、互让共赢。

四、结论:建构"半自主社会领域"的合作型司法

正如本文的开篇部分所指出,法院调解具有"基于法律"的属性,以生产"模糊的法律产品"从而"熨平法律的皱折"为行动逻辑,并且其生成有赖于"司法的默会知识"。立足于前文所作探讨,从建构理想类型的角度出发,我们可以将调解与裁判的差别概括如表 3 所示。

表 3 调解与裁判的差别对比②

差别	调解:基于法律	裁判:遵循法律
司法准据	国家法律作为后盾和框架;民间规范可作为重要准据,只要其不违背国家法律的强制性规定即可	国家法律作为准据,特定情况下允许参照行业规范、公序良俗等非法律规范
程序要求	灵活、简便的程序要求	正式、严格的程序要求

① 参见[美]艾莉森·利·布朗:《福柯》,聂保平译,中华书局 2014 年版,第 38~44 页;胡水君:《法律的政治分析》,中国社会科学出版社 2015 年版,第 411~419 页;罗骞:《所有的力量关系都是权力关系:论福柯的权力概念》,载《中国人民大学学报》2015 年第 2 期;杨生平:《权力:众多力的关系——福柯权力观评析》,载《哲学研究》2012 年第 11 期;孙运梁:《福柯权力理论探析》,载《求索》2010 年第 4 期。

② 参见李东澍:《熨平皱折:司法调解对法律与民俗之弥合》,载《原生态民族文化学刊》2018 年第 4 期。

续表

差别	调解:基于法律	裁判:遵循法律
技术要求	日常生活技术占有重要地位,强调对民间规范、生活情理等"地方知识"的运用,被打上一定的"社区"烙印	主要依靠法律技术,强调对作为举国统一的"普遍知识"的国家法律之推理、论证、解释
侧重方面	侧重司法的社会效果,通过达致个案实质正义来实现定分止争、案结事了,实质理性法特征显著	侧重司法的法律效果,通过确保案件的程序正义和合法律性来实现规则之治,形式理性法色彩浓厚
地理空间	更多流行于内陆、乡村,呈现出乡土社会、熟人社会特征	更多流行于沿海、都市,呈现出都市社会、生人社会特征
政治空间	调解主要在基层法院开展,尤其是其下辖的各乡镇派出法庭。调解也因此更多见于一审案件中	从中级法院开始,层级越往上,受案法院越偏向于以裁判方式而非调解方式来进行审理运作
承载主体	主要是基层法官,特别是乡镇派出法庭的法官和年龄较大、社会阅历丰富的资深法官	各级、各地法院的法官均需进行裁判,但裁判专家多为就职于城市区域、学历较高、理论水平精深的"都市法官"
源流追溯	古代的"调处";自革命根据地时代所逐步形成的,以司法为民为主旨的群众路线;为构建社会主义和谐社会而探索创新的纠纷多元化解决机制	近代以来的变法图强追求;改革开放以来不断推进、完善的法制现代化事业,特别是以司法现代化、审判正规化为特征的历次司法改革
代表人物	马锡五法官①	邹碧华法官②

① 马锡五(1899—1962),最高人民法院原副院长。马锡五长期从事司法工作,在革命时期兼任陕甘宁边区高等法院陇东分庭庭长时,经常携案卷下乡,为当地人民群众排忧解难。马锡五主张深入群众、调查研究、巡回审理、就地办案,实行裁判和调解相结合,反对主观主义作风,坚持法律原则和忠于事实真相。由于马锡五司法公正严明,深受当地人民群众欢迎,故其审判方式被誉为"马锡五审判方式"。

② 邹碧华(1967—2014),上海市人民法院原副院长。邹碧华生前曾主持起草《上海法院司法改革试点工作实施方案》,致力于推进司法改革,并提出构建"法律职业共同体",以及主持开发开发上海律师诉讼服务平台、涉诉信访监控管理系统。其以概括总结"要件审判九步法"和研究探索法庭心理学而闻名于世。

由上表可见,所谓"基于法律"的调解,在本质上是一种建构"半自主社会领域"的合作型司法。所谓"半自主",是指当事人可以在一定程度上自由选择程序与实体规范,但其自主性受到国家法律规制,故而是不充分的"半自主",它正好对应着调解"基于法律"的特性。对作为冲突双方的诉讼当事人来说,调解相对裁判更容易给他们一种掌控程序的参与感,使得他们更积极地进行协商对话。与重在对抗式审理和严格按照法定证据规则的裁判不同,调解由于注重国家法律规范与社会生活事实之间的沟通关系,可以更好地让当事人融入司法过程。虽然调解笼罩在"法律的光影"中,但是它充分尊重了当事人的生活事实,于是法院和双方当事人共同造就出一个具有利益兼得色彩的半自主社会领域。① 借此,司法的合法律性和合法性得到兼顾,法律的现代性与地方性得到调谐,国家、社会、法律、民俗实现了良性互动,个案的实质正义、"和为贵"的优良传统获得尊重,而各地司法实践中所收获的法律知识、司法信息亦被有效反馈给国家,从而推动了立法的不断修订完善,②这正是调解的独特魅力所在。

---

① 参见李瑜青、雷明贵:《合作型司法及其权威——以法院调解实践为视角》,载《中国农业大学学报(社会科学版)》2011 年第 4 期。

② 基层司法中产生的大量经验被最高人民法院总结成司法解释或列为指导性案例,从而具有准法律性质;而法院系统向权力机关兼立法机关、行政机关反馈的法律建议也成了人大立法工作、行政立法工作的重要参考。

民事法律专论

中英比较视野下补充合同解释之研究

杨 帆*

摘要:补充合同解释是填补合同漏洞的方法之一。从方法论的角度,应强调补充合同解释作为合同解释中一个明确阶段的独立性,厘清其与狭义合同解释、任意性规定的关系和界限。解释作业必须有意识地分阶段进行,狭义合同解释、补充合同解释和适用任意性规定这三个步骤,必须循序渐进。补充合同解释与狭义合同解释之间的界限并非泾渭分明,需要首先确认合同漏洞的存在。补充合同解释和任意性规定既有关联又有区别,补充合同解释在填补合同漏洞时具有优先适用性。目的解释也是一种重要的补充合同解释方法。研究表明,目的解释在补充合同解释中具有重要地位,尤其在以非典型合同为主的商事合同中,这种重要性更为突出。目的解释是确定"假设的当事人意思"的重要工具,还能帮助判断其他合同解释方法的适用是否正确,避免产生不当的裁判结果。因此,应在补充合同解释的方法论和适用中充分重视目的解释的作用。

关键词:补充合同解释;目的解释;任意性规定;默示条款

一、问题的提出

在解决各种合同纠纷的过程中,几乎无一例外地要遇到合同解释的问题。对已成立的合同确定何为其内容的作业,即为合同的解释。①

---

* 作者系清华大学法学院2014级民法学博士研究生,中国国际经济贸易仲裁委员会多元争议解决处副处长、仲裁员。

① 韩世远:《合同法总论》,法律出版社2018年版,第865页。

实践中，不可能存在也没有必要追求“完美无缺”的合同，不完整是合同的常态。[①] 如果针对某争议事项，合同中并没有约定相应的条款，出现了合同漏洞，裁判者就需要进行填补合同漏洞的作业，来找到具体的裁判规范。补充合同解释是填补合同漏洞的方法之一。

合同漏洞填补的方法，根据《合同法》第 61 条和第 62 条的规定，包括协议补充、整体解释补充、交易习惯解释补充与任意性规定补充。除了第 62 条外，《合同法》分则中还存在为数众多的任意性规定。[②] 需要明确的是，填补合同漏洞的方法中，协议补充属于合同当事人的行为，任意性规定补充属于法律适用的问题，均不属于合同解释的范畴，只有整体解释和习惯解释属于补充合同解释的范畴。[③]

此外，学理上亦承认，《合同法》第 125 条第 1 款规定的目的解释、诚信解释方法，虽未在第 61 条中明确规定，但在补充合同解释中亦有用武之地。[④] 审判实践中适用目的解释补充合同漏洞的情况也十分常见。值得注意的是，我国民法典合同编(草案)二审稿第 301 条(承继现行《合同法》第 61 条)已经正式将其纳入明文规定，明确目的解释方法在补充合同解释中的地位。[⑤] 从国际私法统一文件来看，《国际商事合同通则》(PICC)第 4.8 条、第 5.1.2 条关于补充合同漏洞时需要考虑的因素或情形中，亦列明了合同的性质及目的这一项。《欧洲合同法原则》(PECL)第 6:102 条也作出同样规定。因此，目的解释也是一种重要的

---

① 出现合同漏洞的原因，一方面，受人类“有限理性”的限制，当事人不可能预见到所有未来可能发生的情况并事先在合同中一一作出安排；另一方面，当事人也可能有意不在合同中作出约定，如没必要签订烦琐冗长而事无巨细的合同，以节约交易成本，或者双方为免影响交易达成而故意搁置未达成一致的事项，或者为未来情事的发展留下调整因应的弹性等。Robert Scott & George G. Triantis, *Foundation of Commercial Law*. London: Routledge-Cavendish, 2010, pp.23-24.

② 如第九章“买卖合同”中的第 141 条第 2 款、第 156 条、第 160 条、第 161 条、第 170 条等。根据第 124 条，第 62 条和分则中的任意性规定的关系是：当纠纷所涉合同属于分则中的某一具体合同类型时，应当首先适用分则中的法律任意规定；对于分则或者其他法律没有明文规定的合同，才适用总则第 62 条的规定。

③ 韩世远：《合同法总论》，法律出版社 2018 年版，第 877 页。

④ 韩世远：《合同法总论》，法律出版社 2018 年版，第 879 页。

⑤ 合同编(草案)二审稿第 301 条规定：“……不能达成补充协议的，按照合同有关条款、合同性质、目的或者交易习惯确定。”

补充合同解释方法。

既然补充合同解释与适用任意性规定是裁判者填补合同漏洞的两种主要途径,那么两者之间是什么关系,在填补合同漏洞时哪种方法应优先适用?补充合同解释在填补合同漏洞中具体应如何适用?补充合同解释与狭义合同解释和任意性规定的界限又应如何区分?

对于上述这些问题,法律规定不能提供详细清晰的答案,目前对补充合同解释的研究亦较为原则和粗浅,仅强调补充的合同解释是探求"假设的当事人意思",因其旨在补充合同的不备,而非为当事人创造合同,故应采取最少介入原则,不能变更合同内容,致侵害当事人的私法自治。① 正因为合同漏洞的补充缺少当事人意思表示的语言载体的指引和限制,如不能明晰补充合同解释的界限和适用条件,就会导致裁判者在实务中或者无所适从,或者滥用乱用解释权,从而无意或故意地侵害了当事人的私法自治。这正是我国合同理论和实务急待解决的问题。

本文拟首先对相关理论和实务最为发达的英国合同法作比较法研究,然后研究我国适用补充合同解释的最高院典型诉讼案例,在此基础上探索前述补充合同解释的问题,进行方法论研究,以期对我国相关理论及实践的发展有所助益。

二、英国默示条款的比较法研究

英国法的体系将合同内容分为明示条款(express terms)和默示条款(implied terms)两部分,其中通过默示条款来填补合同漏洞。而默示条款又主要分为事实默示(implied in fact)和法律默示(implied in law)两大类,前者近似于补充合同解释,后者相当于任意性规定。英国建立了一套较为完善、成熟的默示条款规则。② 本文拟对英国法的默示条款规则作比较法研究,希望从中得到更多的借鉴和启发。

---

① 参见王泽鉴:《债法原理》,中国政法大学出版社2001年版,第218～219页;韩世远:《合同法总论》,法律出版社2018年版,第878页。

② 英国法默示条款规则是国际商贸活动中被大家所认同的全面、合理、合乎逻辑、配合实际与有可行性、肯定性及可预测性的游戏规则。杨良宜:《合约的解释:规则与应用》,法律出版社2015年版,第2页。

(一)事实默示与法律默示的界限与区别

英国法对事实默示和法律默示的区分开始并不明确,事实默示要远远早于法律默示,这个两分法真正确立的里程碑是 Liverpool City Council 案(1997)[①],这也是一个法律默示的著名先例。该判例指出:法律默示是针对一些特定类型合同所作出的具有通用性的规则,可以被当事人明确约定排除适用。在进行法律默示时,法院重点考虑的是从长远来看为此类合同增加这种默示条款是否合理。事实默示则无关合同类型,法院为一个具体的合同增加默示条款,是因为非如此不能使合同具有商业效力,或如果在订立合同时提醒双方存在该漏洞,他们会异口同声地同意加入这个默示条款。因此,法律默示和事实默示有时也被称作"通用性的任意规定"(general default rules)和"临时性的漏洞填补"(*ad hoc* gap-fillers),以示区别。[②] 值得注意的是 Lord Wilberforce 在判例中将这两种默示之间的关系比作"一个连续光谱上的图案"(shade on a continuous spectrum)[③],这也体现了两者间的关联性和交叉性。

英国法的法律默示主要来自普通法/先例,如前面提到的 Liverpool City Council 判例,也有一部分来自成文法[④]。但总体而言,通过判例和成文法积累的法律默示条款毕竟有限,因此,在英国法中,事实默示比法律默示具有更重要的地位。[⑤]

(二)事实默示的主要判例和适用标准

1.必要性是事实默示适用的前提条件

事实默示与明示条款解释的最大区别是,前者以必要性(necessity)为前提,而后者则以合理性(reasonableness)为基础。[⑥]

---

① Liverpool City Council v. Irwin [1997] A.C. 239 (HL).该判例面对的是一个"一边倒"地保护房东利益的房屋租赁合同,最后最高院判决,拥有整栋公寓所有权的房东对公寓的公用部分(如电梯、楼梯照明等)有进行合理的维修保养等默示义务。

② G. McMeel, *The Construction of Contracts: Interpretation, Implication and Rectification*. 2nd ed. Oxford University Press, 2010, pp.316-317.

③ [1997] A.C. 239, 253-4.

④ 如 1979 年《货物销售法》(*Sale of Goods Act*)和 1906 年《海上保险法》(*Marine Insurance Act*)中的默示义务。

⑤ 王文宇:《合同解释三部曲——比较法观点》,载《中国法律评论》2016 年第 1 期。

⑥ Equitable life Assurance Society v. Hyman [2002] 1 AC 408. 另参见 G. McMeel, *The Construction of Contracts: Interpretation, Implication and Rectification*, pp.317-318.

英国法认为,裁判者并非合同当事人,由其在事后增加默示条款的做法,存在着干预当事人合同自由的潜在危险,因此应受到严格的限制。这个严格的限制就是为事实默示设置比合理性更高的"门槛"——必要性。正如 Liverpool City Council 判例中所强调的,"检验(适用事实默示)的标准永远是必要性,而非仅为合理性"。

当然,法律默示也需要满足必要性的前提,它是基于"合理的必要性"(reasonably necessary)[①];而事实默示则基于"严格的必要性"(strict necessity)[②],比法律默示的要求更高。

2.事实默示的具体适用标准和条件

既然必要性是适用事实默示的前提条件,那么如何检验是否符合必要性的要求呢?前述 Liverpool City Council 判例也提到了英国法上的两个具体适用标准,一个是"商业效力"标准,一个是"好事第三人"标准。

"商业效力"标准,也称为 Moorcock test,来源于英国事实默示的最早先例 The "Moorcock"案 (1889) [③]。在该案中,被告将其所有的泰晤士河畔的一个码头租给原告即"Moorcock"轮的船东,船舶在低潮搁浅时因河床凹凸不平而受损,但码头租用合同中并没有明示条款保证卸货码头的安全,上诉庭最后决定默示码头所有人有责任采取"合理注意"的措施保证泊位安全,因为这样才能保证交易具有商业上的可行性,使合同得到顺利履行,符合双方订立合同时的共同目的。Bowen 大法官在判例中指出,默示条款是基于假设的当事人意思发展而来,其目的是使交易如双方当事人所期待的那样具有商业效力。这个案子第一次承认了默示条款,首次提出"商业效力的必要性"的适用标准(necessary to give business efficacy to contract)。

事实默示的另一个重要适用标准是"好事第三人"(officious bystander)标准。在 Reigate 案(1918)[④]中,被告委任原告作为其在英国及其殖民地的独家代理,独家代理合同为期 7 年,7 年后自动延期,但任何一方可在提前 6 个月通知

---

① 参见 Liverpool City Council 先例。另参见 P Atiya, *An Introduction to the Law of Contract*. 5th ed. Clarendon Press, 1995, p.207.

② Equitable Life Assurance Society v. Hyman [2002] 1 A.C. 408.

③ The "Moorcock" [1889] 14 P.D. 64, CA.

④ Reigate v. Union Manufacturing [1918] 1 KB 592.

的情况下终止合同。后被告因经营困难而清盘后被出售。原告主张应有默示条款要求被告继续经营7年以使合同持续有效。上诉庭的判决不同意作出这样的默示,Scrutton 大法官作了以下著名论述:只有在必须如此才能使合同具有商业效力时才允许加入默示条款,可以假设双方当事人在签订合同时曾有一个第三人在旁提问,如果出现这种情形该怎么办,双方会不假思索、异口同声地回答"当然这样办,这是不言自明的"。而在本案中,合同明文约定显示双方当事人已经考虑到存在导致合同终止的情形,如果缔约谈判时讨论到这个问题,当事人肯定持不同立场。其后的 Shirlaw 案(1926)①正式将此命名为"好事第三人"标准。

著名的 BP Refinery 案(1978)②在前述两个标准的基础上进一步发展,首次系统地阐述了事实默示必须满足的五个条件。BP 炼油公司在澳大利亚某地建炼油厂,为此与当地政府签订了40年的土地使用费合同。五年后,BP 炼油公司将合同转给其在澳大利亚的关联公司,由后者继续支付土地使用费。当地政府认为原合同的费率不适用于新公司,并将费率提高了三倍多。枢密院(Privy Council)最后的判决认为当地政府主张的默示条款不成立,理由是该种默示并非为合同的商业效力所必需,不允许 BP 集团调整其内部公司结构是完全不合理且不公平的,是否由 BP 集团的某个特定公司支付土地使用费对于当地政府并不重要。

枢密院在该案中总结的事实默示的五个条件分别是:(1)默示的条款必须合理公平;(2)默示的条款应为实现合同的商业效力所必须,如果不增加默示条款,合同就无法有效运作;(3)默示条款应当显而易见、不言自明,可以想见双方在签订合同时对增加该等条款毫无异议;(4)默示条款必须清楚明确;(5)默示条款不能与合同的明示条款相矛盾。这五个条件之间也存在相互交叉的情况。以下逐一进行分析:

先看第一个条件,前面说过,必要性是比合理性更高的门槛,仅是合理不足以作出默示,但默示的条款本身及默示后的结果必须合理。显然,假设合同谈判

---

① Shirlaw v. Southern Foundries [1926] Ltd [1939] 2 K.B. 206. 在该案中,原告被聘为某公司的常务董事,并与公司签订了10年的雇佣合同,签约3年后公司被收购,新的母公司重写了该公司章程,使其有权解雇任何董事。上诉庭多数意见判雇佣合同中存在默示条款,要求公司不能通过改变其章程来创设或行使解雇该董事的权利。判决中作了与 Reigate 案相似的论述。

② BP Refinery v. Shire of Hastings [1978] 52 ALJR 20.

时涉及了这一应约定而未约定的事项,其中一方当事人不会愿意对一项不合理的条款不假思索地表示同意,无法满足"好事第三人"的标准。

第二个和第三个条件就是前面介绍过的"商业效力"和"好事第三人"标准,是检验必要性最重要的标准。早期先例中认为它们是同一标准的两个方面,必须同时满足才能进行事实默示。① 但现在的发展趋势是将其视为两个相互独立的标准,只要其中一个标准得到满足,就可以默示。②

第四个条件是默示的条款必须清晰明确。这一条件也与"好事第三人"标准有关联,如果不能被清楚地表达,就不可能假设合同双方会异口同声地同意并接受。默示条款不能模棱两可,也不是在一堆选择中选一个对双方最公平的方案,如果是双方必须通过谈判才能达成一致意见的,就不能通过默示处理。③

最后一个条件是默示条款不能与明示条款相冲突。因为默示条款探求的是假设的当事人意思,而明示条款代表的是真实的当事人意思,因此,明示条款优先于默示条款。如果合同中已经有针对某一方面内容的明示条款,就不应该作出默示条款,即使其不会与明示条款相冲突,因为这样的安排说明,明示条款本身很可能已代表了当事人的最大合意。④ 如果一个合同十分详尽全面,像一些大型合作协议,说明当事人没有考虑到某一方面的可能性较低,不太容易存在合同漏洞,因此也应该尽量避免作出默示,而应主要通过明示条款的解释去探寻双

---

① 前述 Reigate 先例中 Scrutton 大法官的论述并未区分两者,另参见 Shell UK Ltd v. Lostock Garage Ltd [1976] 1 W.L.R. 1187.

② 如 Associated Japanese Bank (International) Ltd v. Credit du Nord S.A. [1989] 1 W.L.R. 255; The "Manifest Lipkowy" [1989] 2 Lloyd's Rep.138; Ashmore v. Lloyd's [1992] 2 Lloyd's Rep.620,都明确提到这是两个试验标准(two tests)。下文将要提到的 *Marks and Spencer* 先例(2015)更是明确了这一点。

③ Chantry Estates (South East) Ltd v. Anderson [2008] EWHC 2457 (Ch).另参见 G. McMeel, *The Construction of Contracts: Interpretation, Implication and Rectification*, p.357.

④ Broom v. Pardess Cooperative Society of Orange Growers (Est. 1900) Ltd [1940] 1 All E.R. 603.

方的真实意思。[①] 此外，如果证据显示，双方在谈判时已经涉及但没有就某事项达成一致，也不应该作出默示，因为明显不存在双方的“假设合意”。[②]

BP Refinery 先例虽然列出了五个条件，但对事实默示来说，最重要的还是“商业效力”和“好事第三人”标准。“商业效力”标准自其 19 世纪 80 年代问世以来在普通法中被无数次援引。[③] 而“好事第三人”标准则因为考验太严格以及操作上的困难而较少成功[④]。因其需要在假设的情境下操作，这种方法也多遭到质疑。[⑤]

（三）合同解释新趋势下默示条款规则的新变化

近五十年来，重视合同语境的合同解释新趋势（contextual interpretation）给英国合同法带来了巨大的影响和变化[⑥]，语境解释的重要性超过严格的文义

---

① 如 Duke of Westminster v. Guild [1985] Q.B. 688；前述 *Broome* 先例；Codelfa Construction Pty Ltd v. State Rail Authority of New SouthWales [1982] 149 C.L.R. 337，HCA 等。另参见 G. McMeel，*The Construction of Contracts：Interpretation，Implication and Rectification*，p.356.

② G. McMeel，*The Construction of Contracts：Interpretation，Implication and Rectification*，p.357.

③ G. McMeel，*The Construction of Contracts：Interpretation，Implication and Rectification*，p.351.

④ Lord Steyn 在 Associated Japanese Bank (International) Ltd 先例中指出：“虽然（好事第三人标准）比 Moorcock test（商业效力标准）范围更广，但它的适用却非常严格，只在较少的案例中能够成立。”

⑤ 如第三人所提问题如何设计会影响答案，问题越复杂就越难假设订约双方会简单同意，如果第一个问题回答得不满意，还可能需要设计一系列的问题等。参见杨良宜：《合约的解释：规则与应用》，第 456～461 页。这种虚拟对话方式也让很多人批评它在裁判者需要决定是否进行默示时不能给予任何实质上的指导。参见 G. McMeel，*The Construction of Contracts：Interpretation，Implication and Rectification*，p.352. Lord Hoffmann 在文章中也抨击，“好事第三人”标准的“音乐剧式表演”将裁判者的注意力从解释作业的客观性上转移到对合同当事人可能如何考虑某种默示条款的主观臆测。参见 Lord Hoffmann，*The Intolerable Wrestle with Words and Meaning*，1998，56 SALJ 656.

⑥ 重视合同语境的新趋势始于 1971 年 *Prenn* 案中 Lord Wilberforce 关于解释合同不应脱离其所产生的“事实背景”（matrix of facts）的著名论断，后在 1998 年 Investors Compensation Scheme 案正式确定基调，到 2009 年 Chartbrook 案中优势地位已牢牢树立。See Mindy Chen-Wishart，*Contract Law*，5th ed. Oxford University Press，2015，p.406.

解释成为合同解释的主流趋势。[①] 在这种新趋势的影响下，默示条款的规则也发生了重大的变化。以下重点分析最重要的几个最高院(The House of Lords)判例。

1.Equitable Life 案(2002)[②]

该案涉及 Equitable 人寿保险公司的一款分红型寿险产品，其中承诺在投保者退休时按保证年利率发放养老金(guaranteed annuity rate, GAR)。1993 年后随着市场利率的连续下降，GAR 的利率显得过高而无法维持。保险公司为解决问题，依据公司章程中一条赋予公司董事调整分红权的规定，对 GAR 保单持有人实施差别性的期末红利(final bonus)政策[③]，这种政策使 GAR 条款形同虚设。该案远远超出了个案范畴，对数以万计的 GAR 保单持有人，甚至对整个保险行业都影响巨大。

最高院以一致意见作出支持保单持有人的判决，在公司章程中默示公司董事不得决定实施差别性期末红利政策的条款。保单合同和公司章程均对公司和保单持有人具有合同效力[④]，从明示条款的文义上看，保单合同的 GAR 条款和公司章程的董事调整分红权存在冲突。最高院通过默示条款来解决问题，认为本案满足了事实默示的严格必要性条件。Lord Steyn 在判决中分析，含有 GAR 条款保单的明显商业目的是保护保单持有人免受市场利率下降的影响，这显然也是此类保单的一大卖点。是否按 GAR 领取养老金的选择权应在于保单持有人而非保险公司，而期末红利又是支付保费的重要考虑因素。当事人假设的意思应当是公司董事调整分红权的行使不得与保单持有人的合同权利相冲突，而这种差别性期末红利政策使 GAR 条款丧失了实际意义，因此增加该限制性的默示条款对于实现当事人的“合理期待”十分必要。

LordSteyn 在本案中指出，明示条款解释和补充漏洞的默示条款共同构成了广泛意义上的解释，而不是像此前一样对两者划出分明的界限。在进行默示

---

① Lord Sumption, A Question of Taste: The Supreme Court and The Interpretation of Contracts, *Oxford University Commonwealth Law Journal*, 2017, Vol.17, No.2.

② Equitable life Assurance Society v. Hyman [2002] 1 AC 408.

③ 如果保单持有人选择按 GAR 领取养老金，则保单到期日的期末红利就会大大减少；如果选择按当时的市场利率领取养老金，则期末红利则要高得多。

④ 因为保单持有人也是保险公司的会员，因此公司章程对保单持有人也具有合同效力。

时，最高院没有适用“商业效力”或“好事第三人”标准，而是采用合理性的衡量标准，考虑了保险交易的整体情况，非常重视考量合同目的和 GAR 条款的具体目的，最后采取默示限制性条款的方法来解决两个明示条款相互冲突的问题。判例所宣示的解释规则和方法对后来的司法实践影响深远。[①]

这个判例也很具有典型意义，我们可以看到：

明示条款解释和默示条款的界限有时并不分明。如本案的情况，既可视为相互冲突的明示条款的解释问题，也可视为存在根据合同目的应限制而未限制的合同漏洞，默示限制性条款和确定其中一个明示条款优先性的方法能达到同样效果。

目的解释在通过默示条款填补漏洞时发挥了非常关键的作用。判例中通过对行业背景、交易模式和合同约定的整体分析，客观地确定合同目的，并依据目的解释来确定当事人真正的意思。本案的例子也说明，对一个行业的某种通用性合同条款或对某类新型交易合同进行解释或填补漏洞时需要格外谨慎，因其可能产生类似于法律默示的效应，应避免影响整个行业或某个创新交易模式的未来发展。

2.Belize Telecom 案(2009)[②]

该案发生在 Belize 电信公司私有化背景下，涉及公司章程的解释。根据公司章程，公司的股份分为特别股和 B、C 类普通股，特别股是由 Belize 政府专门持有，主要目的是掌握公司的控制权而非注重经济收益，并规定了公司董事的任命办法。在出现 2 名董事无法更换的僵局时[③]，原告政府方代表主张应当增加默示条款，即当不再存在同时持有特别股和 37.5％以上 C 类股的股东时，这 2 名董事应自动解聘，以保证政府任命董事的权利。枢密院最后支持了该默示条款。

---

① G. McMeel, *The Construction of Contracts: Interpretation, Implication and Rectification*, p.365.

② Attorney General of Belize v. Belize Telecom Ltd [2009] 2 All ER 1127.

③ 公司共有 8 名董事，特别股的大股东有权任命或解聘 2 名董事，B 类股也是 2 名，C 类股 4 名，如特别股股东同时持有 37.5％以上的 C 类股，则其有权任命或解聘这 4 名中的 2 名董事。被告电信公司基于从政府处受让的特别股和 B、C 类普通股的多数份额，任命了全部 8 位董事，但其向政府质押普通股后违约，手中只剩下特别股和不足 37.5％的 C 类股，这样就出现了其中 2 名董事无法更换的僵局。

该先例虽涉及公司章程而非合同纠纷,但枢密院认为同样的解释原则对合同亦可适用。Lord Hoffmann 在判例中指出,默示条款是解释的一部分[①];法官不能为使文件/合同变得更公平合理而引进默示条款,法官只是找出有关文件/合同的意思,这个意思是理性人在知道所有有关背景后客观认为的意思。他还强调,默示条款的其他适用标准,如"商业效力"和"好事第三人"标准,不应被视为与理性人标准不同或额外的要求,无论是明示条款解释还是默示条款,实际上面对着同一个问题:要解释的文件/合同,置于相关的背景下并从整体上解读,被合理理解的含义为何?

同时,在 Belize Telecom 案中,目的解释在默示条款中的作用受到特别强调。判决重视该案私有化背景下的交易目的,Belize 政府虽然可以向私人投资者转让电信公司的全部或部分经济利益,但仍要保持一定程度的控制权,公司章程规定的股权结构和股东权利也体现了这一目的,因此,默示条款时必须避免影响当事人设计这种股权和董事任命解聘权机制的主要目的的实现。

Belize Telecom 先例体现了语境解释新趋势对默示条款规则的重大影响,被后来很多判例所接受和援引,对英国法上默示条款与明示条款解释之间的关系的认识产生了重大影响。[②] 当然,也引起了不少争论。[③]

---

① 原文为:"The process of implying a term is part of the exercise of interpretation."在英国法中,interpretation 一般是指明示条款解释,与默示的 implication 界限分明、规则相异。

② G. McMeel, *The Construction of Contracts: Interpretation, Implication and Rectification*, pp.344-349.

③ 支持者认为,强调解释原则既可在明示条款的解释中起作用,也可适用于默示条款,让这些解释原则成为两者统一的因素,可有助于增加法律内部的和谐,找到并追寻法律背后的目标和价值,从而实现法律体系的协调统一。参见 Stena Line Ltd v. Merchant Navy Ratings Pension Fund Trustees Ltd. [2011] EWCA Civ 543, as per LJ Arden.也有反对的声音或持不同意见的判例,如 Groveholt Ltd v. Hughes [2010] EWCA Civ 538.新加坡法院也拒绝跟从 *Belize Telecom* 先例的做法,如 MFM Restaurants Pte Ltd v. Fish & Co Restaurant Pte Ltd 和 Foo Jong Peng v. Phua Kiah Mai,主要是认为它会给原本明确的默示条款的适用标准带来不确定性,不如"商业效力"和"好事第三人"标准的帮助大;批评的意见还指出,该先例的标准模糊了默示条款和明示条款解释的界限,让必要性的考验被合理性替代,也导致律师的诉讼困难和大量不必要证据的涌入。参见杨良宜,《合约的解释:规则与应用》,第 489~490 页。

3.Mark and Spencer 案(2015)[①]

Mark and Spencer 先例涉及一个房屋租赁合同的终止条款,根据该条款的约定,只要付清了所有租金并提前 6 个月发出终止通知,承租人就可以终止合同。租赁合同规定租金季付,以预付方式支付。承租人在交完预付的季付租金的几天后向出租人发出终止通知,并搬离租赁房屋,后向法院起诉要求返还多付的一季租金,主张出租人有按居住时间的比例返还租金的默示义务(合同中没有明示条款约定)。最高院首席大法官 Lord Neuberger 撰写的判决最终不同意作出这样的默示条款,认为承租人关于该默示义务的主张没有普通法或成文法的依据,法院不应该在一个条款已经十分专业完整的合同里默示双方存在这样的假设合意。

Lord Neuberger 在判例中,澄清了关于事实默示的适用条件并没有放宽,仍然是严格的必要性,仍然必须符合"商业效力"和"好事第三人"标准,枢密院的 Belize Telecom 先例并没有改变之前的法律;更明确表示不同意 Belize Telecom 先例中提出的"默示条款是解释的一部分"的观点,为明示条款解释和默示条款再次划清了界限。他认为,明示条款解释和加入默示条款应是适用不同规则的不同过程,虽然在明示条款解释中需要考虑的因素,如合同使用的文字、订约时双方知道的背景、商业常识、理性人等,同样也是默示条款需要考虑的因素,但这不意味着默示条款就是明示条款解释的一部分,更不意味着默示应当与明示条款解释同时进行。默示条款不同于对已有条文的解释,而是加入原本不存在的条文;将默示条款视为对合同整体的解释的说法,只会让"解释"的含义变得更不清晰,而无助于解决问题。对于所有涉及是否应当加入默示条款的争议,必须穷尽了明示条款的解释才能考虑默示条款的问题。如果双方明示条款的部分都未明确,很难决定是否需要进行默示以及需要什么样的默示条款。而且,既然有默示条款不能与明示条款相冲突的重要规则,逻辑推论的结果应是,只有在已经完成了明示条款解释后才有可能决定是否需要加入默示条款。

Lord Wilberforce 在 Liverpool City Council 先例中,最早使用了"连续光谱上的图案"这一比喻描述默示条款中的习惯默示、事实默示和法律默示之间的关系。Lewison 大法官把这个比喻向前延伸到明示条款解释与默示条款的关系

---

① Marks and Spencer plc v. BNP Parisbas Securities Services Trust Co (Jersey) Ltd [2015] UKSC 72.

上,称这种"连续光谱"的形象暗示了至少在光谱的某个点上,默示条款是明示条款解释的延伸①;他同时指出,这种"连续光谱"的描述也存在问题,因为明示条款解释的标准是合理性,而默示条款的标准是必要性,如果两者同时存在于"连续光谱"上,那么必然在某点上会存在标准的突然改变,而这一点在哪里并不确定。②

这种困难是因为相邻领域之间并非界限分明,存在一定的过渡或灰色地带,处理这种临界案例时会难以抉择。在这个问题上,Lord Steyn 在另一先例③中提出的看法或者有助于我们的思考,他指出,虽然明示条款解释和默示条款有紧密联系,但作为法律分析的需要,它们应视为不同的程序。也就是说,在充分地、辩证地认识了它们之间的联系后,从方法论和审判实践来说,仍然有必要划分出相对清晰的不同阶段,循序渐进,不同阶段适用不同的规则,从明示条款解释到默示条款,裁判者介入合同的门槛越来越高、越来越严格,以最大限度地尊重私法自治,避免干预当事人的合同自由,不能因为不同阶段之间存在过渡或交集,就将它们全部混为一谈,放弃方法论和体系完善上的努力。这也正是 Marks and Spencer 先例采取的立场。

(四)英国比较法研究的启示

1.事实默示与法律默示的界限及其在填补合同漏洞中的优势地位

从前面的比较法研究,我们可以看到,在英国法上事实默示和法律默示的界限是比较分明的:前者偶然性地适用于具体案例中的个别合同,后者基于政策等更广泛的考虑,普遍性地适用于某一特定类别的合同。前者适用的标准和门槛要比后者更加严格。

由于判例与成文法累积的法律默示条款相对有限,商事合同又繁杂多变,因此,英国法在填补漏洞时非常重视事实默示的适用,事实默示在填补合同漏洞中明显处于优势地位,相关的规则也较法律默示要发达得多,这也说明了通过事实

① 在连续光谱的一端是法院根据合同的明示条款作合理解释,光谱的中间是法院作出实际或商业上需要的默示,将当事人合意中隐含的意思变为明示,而光谱的另一端则是法院填补合同中的漏洞。Kim Lewison, Q.C, *The Interpretation of Contracts*, 6th ed. Sweet & Maxwell. 2015, p.298.

② Kim Lewison, Q.C, *The Interpretation of Contracts*, p.298.

③ National Commercial Bank Jamaica Ltd v. Guyanna Refrigerators Ltd [1998] 53 WIR 229.

默示填补漏洞更能适应商事合同自由和商业发展的需要。

2.明示条款解释、事实默示、法律默示之间的关系和区别的必要

英国的大法官用“连续光谱上的图案”来描述明示条款解释、事实默示、法律默示之间的关系。英国法将这三者分得很清楚，名称、界定和适用规则均不相同，而且每一个界域又发展出精细的适用标准和操作流程，分工明确，各司其职，对审判实践有较强的指导意义。

上述英国比较法研究显示，从方法论上，解释作业必须有意识地分阶段进行，狭义合同解释、补充合同解释和适用任意性规定这三个步骤，必须循序渐进：先对已有条款进行狭义合同解释，已有约定而双方只是对其含义有争议的，不属于合同漏洞，只能通过狭义的合同解释来解决；穷尽了狭义合同解释之后才能确定是否存在合同漏洞，如果存在，才能对其进行补充合同解释，且补充的内容不能与已有条款相冲突；补充合同解释仍不能填补合同漏洞的，才适用任意性规定。

3.目的解释在事实默示中的地位十分重要

从前引英国法默示条款的重要判例中，都可以看到目的解释在事实默示中具有十分重要的地位。通过仔细分析案件的具体事实和情境，找到最符合合同目的的“假设的当事人意思”。事实默示最主要的标准，“商业效力”标准，实际上就是目的解释。使合同具有商业合理性并可正常运行，达到当事人所欲实现的商业效力，正是当事人最主要的合同目的。“好事第三人”标准实质上也是目的解释的另一种表现形式，其核心也是要根据当事人的目的去进行判断。

被称为“从文本到语境”(from text to context)的语境解释新趋势，实际上就是重视从语境中发现当事人订立合同时的目的，根据目的来解释合同，避免传统做法只依靠合同文件本身咬文嚼字而出现解释结果背离双方合同目的的弊端。[①] 因此，虽然在语境解释趋势的影响下，默示条款规则发生了一些变化和明

① 当然，语境的范围比目的要宽，合同的语境可以有不同的层次。合同语境可以分为不同层次，从合同的其他条款，到合同的整体目的，到围绕合同成立和争议的直接事实，到商业合理性标准等，其与外部证据扩大的范围有关，选择扩大到哪一层，可能影响到解释的结果。但语境是为了确定目的，目的就是最重要的语境。所以，目的解释、语境解释的说法在英国法的判例和文章中经常是通用的。Catherine Mitchell, *Interpreting Commercial Contracts: The Policing Role of Context in English Law*, Comparative Contract Law. Oxford University Press, 2016, pp.239-240.

示条款解释的规则趋于统一,但并不影响目的解释的重要性。这一点在 Equitable Life 和 Belize Telecom 先例中都体现得非常明显,一是默示条款规则变化后仍然重视目的解释在填补漏洞中的作用,二是因为目的解释的作用,在像 *Equitable Life* 案那种模棱两可的临界案例中,适用明示条款解释规则与适用默示条款规则所达到的效果是一致的。[①] 最近的 Mark and Spencer 先例虽然重新强调了两者之间的界限及事实默示仍遵循原来的适用标准,但只是为了维护规则体系的稳定与方法论的清晰,并未减损目的解释在事实默示中的地位和作用。

4.事实默示的适用标准和具体规则

英国法为事实默示规定了严格必要性的前提,而判断是否符合事实默示的"严格必要性",最重要的就是"商业效力"和"好事第三人"标准,实际上相当于目的解释具体表现的两个不同方面。此外,英国比较法判例中还提到了一些事实默示的具体规则或条件,如 BP Refinery 先例列出的事实默示的五个条件,值得我们参考和借鉴。

三、我国适用补充合同解释的典型诉讼案例研究

笔者对最高人民法院近年来适用《合同法》第 61 条、第 62 条的案例进行了研究,并挑选了以下典型案例进行重点分析,以考察补充合同解释在我国司法实践中的适用。

(一)确认合同漏洞的存在是填补合同漏洞的前提

实践中,狭义合同解释和填补合同漏洞之间并非总是界限分明。确认合同漏洞的存在是进行填补合同漏洞作业的前提。

在案例 1[②] 中,2001 年,铜业公司 A 与冶炼厂 B 就双方之间早期的加工合同签订补充协议,约定加工合同形成的 B 欠 A 铜锭的债务,只能在双方的合作项目成功投产盈利后在 B 股份盈利中偿还。后因合作项目未获国家批准而自行终止,导致债务清偿纠纷。双方就该约定应解释为履行债务的前提条件还是

---

① 正如 Lord Hoffmann 在 Belize Telecom 先例中指出的,"商业效力"和"好事第三人"标准,不应被视为与明示条款解释完全不同、相互竞争的规则,因为它们需要回答的问题是一样的。即使明示条款和默示条款在有无具体条款作为解释对象上有明显差异,但它们需要探寻和依据的是同一个合同目的,在这一点上两者是统一的。

② "广州珠江铜厂有限公司与佛山市南海区中兴五金冶炼厂、李烈芬加工合同纠纷案",(2012)民提字第 153 号判决书,载《最高人民法院公报》2014 年第 10 期(总第 216 期)。

延缓的债务偿还方式(即对债务履行时间的宽限)争执不休。

一审中级人民法院经审理,认为诉争欠铜债务并非历史形成,只是双方为了实现新的合作目的而通过约定提高铜锭回收率的方式于原加工合同外另设的债务(加工合同项下债务已经如约履行完毕),故将其解释为偿还条件为宜,更合乎合同目的及其文义内容。如理解为返还欠铜方式的约定,则在合作项目能否产生盈利尚未确定的情形下,双方即多次强调以此作为债务偿还的唯一方式,显然于理不合。因此,由于条件未成就,B无须偿还欠铜或相应款项。

二审高级人民法院则采纳了另一种解释,认为是对偿还方式(时间)的约定,鉴于双方并未明确约定若在合作项目不能投产盈利时债务应如何处理,合同存在漏洞,应根据《合同法》第61条和第62条第5款的规定[①],由债务人按照有利于实现合同目的的方式履行债务,但并不导致债务的免除。

最高人民法院的再审判决支持了一审法院的意见,撤销了二审判决。其明确指出,对于合同的解释,应当严格按照合同法的规定和当事人的约定。二审法院对合同漏洞的认定不当。本案合同双方只是对合同条款内容的理解产生了争议,并不属于合同没有约定或者约定不明的情形,应当适用《合同法》第125条来进行解释。从合同文义来看,"只能"的约定,具体限定了欠铜债务履行的条件和范围,该条件就是冶炼厂履行债务的前提条件。就本案而言,有关补充协议履行中的风险双方都应当能够预见。当事人基于其实际的交易需要而签订合同,在特定的条件会根据其需要作出特定的意思表示,应当尊重和保护当事人的真实意思表示。B因条件不成就而无须偿还债务。

这是一个各级法院判决意见分歧很大的案例,分歧点貌似是解释结果不同,实际上在于对本案争议情形属于狭义合同解释还是合同漏洞的认定不同,这也体现出两者的界限有时不容易分清。如果判断错误,会如本案所示,导致法律适用的不同,并可能产生解释结果的差异。怎么样能尽量保证做出准确判断呢?还是要以合同目的作为判断标准,根据合同目的应约定而未约定的事项,才属于合同漏洞。一审法院与最高人民法院结合签约的背景进行分析,并考虑到"只能"强调"唯一方式"和"前提条件"的文义,以及双方对合作项目能否盈利存在不确定性风险的合理预见,认为双方将盈利约定为偿还债务的条件是其真实的意

---

① 这也是一个把第61条和第62条同时列为法律依据,实际上直接适用第62条的案例。

思表示及按照实际需要有意为之的商业安排,即不是根据合同目的应约定而未约定的事项,因此不属于合同漏洞。反之,二审法院将其作为漏洞处理得到的解释结果,不符合当事人的真实意思,违背了意思自治原则。

(二)目的解释在补充合同解释中的重要作用

在案例2①中,2003年,某集团A为下属公司B向C银行的贷款提供连带责任保证。借款到期时,三方签订延期1年还款协议,约定"当事人权利义务按照原借款合同和保证合同约定条款执行的约定",但并未重新约定保证期间。后B未按期还款,C诉请A对B的债务承担连带清偿责任,A辩称延期协议未约定保证期间,原保证期间已解除。二审的最高人民法院认为,延期还款协议未约定新的保证期间,存在漏洞,在当事人未达成补充协议的情况下,应适用《合同法》第61条。延期还款协议关于当事人权利义务按照原借款合同和保证合同约定条款执行的约定,并不能得出保证期间仍按原保证合同约定的结论,A的主张不符合当事人订立延期还款协议的合同目的,故不予支持,判决A对B的债务承担连带责任。

在本案中,保证人继续在延期付款协议上签字,并同意上引约定,各方的合同目的应当是让保证人对延期的还款继续承担保证责任,如按照A的主张,合同目的将会落空。最高人民法院在本案中正确适用了补充合同解释,以目的解释为依据对这一漏洞进行补充,符合当事人的真意,保证了合同目的的实现。

在案例3②中,2009年1月,A公司(甲方)与B公司(乙方)签订购销协议书,约定A向B供应冷轧硬卷钢,B交纳履约保证金,成为A的协议户,协议期限11个月,月均量为1万吨,其中价格条款约定:"订货前甲乙双方协商确定订货价格,并在供需合同中注明";"甲方按乙方给付的货款金额及商定的价格办理结算,并出具增值税发票"。2009年2月开始到7月止,双方共签订了22份产品供货合同,合同明确了订货价格,履行方式为先款后货,并约定价格执行"指导价订货、结算价结算"的模式。后A起诉称B不按约定支付货款,构成违约,诉

① "内蒙古电力(集团)有限责任公司与中国银行乌兰浩特分行、兴安电力有限责任公司、北方联合电力有限责任公司、兴安富恒热力有限责任公司借款担保合同纠纷案",(2008)民二终字第68号判决书,参见最高人民法院民事审判第二庭编:《最高人民法院商事审判指导案例·借款担保卷(下)》,中国法制出版社2011年版,第634页。

② "内蒙古包钢钢联股份有限公司与江苏刚正薄板科技有限公司买卖合同纠纷案",(2013)民提字第215号判决书,来源:中国裁判文书网。

请B支付欠款及利息。争议焦点之一为结算价格的确定。

一审中级人民法院认为，双方在履行合同中，并未对结算价格进行协商确定，亦无交易习惯作为结算价格的依据，故根据《合同法》第62条第1款第2项的规定，本案合同结算价应依据A订约时公布的市场价进行确定，驳回了A以单方结算价计算的货款诉请。

A提出上诉，认为双方在实际履行中形成了以增值税发票上的价格作为结算价格的交易习惯。一审法院无视交易习惯，实际是跨过《合同法》第61条，直接适用第62条，违背当事人意思自治原则，相当于为已经履行的交易“重新定价”。二审高级人民法院支持了A的上诉意见和诉讼请求，根据《合同法》第61条规定的习惯解释，将增值税发票上记载的价格作为最终确定的结算价格。

再审的最高人民法院指出，本案纠纷的产生，正是因为双方当事人同时采取了“商定价格”“指导价订货、结算价结算”的订约模式，而又未进一步约定结算价格如何商定及在商定不成时如何确定，从而形成合同漏洞。本案双方当事人没有就结算价格达成补充协议，国内钢材市场中不存在定价的行业惯例，双方当事人在履约过程中也未就价格结算形成任何交易习惯。因此，根据《合同法》第61条规定，本案价格应按照合同有关条款与实际情况确定。

经查，A每月定期公布订货价与结算价，双方在订立每期产品供货合同时所确定的预付货款，也是以A每月公布的订货价为计算依据。B亦仅对延期交货部分按照涨价后的价格进行结算表示异议。因此，应当以合同约定交货当月A公布的结算价为依据计算应付款额。这一价格不仅符合双方“指导价订货、结算价结算”的明确约定，而且也尊重了A每月同时公布订货价与结算价的定价机制，对双方当事人均是公平和合理的。就A而言，其在每月公布结算价时已经考虑了自身的生产成本和盈利因素，且这一价格随着当时市场的波动而波动，保护了卖方的合法权益。另一方面，就B而言，这一价格对迟延交货部分未按实际交货时的结算价进行结算，避免了价格上涨时出现的“卖方逾期交货获利更多”甚或是“卖方恶意持货待涨”的不公平后果，维护了买方的合法权益。最后，最高人民法院撤销了二审判决，维持了一审判决。

这是一个很有研究价值的典型案例。

首先，最高院在进行补充合同解释时，明确适用了目的解释，并且从经济利益的对比平衡去分析双方的合同目的，从而探寻当事人对于结算价格的“假设合意”究竟如何。卖方定期公布订货价和结算价，订货价按合同约定的订货当月计算,结算价按合同约定的交货当月计算,符合当事人订立合同时的预期,双方的利益也是平衡的,如果将结算价确定为实际交货当月的价格,无异于鼓励卖方违约获利,同时增加不确定性,买方自是不会同意这样的交易安排。通过利益分析,拨云见雾,当事人的合同目的清晰了,合同漏洞应如何填补亦顺理成章。

其次,目的解释不仅是补充合同解释的重要方法,还能够帮助判断其他合同解释方法的适用是否正确,避免产生不当的裁判结果。如果没有从目的解释的角度去考虑本案,没有弄清楚当事人真正的交易安排和利益关切,就很容易像二审法院一样,被一方当事人所误导,按所谓的习惯解释去填补漏洞,得出不符合当事人商业预期的解释结果。

(三)未优先适用补充合同解释的案例

我国《合同法》第 62 条明确规定了任意性规定的适用条件,即"当事人就有关合同内容约定不明确,依照本法第六十一条的规定仍不能确定的"。根据《合同法》第 61 条和第 62 条的逻辑关系,从法律的明文规定来看,在填补合同漏洞时,补充合同解释应优先于任意性规定适用。但实践中,优先适用任意性规定而非补充合同解释来填补合同漏洞的案例并不少见。

有的是将第 61 条和第 62 条或者其他任意性规定一起列为法律依据,但实质上是适用任意性规定去填补合同漏洞,如前述案例 1 中的二审判决[①]。按照法律适用的逻辑,如果适用补充合同解释去填补漏洞,只需要援引第 61 条,根本不需要第 62 条的出现。更有甚者,直接跳过第 61 条去适用第 62 条,无视前者的存在。[②] 前述案例 3 的一审法院判决也是一个典型例子。

① 其他同时援引第 61 条但优先适用第 62 条的类似案例,如庆阳大世界商贸有限公司与庆阳宏旭商贸有限公司及甘肃隆源房地产开发有限公司房屋租赁合同纠纷案,甘肃省庆阳市中级人民法院(2013)庆中民终字第 226 号民事二审判决书,来源:中国裁判文书网,访问日期:2019 年 3 月 1 日;同时援引第 61 条但优先适用分则任意性规定的案例,如内蒙古农牧业生产资料股份有限公司乌兰察布分公司与内蒙古钰诚有机肥料有限责任公司、刘浪涛买卖合同纠纷案,呼和浩特市中级人民法院(2014)呼商终字第 00074 号民事二审判决书,来源:中国裁判文书网。

② 其他类似案例,如"湖北格茵环保木业有限公司与浙江惠美工贸有限公司买卖合同纠纷案",湖北省黄石市中级人民法院(2014)鄂黄石中民开终字第 00005 号民事二审判决书,来源:中国裁判文书网。

在案例4[①]中，某国土局A和房地产开发公司B于2010年、2011年就甲、乙两地块先后签订土地使用权出让合同。其中甲地块出让合同约定了“净地形式交付”的具体时间，延期交付土地应支付相应的违约金。B按约定交纳了全部土地出让金，但A未能按约定交付甲地块的全部土地。乙地块合同项下，B如约交纳了定金和第一期土地出让金，但未支付剩余出让金。之后，双方签订解除协议，约定解除乙地块出让合同，B返还该地块，A返还已交出让金，并将已交定金与甲地块出让合同项下的延期交地违约金互相抵销；双方互不追究两合同项下的违约责任。因A未交付剩余的甲地块，B诉请继续履行合同，交付土地并支付违约金。

一审法院认定，根据解除协议中的有效约定，A在甲地块出让合同中的违约责任已被免除，但双方其后对甲地块剩余土地的交付时间没有重新约定，根据《合同法》第62条第4款的规定，B可以随时要求A交付土地，但应当给A必要的准备时间，并确定交地的合理时间为判决生效后30日。A提出上诉，理由之一是一审判决适用法律错误，应适用《合同法》第61条。

最高人民法院的二审意见认为，甲地块出让合同中关于净地交付时间的约定因解除协议已不再适用，现双方当事人对于何时交付甲地块没有达成补充协议，根据第61条规定的习惯解释，A应当以净地形式在合理时间内完全交付；一审法院结合本案的具体情况判定的交地时间，是双方签约时所共同预期的履约目标，且符合交易习惯和诚信原则，适用《合同法》第61条的结果与《合同法》第62条的规定并不相悖。因此，支持了一审法院的判决结果，驳回上诉。

从上述典型诉讼案例研究，我们可以看到：

第一，补充合同解释与狭义合同解释之间的界限需要进一步厘清。狭义合同解释与填补合同漏洞之间并非泾渭分明，需要通过合同目的确认合同漏洞的存在，满足填补漏洞的前提，避免因为错判而导致法律适用不当或违背当事人真实意思的解释结果。

第二，目的解释在补充合同解释中具有重要地位，但其重要性尚未得到充分的认识和重视。目的解释是确定“假设的当事人意思”的重要工具，尤其在以非

---

① “长春市国土资源局与吉林省良品柏宏房地产开发有限公司建设用地使用权出让合同纠纷案”，(2013)民一终字第92号判决书，参见蒋勇、陈枝辉主编：《中国商事诉讼裁判规则.1.合同卷》，法律出版社2016年版，第201页。

典型合同为主的商事合同中,这种重要性更为凸显;目的解释还能帮助判断其他合同解释方法的适用是否正确,避免产生不当的裁判结果。

第三,在我国司法实践中,补充合同解释和任意性规定在适用上比较混乱,缺少一个清晰分明的界限。虽然法律规定补充合同解释应当在填补合同漏洞时优先适用,但上述对我国典型诉讼案例的研究却更多地体现了司法实践在实际适用上的分歧,裁判者优先适用任意性规定的情况并不少见。裁判者很少在方法论的指导下,有意识地将补充合同解释作为填补合同漏洞的一个明确的阶段或步骤,进行独立的分析。

第四,实践中对补充合同解释的适用亦缺乏细化和可操作的标准。也正因为如此,补充合同解释在适用中才容易像案例中体现的那样含糊其辞、一笔带过,而且和任意性规定经常混为一谈。学理中所说的探求“假设的当事人意思”、最少介入原则,在实践中究竟应该如何实现,从案例中亦很少能看到具体的体现。①

四、补充合同解释的方法论探究

在前述英国比较法研究和我国典型诉讼案例研究的基础上,我们可以对本文第一部分提出的问题及相关的补充合同解释方法论作进一步的探究和总结。

前述研究表明,首先,从方法论的角度,有必要强调补充合同解释作为合同解释中一个明确阶段的独立性,厘清其与狭义合同解释、任意性规定的界限。

补充合同解释是连接狭义合同解释和任意性规定、沟通与平衡类型与个性的解释方案的重要一环。补充合同解释一方面在合同解释的范围内是狭义合同解释的延续,另一方面又是法律适用领域的任意性规定的雏形和源头,处于两者之间的过渡和连接的位置。此外,任意性规定为合同争议提供类型化的解决方案,狭义合同解释是提供个性化的解决方案,补充合同解释可实现“类型”和“个性”的平衡,同时沟通类型化思维和个别意图,使合同解释结果更符合当事人的真实意图,尊重私法自治,并可有效应对合同类型无限丰富及当事人目的无限多

① 当然,这也和合同法的立法有关,关于补充合同解释的条文极简且仅具原则性,任意性规定的条文则为数众多且详细具体,裁判者自然择易避难,倾向于选取清晰明了的规则,即直接或实际适用任意性规定填补合同漏洞。

样的合同现实,鼓励合同自由和交易创新的发展。①

从逻辑体系上,三者可以看成是一个具有连续性的完整过程的不同阶段,这与英国法 Lewison 大法官形容的"连续光谱上的图案"是一致的。这与法学方法论中法律解释、法律漏洞填补(法律内的法的续造)和超越法律的法的续造的关系类似,应视为"同一思考过程的不同阶段",各阶段之间"不能划出清楚的界限,然而各有其典型的方法,因此仍有必要区分三者"。②

我国沿袭大陆法系的传统,狭义合同解释和补充合同解释都是解释的一部分,从法律规定上看,适用的解释方法并没有什么差异,也没有发展出精细的适用标准和方法论,对审判实践难以起到指导作用。英国法尽力区分三者之间的界限,为三者设定了不同的适用门槛和具体规则,鉴于从方法论和体系上进行区别的必要,我们可以多向英国法取经。而且,正如英国法所强调的,解释作业必须有意识地分阶段进行,狭义合同解释、补充合同解释和适用任意性规定这三个步骤,必须循序渐进。只有穷尽了前一步仍无法解决时,才能进入下一个步骤。

补充合同解释与狭义合同解释之间的界限并非泾渭分明,需要首先确认合同漏洞的存在,满足填补漏洞的前提。根据合同目的应约定而未约定的事项,才属于合同漏洞;同时,只有穷尽对已有条款的狭义合同解释,才能确定是否存在合同漏洞。

补充合同解释与任意性规定之间存在关联性和交叉性,并非截然相反、全然不同的两种东西。英国著名合同法专家 McMeel 指出,"从历史的观点来看,当今的法律默示条款当初都是由某项具体交易的个案(中的事实默示条款)发展而来,随着该种交易逐渐固定成一种合同类型,而变迁为某类合同的法律默示条款。今天同样的历程仍在继续"③。如果抽象地看任意性规定,不考虑某个具体规定的条文,就像 PICC 中所示,第 4.8 条的功能相当于"事实默示"或补充合同解释,第 5.1.2 条的功能相当于"法律默示"或任意性规定,这两条所列举的考虑因素基本一样,适用时也并无差别。④

---

① 刘勇:《合同补充解释的理论构造及立法选择》,载《浙江社会科学》2017 年第 3 期。

② [德]拉伦茨,《法学方法论》,陈爱娥译,商务印书馆 2003 版,第 246 页。

③ G. McMeel, *The Construction of Contracts: Interpretation, Implication and Rectification*. 2nd ed. Oxford University Press, 2010, p.320.

④ Stefan Vogenauer, *Commentary on the UNIDROIT Principles of International Commercial Contracts*. 2nd ed. Oxford University Press, 2015, pp.613-615.

当然,如果不是从历史或抽象的角度去看,补充合同解释与任意性规定确实存在明显的区别。两者在适用上的优先顺序,决定了裁判者在填补合同漏洞时应当首先考虑争议所涉合同的具体情况还是法律的任意规定。

其次,补充合同解释在填补合同漏洞中具有优先适用性,在商事合同的漏洞填补中更应重视优先适用补充合同解释。

关于补充合同解释和任意性规定何者应在填补合同漏洞时优先适用的问题,学界和实务界一直存在争论。有学者认为,只要合同类型符合任意性规定的类型,原则上在补充合同漏洞时,任意性规定应优先于补充合同解释;在没有相应的任意性规定时,才依补充合同解释填补合同漏洞。只有在某些特殊情形下,补充合同解释应优先于任意性规定加以适用。[①] 有学者还指出,任意性规定的优先适用可以避免法官主观意志对解释结果的影响。[②] 另有学者指出,我国《合同法》第61条和第62条的规定及法律逻辑关系非常清楚,在我国补充合同解释应优先于任意性规定适用。[③] 还有学者从合同解释逻辑体系的角度,分析补充合同解释的优先适用性。[④] 从前面的典型诉讼案例研究,也可以看到,在我国司法实践中存在比较混乱、容易优先适用任意性规定的现象。

从我国《合同法》的相关规定来看,补充合同解释的优先适用性是十分确定的。从前面关于逻辑体系的分析来看,补充合同解释处于狭义合同解释和任意性规定中间的位置,因此,填补合同漏洞也应当先从补充合同解释开始再到任意性规定,而不是反其道而行之。更何况,合同解释与法的适用处于不同的层面,裁判者的思维逻辑无法从适用实体法规范再退回到探寻“假设的当事人意思”,从体系上也是无法周全的。

同时,这样的适用顺序能更好地适应当今高度复杂和日新月异的合同实践,尤其对于商事合同的解释,能更好地体现私法自治,有利于商业发展和交易创新。

任意性规定对于相对单纯、重复发生率高的民事合同或者简单的商事合同可发挥重要作用,但现代商事合同往往设计了特殊且复杂的交易安排和风险分

① 崔建远:《合同法》,北京大学出版社2012年版,第425页。

② 王利明:《合同法研究》,中国人民大学出版社2011年版,第422～423页。

③ 韩世远:《民法的解释论与立法论》,法律出版社2015年版,第320～321页。

④ 刘勇:《合同补充解释的理论构造及立法选择》,载《浙江社会科学》2017年第3期。

配机制，以非典型合同、不完整合同为常见，而这些新型交易的缔约背景与目的远非立法者制定合同法时所能设想。[①]《合同法》规定的合同类型的有限性和滞后性[②]，决定了仅凭或优先适用任意性规定远远不能满足当前商事合同纠纷解决的需要，反而可能使裁判者在处理合同纠纷时容易为方便适用任意性规定而强行将非典型合同定性为典型合同或将混合合同简单拆分成不同的典型合同，甚至直接拒绝承认新型合同或为其发展适合的新规则。这种“削足适履”、机械套用任意性规定的做法，可能违反合同目的，损害了私法自治；还可能造成与交易现实和需求相背离的结果，不利于交易创新和商业发展。[③]

前述比较法研究亦表明，英国法在填补合同漏洞时更为重视事实默示的作用，这与其合同法以解决商事争议为主的特点相统一，事实上亦证明是适应商业发展的，值得我国借鉴。虽然我国《合同法》的相关法律条文对两者优先适用顺序有明确规定，但仍需加强方法论层面的研究和自觉的方法意识，在审判实践中做到知行合一，严格按照法律的要求优先适用补充合同解释。

最后，在补充合同解释的具体适用方面，英国法也可以给我们不少启示。

我国在《合同法》第 61 条仅规定了整体解释和习惯解释，未规定目的解释方法，且在方法论研究中对目的解释在补充合同解释中的作用亦未予以足够的重视。英国法在事实默示中对目的解释的重视，非常值得我国借鉴和学习。目的解释是探求“假设的当事人意思”的重要工具，检验是否符合事实默示的“严格必要性”最重要的“商业效力”和“好事第三人”标准，实际上就是目的解释具体表现的两个方面。我国司法实践典型案例研究的相应结论也能够证明目的解释在补充合同解释中的重要性，尤其在以非典型合同为主的商事合同中，这种重要作用更为凸显，应当在立法和实践中倍加重视。

此外，我国对补充合同解释缺乏细化和可操作的标准。英国法总结的事实默示的五个条件，可以在我国实践中参考借鉴。

---

① 王文宇：《合同解释三部曲——比较法观点》，载《中国法律评论》2016 年第 1 期。

② 《合同法》分则仅规定了 15 种典型合同类型，其中只有建设工程合同、融资租赁合同、行纪合同、居间合同、仓储合同是典型的商事合同。民法典合同编二审稿草案的分则中增加了保理合同、合伙合同等典型商事合同，但合同类型还是太少。

③ 王文宇：《合同解释三部曲——比较法观点》，载《中国法律评论》2016 年第 1 期。

结　语

本文通过对英国的比较法研究和对我国实践的观察，对补充合同解释进行了方法论探究，得出了以下结论：

首先，有必要强调补充合同解释作为合同解释中一个明确阶段的独立性，厘清其与狭义合同解释、任意性规定的界限。解释作业必须有意识地分阶段进行，狭义合同解释、补充合同解释和适用任意性规定这三个步骤，必须循序渐进。补充合同解释与狭义合同解释之间的界限并非泾渭分明，需要首先确认合同漏洞的存在，满足填补漏洞的前提。补充合同解释与任意性规定既有关联又有区别，补充合同解释在填补合同漏洞时应优先适用，这符合《合同法》的有关法律规定、合同解释的逻辑体系和合同实践的需要。

其次，目的解释在补充合同解释中具有重要地位，尤其在以非典型合同为主的商事合同中，这种重要性更为突出。目的解释是确定"假设的当事人意思"的重要工具，还能帮助判断其他合同解释方法的适用是否正确，避免产生不当的裁判结果。我们应在补充合同解释的方法论和适用中充分重视目的解释的作用。我国亦应在立法中明确将目的解释列入补充合同解释的方法，以提供清晰的法律依据和实践指引。

最后，除了在补充合同解释中重视目的解释的作用，还应为补充合同解释的适用发展更多细化和具可操作性的标准。英国比较法研究给我们提供了一些参考和借鉴，但我们仍需不断积累和总结我国的审判实践，加强方法论研究和比较法研究，摸索出适合我国情况的适用标准及具体规则，以期对审判实践有更强的指导意义。

民事诉讼律师调查令的实践考察与制度构建

——以保障律师权益促进纠纷化解为视角

彭海波* 黄 晨**

摘要:作为保障当事人调查取证权的律师调查令制度,在尚无立法明确规定的情况下,已有十余年的实践积累,但实践中表现出各行其是、权威性不足等问题。以276份律师调查令为样本,重点围绕律师调查令的适用情况与适用效果展开分析,律师调查令制度存在申请主体范围不清、审签决定权属难分、对被调查人没有强制力及滥用风险规制不足等问题。导致上述问题的根源可归结为立法层面缺乏统一制度规范、实践层面操作精细化不足、观念层面存在认识偏差、运行层面配套制度衔接不畅等。对此,既要从宏观层面为律师调查令的制度化探寻正当性依据,辨明律师调查令的性质促成其转化为立法表达,同时也需要从微观层面优化和完善具体规则设计,为律师调查令的实际运行赋予程序规范与制度保障。

关键词:民事诉讼;律师调查令;制度构建

"举证之所在,败诉之所在"体现了证据对当事人实现诉讼目的的关键作用。律师调查令作为当事人取证权利保障的制度创新,虽立法尚无明确规定,但在部分法院先行先试的探索中,已积累了十余年的实践经验。2016年年初,最高人民法院再次发布指导意见,鼓励各级人民法院在民事诉讼中大胆探索运用律师

* 作者系西南政法大学经济法学院2016级博士研究生,重庆市第一中级人民法院民二庭法官。

** 作者系西南政法大学经济法学院2017级博士研究生,重庆市第一中级人民法院研究室副主任。

调查令。随着实践的深入，近年来有关律师调查令的报道频见报端，其中既有肯定赞许，但也不乏律师持令取证受阻的新闻①，甚至还出现了律师与受调查机构监管部门对簿公堂的情况②。律师调查令实践运行中的困境，究竟是制度设计的"先天不足"，还是法院试行过程中"后天乏力"？律师调查令的未来又该何去何从？带着这些疑问，笔者对律师调查令展开实证研究，以期获得答案。

一、现状：律师调查令实践运行扫描

(一)样本选取与整体情况

笔者所在C市高院于2016年颁行了《关于在民事诉讼中试行律师律师调查令的意见》(以下简称《意见》)在全市范围内推行。为客观展现律师调查令的实际运行情况，本文以《意见》施行一年以来，笔者所在中院和辖区9个基层法院签发的276份律师调查令为样本进行分析。

表1　两级法院调查令签发的整体情况

法院	发出总数	实际使用数量	取证成功数量	取证成功率
A中级法院	42	41	34	82.93%
B基层法院	65	63	61	96.83%
C基层法院	9	9	9	100.00%
D基层法院	43	42	31	73.81%
E基层法院	28	27	13	48.15%
F基层法院	32	31	18	58.06%
G基层法院	22	21	21	100.00%
H基层法院	2	2	1	50.00%
I基层法院	29	29	27	93.10%
J基层法院	4	4	0	0
合计	276	269	215	79.93%

① 如金华市婺城区法院所开具的律师调查令，四年时间共被拒绝854次，占所有律师调查令的19.34%。详见余建华：《四千份律师调查令发出之后——对金华市婺城区法院实施律师律师调查令制度的调查》，载《人民法院报》2007年8月14日第8版。又如成都双流区法院被拒绝的律师调查令份数占所有发出的比例为35.48%，详见杨傲多：《半数律师律师调查令取证成功》，载《法制日报》2017年4月17日第3版。

② 广东律师何伟民持阳江市江城区签发的《律师调查令》前往银行调取证据被拒后将广东银监局告上法庭。详见刘冠南：《内部规定难敌律师律师调查令》，载《南方日报》2016年8月19日第AA7版。

(二)律师调查令的适用情况

1.申请主体

《意见》规定律师调查令的申请主体应为当事人委托的代理律师,但实际运行中,部分基层院还出现了法律工作者和持司法考试合格证的公司法务人员申请律师调查令的情况。对此,有的法官基于提高诉讼效率的考虑仍对以上人员签发了律师调查令,而有的法官则以不符合《意见》规定为由未予签发。

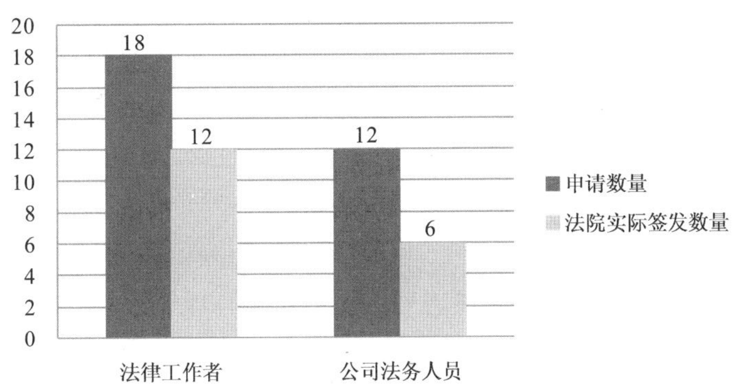

图1　律师调查令申请主体(单位:人)

2.提出申请的时间

律师调查令旨在强化当事人的举证能力,为此《意见》规定了律师调查令的申请"应当在案件受理后,举证期限届满前提出"。但实践中律师调查令的申请时间并没有严格受举证期间限制,而呈现出一定灵活性。样本中仅有35份是在举证期限届满前提出,另有101份是在诉前保全或案件执行阶段基于查封财产的需要而申请,还有140份是在案件审理中,特别是在庭审中发现有需要进一步查明的案件事实,由律师在休庭后提出律师调查令的申请。

3.适用案件类型

签发的律师调查令案件中,涉及案件的纠纷类型也较为多元,既包括婚姻家庭、物权纠纷、买卖合同等传统的民事纠纷,也包括物业管理、股权转让、破产清算、环境污染侵权等新领域的民商事纠纷。其中,合同类纠纷占绝大部分比例。

4.法院审签程序

为契合"审理者裁判,裁判者负责"的司法责任制改革精神,《意见》规定律师调查令应由合议庭或独任法官审签。从276份律师调查令来看,实际操作中的

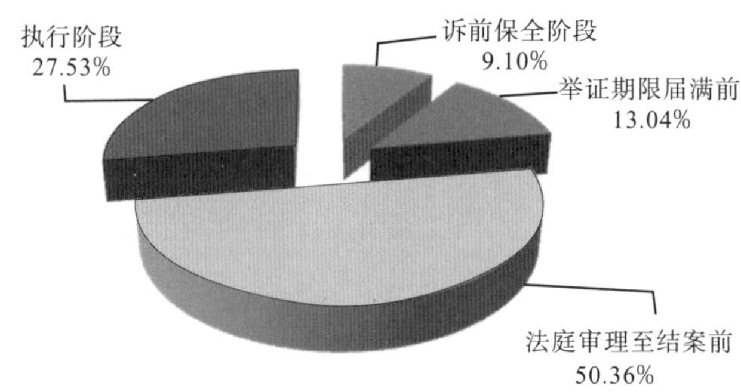

图 2 提出调查令申请的时间

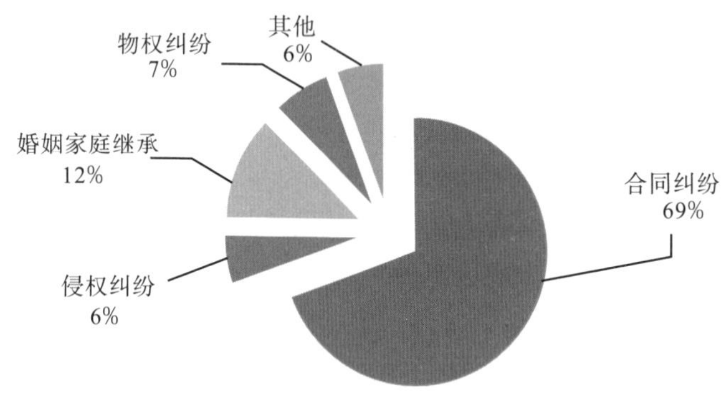

图 3 申请调查令的案件类型分布

签发程序并未完全按照规定执行。适用独任制审理案件的基层法院,律师调查令一般由独任法官审签,但也有报请院庭长审签的情况;笔者所在中院由于案件审理均实行合议制,律师调查令签发主体包括了承办法官、合议庭审判长、庭长三种情况。①

5.不予签发的情形

按照《意见》规定,不予签发律师调查令主要包括四种情形(见图 5),通过与

① 审判长审签的情况是在实行员额制改革之前,改革后办案法官即为审判长,律师调查令由承办人自己签发。

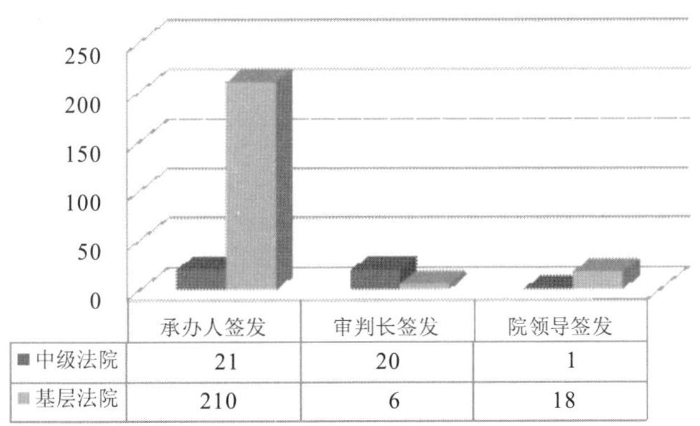

	承办人签发	审判长签发	院领导签发
中级法院	21	20	1
基层法院	210	6	18

图 4　调查令签发主体统计(单位:份)

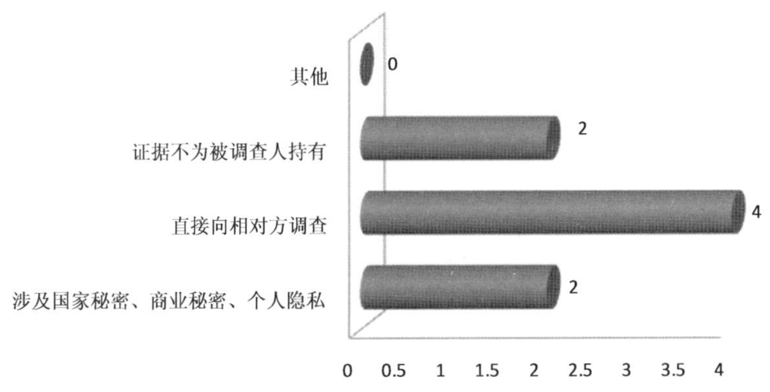

图 5　两级法院不予签发调查令的数量

法官的访谈可知①,案件承办法官在签发律师调查令时一般都要对其是否符合申请条件进行实质审查,对于涉密或涉及隐私的,当然不予签发;在有初步证据表明证据系对方当事人持有的,可依证据规则直接作出推定而无须签发;在无初步证据表明案外人持有证据的情况下,为保证律师调查令的严肃性,也不得随意签发。

---

① 针对律师调查令适用的相关情况,笔者通过电话、面谈等方式对两级法院曾签发过律师调查令的 30 位法官进行了访谈。

6.调取证据类型

《意见》规定了律师调查令可调取的证据范围包括书证、视听资料、电子数据等。从实际运行情况看,书证占据了绝对比例,主要包括动产或不动产权属登记资料、银行账户信息、相关部门保管的文字记录等,而视听资料仅有少量,电子数据为零。

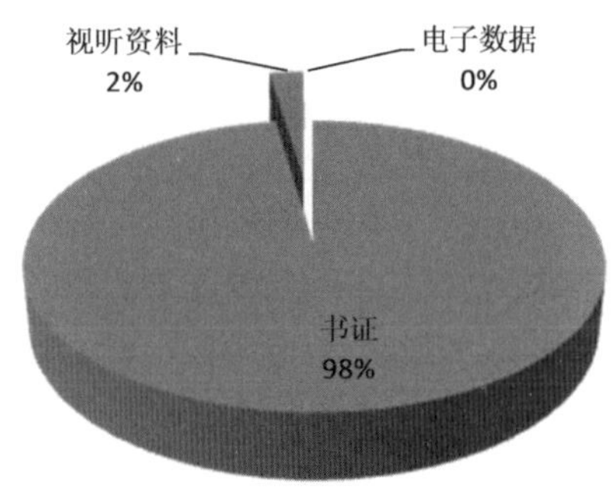

图 6 调取证据类型分布

(三)律师调查令的适用效果

1.取证效果呈现地区差异

律师调查令试行一年来,两级法院律师调查令取证成功率整体较高,平均值达到 79.93%(见表 1),但取证效果在不同基层法院之间呈现出一定的差异性,有的法院律师调查令全部取证成功,也有法院取证成功率为零。从地域上来看,取证成功率较高的 B、C、G、I 基层法院所在地经济发展相对较快,取证成功率不理想的 J、E、H 基层法院所在地经济发展相对滞后。

2.被调查人配合程度不同

针对两级法院未能成功取证的 54 份律师调查令进一步分析发现①,以上律师调查令涉及的被调查对象主要为银行、公司等非行政机关(图 7)。

就证据内容来看,查询个人信息被拒绝的情况居多,如:个人银行存款、通话记录、房产信息、住院记录等。此外,笔者还发现,向相同性质的单位调取类似证

① 此处统计排除了因申请人信息填写错误、被调查人没有持有相应证据、案件调解律师实际未调取等几种情况,共 9 件案件。

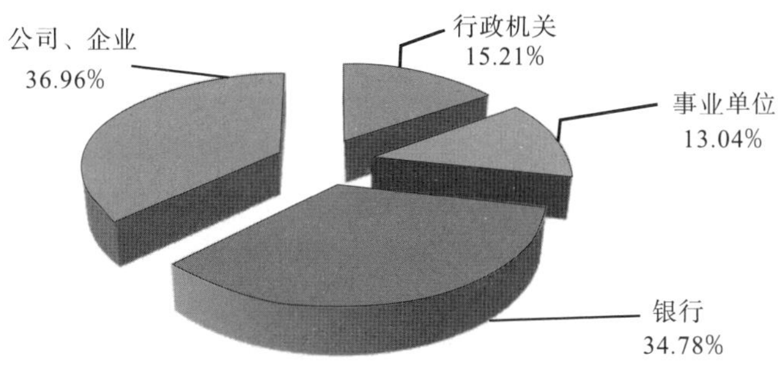

图 7 未提供证据的被调查单位性质及比例

据，因地域不同取证结果也有差异。如：律师持令到J基层法院辖区的银行调取个人交易明细被拒绝，但同样是向银行调取个人交易明细，在B基层法院以及其他几个基层法院辖区均调取成功。

表 2 未成功取证的证据类型梳理

被调查人	调取证据内容	数量
银行	个人存款明细、交易明细、工资发放记录，支付宝实名认证人身份信息、绑定银行卡信息	16
公司、企业	工程的结算资料、竣工验收资料；行使股东权利的委托书；股权盈余分配情况、个人通话记录	17
医院	住院病案、费用清单	1
公安局	印模	2
不动产登记中心	当事人房屋产权的登记信息、他项权登记情况、房产证号	3
建设工程质量监督部门	工程验收申请书	2
税务局	增值税发票	3
房管局	土地出让合同	1
民政局	婚姻登记情况	1

3.功能获得普遍认可

律师调查令制度的设计初衷在于为律师调查取证提供便利，并减少法院依当事人申请而外出调取证据的时间成本,从而提高诉讼效率,实现律师与法院的双赢。该制度试行一年来,通过对法官和律师的访谈可知[①],律师调查令在保障律师调查权、节约法院司法成本、提升诉讼效率方面得到了普遍认可。

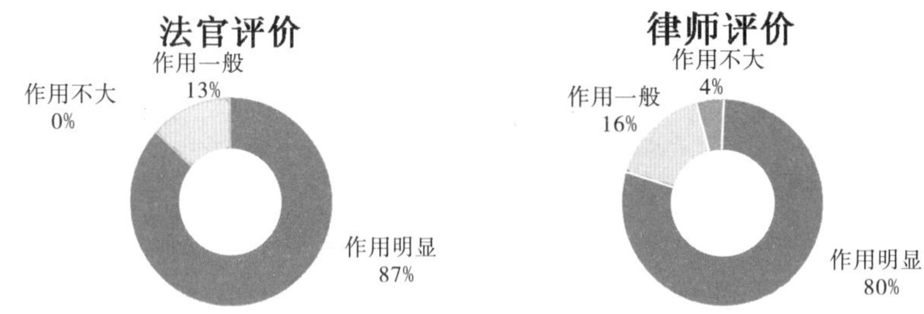

图 8　调查令是否有助于提高诉讼效率、降低诉讼成本

二、解构:律师调查令适用困境检视

根据对现实运行的梳理发现,律师调查令制度在实践中最突出的问题表现为以下几方面:

(一)申请主体范围不清

律师调查令的申请主体能否由律师扩展为具有法律资格的其他从业人员,法官对此意见不完全一致(图 9)。绝大多数法官认为律师专业水平和职业素养更高,有利于律师调查令的合理使用;法律工作者和公司法务人员的专业水平参差不齐,难以保障律师调查令使用效果。也有部分法官认为将申请人范围扩大为律师以外取得法律职业资格人员或司法局认可的其他从事法律服务的人员,可以更好地保障当事人诉讼权利。极少数法官认为目前尚不能作出论断,要视律师调查令的实际运行情况而定,如运行规范则可以适度扩展申请主体范围,否则还是限于律师为宜。

(二)审签决定权属难分

实践中两级法院在签发律师调查令时并未完全按照《意见》规定全部由合议庭或独任法官签发。对于现有审签程序的差异,法官普遍认为应由合议庭或独

① 为了解律师在使用律师调查令过程中的实际情况,笔者通过电话、面谈等方式对使用过律师调查令的 25 位律师进行了相关内容的访谈。

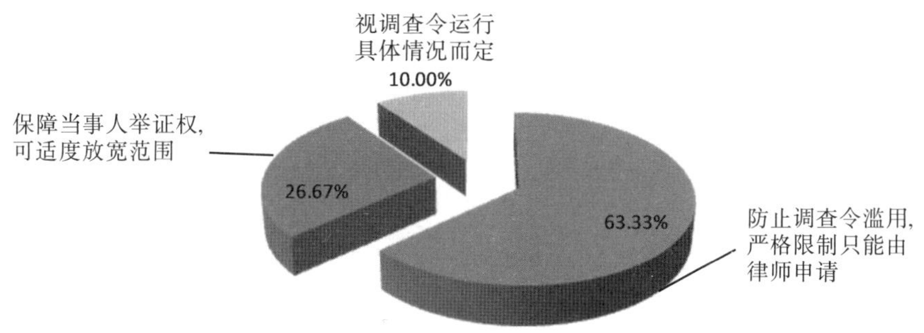

图 9　法官对申请主体范围界定的认知

任法官签发更为合理，既与司法改革去行政化趋势和审理者裁判的精神相符，也与提高诉讼效率的要求一致。但也有少部分法官认为，律师调查令制度尚处于实践探索阶段，难免出现突破既有规则的新情况，增设签发环节分别由不同主体进行审查，可以有效防止律师调查令不当签发或随意签发，确保律师调查令规范运行（图 10）。

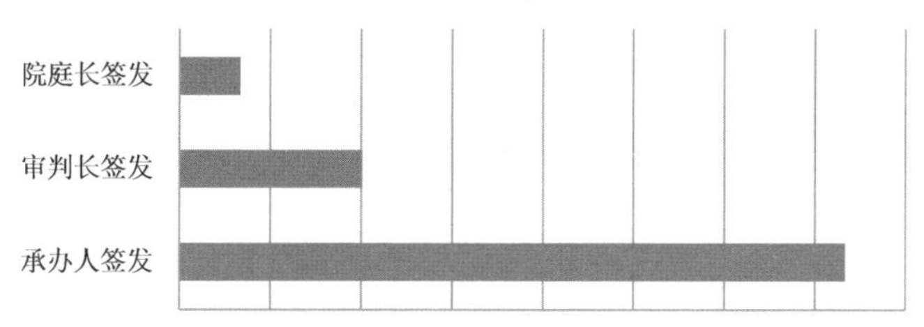

	承办人签发	审判长签发	院庭长签发
■系列1	73.33%	20.00%	6.67%

图 10　法官对调查令签发主体的不同观点

（三）强制约束措施匮乏

实践中不同单位对律师调查令的配合程度不一，从与部分律师的访谈中了解到，很多情况下律师调查令实际能否取证成功取决于被调查人是否自愿配合。

律师调查令被拒的原因主要有:一是被调查单位以内部规定或涉及个人隐私为由拒绝提供证据,如银行根据《最高人民法院、中国人民银行关于依法规范人民法院执行和金融机构协助执行的通知》拒绝法院以签发律师调查令的形式向其调取证据,中国移动通信公司则以《电信条例》第66条和内部规定为由不接受法院向其调取个人通话信息。二是被调查单位无法确认调查人的身份或者律师调查令是否合法。三是被调查单位与一方当事人有利害关系不愿提供。针对被调查人持有证据但无正当理由拒不提供的,律师普遍认为有必要规定对被调查人的约束措施(图11),防止律师调查令在实践中成为加盖公章的"介绍信"而被随意处置。

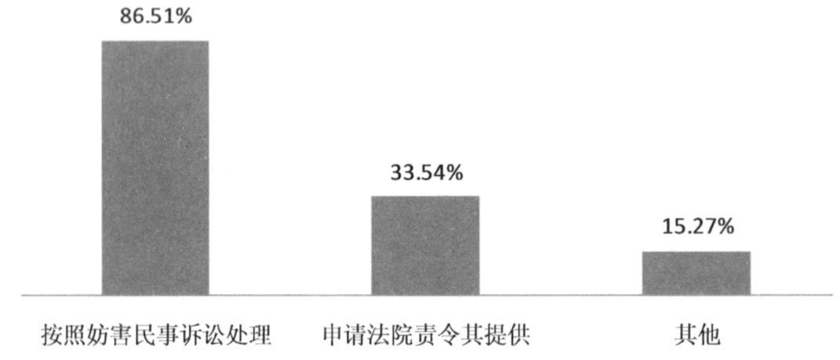

图11 律师对被调查人不提供证据的处理意见

(四)滥用风险规制不足

针对法官的访谈表明,法官对律师调查令"是否会被滥用"这一问题的关注度仅次于"律师调查令能否取证成功"。尽管目前实践中法院尚未发现律师调查令被滥用的情况,但法官对此普遍存在担忧,如律师是否会擅自在律师调查令中添加调查内容,调取与本案无关的信息、证据,或持令调取非法证据等。

虽然《意见》对滥用律师调查令的情况规定了"不得在本案中再次申请律师调查令,法院给予训诫、罚款,相应机关给予律师行政处罚,追究刑事责任"的惩戒措施,但法官表示,以上措施只有前两项是由法院直接行使,且对训诫、罚款的具体标准并没有规定,实际上难以执行且惩戒威慑力有限,给予律师行政处罚和追究刑事责任还有待其他机关配合,仅凭法院一己之力无法完成。

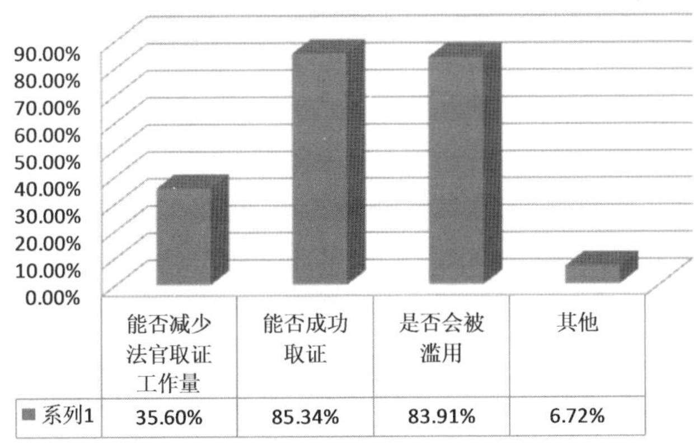

	能否减少法官取证工作量	能否成功取证	是否会被滥用	其他
系列1	35.60%	85.34%	83.91%	6.72%

图 12 调查令适用过程中法官关心的问题

三、溯源:律师调查令现实困境的成因探寻

(一)立法缺乏明确规定

我国现行法律或司法解释并未对律师调查令制度作明确规定,有关当事人或律师调查取证的法律依据散见于《民事诉讼法》第 64 条等法律或司法解释规定当中(表 3)。[①] 除此之外,全国至少有 15 个高级人民法院相继出台了有关律师调查令制度的指导意见,部分中、基层法院也以《实施细则》《若干规定》等形式制定了规范性文件。[②] 多年自发实践已使律师调查令形成了制度雏形,但仍未得到立法的确认而得以正名。"合法"地位缺失给律师调查令实施带来了诸多障碍,如:律师调查令是法院调查权的赋予还是当事人取证权的延伸存在认识分歧,对于无正当理由拒不提供证据的被调查人,能否施加强制约束力没有定论等。

---

① 叶若思、叶艳:《民事证据律师调查令制度初探》,载《中国审判》2008 年第 10 期。

② 一些地方人大以地方立法形式或地方法院通过与相关部门联合发文的方式对律师调查令制度予以肯定,如 2008 年 4 月深圳市人大常委会颁布的《深圳经济特区加强知识产权保护工作若干规定》中明确律师可以向人民法院申请律师调查令收集证据;2013 年 3 月安徽省人大常委会颁布《安徽省关于律师执业的若干规定》等。

表 3 律师调查令法律依据梳理

法律条文	与调查令有关的内容	法条规定
《民事诉讼法》第 64 条	调查令的申请条件	当事人对自己提出的主张,有责任提供证据。当事人及其诉讼代理人因客观原因不能自行收集的证据,或者人民法院认为审理案件需要的证据,人民法院应当调查收集。
《最高人民法院关于适用〈中华人民共和国民事诉讼法〉的解释》第 94 条	调取证据的范围	当事人及其诉讼代理人因客观原因不能自行收集的证据包括:(一)证据由国家有关部门保存,当事人及其诉讼代理人无权查阅调取的;(二)涉及国家秘密、商业秘密或者个人隐私的;(三)当事人及其诉讼代理人因客观原因不能自行收集的其他证据。
《关于民事诉讼证据的若干规定》第 17 条	调取证据的范围	符合下列条件之一的,当事人及其诉讼代理人可以申请人民法院调查收集证据:(一)申请调查收集的证据属于国家有关部门保存并须人民法院依职权调取的档案材料;(二)涉及国家秘密、商业秘密、个人隐私的材料;(三)当事人及其诉讼代理人确因客观原因不能自行收集的其他材料。
《律师法》第 35 条	律师调查取证的形式要件	律师自行调查取证的,凭律师执业证书和律师事务所证明,可以向有关单位或者个人调查与承办法律事务有关的情况。

(二)规则设计失之精细

系统且完整的程序性规范是实现程序正义的前提,这就要求程序规则设计精细、便于操作。虽然部分高院颁布了律师调查令的相关规范文件,但仔细对比即可发现上述文件在程序设计上均有不同疏漏(见表 4),有的规定过于粗疏难以操作,有的遗漏事项致使内容不完整,还有的内容存在规定不一致的情况。如:律师调查令的申请人是否仅限于律师,持令人和申请人是否必须一致,调取证据范围和签发主体如何确定等问题规定各不相同;此外,申请人对法院不予签发律师调查令的异议处理和救济,因持令调取证据产生的费用支出如何承担等内容各地法院均未规定。具体规则设计的精细化不足,不仅使律师调查令适用失于规范,也导致签发人和使用人对于许多问题无从应对。

表4 各地高院关于律师调查令规范差异比较

法院	申请/持令主体	适用阶段	调查范围	签发程序	不提供证据的法律后果	对滥用的惩戒
山东	当事人		与案件事实有关联		按妨碍民事诉讼处理	
上海	当事人申请律师持令	执行	书证	合议庭评议后庭长签发		
北京	当事人或律师申请,律师持令	执行	书证	决定后庭长或主管院长签发		
江苏		审理		合议庭或独任法官签发	责令提供或依职权调查	
安徽	当事人申请律师持令	起诉、审理、执行	书证和电子数据、视听资料	合议庭或独任法官审查副院长签发		不再签发、行业惩戒、行政处罚
浙江	当事人、律师或法律工作者			法官审查庭长签发		不再签发、网上公示、行业惩戒和行政处罚
陕西	当事人和律师	审理、执行			按妨碍民事诉讼处理	不再签发、网上公示、行业惩戒和行政处罚
重庆	律师	审理	书证、电子数据、视听资料	合议庭或独任法官		不再签发、行业惩戒、行政处罚

(说明:表格空白处表示该规范文件无此方面内容规定)

(三)公众认知存在偏差

审判方式会对诉讼程序设计的理念和具体内容产生直接影响。当前,我国民事诉讼结构正在转向辩论主义,其核心是强化当事人在事实主张、证据收集、事实证明等方面的责任。与此相适应,民事诉讼审判方式也随之朝着强化当事人举证责任、弱化法院依职权调查取证的方向发展。① 然而,受根深蒂固的职权主义思维所限,法院依职权调查取证在公众认知中被视为理所应当,加之对审判方式改革的生疏,致使部分被调查人并不认同当事人及律师取证的方式,并表现为对律师调查令的认识偏差,即"只有司法机关才有权向其调查取证,除此之外并无义务配合提供证据",甚至质疑律师调查令的合法性与正当性。

(四)配套制度衔接不畅

从律师调查令取证效果来看,不同单位的配合程度并不完全相同。根据前文分析,律师调查令取证受阻主要有两方面原因:其一,社会公众对律师调查令的知晓度不高。律师调查令目前尚处于区域性探索阶段,其适用范围和影响辐射面有限。有关律师调查令的专门报道也是近几年才逐渐进入公众视野,以致部分被调查人对律师调查令的合法性、作用等不甚了解。其二,现行规则冲突无法有效解决。表现为部分单位的行业规定和内部规定与律师调查令取证范围的冲突,典型的如银行、移动公司等单位内部均有对储户或用户信息保密的制度规定。此类规定与律师调查令实施规则何者效力更高无法评判,进而导致部分被调查人以遵循内部规定为由排斥律师调查令适用,甚至出现被调查人因配合律师调查令提供证据而被单位内部处罚的情况。

四、阐释:律师调查令制度构建的理论探讨

(一)正当性考量

律师调查令制度最早源于大陆法系民事诉讼理论,旨在为当事人获取证据提供制度和程序保障,之后也得到英美法系国家的推崇。目前两大法系民事诉讼立法均规定了与律师调查令类似的制度,如日本的律师照会制度,美国民事诉讼法规定的当事人可运用发现程序向对方当事人和案外人收集证据等。综观域外做法可知,律师调查令制度构建的理论基础主要有:

---

① 常怡、杨军:《我国证据收集制度的反思与重构——兼论民事审判方式的改革》,载《民事诉讼法学研究》,法律出版社2010年版,第265页。

第一，正当程序理论。正当程序原则的内容之一即为当事人能够平等的参与到诉讼程序中，满足"接受法律结果的法律主体对法律程序的正当要求"。平等参与要求当事人有相同的机会陈述意见，其前提就是当事人能够充分提出对自己有利的主张或证据、反驳对方的主张或证据，促进调查案件事实真相，进而对裁判结果产生实质性影响，实现实体公正。① 律师调查令的制度价值本身即在于增强当事人举证能力，满足了程序正义的要求。

第二，法院中立裁判原则。司法"居中裁判"的角色要求法官在诉讼中应当保持超然中立的地位，不能主动介入纠纷。② 如果法官过多介入证据收集，难免会对自己收集的证据先入为主，过早形成心证，进而违背司法中立的要求。适用律师调查令有助于法院实现由"包揽证据收集"向"居中裁判"的角色回归，避免司法公正性受到质疑。

第三，协助查明事实义务。现代民诉法理论认为，查明案件事实是实现实体公正的前提，对此不仅当事人负有真实陈述的义务，案外人也负有协助查明案件事实的义务。为平衡当事人举证能力，维护当事人之间的实质公平，许多国家都在民事诉讼立法中确立了证据协助和查明事实协助义务，此种义务是案外人对法院查明案件事实所负有的公法上义务，也即一般性的协助义务。③ 这也是案外人按律师调查令提供证据以协助法院查明事实的理论依据所在。

诉讼制度具有较强的本土特征，域外经验并不必然成为我们借鉴和移植的理由，但以当事人自行主张、收集证据为特征的当事人自主责任原则，已成为两大法系民事诉讼的发展趋势。④ 我国民事诉讼制度改革也已逐步建立了与之相适应的诉讼结构，由修改后的民事诉讼法及司法解释可见一斑。但当前对提升当事人举证能力仍欠缺足够的制度保障，加之职权主义思维的制度惯性，当事人及其律师取证的权利并不能得到广泛认同，更使当事人举证能力保障雪上加霜。但在民事诉讼向现代化转型的背景下，对当事人申请法院调查取证的情形，借鉴域外相关做法，建立由法院签发律师调查令、律师实际执行的制度，是一种契合

---

① 叶若思、叶艳：《民事证据律师调查令制度初探》，载《中国审判》2008 年第 10 期。

② 韦杨、曾俊怡等：《当事人调查取证权之程序保障的路径尝试》，载《法律适用》2008 年第 3 期。

③ 占善刚：《证据协力义务之比较法分析》，载《法学研究》2008 年第 5 期。

④ 吴如巧：《民事诉讼证据收集制度的构建》，中国人民公安大学出版社 2011 年版，第 14 页。

我国国情强化当事人举证能力的折中选择。

(二)问题思辨与价值衡平

1.当事人取证权与被调查人合法权益的平衡

律师调查令旨在消除案外人持有证据为当事人取证权行使带来的障碍,可视为是对当事人私权利的保障。私权行使并非没有边界,应以不损及其他主体合法权利和公共利益为限度。持律师调查令调取证据,可能会涉及案外证据持有人合法权益以及公共利益。如不区分情况一律强制要求被调查人提交所持有或保管证据,某些情况下可能会侵犯公共利益或案外人合法权益。因此,持令调取证据应以不侵犯国家秘密、商业秘密以及个人隐私为限,并不损害公共利益,从而达到不同法益保护的平衡。

2.严格审签标准与追求诉讼效率的兼顾

律师调查令制度能够节省当事人的取证时间和成本,加速案件审理,符合法院对诉讼效率的追求。在律师调查令适用中还要注意严格审签标准与追求诉讼效率的兼顾。法官严格审查律师调查令申请,既是为了公平对待和保障对方当事人诉讼权利,防止律师调查令滥用,也是为了避免仅以效率为目标造成律师调查令无效或随意签发,使审查程序流于形式,造成司法资源不必要的浪费。但严格审签标准也要避免审查过严的倾向,使应签发的律师调查令未能签发,或不当增加审签环节延缓签发,进而影响当事人调查取证权,降低诉讼效率。

3.律师调查令取证与当事人举证责任的厘清

律师调查令是基于《民事诉讼法》第 64 条关于“申请法院调查收集证据”规定而设计的制度,其目的在于强化当事人的举证责任。从民事诉讼行为意义的举证责任和审判方式改革的方向来看,承担证据收集义务的仍然是当事人,①只有在“当事人及其代理律师因客观原因不能自行收集证据”的情况下才能向法院申请律师调查令。因此,律师调查令并没有否定“谁主张、谁举证”的基本举证原则,其实质是当事人调查取证权的延伸,但此种延伸应以证据客观不能收集为前提。因此,如果将本应由当事人自行收集的证据转由申请律师调查令,则是对律师调查令的误读。

① 重庆高级人民法院课题组:《做好律师律师调查令试行工作的思考》,载《重庆审判》2016 年第 3 期。

五、续造:律师调查令制度构建的路径选择

(一)宏观向度:律师调查令的法定化

1.明确律师调查令性质

厘清并准确定性律师调查令的性质,是合理设计律师调查令制度的逻辑起点。持律师调查令取证是当事人诉讼权利在司法权保护下的延伸,调查取证权本就是当事人的权利,只是因某些证据由国家机关等单位保管不便调查,才需要通过申请法院调查的方式,获取本应属于当事人的权利。因此,法院签发律师调查令交律师调查取证,并不代表法院将自身的调查取证权转交律师行使,持律师调查令取证与法院依职权调查取证具有本质上的差异。具言之,律师调查令是当事人调查取证权的扩展,属于私权利范畴,法院调查取证权则具有公权力属性,律师调查令并不因法院签发而成为"具有国家强制力保障的调查取证权"①。

2.律师调查令的法定化

在辨明律师调查令性质的基础上,以立法规定确立其合法地位,是律师调查令亟待解决的迫切问题,也是构建律师调查令制度的前提。在总结律师调查令试行经验的基础上,待条件成熟时,建议可在民事诉讼证据制度或司法解释中增加如下规定:

> 当事人及其诉讼代理律师因客观原因无法自行收集的证据,人民法院认为与案件相关且必要时,可依律师申请签发律师调查令。
>
> 律师调查令所列明的证据,被调查单位或个人应当予以配合提供。

律师调查令获得立法认可后,可进一步制定相应的实施细则,完善具体程序设计,以增强律师调查令在实践中的可操作性。

(二)微观向度:操作规则的优化与完善

1.规范申请程序

(1)申请主体的确定。笔者认为申请主体应限定为律师为宜,理由在于:首先,从现实状况来看,律师调查令尚未形成成熟严谨的制度,施行之初限缩申请主体范围,可防止申请主体范围过广而规制不足,造成律师调查令滥用的后果。

---

① 汤啸天、张静德等:《律师调查令制度的法律属性和完善建议》,载《法律适用》2008年第7期。

其次，就不同申请主体而言，律师具备较丰富的专业知识，更有能力从法律需要出发寻找证据并在法庭上有效运用证据，且律师取证行为受法律和执业规范约束，取证行为较法律工作者更为规范。

(2)申请时间的明确。根据实践中的现实需求，为有效发挥律师调查令查明案件事实的作用，申请时间不应限于举证期限届满前。法庭审理期间如确有必要调查与案件事实密切相关的证据，律师也可申请律师调查令，以使律师调查令灵活有效适用。

2.明晰适用范围

(1)适用条件：申请律师调查令的条件应是与案件事实有关联的证据，为相关单位或个人保存，且当事人或律师因客观原因无法调取。

(2)被调查对象：既可以是单位，也可以是个人，但不包括对方当事人和证人。如证据系对方当事人持有，可通过证据规则合理分配举证责任得以解决；如证据系证人持有，可通过询问证人的方式获得。作此规定在于保障当事人调查取证权和其他主体私权利之间的平衡。

(3)调取证据的范围：现行民事诉讼法增加了电子证据这一形式，因此，除传统的书证之外，律师调查令也应将电子证据予以纳入。此外，当事人陈述、证人证言等属于言词证据范畴，不应列为律师调查令调取的证据范围，否则将与言辞原则、辩论原则、直接审理原则相违背。

3.规范法院审查程序

(1)审查内容：一是申请律师调查令的必要性。申请调查的证据应为第三人所持有且律师无法直接调取或收集，签发律师调查令可便于律师调取证据。二是调取证据与待查明的案件事实具有关联性。律师调查令所调取的证据与案件所要查明的事实具有逻辑上的联系，有助于查清待证事实。三是调取证据的可能性。申请调取的证据应当为接受调查的单位或个人占有、保管和控制，否则律师调查令在适用中会因客观不能而影响其权威性。

(2)审查主体：按照司法责任制改革“审理者裁判、裁判者负责”的精神，在合议庭审理模式下，经合议庭评议作出同意决定后可直接签发；在独任制审理方式下，独任法官审查同意即可签发。律师调查令不宜再交由院庭长签发，以避免与改革精神相冲突，同时也有助于提高审签效率。

4.规定被调查人拒不出具证据的处理方式

被调查人与案件在法律上没有直接的利害关系，其接受律师调查令提供证据的性质与证人作证义务类似，因此对其不提供证据的行为无法通过案件审理的诉讼程序使其承受不利后果。但针对被调查人无正当理由拒不提供持有的证据或提供虚假证据的情况，笔者认为可按照妨害民事诉讼处理，理由在于：其一，从法理来看，被调查人提供证据的理论基础是协助查明事实义务，违反此义务构成对当事人的证明妨害，符合妨害民事诉讼的构成要件。其二，从实践来看，此前各地高院律师调查令的规范性文件针对此类行为大多数也是按妨害民事诉讼处理，目前也暂未发现有不良社会效果的报道。

5.具化滥用规制措施

(1)明确律师调查令的适用要求。第一，合理规定律师调查令有效期限。根据调取证据所需在途时间合理确定律师调查令有效期，并规定最长不得超过15日，防止期限过长增加滥用风险。如律师调查令因故未能使用，应在律师调查令有效期限届满后及时返还法院。第二，规定特殊证据直接由被调查人寄送至法院。如被调查人认为律师调查令调取的证据涉及个人信息等不便公开的内容，可由被调查人直接邮寄给法院，避免律师与被调查证据接触。第三，明确规定律师的保密义务。律师对持令获得的证据或信息仅能用于本案诉讼，不得不当使用或泄露。

(2)设立并严格执行惩戒措施。总结各地经验做法，根据律师滥用律师调查令行为的严重程度，分别规定对应的惩戒措施：情节轻微但未造成损害后果的，该律师在同一案件中不得再申请律师调查令，且2年内也不能再申请律师调查令；造成一定损害后果但不严重的，交由司法行政机关、律师协会对其进行处罚，作出罚款、暂停执业等处理；情节严重构成犯罪的，依法追究刑事责任。

6.增设权利救济机制

作为当事人调查取证权的延伸，律师调查令必然也要遵循“有权利必有救济”的基本法理。律师调查令适用中可能存在权利救济的情况有两类：

其一，律师调查令不予签发的救济。为防止法院审查权行使不当而侵犯当事人诉讼权利，如律师认为法院不予签发律师调查令的决定不当，可向作出决定的法院申请复议一次，法院复议后应将复议结果口头或书面告知律师。

其二，被调查对象的异议权。被调查人如认为其持有的证据涉及个人隐私、商业秘密或国家秘密不宜提供的，应赋予其提出异议的权利。在异议成立但该份证据材料又确属案件审理所需的情况下，如涉密部分与案件事实无关，法院应当允许被调查人将不宜提供的信息做保密处理后再向法院提供。

结 语

律师调查令实践运行表明,该制度有其存在的合理性与必要性。当前各地所试行的律师调查令规则不过是在立法缺位情况下的一种过渡性制度安排。由实践需求转向立法层面的表达,应是律师调查令制度的发展趋势。唯有在立法层面为律师调查令"正名",在司法层面不断优化完善具体实施规则,以弥补其"先天不足"并矫治"后天乏力",才能更好地发挥律师调查令保障当事人诉讼权利、优化民事诉讼结构、提升诉讼效率等方面的作用。

论电子诉讼程序选择权

曾子容*

摘要:民事诉讼中的电子诉讼程序选择权制度是民事电子诉讼制度发展上不可缺上的一环。建立电子诉讼选择权制度,有利于在运用电子诉讼进行民事诉讼活动时充分保障诉讼当事人在民事诉讼中的主体地位及其各项诉讼权利。构建电子诉讼的程序选择权应采取协议选择、部分选择的机制,并注意远程作证问题上的选择权例外,以及在共同诉讼中的选择机制等,以保证程序选择权与程序公正合理相适应。

关键词:电子诉讼;协议选择;部分选择

引　言

在信息技术不断高速发展的今天,有别于传统诉讼模式的新型诉讼模式——电子诉讼应运而生。以国外为例,美国早在20世纪70年代便开始了诉讼电子化的探索,目前已建成从内到外的电子化诉讼系统;英国在20世纪90年代初,也开始引进电子化的诉讼支持系统;韩国的电子诉讼实践最早起于2003年,经过十几年的摸索实践,至2014年修订并公布了新的电子诉讼法,电子诉讼已基本实现有法可依;新加坡的综合电子诉讼制度建立于2013年,其为律所和法院工作着提供了一个在诉讼过程中起诉、管理卷宗的新方式,并通过其他功能服务使诉讼过程更为高效化,并增强司法公正实现的可能性。

在国内,电子庭审在21世纪初也已有成功的实务尝试。早在2006年,我国就有地方基层法院通过腾讯网络视频功能,进行了成功的远程视频庭审。之后,北京、浙江、吉林等地也进行了电子诉讼、电子法院方面的探索和实践。电子诉

* 作者系吉林大学法学院2017级法律硕士研究生。

讼在许多方面将诉讼的流程信息化、虚拟化，深刻影响了民事诉讼的程序。若不将电子诉讼的程序选择权在民事诉讼法中加以固定，而是随意适用电子诉讼，即使表面上达到诉讼效率的提高，可能产生当事人的程序权益得不到保障的风险。因此，对电子诉讼程序选择权问题进行研究，即探索当事人作为民事诉讼的主体，在何种情况下享有何种程度的诉讼程序选择权及如何行使这项程序权利是电子诉讼适用合法性的保证，这样的制度安排能够减少当事人可能应对的程序风险。本文仅针对民事诉讼中的电子诉讼程序选择权进行论述，对于刑事、行政诉讼方面的电子诉讼程序选择权问题在此按下不表。而对本文所论述的有关电子诉讼程序选择方面的制度化构想，源自于试图尽自己所能地通过对信息技术与民事诉讼程序可能产生的碰撞的思考结合对其他国家与地区的立法实践的思考，以期早一步得窥见电子诉讼的理想未来。

一、电子诉讼程序选择权的界定及正当性来源

(一)概念界定——何谓“电子诉讼程序选择权”

民事诉讼中的电子诉讼，以其高度的信息化特点区别于传统庭审。但究其根本，无法脱离民事诉讼程序这一基本的性质，因而电子诉讼的程序选择权，本质上是一种民事程序选择权。而“选择”之所指，是选择适用电子诉讼的诉讼方式或是传统诉讼的方式，甚至是更细化地在某些诉讼环节适用电子诉讼程序，某些环节则不适用。在国内司法实践普遍存在法院人手少、负担重的困难的情况下，电子诉讼依托互联网的高速发展，势必能给现代司法实践带来更为高效化的业务开拓方向。基于此，我们可以预见电子诉讼在未来的迅猛推广与发展。如此一来，将来在法院对诉讼案件进行受理时，出于当事人及法院对于诉讼效率需求的考虑，电子诉讼极有可能在各地法院广泛成为传统诉讼的替代项或是辅助项。然而，当事人对于电子诉讼的接受与否，并不能简单以效率的高低作为法院适用电子诉讼时的判断依据。出于对诉讼权利人的诉讼权利保障与主体地位的尊重，应当探讨在民事诉讼层面上如何赋予当事人对于电子诉讼的选择权。

(二)诉讼权利的保障——电子诉讼程序选择权的正当性来源

对于电子诉讼的思考，应当充分肯定其在减轻法院负担与克服当事人跨地区诉讼的问题上所产生的积极效应，但也不能轻易忽视技术的创新对制度其他方面可能产生的负面影响，电子诉讼作为与传统诉讼在许多层面上存在差异的诉讼程序，既有为当事人进行诉讼提供便利的一面，也存在让当事人面临风险的

可能性。笔者认为，赋予当事人适用电子诉讼的选择权，无论是在较为抽象化的人权保障、诉讼中当事人主体地位保障，还是在具体化的当事人程序利益的角度，都是使电子诉讼正当化的必然要求。而令人欣喜的是，在当下，许多地方的各级法院已经开始了电子诉讼的实践探索，甚至有的法院已经进行得较为深入，当事人对于电子诉讼的选择已经存在于现实司法实践中，目前国内已有许多法院允许当事人选择适用电子诉讼程序进行诉讼，如吉林省已有依托于“吉林电子法院”诉讼服务平台的电子诉讼服务，以及广州市中级人民法院的帮助立案的网络立案平台，以及浙江省的“智慧法院”等等。只有合理而充分的制度设置，即在民事诉讼法律中对电子诉讼的选择权制度进行全面细致的规定，才能避免电子诉讼程序适用上的混乱失序，保障诉讼当事人在实际参与电子诉讼时的合法的程序利益，保证电子诉讼适用的制度效益得到实现。

1.人权保障的要求

对此项权利的思考，首先来源于民事程序所秉持的人权保障原则之要求。电子诉讼由于其对传统诉讼方式的巨大改变，必然会极大影响诉讼当事人的诉讼预期。所谓民事诉讼中的人权保障，即在民事诉讼过程中对于那些关系到当事人诉讼权利的程序性事项，以具体的制度维护其自由意志，并使当事人的意志能够通过制度设计的方案在诉讼过程中得到充分的体现。对于人权的保障，要在民事诉讼程序中落到实处，必须做到尊重当事人诉讼行为背后之主观意志和客观上利益之诉求。基于电子诉讼的适用对当事人诉讼权益的深刻影响，可以说，在这一问题上的要做到正确反映当事人的自由意志，必须将适用电子诉讼的选择权交给当事人，否则将人权的保障将无从谈起。将电子诉讼程序选择权赋予当事人，恰恰能够反映民事诉讼法对人权的保障，是我国民事诉讼制度尊重当事人意志，保障当事人合法权益的重要体现。

2.民事诉讼法“程序主体性原则”的体现

当事人是民事诉讼的主体，是诉讼程序中的基本要素，这种主体性的地位是对当事人在诉讼中基本权利得到保障的基础。江伟教授认为：“以法的主体性原则的理论来考察宪法法理与诉讼法的关系，我们不难看出，欲使宪法规定的基本权获得程序保障，就应在一定范围内，肯定国民的法主体性，并应对当事人以及程序关系人赋予程序主体权，即程序主体地位。这就是所谓的‘程序主体性原则’。这一原则，是立法者从事立法活动，法官适用现行法以及程序关系人（包括诉讼当事人）进行诉讼行为时，均须遵循的指针。按照这一原理，程序当事人以及利害关系人，不仅不应沦为法院审理活动的客体，相反，应赋予对程序的进行有利害关系的人以相当的程序保障。”①自近代以来，国内外的立法实例充分认可了程序主体性原则在程序法中的基本原则的地位，民事诉讼以解决民事纠纷为目的，以诉讼当事人为诉讼程序的主体。根据程序主体性的原则，在民事诉讼中构建一项新的制度，对于尊重当事人主体地位的考虑必然摆在基础地位。对于电子诉讼程序，当事人选择权利的构建为民事主体对诉讼程序进行理性思考和判断提供了空间，使其有权选择对其有利的民事诉讼程序，是当事人能实质性地参与诉讼活动，从而实现其个人诉讼利益的有力保障。就目前地立法现状上看，电子诉讼的选择权制度在民事诉讼法律中并没有规定，而这恰恰有可能导致对当事人主体地位的挤压，实乃电子诉讼制度中应当避免的重大风险。笔者认为，此项选择权的构建，对于提升当事人对电子诉讼制度的接纳程度和信赖程度，使运用电子诉讼审判的结果更加信服和接受有着深远的意义。

3.处分原则的要求

《中华人民共和国民事诉讼法》(以下简称《民事诉讼法》)第 2 条规定了民事诉讼的处分原则。处分原则的定义，引用柴发邦教授在其著作《民事诉讼法学》中的观点，即“民事诉讼当事人有权在法律规定的范围内，处分自己的民事权利和诉讼权利。所谓处分，是指当事人依法享有的民事权利和诉讼权利，是否行使以及如何行使有其自己自由支配”②。权利的存在是处分的先决条件，若如权利也就无所谓处分。而上文中提到虽提出了两个应赋予当事人电子诉讼的程序选择权的理由，但存在过于空泛且教条化的局限性。虽然当下我国民事诉讼程序正向逐渐在增强当事人的主体地位方向发展，但关于诉讼权利的扩张必然需要更为具体化的现实需求加以背书。电子化的诉讼，可能在旁观者眼中仅就观感而言可能并无显著差异，但仔细观察和思考后不难发现，在具体的诉讼流程当中当事人的诉讼行为及程序利益会受到这些差异的重大影响，甚至会颠覆民事诉讼法的原则，例如电子化庭审对“直接言词”原则的冲击。这些可能引发制度矛盾之处，对程序选择权的创设提出了要求。

首先，信息化的庭审所导致的第一个结果是庭审仪式化的削弱。所谓庭审的仪式感，即指通过法庭特殊的服装、程序、布置来营造的一种庭审独有的气氛。

① 江伟:《市场经济与民事诉讼法学的使命》，载《现代法学》1996 第 3 期。

② 柴发邦:《民事诉讼法学》，法律出版社 1987 年版，第 90 页。

在美国,安排证人出庭作证时一般会要求证人在作证之前必须手按《圣经》,发誓称自己所言句句属实;除了穿法袍之外,法官戴假发出庭仍是许多州法院保留的规定。在中国则有书记员宣布法庭纪律,法官穿着法袍的规定。除此之外,法槌等物品也是重要的法庭符号。“诉讼的仪式感具有十分强烈的象征意义,通过特殊的布置表现了诉讼活动的庄严感和其中包含的国家意志,这类特殊标记,不仅是法官本人,而且也是所有其他参与审判过程的人,使社会的旁观者在灵魂上认同肩负审判重任者可以摒弃任何个人癖好、个人偏见。”①如同宗教仪式使信徒心生崇敬、庄严之情一般,肃穆的法庭给诉讼当事人、审判者带来的心理震慑是巨大的。然而电子诉讼所带来的信息化庭审仅仅将当事人与法官以虚拟的方式沟通在互联网中,无法亲临现场,法庭的仪式感也大打折扣。笔者认为,尽管我们强调,对案件的审判重点在于法官根据证据所体现的案件事实以及双方的辩论,对法律问题进行决断,但这并不妨碍我们承认庭审是一种仪式性的活动这一事实。作为民事活动的双方或多方,法庭同样是对彼此的警示,而在信息化的线上法庭,通过视频进行审判,视频对法庭肃穆感的传输是有限的,尽管电子庭审与传统庭审的差异在一些学者的眼里有言过其实的嫌疑。周翠教授在其论文《德国司法的电子应用方式改革》一文中曾提到:“但也有学者提出,美国的经验表明,相较于面对面,法官在视频会议中可以更为清楚与全面地观察证人,因此担心法官通过视频会议将会无法感知证人的肢体语言细节、谈吐方式和特定的细节反应的忧虑可能言过其实。”②在一些特殊的案件当中,电子诉讼与传统诉讼在这些方面的差异,极有可能影响当事人对电子诉讼的选择。

其次,电子诉讼对传统案件陈述、辩论环境存在影响。与传统法庭不同,双方当事人和辩护律师并非在同一个现场进行陈述和辩论,虽然如今中国的网络技术已经非常先进。有权威数据显示,2016 年我国的固定宽带网络平均下载速率在 2016 年第二季度已突破 10 Mbit/s,达到 10.47 Mbit/s,较上一季度提高 10.7%左右。③ 但这也仅是一个平均数字。我国幅员辽阔,地区发展差异有目共睹,而若因视频传输导致庭审时当事人陈述不清,势必影响法官的判断,至少

---

① 樊崇义:《诉讼原理》,法律出版社 2003 年版,第 88 页。

② 周翠:《德国司法的电子应用方式改革》,载《环球法律评论》2016 年第 1 期。

③ 中商情报网:《中国宽带速率状况报告》, http://www.askci.com/news/hlw/20160729/21284448328.shtml,最后访问日期:2018 年 4 月 18 日。

会导致诉讼效率的降低。“法官在审判实践中很重视心理战术的运用,他们揣摩当事人的心理、分析当事人的动机和需求,甚至是当事人的庭审活动所表现出来的气质和性格,当事人的这些行为透露出来的心里情状无疑都会反过来影响到法官的心理成为影响最终判决的又一个有时甚至是致命的因素。”①线上化的电子庭审也带来了对民事诉讼法的直接言词原则的冲击:直接言辞原则作为民事诉讼的一项重要原则,其意义便在于让法官现场听取双方陈述辩论,直接审查案件材料和事实,从而完成心证。电子诉讼下信息化的庭审下,法官即使可以对案件材料全盘掌握,也很难通过视频取得与当庭直接听取双方陈述辩论一样的观察效果,其自由心证也会受到影响。

虚假作证的风险问题。自改革开放以来,市场经济的迅猛发展自不待言,此种发展自然而然地拓宽了人们进行民事活动的地域跨度,同时也带来了越来越多地域跨度大,证人分布分散的案件。然而案件所跨区域越来越大,证人因出庭作证成本太高,很可能出现拒绝作证的情况。在远程出庭作证问题上,《民事诉讼法》第 73 条中确有明文规定:“经人民法院通知,证人应当出庭作证。有下列情形之一的,经人民法院许可,可以通过书面证言、视听传输技术或者视听资料等方式作证:(一)因健康原因不能出庭的;(二)因路途遥远,交通不便不能出庭的;(三)因自然灾害等不可抗力不能出庭的;(四)其他有正当理由不能出庭的。”我国民事诉讼制度下的远程作证,采取的是积极立法模式,限制条件较多,且须经人民法院许可。对比国外,我国与德国对远程作证的法律规定较为相似,都需要法官的裁量,但德国除此之外并无其他限制性条件:德国 2001 年修订的《民事诉讼法》规定了有关“电视会议”方面的内容,就在其第 128 条 a 规定了对证人、鉴定人的询问可以采用远程进行。“通过远程摄像,法官对证言会有更真切的印象,而且其可信度也会增加。当然,这种技术不是对所有案件都适合,需要法官根据经验在具体的案件中裁量决定。”②

前面提到,电子诉讼在案件地域跨度大的案件中对诉讼效率的提升有着明显的优势,远程出庭作证在国内民事诉讼中适用条件则应当顺应发展进行放宽。如今,能够实现远程作证的电子诉讼,确实能够在远程作证方面大有作为,但另一方面,不能忽视其中的风险。在信息化的时代,尽管法官可以通过高保真的视

① 宋朝武:《电子司法的实践运用与制度碰撞》,载《中国政法大学学报》2011 第 6 期。

② 常怡:《外国民事诉讼法新发展》,中国法制出版社 2007 年版,第 181 页。

频传输技术分辨证人的身份信息，但黑客技术同样可以通过入侵网络接口实现对证人作证过程的破坏。例如，通过黑客技术切换视频音频，使法官看到的画面与真实的证人作证的现场发生转移，从而使法官听到不一样的证人证言，这对于法官的判断有可能存在决定性的意义。

上文所言的诸多问题，大多停留于信息技术层面上。于科技而言，我们可以期盼通过不断的发展得以逐步完善。此种理想或许并不遥远，但也远不是立刻就能照进现实，科技的发展在未来，当下的问题不能靠对未来美好的期盼画饼充饥，至少作为一个对现行法律制度的思考者来说，更应该着眼于当下的问题解决。流于表面的非理论的技术局限性，出发自每一桩诉讼中，便有了出现风险的可能性，这是制度设计所不能忽视的因素。在民事诉讼制度的构建中，要重视技术的局限，并为了实现民事诉讼的根本目标，即维护公正，定分止争，而对其作出有力的回应。于今日之技术现状，我国民事诉讼法律应当为当事人留有判断和选择之余地。无法进行选择，将导致当事人对案件审判的合法性存在怀疑，致使对法庭权威和信任的降低。笔者认为，法官的权力来源于其对案件查明的职责，而技术上的风险有时是法官也不能预见的。因此即使允许法官有裁量的余地，也应在尊重当事人的选择权利这一基础之上进行自由裁量。

作为民事诉讼法的基本原则，处分原则与民事诉讼对象、诉讼主体的特点之间存在着不可分割的重大联系。“民事交往是以当事人独立自由意思为前提的，当事人的平等地位不过是为民事主体的意志自由创造条件。因此，平等的落脚点必然是有关的当事人的意思自由上。”[①]电子诉讼制度在未来民事程序中正确发挥其作用，必须正视其对于民事诉讼所带来的改变以及其对当事人程序利益的现实影响。更由于电子诉讼是新技术下的产物，技术要素起到了至关重要的作用，而技术领域的“道高一尺魔高一丈”亦是运用电子诉讼无法回避的风险，文明的司法应当正面回应现实中存在的风险并对其加以重点考虑，并根据对这种风险的理性判断进行具体的制度安排。更何况如上文所提到的电子庭审问题，尽管在今天，通过电子签名、专门邮箱系统等建立了值得信赖的电子文书送达技术，但技术问题不是电子诉讼所面临问题的全部，基于上文所提到的电子诉讼所产生的当事人的程序利益诉求的实质性影响，笔者认为，当事人应当享有对是否适用电子诉讼程序的选择权。

---

① 张卫平：《民事诉讼处分原则重述》，载《现代法学》2001 年第 6 期。

二、电子诉讼程序选择权的实践意义

(一)降低程序成本及不当代价

构建正当的民事诉讼制度,是实现民事诉讼经济目标之关键。毫无疑问,电子诉讼所带来的是审判工作的高效便捷,笔者在此不再赘述电子诉讼所带来的诸多便利,但笔者同样认为,不应武断地认为这样单一的价值判断就足够使一种新兴的诉讼程序模式能够真正使得当事人达成其预期的诉讼效果,尤其是败诉方,若未在自身的选择之下被迫在电子诉讼程序内完成诉讼行为,难保其对诉讼程序本身不存在任何质疑。换言之,真正的程序成本应当避免产生不当的代价,而保证不产生不当代价,必须做到尊重当事人的利益诉求。从这一角度出发,电子诉讼的选择权的设置,显然是更尊重当事人,更能保障当事人诉讼利益的表现,更有助于真正实现程序运行成本的降低。当事人既可以选择便捷的电子诉讼,也可以选择虽然便捷性有所欠缺但满足了其诉讼预期的传统式诉讼。这完全取决于当事人对诉讼的预期,这种预期的保障能够间接提高其对审判结果的信服度。因此,从诉讼成本的角度看,选择权的存在更有助于适应当事人的现实需求,降低其因电子诉讼导致权利受限的可能性,保证程序效率提升的同时当事人的诉讼成本不会上升。

(二)保证当事人对诉讼结果的接纳

民事诉讼目的在于通过法庭上进行的民事诉讼程序,解决私人主体之间的民事纠纷,定分止争。所谓定分止争,并非给出一个裁判结果那么简单,而是要通过充分公正的程序设计,使通过当事人通过程序所体现的案件事实,加之以法官的公正判决才能得以实现的。在电子诉讼的适用问题上,民事诉讼不应以压制当事人需求的方式,将国家的审判权力强加于当事人之上,而应该尊重当事人作为诉讼程序的主体的自由意志,使民事诉讼满足当事人的诉讼目的。在电子化诉讼改革的时代潮流之下,注意各项变化对当事人程序利益的影响,在提高诉讼效率的同时兼顾当事人的诉讼意志和诉讼预期的保障,是保障民事诉讼目的的实现的必经之路。电子诉讼程序选择权的实现,在保障当事人诉权方面能起到重大作用。

(三)实质司法公正的有力保障

司法公正主要由实体公正和程序公正两方面组成,本文讨论的电子诉讼程序选择权的问题,属于程序公正的部分。在如何判定它们之间关系的问题上,理论界尚众说纷纭。但可以肯定的是，司法活动的公平正义的实现，与程序公正发挥的作用不可分割。而对当事人程序利益和主观意志的尊重，正是保障程序上之公平正义的必然要求。在电子化的诉讼程序中，当事人的电子诉讼程序选择权恰恰回应了当事人现实的利益诉求，通过当事人对诉讼的预期和利益考量，以选择是否适用电子诉讼。这一过程也体现了民事诉讼法对当事人利益和意志尊重。因此，当事人对电子诉讼程序的选择权对于促进司法的公正有着不可替代的作用。

三、电子诉讼程序选择权的制度思考

如何设计一项能够满足于上文对于电子诉讼选择权这一制度的全部期望，是电子诉讼司法实践中的关键问题。选择权利应当落在原告还是被告，还是由双方进行选择；当事人对电子诉讼的选择是否需要落在电子诉讼的全部方面，对电子诉讼进行一次性全盘的选择，或是以逐一确认的方式进行选择。笔者认为，电子诉讼程序的选择依然要不仅要落在当事人上，还要落在双方当事人上，应当以双方当事人的合意作为选择的依据；而在选择的内容上，应当根据具体事项的性质，一方面，将程序选择权利限定在对于当事人能够产生实质影响的程序事项范围之内，另一方面，根据程序性事项的专业程度等特殊性质，规定例外的情形。

（一）协议选择的进路——比较简易程序进行思考

电子诉讼程序的选择是一项会影响双方程序利益的重大程序选择，如若将此项权利单归起诉方或被诉方所有，必然会影响到另一方对诉讼程序的预期。从某种意义上，仅赋予一方此项权利与完全以法院的意志决定电子诉讼的适用造成的制度危害本质上一样，将此项权利仅赋予一方，会导致另一方的程序利益保障的缺失。类似的程序选择权可以参考简易程序的选择权，依据《民事诉讼法》第157条第2款，当事人在基层人民法院和它派出的法庭进行诉讼的案件，可以约定适用简易程序。从约定适用的规定可以看出，在简易程序的适用上将有此种权利赋予当事人双方，这充分考虑了简易程序对双方诉讼权益存在的影响。同样的道理，前面笔者已经论述了电子诉讼程序对当事人诉讼权益的重要影响，在这一前提下，采取与简易程序的程序选择权相似的制度安排无疑是最为妥当合理的。更全面地说，笔者认为应当在民事诉讼法律对电子诉讼程序选择的案件予以一定的限制的范围内，允许当事人通过具有合理外观的共同意思，如协议等，进行选择，保障电子诉讼程序的适用符合双方当事人的诉讼利益。笔者认为,允许双方协议选择的更重要方面在于,电子诉讼较之于简易程序,对当事人的诉讼权利影响更甚,因此更应该强调双方当事人的合意。

简易程序的所体现的简便快捷在于诉讼各项环节的可简略和独任制审判。不同于简易程序,电子诉讼的运作的便捷并不仅体现通过互联网使信息传输变得快捷,且更在于运用信息化的运行,利用互联网进行诉讼,打破了传统诉讼的空间距离。但与简易程序相同的是,二者都会带来当事人诉讼预期的变化。简易程序的变化在于由于简略的诉讼环节,当事人一方面享受着高效率诉讼的便利,另一方面需要担心由于简略的诉讼而导致的审理瑕疵可能性的提高。前文笔者已经通过列举的方式表明,电子诉讼所带来的变化在于,以互联网作为媒介所导致的信息安全等一系列问题。因此,较之于简易程序的程序选择,电子诉讼的选择反而需要更为慎重。

一项法律制度若不能切实考虑到适用的对象的现实状况,最直接的影响便是对公平正义的冲击。中国地域广阔,东西部地区、城乡之间的发展不平衡毋庸置疑,这直接导致了法院财政拨给、基础设施的地区差异,并直接影响电子诉讼这样需要大量运用现代技术的民事诉讼程序的效率和安全问题。更重要的是,这种发展水平的不平衡直接影响到人民的知识文化素养和物质条件。诚然,智能手机给人带来了更智能化的生活,但这并不意味着人人对新兴事物都有足够的纳新意识,也不意味着电子诉讼理所应当地符合所有个体的需求。在法律规定的电子诉讼适用范围之内,赋予当事人进行选择是采用电子诉讼的方式进行诉讼还是采用传统的法庭诉讼方式,才能保证电子诉讼程序得到正确的适用。

从韩国的电子诉讼制度观察,亦采用的类似协议选择的模式。在韩国电子诉讼的网站上,起诉的原告或者其代理人登录最高法院电子诉讼网页,仔细确认统一进行电子诉讼的说明后,进行选择电子诉讼的确认。同意进行电子诉讼的使用者,在法院提交文书时,需要提交电子文书,进行相关案件的送达或通知时,不再采取邮寄的方式,而是在电子诉讼系统中登载电子文书,登载后通过电子邮件和手机短信的方式进行通知。在被告应诉方面,被告如事先综合同意电子诉讼,将以邮件的方式收到诉状副本,短信通知受理情况。如未同意,将收到纸质诉状副本。如被告想要进行纸质诉讼,在不是电子诉讼负责人的情况下可以进行纸质诉讼。这体现了,被告在诉讼中有权不同意电子诉讼,法院对原告依旧要求提交电子文本,并采取电子送达,但对拒绝同意的被告将采取纸质版的文书送达,以及非电子化的通知方式,更不会要求双方当事人进行网络视频庭审。

(二)部分选择的构想——“有的放矢”的程序选择权

信息化的案件处理方式对电子诉讼的各个阶段所产生的影响是有所区别的。对于当事人来说,通过互联网、传真等方式进行立案、起诉书等法律文件的提交,可以节省其宝贵的时间,裁判文书、法院通知等可以通过网络传输的方式即时送达也节约了法院和当事人的人力及金钱成本(除了法律另有规定不能适用的情况外),这些都在很大程度上便利了当事人的民事诉讼活动,而且这些诉讼行为对基础设施的要求较低,仅仅需要一台连接互联网的电脑即可达成,在一般的案件民事案件中带给当事人的风险较小,况且法院在电子法院建设当中都做到了密钥加密等安全措施的不止,安全性是有保障的。对于这些司法实践中法院通过采用电子化的业务处理手段提高效率,但对当事人具体参与诉讼影响微弱的环节,如果法院需要依当事人选择才能够适用,未免有画蛇添足的嫌疑,因此笔者认为,这些方面完全不需要归入本文所定义的,能够对当事人诉讼权益产生重大影响的电子诉讼选择权中。但言及远程证据提交、网络庭审、远程作证等诉讼环节时,对于信息安全、基础设施的要求更高,当事人所承担的风险也越高。同时,针对不同的案件对于这些因素的考量也是有所区别的。以离婚案件为例,往往从证据上所呈现的只是双方情况的一部分,而法官更需要通过对双方辩论的“察言观色”,进行心证,这时若采取信息化的互联网庭审,当事人必须考虑这种虚拟化的庭审方式对法官的心证所带来的影响,自己的诉讼预期是否会因为这种影响而导致无法得到实现。上文以离婚案件这一家事案件为例,因为家事案件中这种情况更为凸显,并不是仅存在于家事诉讼当中。事实上,诉讼法上的“直接言词”原则贯穿于民事诉讼的始终,利用电子化手段所进行的网络庭审对于“直接言词”原则是推翻还是在未来诉讼发展中的有利扩张虽仍有所争论,但可以确定的是,其对当事人的诉讼活动以及诉讼的内心预期是有重大影响的。基于此,极有可能出现的是,当事人尽管可以接受运用电子诉讼完成其他所有的诉讼环节,但内心拒绝接受电子化的法庭辩论。因此笔者认为,粗放的电子诉讼选择权设置会带来对法院业务处理的困难,电子诉讼的适用选择问题上,应当根据当事人的需求,灵活运用电子诉讼,将其根据当事人的需求进行局部化的适用。

德国的民事诉讼法关于庭审方式之电子化上的有关规定值得思考。“依照新的第128a条第1款,‘法院可以依申请或依职权许可当事人、诉讼代理人和辩护人在言词辩论期间停留在其他地点,并在那里实施程序行为。审理以图像和声音的形式同步向该地点和庭审房间转播'"①。就我国目前的立法现状看，规定的范围仍然较为狭窄，"民诉解释(2015)第259条第二句仅对简易程序适用，而且须经当事人双方同意方可采用视听传输技术等方式开庭。与此相比，德国有关电子庭审的规定适用于所有的言词辩论"②。对此笔者认为，一方面，在适用范围方面应当对电子庭审的范围予以扩大，以更大地发挥电子诉讼、电子庭审的作用；另一方面，必须正视电子庭审对庭审仪式的改变程度与深度以及此改变对当事人程序利益带来的影响，并据此给予当事人充分的意思自治的空间，在这一点上，民诉解释第259条笔者认为值得肯定，理由正如前文提到的，当事人的诉讼权益应当及于向法官当面陈情，对于线上视频的庭审，无论是在直接性还是仪式感上，都存在着不小差异，允许当事人进行选择，是对当事人诉讼权益的保障。

有学者曾提出并列性模式和辅助性模式两种不同的电子诉讼实践的模式，而辅助性模式的制度设计。侯学宾副教授曾在其《我国电子诉讼的实践发展与立法应对》一文中介绍两种关于电子诉讼与传统诉讼结合的诉讼模式：一种为辅助性模式，即"电子诉讼在诉讼活动的整体过程中作为传统诉讼方式的辅助手段，强调在现有法律体系下将电子科技引入诉讼过程，此种模式中往往存在诉讼方式的切换适用情形"；另一种为并列性模式，指"电子诉讼作为独立存在的新型诉讼方式与传统诉讼方式并列存在，具有自治性，在整体诉讼活动过程中并不能进行诉讼方式的切换适用"③。我国的电子诉讼司法实践也可以与文中的两种模式相对照：较为辅助化的有杭州市余杭区法院人民法院针对电子商务领域所设计的"电子商务网上法庭"以及针对立案阶段的电子化的广州市中级人民法院的"网上立案平台"等；偏向于并列式的有浙江省的"智慧法院"、吉林省的"电子法院"等。前文已经提到，诉讼程序的各个阶段有其不同的内容，在不同类型的案件中的不同阶段适用电子诉讼对当事人的诉讼预期会产生不一样的效应。现实的民事司法实践中案件种类纷繁，当事人有着各种复杂的诉讼预期和程序利益诉求，而在电子诉讼全面发展的今天，正视这种现状最好的方式则是在保证民事诉讼的价值追求上进行新的制度安排。而辅助性模式的制度涉及恰恰能够以

① 周翠：《德国司法的电子应用方式改革》，载《环球法律评论》2016年第1期。

② 周翠：《德国司法的电子应用方式改革》，载《环球法律评论》2016年第1期。

③ 侯学宾：《我国电子诉讼的实践发展与立法应对》，载《当代法学》2016年第5期。

当事人的选择权作为基础，经法院的对适用范围的审查，从而决定具体诉讼案件的诉讼模式，已实现对电子诉讼的灵活适用。

电子诉讼的制度设计需要依托法院基础设施的逐步建设，并且随着社会发展的各项水平循序渐进。从各国对电子诉讼的实践上看，许多国家在对电子诉讼的实践方面都有一个从内到外，从部分到全局的过程。以法国为例，法国以利用信息技术对审前准备程序进行改革为开端逐步开展司法系统的信息化改革。在芬兰，则建立了虚拟法院，以简易程序为切入点，目前已经基本实现了简易程序的电子化。前文已经提到，地区经济发展的不平衡是导致基础设施良莠不齐的根本原因，而要想充分发挥电子诉讼的优势必然建立在基础设施完备的基础上，否则反而会导致当事人诉讼风险的提高，电子诉讼的风险并不仅仅在于制度本身，而更在于由于基础设施水平低下所带来的反作用，甚至地区发展的水平差距也会导致民事主体经济发展水平的差距及民事主体间的理念差异。试想，在中国的诸多贫困县基层法院中如同在大中城市的基层法院一样推广电子法院，其效果不说必然是截然相反，也是杯水车薪，毫无余力。而辅助性模式能够在当今中国的社会环境下，通过当事人根据自身的需求部分地选择电子诉讼的程序，将电子诉讼作为传统诉讼的辅助来规避风险，不仅保障了电子诉讼的效率与公正，也保证其自身的合法权益。

(三)当事人协议选择的例外——远程作证问题

在远程作证的问题上，协议选择可能存在例外。前文已经提到，我国《民事诉讼法》第 73 条规定，诉讼进行的过程中，一方当事人可能会有重要的证人因为不可抗力、急病、路途遥远且交通不便或其他正当原因无法正常出庭作证，经法院审查，可以进行远程作证。这时当事人申请若申请采取远程作证的方式，从纯诉讼理论的角度看，法官是证据的认定者，亦是唯一有权对证据进行排除的人，对方当事人不能因为其可能导致自身的败诉而阻止其进入影响法官的判断。但若将远程作证纳入当事人的协议选择当中，处于立场考虑，对方基本不可能同意，这将有可能导致一份证人证言的证明力大大削弱。因此，无论是我国的《民事诉讼法》，还是下文中提到的德国、我国台湾地区的有关规定，都没有在这个问题上要求当事人之间协议选择。

德国立法例如下:《民事诉讼法典》第 128b 条，“法院可以依申请许可证人、鉴定人或者一方当事人在讯问期间停留在另一地点。讯问以声音和图像方式同步向该地点和庭审房间转播。而且，如果当事人、诉讼代理人和辩护人依第一款第1句被许可停留在另一地点,也向该地点转播讯问”。“德国对当事人远程参加庭审和远程讯问证人(或鉴定人、当事人)设定了不同的规定,前者可以依职权命令,后者仅依申请。”①以及上文所提到的第128条a。德国在远程作证的问题上采取了依申请制度,法院有最终的决定权。

我国台湾地区“民事诉讼法”的第305条对远程作证的问题进行了规定,“证人所在与法院间有声音及影像相互传送之科技设备而得直接讯问,并经法院认为适当者,得以该设备讯问之”。根据此条规定,远程作证必须满足两个条件:证人与法院都有受认可的科技设备及法院认为适当,即法院对远程作证具有最终的决定权。法官有根据案件情况自由裁量是否允许远程作证的权利,确实有利于把风险降至最低。

德国、我国台湾地区,以及我国大陆的有关规定都体现了在远程作证的问题上主审法官的决定权,即当事人可以申请法院采用远程作证的方式进行证人证言的听取,而法院依申请进行决定。但由于我国在这一问题上采取的是消极立法模式,限制诸多,且存在不合理之处,如“路途遥远,交通不便”这一条件,交通不便存在不易定性的问题:是往返两地不通空中客运为交通不便,还是不通汽车运输为不便呢?若以不通汽车运输为标准,那么就目前我国的道路交通基础设施建设现状来看,该条限制性条件基本形同虚设;反过来若是以不通空中客运为标准,恐怕也是几乎一样的效果。笔者认为,远程出庭作证,应作为一种便捷当事人高效诉讼的途径,而不是如《民事诉讼法》第73条规定的那般无奈的举措。通过此方式,充分代替传统的证人出庭作证,降低证人的作证成本,更能降低法庭对证人证言的证明力认定的成本。在如前文所提及的,应当学习德国以及我国台湾地区的有关规定,在民事案件当中,法庭在明确了指定的远程作证的地点,采取严密措施保障远程作证的真实性的情况下,依当事人之申请,在法院的审查后进行证人证言的听取无疑是更有利于案件事实的查明的。因此,笔者设想,在未来的远程出庭作证的立法上,首先,应采取当事人申请加法院审查的模式,而非由双方当事人协议选择的方式;其次,在当事人申请的前提下,经法院对证人以及法院的互联网设备进行充分检查,做到相关的基础设施能够充分保障,以及充分审查案件审理的情况,保证所通过远程作证听取的证人证言具有与证人出庭作证所取得的效果一样,才能允许证人进行远程作证,从而代替我国《民

① 周翠:《德国司法的电子应用方式改革》,载《环球法律评论》2016年第1期。

事诉讼法》第73条所规定的较为苛刻的条件。至于如何检查证人将使用的电子设备,可以通过联络当地法院,由当地法院派出专门技术人员对当事人将使用的电子设备进行检查,保证设备的正常使用及安全可靠,以免因设备问题造成庭审时间的拖延,以及其他可能影响法官进行审查的问题的发生。

(四)共同诉讼问题

在共同诉讼问题上,由于涉及多个民事诉讼原告因而与单个原告的情况有所不同。在韩国的电子诉讼实务中,不同意适用电子诉讼系统的其他原告方可以纸质提交诉讼文本,以及采取传统的送达方式进行送达。故可知在韩国,其他原告方可以不同意电子诉讼,不同意的原告方采用传统的庭审方式即可,但也将无法进行视频庭审等需要与其他原告方共同完成的程序。结合我国民事诉讼法律对于共同诉讼的立法情况,在电子诉讼的选择问题上也应根据案件属于必要共同诉讼还是普通共同诉讼加以区分。在必要共同诉讼中,电子诉讼的审理方式选择应当获得一方全体当事人的同意,如部分当事人不同意,将不能适用电子诉讼,但文书提交、送达等问题上应除外,在此前申请适用电子诉讼方式的当事人,应继续允许提交电子文书以及适用电子送达。在普通共同诉讼当中,则应当允许其他当事人另行起诉。

(五)法院与法官的作用

诚然,电子诉讼程序选择权的中心落在当事人上,但其落在民事诉讼程序中,其良好地发挥制度效益离不开法官的指引。因此,明确法官的释明是一项重要举措。毫无疑问,当事人独立地行使诉讼权利是诉讼权利有存在之意义的必要条件,但权利正确地使用需要指引。在保证这项程序的选择权的正确有效行使这一问题上,并不意味着法官便应该超然事外,仅依据当事人选择和法律规定进行诉讼程序即可。恰恰相反,法官作为经验丰富的司法裁判者,可以运用自身的判断,通过向当事人的解释说明,在权利行使过程,尤其是在比较重要的庭审这一环节的指导上,予以积极主动并且有效的协助,使得选择权得到正确行使。在立法上应当回应这样的现实需求,在民诉法中规定法官的释明和告知义务。具体的做法是:在实现电子诉讼的基础设施建设的法院中,诉讼当事人在进行起诉时,法官就应当详细地告知其所享有的电子诉讼程序选择权的内容,并针对其具体的诉讼案件,对其行使权利的各项影响和后果进行释明。之所以强调法官释明的义务属性,当然不是为了最后归责于法官,毕竟没有无责任的义务,这里只是想强调法官"最好"这么做,而非"可以"这么做。也可通过在法院内建立专门的咨询服务平台，对诉讼当事人展开点对点的咨询服务。

余 论

电子诉讼程序选择权的制度创设是对电子诉讼时代逐步来临下，对当事人的诉讼权益的有效保障，在电子诉讼程序中为当事人提供选择的权利，是对当事人诉讼主体地位的尊重，是电子诉讼制度的巩固和发展。电子诉讼对民事诉讼的程序改变巨大，尤其在庭审、证据、证人等方面，这些对当事人的程序性利益影响不可谓不深刻，选择权的制度设计有利于当事人在这种变化所带来的风险中保障个人的诉讼权益。同时，拥有电子诉讼程序选择权的当事人能够在适用电子诉讼过程中更加配合法庭的调查，对诉讼结果的认可也会提高。此外，电子诉讼程序选择权的实践有利于当事人程序成本的降低。

电子诉讼的选择权构建应当充分考虑双方当事人的共同诉求，建立协议选择的选择权制度，并考虑在远程作证方面的协议选择的例外。同时考虑中国社会环境中地区发展不均衡的情况，应当允许当事人根据自身的诉讼需要，将电子诉讼作为传统诉讼的辅助系统，部分地适用电子诉讼。同时发挥法官作用，使民事诉讼当事人的电子诉讼程序选择权能够得到正确的行使。

由于在当前电子诉讼尚未全面铺开的现实情况下，许多问题甚至停留在构想当中，笔者亦对上文的论述有种杞人忧天的感触。但笔者同样认为，诸如上文的问题猜想都建立在笔者对民事诉讼的制度理性当中，建立在对电子诉讼应用的前景判断中，若能通过思考对未来问题先知先觉，亦有可能会为电子诉讼将来的发展起到积极的参考作用。

网购纠纷证明难问题之实证研究*

西南政法大学科研创新项目课题组**

摘要:法定证据收集不易、维权线索模糊、消费者收集证据的意识薄弱无一不是网购纠纷证明难的症结。依靠传统"证明责任分配体系"已经难以解决互联网购物纠纷的证明难问题。而通过单一适用传统的摸索证明方式,会存在法官机械适用、当事人申请法院调查收集证据的请求普遍不被认可等问题。表见证明的适用会面临着不同当事人对同一事件主观感知不同,以致法官无法当然根据当事人的某一行为进行推定,而经验法则的准确性较低,容易造成误判。事案阐明与举证妨碍等方法也存在标准模糊、法官临时心证过于随意、当事人难以排除妨碍与适用范围过宽以致不合理加重对方义务等局限性。因此,就目前网购纠纷解决途径而言,单一的适用传统办法不但难成体系,更无法完全达到事实澄清的标准。只有通过具体举证责任以重构证明体系,针对网购纠纷中的证明难题进行"组合拳式"的运用,才是解决问题的可行之道。

关键词:网购纠纷;证明难;具体举证责任;证明责任

一、问题的提出

(一)网购纠纷证明难之实践考察

案例一①:网购中原告甲在网络代购被告乙处购买了 PRADA 女鞋、LV 女

---

* 本文系 2018 年西南政法大学学生科研创新项目"摸索证明视角探究网购纠纷举证难"(项目编号:2018XZXS-210)的最终成果。

** 课题组成员为:西南政法大学法学院 2016 级本科生张钟予,西南政法大学国际法学院 2016 级本科生李腾瑞,西南政法大学法学院 2016 级本科生张维佳,西南政法大学行政法学院 2016 级本科生徐子越。

① 参见(2016)京 0108 民初 38703 号,案例来源:中国裁判文书网。

包等奢侈品,购买后鉴定发现均为假货。乙称原告甲不能提供包的购买凭证及邮寄等交付凭证,不认可甲起诉的两件物品系从其处购买,双方购买时的聊天记录以及购买凭证已无法提供,诉讼中甲申请对购买商品进行真假鉴定,但法院认为双方对原告所提供的物品是否为被告处购买未能达成一致意见,鉴定基础上不存在,未予准许,判决驳回原告全部诉讼请求。

案例二①:线下购物中,原告张某前往新一佳木棉湾商场购买冻龙利鱼等海产品,购买时朋友陈某代其付款,服务台将发票上顾客名称记载为陈先生,张某后发现其所购买商品均为过期食品并提起诉讼。庭审过程中,原告提供了发票和案外人陈某出具的说明,另有深圳市市场监督管理局龙岗分局作出的《行政处罚决定书》(对张某在商场买到过期食品的事实进行了确认),基于以上证据,原审法院判定张某主体适格,请求合理,支持了其诉讼请求。

案例三②:线上购物中,申某在轩豪中药饮片有限公司购买了盒装玛咖粉50盒,收到货物后发现该产品未标明食用限量且涉案商品并未取得相关部门批准作为代用茶生产的许可,据此认为涉案商品不符合《食品安全法》的规定,至法院起诉,被告轩豪公司辩称其已在商品宣传界面注明了食用限量及不适宜人群,玛咖属于该公司的生产经营范围,法院认为申某在购买时应当是对宣传信息和商品有一定了解后才会购买,对于无证生产的主张无足够证据证明,因此十倍赔偿的请求,法院不予支持。

案例四③:原告江某诉称购买被告商场处的"海宝"两瓶,回家服用后肚子疼,怀疑其为假冒伪劣产品,且《卫生部关于进一步规范保健食品原料管理的通知》中规定,海宝中的人参、鹿茸等只能用于保健品,不能用于普通食品。原告曾向地区药监局投诉,该局经调查后认为"海宝"产品不符合国家食品安全标准,并对被告作出处罚。法院据此认定,本案中,有关行政主管部门已认定涉案产品为不符合国家食品安全标准的食品,并对销售者作出处罚,接到消费者赔偿要求的生产经营者,应当实行首负责任制,先行赔付,不得推诿;原告要求退还货款并获得十倍赔偿的请求应该得到支持。

---

① 参见(2013)深龙法民二初字第454号,案例来源:中国裁判文书网。

② 参见(2017)京02民终6235号,案例来源:中国裁判文书网。

③ 参见(2015)穗云法民一初字第2704号,案例来源:中国裁判文书网。

上述四个案件体现了网购与线下购物维权状况的鲜明对比，因有发票、销售记录等书面证据和地方行政管理部门的主动排查，线下更易维权。长期以来，我国以证明责任来调整与规范诉讼行为的意识浓厚，在既有研究成果上，对现代型证明责任分配的探讨占有较大比例，得出的结论可以概括为具体举证责任的特殊分配规则。但在网购这一现代型案件中，实践中仍反映出对澄清事实和判断方法的不足，面对网购类案件，单纯的"谁主张谁举证"难以完成澄清事实达到实质公正的使命，此时寻求另一条发现真相的程序之路实为必要。

（二）网购纠纷证明难之缘由分析

案例对比可见，相较于线下纠纷，网购纠纷具有更高的证明难度，主要原因便是线下购物流程更规范。商场购物后，商场会出具正规的发票和电脑小票，市场监督管理局等市场管理机构也会对商场进行严密管理；而网购、代购往往不具备出具正规发票的条件，购买时的聊天记录也易丢失、易被篡改。网购、代购往往跨越很多区域，监管地域不明，难收集证据。加上诉讼中对事实发现和判断手段方法上的不足，即使传统证明责任分配理论在风险负担上的规定会促使当事人在发生纠纷时提高证据意识，但如果面对网购纠纷这一交易方式，学理上建构的证明责任分配理论无法担起解释实践中的普遍性证明难题的重任，线上购物证明难的问题有增无减，寻求另一条致力于通过诉讼证明过程发现真相的程序之路实为必要。

首先，从法定证据的来源看，网购以及自媒体购物，难以具备出具发票的条件，没有发票和书面合同，对于消费者来说要证明双方存在买卖合同关系就较为困难。网购主要通过线上交流，形成的证据——聊天记录，易被篡改，不易保存；邮单等记录不是法定的证据形式，易被消费者遗漏。反观线下购物发展已久，发票等手续较为规范，消费者多已形成保留发票、小票作为维权依据的意识，也可通过向监管机构求助等方式维权。

其次，从维权线索来看，线下购物的商场有实体店，受市场监管机构管理，易找到追责对象和当地主管机构，维权较易；而网购买卖双方往往距离较远且互不了解，一旦出现产品质量问题，消费者难以迅速找到追责对象。

最后，从消费者收集证据的意识来看，线下购物历时已久，消费者对线下购物维权的流程较为了解，可以通过向市场监管局投诉，保留小票起诉等多种形式维护自身合法权益，而网购为新兴购物形式，大部分消费者对网购维权的途径只局限为淘宝客服介入、找卖家协商等，一旦客服介入无门或卖家拒绝交流，就没有有效的维权途径。想要付诸诉讼又往往因证据证明力不足面临败诉结果。

二、网购纠纷证明难之常规解决方法

从上述案例可以看到,网购纠纷呈现出了典型的现代型特点,被告一方往往处于信息优势一方,掌握着有关产品、服务等方面的内部信息,原告方个体由于时间、经济、专业知识方面的弱势而与被告之间存在巨大的信息落差。原告诉讼请求要想获得认可,可能会在主张和证明方面遇到困难。为此,理论界提出了诸多缓解证明难的方法,但是这些方法也有各自的局限性,难以破解网购纠纷证明难的问题。

(一)摸索证明的传统解决办法及其局限性

摸索证明是在发生证据偏在时,证明责任方当事人向法院请求持有证据方提供证据或迫使对方当事人因其更接近案情提出证实性的争辩的一种救济途径。目前,各国对于"不能收集证据","应依职权调取的证据"等情形没有明确的法律规定,在法院介入调查的前提要件呈现模糊不清之时,法官如何判断其是否应该介入调查以及证据的收集范围等相关限制全权取决于其自由裁量。[1]

对于传统的线下购物环境,基于商场监管形式的透明化和证据链的完整性,在买卖合同纠纷或者侵权案件中案情易于明朗化。但新兴的线上购物模式产生的案件极易使一方当事人因掌握证据能力弱,无法证明其所主张的事实并使法官形成心证而承担败诉风险。因无法提出证据或证据不足的客观原因导致案件因证据不足被驳回或请求无法支持,这实际上阻碍了网购案件中消费者的维权之路。

各种不确定性因素导致现实中呈现出诸如法官适用思维僵化、当事人申请法院调查收集证据的请求普遍不被认可等问题,现实中,摸索证明思维的适用并不充分。[2] 法院调查收集证据权利的限缩以及当事人申请法院取证权的严格加大了当事人的诉讼负担和败诉风险。一方面,受当事人举证能力的限制,法院若不主动调查收集证据只能在事实真伪不明的情况下依证明责任判决;另一方面,如若法院主动依职权收集证据,虽然有助于澄清事实,但又会被一方当事人指责为违反程序,偏袒对方当事人。若能细化完善法院的调查取证权,使双方当事人

① 胡学军:《拥抱抑或拒斥——摸索证明论的中国境遇》,载《东方法学》2014 年第5 期。

② 胡学军:《具体举证责任论》,法律出版社 2014 年版,第 122 页。

武器平等、权责明确，证据偏在等问题亦可迎刃而解。

(二)举证妨碍的传统解决办法及其局限性

举证妨碍是民事诉讼当事人在诉讼过程中或诉讼之外，以故意或过失的作为或不作为方式，致使对方当事人陷入证明困难或证明不能的行为，其实质是一种具有补救性质的，意图以其他替代方式证明案件事实或由法官通过其他方式间接认定(包括推定)案件事实的效果，是将事实真伪不明的败诉风险在双方当事人之间重新分配来间接地改变当事人之间的实体权利义务关系。

在传统的商场购物环境中，由于相关法律法规规定完善、监管部门分工明确、监管较严，相关的法定证据种类(发票、监管部门巡查记录)等较易取得，商家故意阻碍取得证据的情况较少；但网购案件中，若消费者购买时没有特意索要商家是不会提供发票的，购买记录等电子数据又易遗失或易被篡改，从真假鉴定的难度来看，如果在线下商场买到假货，消费者可以向当地市场监管部门举报，通过处罚记录获得维权证据，反观网购案件，若买到假货，消费者一时之间难以找到适宜鉴定机构出具鉴定报告，若行业没有明文规定的行业标准，举证就更是难上加难，此时店家与消费者之间掌握信息和举证的难度会出现显著不对等，若店家以故意或过失的行为阻碍消费者的举证过程，有时就需要对举证责任进行重新分配以维护实体正义。

(三)事案阐明义务的传统解决办法及其局限性

一般认为，事案阐明义务就是不负证明责任当事人的事案解明义务即在负证明责任当事人无法具体陈述其主张或证据主题、证据方法时，对方当事人负有的陈述相关事实、提出证据资料以及忍受勘验的义务。[①] 其基本理念是在不改变客观证明责任分配的前提下，通过具体化主张责任的调整，让不负证明责任一方当事人在特定条件下负担更重的事实陈述和证据提出义务，从而使得证据调查能够更加公平、高效地推进。此方法常用于庭审过程中，推动双方不断提出证据以澄清事实。其理论依据在于任何知道案件情况的人都有如实作证的义务，当事人作为最了解案情的人，自然也不例外。根据证明责任分配法则，负担客观证明责任的当事人亦负主观抽象证明责任，这种责任分配的单方固定性使一方得独自承担事实与证据提出责任，而对方则可以逸待劳，仅须在负证明责任方当事人的本证即将奏效时，提出反证即可。一方当事人的证明困难基本与另一方

① 姜世明:《举证责任与真实义务》，台湾新学林出版股份有限公司2006年版，第110页。

当事人无关,任何当事人均没有义务为对方胜诉提供对方无法取得的材料,而事案阐明义务正是为了避免这一情况。

事案阐明义务在实践中的适用也暴露了些许问题,首先,事案阐明的"具体化程度"界定不明,无法恰当分配原被告双方的证明责任;其次,单纯适用事案阐明义务会导致法官自由裁量权不恰当地扩大,如果一切都依赖于法院的情境性判断,显然将导致扩大法官的裁量空间。事案阐明理论如果确实能协助解决日益增多的网购纠纷证明难问题,那么其附随的自由裁量问题难以成为反驳的利器。此外,法官裁量权问题并非阐明义务所引发出来的问题,只不过这个问题一直以隐蔽的形式困扰着日常的司法实践,而学术界也一直不愿意直面这个普遍性问题。就算不负证明责任当事人完成了可期待的说明,那么进一步地提出证明责任和真伪不明时的客观证明责任仍由请求权人负担,这一标准的判定又只能依靠具体法官的自由心证。过早适用证明责任裁判会让民事诉讼发现真实的功能大打折扣。片面使用事案阐明义务可能导致不同法官对同一案件事实的认定结果大相径庭,"当事人动动嘴,法官跑断腿"的弊端正是我国司法改革的对象。宽泛的"摸索证明"或无限制的"事案阐明义务"都会使我国司法改革辛苦建构起来的证明责任制度及民事诉讼模式转型前功尽弃。① 考虑到网购纠纷涉及证据种类复杂、法律关系繁复,不仅需要法官具备时代性和前瞻性意识,更需要在网购平台中有精准判断和裁判的能力,但目前这个假设的确只是停留在"期待、企盼"的阶段,法官在新颖的网购平台和购物方式面前很多情况下只能依靠当事人的"动动嘴",而这无疑是有损司法公信力的。

(四)表见证明的传统解决办法及其局限性

表见证明是指法院利用一般生活经验法则就一再重复出现的典型事项,由一定客观存在的事实推断某一待证事实的证据提出过程。而正因为它是基于高度盖然性经验法则这一特点,实际生活中不同当事人对一件事又会有不同的反应,法官无法当然地根据当事人的某一行为进行推定,经验法则的准确性抵不上有充分证据证明的事实,容易造成误判。例如借条上"还借款"有人会理解为是再次借款,也有人会认为是归还借款。不同的理解会造成案件不同的判决结果。

在实务中,表见证明的单独适用较少,因为司法实务中没有明确使用表见证

① 胡学军:《前进抑或倒退:事案阐明义务论及其对我国的启示》,载《法学论坛》2014年第5期。

明的实际判例，因此相关研究多是将表见证明与事实推定问题联系在一起从比较的角度进行观察评析。胡学军教授也认为将经验推定从事实推定中独立出来似并无必要，因为“事实推定”就是一个与表见证明具有“家族相似性”的宽泛概念，事实推定也借助于生活经验①；而毕玉谦教授认为我国目前具有法律效力的推定制度包括法律推定、事实推定和经验推定，他认为表见证明是一种经验推定，而非事实推定②。

三、破解网购纠纷证明难的理论解析

上文阐述的传统破解网购纠纷证明难的解决方案都有各自的局限性，因此有必要引入具体举证责任理论来寻求解决问题的新方法。具体举证责任是指在具体诉讼活动中，法官对于案情中的要证事实已经获得一定的事实信息并且形成了暂时的心证，此时具体举证责任是推动案件事实发现活动的中继推进力，其在诉讼过程中不断发生转移，由当事人之间交替承担。如前所述，针对网购等案件，片面应用传统举证责任应对方法是难以解决的，实证调查中可以发现，针对原被告双方举证义务不平衡的现象，不同法官的衡量标准不一，案件裁判结果也有个体差异。在现有的证明模式下，法官对事实的认定仅凭自由心证和个人理解，较为机械化且缺少当事人的充分参与。如果好的结果取决于法官个人的正义感，而不是一套健全的证明机制，那就表明现有证据法中存在过多的漏洞与任意裁量。据此笔者认为，在网购案件中引入具体举证责任有助于确立新型案件裁判中的衡量标准，解决法官自由心证导致案件结果差异较大的难题。使得诉讼更加规范、统一，在动态的庭审情境中进行判断，双方的举证责任可能因其行为而不断转变，这种机制更有助于推动双方澄清事实，在此过程中法官可以平衡双方利益，做出正确的判断。

在结合网购纠纷运用具体举证责任理论时，笔者尝试建立如下图所示的运用体系，该体系并未回避法官合理怀疑和一定程度的自由裁量权，致力于通过各种方法的结合使用不断澄清真相。

(一)具体举证责任视角下的表见证明适用

如果法官采纳了某种表见证明，当事人只需提出反证就可以推翻，而无须进

① 胡学军：《具体举证责任论》，法律出版社 2014 年版。第 218 页。

② 毕玉谦：《试论表见证明的基本属性与应用功能之界定》，载《证据科学》2007 年第 21 期。

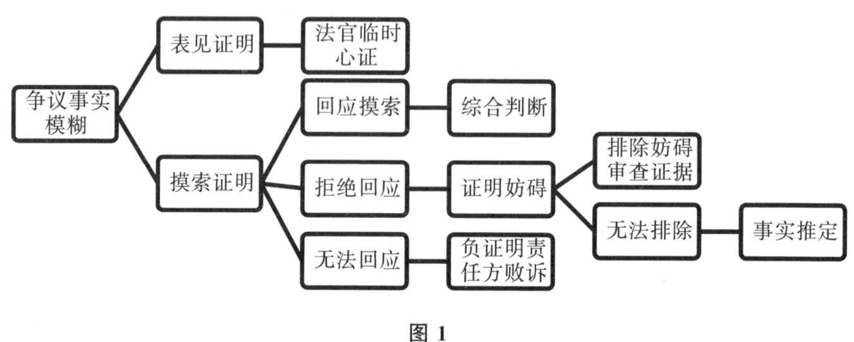

图 1

行反面证明。因此,只要构成表见证明,证明责任即发生转移,对方当事人就打破法官形成的临时心证的具体举证责任。因此应严格限定表见证明适用的情形,只有当法官认为负举证责任一方举证存在困难、经申请并作出合理判断后,认为必要,才可适用表见证明,若形成临时心证,可分析对方当事人的异议进行判断。

值得注意的是,表见证明与其他证明理论的区别在于,表见证明可依据经验、基本原则等进行心证推理,不需要借助外在证据。在信息化社会日益发展的今天,人民通过网络购物越来越频繁,而网购因为不同于传统的面对面购物,容易让双方当事人对对方产生怀疑并且难以举证,通过表见证明的合理运用,能无须具体证明生活事实或原因关系的具体细节与因果链条的具体环节,而以通常一般人所能理解的外观或表面事实判断过错或原因关系的存在。这样做一方面缓解了证明责任方举证的困难,有助于实现实质公平;另一方面也简化了诉讼证明,提高了诉讼效率。

(二)具体举证责任视角下的摸索证明适用

1.摸索证明的适用情形

一方当事人因客观原因不能收集证据,而对该项主张没有证明义务的对方当事人则持有证据或更接近案情。摸索证明会增加对方当事人的诉讼义务,不过虽然提供证据的责任转换到对方当事人处,但能否使法官形成心证仍是申请方的责任。因为摸索证明对对方提出了义务,故摸索证明也应严格适用,由法官衡量双方当事人的权利义务后进行合理判断。摸索证明后,则依对方当事人的不同主观状态得出不同的案件裁判结果。

若对方当事人主动回应摸索提出证据,则争议事实将会在一定程度上变得明晰，此时就由法官根据案件事实明晰状态进行审理；若对方当事人明示拒绝回应摸索或消极配合，可以通过法官自由裁量适当降低证明责任方的证明门槛或允许其使用替代证据；若对方当事人积极回应摸索，但也因为客观原因无法提供证据，则由证明责任方承担败诉风险。而在证实双方当事人客观上都无法回应摸索后，即已穷尽证明方法，可判决负证明责任一方败诉。

摸索证明在扩大法院依职权收集证据范围的同时，还应避免法院职权的过度扩张以及造成双方当事人的不公平。在网购纠纷案件中，如何让当事人相对容易申请到法官依职权取证，但又能限制法官不滥用职权，避免增加对方当事人的义务呢？笔者认为，这个准绳就是法官是否形成“合理怀疑”，当事人所提出的初步事实足以使法官对案件事实产生合理怀疑，并申请法官依职权调查证据时，法官便可以依职权要求对方当事人回应摸索。

2.摸索证明情形下的证明妨碍情形解析

在摸索证明的情境下，如对方当事人明示拒绝回应摸索或消极配合，则应被视为构成证明妨碍，法官可视其情况采取相应的排除妨碍、审查证据等的措施，当证明妨碍无法被排除时，法官可自由裁量，适当降低证明责任方的证明门槛或允许其使用替代证据，若法官对现有证据材料所待证的事实有合理怀疑，认为事实尚不明晰，也可以综合运用证明妨碍、表见证明等理论进行证明责任的分配，达成符合证据法价值准则（公平正义、共同利益、保障人权、自由平等、伦理道德）的裁判结果。

实务中的证明妨碍情形也可分为主观和客观两种情形。主观证明妨碍体现不负举证责任的当事人故意或过失以作为或不作为的方式使对方当事人的举证成为不可能——在诉讼过程中，若应由当事人 B 证明的争议焦点因对方当事人 A 不愿提供已掌握的行业标准等信息导致其出现了证明妨碍的局面，那么法官在该事项上可以适当减轻当事人 B 的证明责任，增加 A 的证明责任。证明责任增减的尺度应与当事人 A 妨碍证明的程度呈正相关，当 A 的妨碍行为达到某一极端限度的时候，B 对该焦点的证明责任为零，A 就对该焦点负有全部的证明责任。

客观证明妨碍则体现为行为人无法回应摸索，涉案证据已因客观原因损毁或灭失，若无法排除妨碍，双方当事人都已穷尽举证能力，法官只能依替代证据或辅助性证据判断，若无辅助证据，责任就只能由故意妨碍举证的当事人承担。

出现证明妨碍情形时一般可经过申请、辩论、释明、命令、制裁五个步骤。当消费者举证过程遭到困难时，消费者可以向法庭提交一定的证据证明妨碍行为切实存在，由法官审查运用自由裁量权，对案件具体情形进行判断来决定是否依职权收集证据，若有必要，法官可以允许消费者提交替代性证据或要求卖家证明自己无罪。以避免出现因没有合同等法定形式导致消费者无法通过法律维权的情形。

民事诉讼法的追求一直是实现公平正义，如何在网购等新兴案件中平衡双方利益正是法律在分配证明责任时需要关注的问题，在网购案件中，被告经营者往往处于信息优势一方，掌握着有关行业标准以及服务等内部信息，原告消费者往往没有条件了解行业统一标准以及鉴定渠道，限于时间经济成本难以完成举证过程，巨大的信息落差需要新的渠道加以调整。摸索证明在扩大法院依职权收集证据范围的同时，还应避免法院职权的过度扩张以及造成双方当事人的不公平。网购纠纷案件中，如何让当事人相对容易申请到法官依职权取证，但又能限制法官不滥用职权，避免增加对方当事人的义务呢？笔者认为，这个准绳就是法官是否形成“合理怀疑”，当事人所提出的初步事实足以使法官对案件事实产生合理怀疑，并申请法官依职权调查证据时，法官便可以依职权要求对方当事人回应摸索，启动摸索证明的程序。

四、网购纠纷证明难案件的应用评析

(一)杨某与某晴网络购物合同纠纷①

原告杨某先后委托某晴从意大利为其购买女包女鞋等奢侈物品，穿着一段时间后经朋友提醒发觉可能为假货，前往鉴定中心后得到确为假货的鉴定结果，向某晴交涉未果，某晴拒绝赔偿和退货，杨某遂向法院起诉以求维护权益。杨某向法院提供了聊天转账记录以及商品实物作为证据，庭审中某晴称原告不能提供包的购买及邮寄凭证，不认可商品系从该处购买。法院认为原告首先应举证证明与被告之间存在买卖合同关系，起诉的物品与为其代购的物品具有同一性，因原告未能举证，被告也不认可商品系从被告处购买，法院判决驳回原告的全部诉讼请求。

此案中法院对原告举证能力的要求极高，要求原告证明存在买卖合同关系物品具有同一性以及其他一系列证据。但根据常理而言，距离购买已过去一年

① 参见(2016)京0108民初38703号，案例来源：中国裁判文书网。

时间，很难要求普通消费者将相关快递单据等完整保存一年，商品若在使用过程中暴露出问题再要求购买时的单据就会给原告举证造成很大困难，而证明物品具有同一性的证明标准也较为模糊，片面地让原告举证较为困难。此案中若完全用传统举证责任的分配方式进行裁判似乎在当事人提交证据方面设置了很高的屏障，不利于保护当事人的权利。原告已经提供了聊天、转账和交涉的相关记录，即可初步证明原告确实在某晴处购买了这两件商品，若结合其他证据，法院有理由对案件事实具有一定程度的怀疑。

作为一名在意大利的职业代购，被告在牟利的同时也应对购买的产品质量等做出一定的说明，若运用表见证明理论，此案中被告也应对商品资质和来源等进行何时说明，法官可以为探知事情的真相要求被告提供相关佐证和说明。

若被告的说明或提出的证据消除了法官的合理怀疑，则案件状态返回至原告主张未成立状态，原告仍可继续通过其他途径让法官形成新的合理怀疑，若未达成目的，则原告主张不成立，法院予以驳回；在原告主张成立的情况之下，证明责任转换到被告，若此时被告并不能使法官形成心证，就要承担败诉风险。

（二）张某丁与北京誉满家科技发展有限公司、浙江天猫网络有限公司买卖合同纠纷[①]

原告按网站设定的交易程序及价格进行交易并完成了订购、付款等交易行为，因誉满家公司电子输入发生错误，未及时更正价格数据，导致产生损失。公司要求原告返还商品被原告拒绝，于是被告誉满家公司用要求原告支付配送的邮费 9 万元的方式拒绝完全履行合同。

在此案的审理中，法官对当事人所证事实有一定程度的确信，原告已经无法提出新的证据，基于一般生活经验不会否定网购可以降价促销，而基于一般生活经验，电商公司对于电子输入错误应该及时更正。法官就可以转而要求经营者誉满家公司提出证据证明其已经尽到了合理定价注意自己行为的义务，若有一定从业经验的被告无法完成举证，可合理认为其在此过程中存在过失，没有及时采取补救措施，因而应当承担举证不能的不利后果。运用表见证明理论与摸索证明理论的结合即可帮助澄清案件事实。

① 参见（2015）东一法东民二初字第 588 号，案例来源：中国裁判文书网。

(三)申某与江西轩豪中药饮片有限公司网购纠纷案①

申某向被告轩豪公司购买了“盒装玛咖粉”50 盒后发现该产品未标注食用限量，涉案商品未取得相关食品许可，进而认为该产品属于无证生产，违反了《食品安全法》的有关规定，应依法承担赔偿责任。一审法院驳回原告请求后申某上诉称依普通消费者习惯，无法了解小字标出的不适用人群及风险，可能无法注意到该产品对人体有损的风险，应数倍赔偿，二审法院审理后驳回上诉。

本案中法官的判决意见是认为原告应当对网页宣传信息进行阅读并对商品信息及宣传有一定了解后进行购买，故涉案商品的标签瑕疵不会对原告申某造成误导，且原告未提交证据证明涉案商品本身存在影响食品安全的问题。

本网购纠纷中若片面依据谁主张谁举证的传统理论来解决，无疑就在无形中给原告方增加了败诉的风险。掌握更多事证的被告公司在诉讼过程中有信息优势，其不主动配合就可能使得案件陷于真伪不明的境地。而此时原告申某如果想证明自己的主张就需要提交证据证明玛咖粉作为新资源食品生产的相关规定，按照常理可以推断要求一般消费者掌握新资源食品生产的相关规定较为困难。

在法官对所证事实有合理怀疑又无法澄清真相时，可以要求被告经营方就原告方无法提供的专业知识进行阐释并提出必要的证据。本案中玛咖粉是否属于人工种植以及其相关的食品生产资质等证据均由被告轩豪公司提出，双方协力阐明事实，摸索事实真相不但不违背现行法律关于举证责任的规定，而且有利于法官在双方提出证据的过程中更加了解案情，据此作出合理裁判。

(四)赵某某、南通懿罗家纺有限公司网络购物合同纠纷②

原告赵某某在网店购得床上用品后怀疑有质量问题便将商品送检，质检结果不合格，协商不成，赵某便以起诉的方式维权，一审法院仅判决退款，赵某不服提起上诉，上诉请求为被告销售不合格商品，以次充好，存在欺诈行为，应承担退货并三倍赔偿的责任。法院查明鉴定中心出具了检验报告判定单件尺寸变化率不合格，载明号型或规格有错误。原告赵某某以此为据要求被告方退货并三倍赔偿。法院作出的终审判决为退货，仅对送检不合格的商品由被告进行三倍赔偿。

---

① 参见(2016)京 0115 民初 16392 号，案例来源：中国裁判文书网。

② 参见(2018)鄂 01 民终 4455 号，案例来源：中国裁判文书网。

法院认为，被告懿罗家纺是否应承担退货责任的关键在于上述商品是否与送检商品属于同一批次产品，而赵某某未能举证证明上述商品是否与送检商品属于同一批次产品，故仅判决对送检产品承担三倍赔偿责任。

在具体举证责任论体系下，根据已查明事实，赵某某在懿罗家纺经营的天猫网店一并购买了包括送检 2 套商品在内的 4 套。赵某某在发现商品质量未达到其预期之后将上述两种商品各抽出一件送检。赵某某作为消费者，已尽到其举证义务，且从常理推断同一批购买的产品很有可能是一批型号，而被告方懿罗家纺生产并销售货物，理应对床品相关批号更加清楚，此时就应要求懿罗家纺提出相应证据消除法官的合理怀疑并承担相应的事案阐明义务。现懿罗家纺经合法传唤未到庭，其应承担举证不能的法律责任。

结　语

随着互联网经济的繁荣发展，网络购物势必将在较长的一段时间内继续保持蓬勃发展的态势，在网购蓬勃发展的同时，网购纠纷作为买卖合同纠纷中的特殊一环，存在着证据偏在、举证困难、监管乏力等一系列特殊问题，如何在网购纠纷中保证双方当事人的诉讼地位、诉讼权利对等，以实现网购纠纷的实质正义，是网购纠纷成熟与发展绕不开的一环，也是本文着重研究的问题所在。解决网购纠纷的证明困难，首要问题便是澄清案件事实，分配举证责任。本文致力于运用具体举证责任中理论构建切实可行的理论框架，主要着眼点为应用于网购纠纷案件中帮助法院在审理网购案件时澄清事实，为将具体举证责任中的理论更好地适用于网购案件，笔者分析了摸索证明、举证妨碍和事案阐明义务等理论的传统局限性和在具体举证责任论视角下的应用方式，希望用相对确定的标准促进理论在现代型案件中的应用，解决诉讼纷繁，定分止争，提高案件审理效率，期望能提供一个新的认定思路，促进双方当事人提出证据以还原事实原委。

司法制度研究

裁判解决纠纷示范效应与案件增量关系辨

周寓先*

摘要:虽然当前存在人民法院受理案件随着经济社会发展逐年增加的现象,但是从实践和理论两方面论证,这并非必然。裁判具有解决潜在纠纷的示范效应。裁判规则明确、明确的规则符合公正观、裁判足以惩戒违法(信)人,纠纷就可能在司法示范引导下,通过非诉讼程序解决。否则,纠纷就极可能转化为诉讼,从而导致案件数量增加。先前的研究并未深入剖析这种示范效应产生机理,更谈不上利用其内在规律抑制案件的增加。司法改革应当在裁判示范效应的理论指导下,统筹整合现有制度,重视个案处理蕴含的引导作用,为大量纠纷的自行解决提供司法支持。

关键词:案件增量;裁判解决纠纷示范效应;抑制作用

一、问题:案件逐年增加理所当然吗

案件逐年增多,是当面最为显著的司法现象。与此同时,员额制建立,使案件增多集中体现为“人案矛盾”。司法高层设计了三条应对的途径:深化司法改革进一步激活机制活力、加强信息化建设为审判提供更强有力的支持、创新多元

* 作者系成都高新技术产业开发区人民法院审判员,一级法官。

化纠纷解决机制大量分流案件。[①] 地方法院自发的实践也围绕建立多元纠纷解决机制，挖掘机制潜力，利用信息手段展开。[②] 虽然不乏部分法院试图延伸多元调解机制从根源上减少案件，[③]但更多的是，在接受案件逐年增多的基础上，探索如何分流、消化案件。案件的逐年增长也得到了法院受案数据的直接支持。2003 年至 2007 年全国法院共审(执)结案件 3178.4 万件，2008 年至 2012 年全国法院共审(执)结案件 5525.9 万件，2013 年至 2017 年全国法院共审(执)结案件 8598.4 万件。甚至最高人民法院在同时期处理的案件也大幅上升：2008 年至 2012 年比前五年上升 191%，2013 年至 2017 年也比前五年上升 58.8%。[④]

案件的增多是偶然现象，还是具有必然性？从目前来看，我们至少接受了必然性的结论。案件增长的同时，也正是我国经济发展、社会转型之时。于是将案件增长的原因，归结于经济社会的发展以及社会转型，成为很多人无须加以证明的明显事实。并且据此断言，案件逐年增长不可避免。我国国内生产总值与诉讼量呈现对应关系，经济增长是诉讼量激增的原因。[⑤] 如此，人民法院不得不接受案件逐年增加的现实，甚至对逐年增多的案件带有(因为人民信任司法而产生的)一定程度的乐观[⑥](案件增多表明人民更加信任法院)。

---

① 参见余茂玉、任勇：《周强主持召开最高人民法院党组会议听取上半年审判执行工作运行态势情况报告时强调不断提高审判质效，切实维护司法公正》，http://www.court.gov.cn/zixun-xiangqing-110171.html，最后访问日期：2019 年 2 月 10 日。

② 参见江苏省高级人民法院课题组：《怎样解决案多人少的矛盾？——以 A 中院民三庭 k 法官为调研样本》，载《法律适用》2015 年第 6 期；王禄生：《司法大数据与人工智能开发的技术障碍》，载《中国法律评论》2018 年第 2 期。

③ 参见郭彦：《内外并举全面摄入推进诉源治理》，载《法制日报》2017 年 1 月 14 日第 7 版；浙江省委要求在贯彻“枫桥经验”基础上分流调处纠纷，浙江省法院要求 2019 年实现案件“零增长”。

④ 数据来源：2008 年、2013 年、2018 年最高人民法院工作报告。

⑤ 案件随着经济社会发展增加虽然作为常识被加以接受，然真正从理论上直接加以论证的成果却十分少有，而且并不见于法律类权威期刊。参见白彩全等：《诉讼量与经济增长的动态关系——基于灰色关联度与 var 模型的经验证据》，载《数学的实践与认识》2015 年第 12 期；黄婷婷、张超：《中国民事诉讼量与经济增长关系实证分析》，载《湖北文理学院学报》2015 年第 2 期。

⑥ 江西省高级人民法院课题组：《人民法院司法公信现状的实证研究》，载《中国法学》2014 年第 2 期；苏力：《审判管理与社会管理——法院如何有效回应“案多人少 ”?》，载《中国法学》2010 年 6 期。

但是经济社会发展与案件增量的正向关系，并不是一个可以经受住事实和理论检验的结论。

事实上，经济社会发展与案件增量并不必然存在正向关系。纵向来看，中国也曾经历过经济高速发展而人民法院案件数量并未猛增的时期。最高人民法院2003年至2007年，共审理各类案件20451件，比前五年仅上升0.78%。监督指导地方各级人民法院和专门法院审结各类案件3178.4万件，比前五年只上升1.59%。[①]与此同时，我国GDP年均以10%以上增长。横向来看，德国新收民事案件数量在2000年为1867281件，到2015年就下降为1423489件，同时其受理的督促程序案件也大幅下降，法官的工作负担和强度也不断下降。同时期，德国的GDP从2000年的1.95万亿美元增长到2015年的3.38万亿，[②]虽然发展速度没有我国快，但在经济增长情况之下，案件大幅度下降，也足以引起我们的反思。从社会转型而言，德国在这期间还经历了中东难民涌入，对其社会秩序的冲击不可谓不大。

表1　2000年与2015年德国普通法院一审民商事案件的审理情况[③]

一审民商事案件(不含家事案件和劳动案件)		2000年	2015年	同比(%)
初级法院	新收案件量(单位:件)	1452245	1093454	−24.7
	每年审结案件量(单位:件)	1475461	1119504	−24.1
	平均所需审案法官数(单位:人)	2338.41	1911.39	−18.26
	人均工作负担(单位:件)	621	572.1	−7.9
	人均年结案数(单位:件)	631	585.7	−7.2
	平均审结期间(单位:月)	4.3	4.8	+11.6
	督促程序(单位:件)	7903052	5339867	−32.4

① 2008年最高人民法院工作报告。

② 数据来源:德国联邦统计局网站，https://www.destatis.de/DE/Startseite.html，最后访问日期:2018年7月10日。

③ 由于数据较为丰富，为了清晰展示德国案件数量的变化动态，不适用表格难以形成直接认识，此处表1完全引用周翠教授图表，在此特别说明。数据来源于德国联邦司法部主页，转引自周翠:《我国民事司法多元化改革的现状与未来》，载《中国法学》2018年第1期。

续表

一审民商事案件(不含家事案件和劳动案件)		2000 年	2015 年	同比(%)
州法院	新收案件数(单位:件)	415036	330035	−20.5
	年结案件数(单位:件)	392103	332085	−15.3
	平均所需审案法官数(单位:人)	2213.95	2095.85	−5.3
	人均工作负担(单位:件)	187.5	157.5	−16
	人均年结案数(单位:件)	177.1	158.4	−10.5
	平均审结期间(单位:月)	9.7	9.9	+2

理论上,经济社会发展与案件增量也并不必然存在正向关系。中国学者介绍过美国研究人员在这方面的研究成果,更多国家的经验表明:随着社会和经济的发展,诉讼数量会相应增加,尤其是在社会转型时期,社会矛盾增加,会有愈来愈多的争端涌向法院。但是随着社会结构趋于稳定,社会本身由失范转向规范,诉讼的增长率趋于平缓,甚至有下降的趋势。① 多年前,经济学者逐案研判某基层法院 620 件契约类案件,发现诉讼过程存在逆向选择:法律具有普适性,并且如果司法是一个有效系统,法院是最应该发挥作用的是那些由当事人自己无法解决的复杂案件。由于存在逆向选择,使法院和法律发挥作用的范围变得具有选择性,司法更多解决的是没有实质争议的案件。② 也就是说,司法事实上大量处理的是没有规则争议的低质量案件,一般认为,"当有关问题的法律十分清晰时,理性的人们就不必诉诸司法程序了"③。法律具有定分止争功能,但是,中国的司法实践,新的法律出台让原有一些不具有法律性质的争议具有了诉讼法上的可诉性,相反,诱发了案件增加。④

---

① 参见朱景文:《中国诉讼分流的数据分析》,载《中国社会科学》2008 年第 3 期。

② 参见张维迎、柯荣住:《诉讼过程中的逆向选择及其解释——以契约纠纷的基层法院判决书为例的经验研究》,载《中国社会科学》2002 年第 2 期。

③ [德]齐佩利乌斯:《法哲学》,金振豹译,北京大学出版社 2013 年版,第 193 页。

④ 关于新的法律诱发案件增加,其解释和批评,参见姜峰:《法院"案多人少"与国家治道变革——转型时期中国的政治与司法忧思》,载《政法论坛》2015 年第 2 期。

由此,至少我们不应当继续将案件逐年增长作为理所当然的客观现象来接受。如果单纯用解决纠纷来衡量审判,用裁判的方式解决纠纷(相较于调解、仲裁等其他方式而言)成本是最高的,收益也最低。然而,现代社会仍然强调裁判在纠纷解决中的中心地位,因为裁判通过解决具体的纠纷来维护一般规范秩序,并以此促进大量的纠纷得到自发的解决。① 随着经济社会发展,人与人的交往增多,纠纷和摩擦也会增多,但是不应当忽视的是,裁判具有解决潜在纠纷的示范效应。司法判决如果能引导社会规范逐步成熟,会对纠纷转化为诉讼起到抑制作用。

二、裁判示范效应供给不足对案件增量的微观观察

日常讨论中,常常会说到某些司法案件处理会带来不好的示范效果,处理恰当也会带来正面示范。做这些断言时,往往目光集中在一些典型案件。其实,裁判解决潜在纠纷的示范效果在司法实践中普遍存在,而且深刻地影响着人们的诉讼行为。从裁判的示范效应和案件增量的关系来看:如果已有的裁判存在裁判规则不明确,或者裁判规则虽然明确但明显不公正,或裁判对违约、违法行为惩戒不够,都会诱发纠纷走向诉讼。以下的根据实践中出现的案例,进行改编以展示,判决示范效果存在问题,如何让纠纷转化为诉讼。

(一)实例一:判决结果不可预测诱发诉讼②

某甲系职业打假人。某甲明知乙商场出售的食品存在非法添加物质,仍然从乙商场购买。某甲购买后随即向乙商场提出退货退款及十倍赔偿。以下为双方协商解决纠纷对话:

乙:法律不支持职业打假。知假打假牟利动机明显,不是消费者,这种行为违背诚实信用原则,不受法律的支持和保护。

甲:知假打假有助于净化食品市场安全,法律支持知假打假。指责他人以营

---

① 参见[日]田中英夫、竹内昭夫:《私人在法实现中的作用》,李薇译,法律出版社2006年版,第7页;[日]棚濑孝雄:《纠纷的解决与审判制度》,王亚新译,中国政法大学出版社2004年版,第26～27页。

② 该实例根据司法实践中的“知假打假”案件争议改编,反对知假打假的典型案例可参见北京市高级人民法院(2018)京民再57号判决书;支持知假打假的典型案例可参见山东省青岛市中级人民法院(2017)鲁02民终10484号判决书。另关于知假打假的争议,可参见梁上上等:《知假买假与多倍赔偿:法的解释、功能与价值取向》,载《人民司法》2018年第19期。

利为目的，不应当支持，杜绝知假打假最好的方式就是不出售不安全食品。

乙：我有判决为证，证明法律不支持知假打假。

甲：我也有大量判决为证，证明法律支持知假打假行为。

……

这里就显示了纠纷是怎样因为裁判规则不明，而走向诉讼。甲、乙所争论的无非就是甲作为职业打假人是否应当适用十倍赔偿。假设不存在相互冲突的判决，甲、乙也许不会产生纠纷。正是不同的裁判，导致无论作为甲方还是乙方，都有动机去试试本次诉讼的运气。最高人民法院相关案件统计数据也印证了，裁判规则不明诱发案件增多：从整体层面看，“2017 年全国新收网络购物合同纠纷一审案件 2.25 万余件，同比增长 41.51%，远高于同年全国新收各类案件 13%的案件数量平均增长率”①。职业打假人基于自我保护需要，往往使用网络进行购买。

裁判具有形式预测示范。当事人能从法院已决判决中找到类似情形答案，从而促使纠纷在诉讼外解决。人们产生纠纷之后，如果已有裁判对类似情形并没有提供一个明晰的法律解决方案，当事人各自援引可以为己所用所用的裁判，纠纷就不得不走到利用诉讼处理的地步。

(二)实例二：判决结果可预测但明显不公正诱发诉讼②

丙企业拥有“w”传统商标，但因自身没有精力、物力和财力发展相关产品，于 20 世纪 90 年代将“w”商标许可给丁企业使用。在使用期限内丁企业投入大量精力、财力发展相关产品，“w”商标从地方一隅发展到全国皆知，商标价值评估上千亿。商标使用期到期后，丁企业通过行贿丙企业负责人的方式将商标使用权期限延长至 2020 年。丙企业向丁企业主张延长商标使用权合同无效，要求停止使用“w”商标。经生效裁决认定：延长商标许可使用权合同被认定无效，裁

① 数据来源：最高人民法院微信公众号，冼小堤：《七成网购纠纷来自这两大平台，最易出问题的商品是……》，最后访问日期：2019 年 2 月 15 日。

② 该实例改编自“王老吉”纠纷系列案件，该系列案件始终“王老吉”权利人虽然拥有商标，但是使用权人为商标增值做出重大贡献，判决对使用权人的贡献全部予以否认，导致使用权人不断采用方法和技巧挑战生效判决权威。商标所有人和商标合法使用人之间的权利争议：可参加刘劭君：《“iPad”案和“王老吉”案引发的法治与道德思考》，载《知识产权》2012 年第 9 期；王连峰：《商标许可合同使用者利益之保护——王老吉与加多宝商标利益纷争之思考》，载《社会科学》2013 年第 4 期。

决丁企业停止使用“w”商标。

丁企业:前述裁判不公,当初“w”商标价值极低,因为我公司使用“w”商标,并且进行了大量投入、经营,价值才到达了现在的上亿元,我公司对商标具有合法使用权利。

丙企业:我公司是商标的使用权人,裁决已经要求你公司停止使用“w”商标。

丁企业:我公司要向消费者宣传以前依附于“w”商标的产品,已经更名为“j”商品。

丙企业:你公司的前述宣传误导消费者。

丁企业:我公司可以采用以前依附于“w”商标的产品上的装潢、设计,推广“j”商品。

丙企业:你公司构成侵权,要求停止。

丁企业:……

丙企业:……

裁判结果虽然可预测,但是处理结论明显不公,就会促使人们不断通过剩余的诉讼空间,寻求趋向于公正的结论。丙企业与丁企业所争议的无非是商标所有人和商标合法使用人之间的权利义务。由于最开始的判决并没有回答所有人与使用人之间权利义务的合理界线在哪里。而是简单地判断那种权利优先于另一种权利,并且明显没有回答使用权人的合理权利在什么地方。从而,导致双方不断发生争议,无法非诉处理纠纷。

裁判具有价值引导。裁判一旦作出就表明越过法律的界限者受到惩罚,国家有力量处理违法行为,同时仅仅用单纯的规则管理社会关系本身并不足以保障社会秩序的正义。[①] 裁判的形式预测示范效应有时是明显不足的:有时将之前的裁判结论用于当前的纠纷评判,将产生明显的不公。比如在本场景中,裁判否定了商标使用权人的权利,但是使用权人确实为商标价值过亿做出决定性贡献,全部否定使用权人的权益,是不公正的。裁判做到形式可预测的同时,在实质上做到可预测的结论符合公平理念,才能通过阐明法律规则的内在追求和价值,使人们在产生纠纷的时候,可以知晓法律的好恶,作出更接近于法律目的的

① 参见[美]博登海默:《法理学:法律哲学与法律方法》,邓正来译,中国政法大学出版社 2004 年版,第 240 页。

选择,有助于纠纷在诉讼外解决。

(三)实例三:诉讼实效上保护与惩罚失衡诱发诉讼

张三向李四借款100万元,约定借款期限为1年,利息按照年利率12%计算。一年期到后,李四要求张三还款。

李四:依照合同约定你应当偿还我的借款。

张三:能不能再缓缓,现在融资困难,融资成本很高。

李四:当初说好借款期限为一年,现在到了,融资成本这么高,我也需要收回这笔钱。

……

张三:那你去法院告我吧。

判决结果可预测,处理结果也符合公正要求,但是如果司法对潜在的违法、违约人惩处不够,也会导致纠纷增加。"欠钱还钱"裁判规则明确,也天经地义,李四要求张三还款,张三基于融资成本考虑要求延期还款,李四不同意,张三主动提出李四到法院告自己。这个过程中,决定张三行为动机的是融资成本和当被告的成本。案件到法院后,法院最多判决,张三偿还李四的借款并且依照双方约定承担年利率12%的利息。由于我国对私力救济采取严控司法态度,李四必须通过司法程序主张权利,变相等同于李四必须同意张三延期还款。

如果义务人在诉讼程序中获得的收益远远大于成本,"聪明"的义务人就不会再主动履行义务,从而增加了权利人不得不利用司法实现权利的概率。从金融审判案件总体数量也可以印证前述判断:金融借款案件一般案情简单,证据清楚,但是从2008年至2012年五年间全国法院审结金融案件总量280.8万件,2013年至2017年五年审理的金融案件就上升到了503万件。① 这种场景,如果我们的司法能够通过经济成本的调节,使李四从司法程序中获得额外利益。换言之,自动履行义务要好于被司法强制履行义务,类似案件就极可能不会发生。

(四)微观观察结论

从前述的实例中可以看到:(1)当裁判规则不明确;(2)裁判规则明显欠缺公正;(3)违法(信)人不能被予以足够的惩戒,要么造成规则混乱,要么为债务人不履行债务提供负面刺激。出现这些情况原本可以通过协商或者第三方主持化解的纠纷,就极可能转化为诉讼需求。具体而言,司法个案将从三个方面发挥示范

---

① 数据来源:最高人民法院2013年、2018年工作报告。

效应。

第一,裁判的形式预测示范。当事人能从法院已决判决中找到类似情形答案,就会降低裁判需求,促使纠纷在诉讼外解决。

第二,裁判的价值引导示范。当事人面对的情形不能直接从已有裁判中找到现成答案,或者虽然能找到裁判结果但结果明显不公正时。如果能从已有的裁决中看到法律所追求的价值,通过价值引导,促进双方当事人在解决纠纷的过程中达成共识,可以降低裁判需求,促使纠纷在诉讼外解决。

第三,裁判的权利保护与违法惩罚示范。如果已有的裁判让义务人能够看到,诉讼可以充分保护债权,债务人不能从程序的拖延中获取额外利益,就可以督促当事人自动履行义务,避免纠纷转化为诉讼。

当我们从微观层面观察时,可以发现:经济发展、社会转型纵使导致纠纷增加。然而纠纷出现并不意味着诉讼的出现。中间因素在于司法本身能否在个案处理中同时产生解决纠纷和潜在纠纷的正面示范效果。哪些主张会得到裁判的支持,哪些主张会被裁判所否决,如果已然清楚,人们对于裁判的需求也许就不会增加。反之,人们并不能从裁判中看到司法支持什么、反对什么,对裁判的需求则无论社会经济是否发展都会增加。纠纷过于激增,也许示范效应并不足以保证案件不会增多,但示范效应不好,案件一定会增多。经济发展、社会转型、纠纷增多、案件增量的逻辑关系如图 1 所示。

随着经济社会发展转型,纠纷增多,解决纠纷的需求增多。但是如果司法裁判能够提供处理这些纠纷的示范,那么纠纷就可能通过协商、调解或者其他非诉讼的方式解决。如果裁判解决潜在纠纷的示范效应不好,那么必然导致案件猛增。质言之,裁判解决潜在纠纷的示范效果好,诉讼不一定会减少;但示范效果不好,则诉讼一定会增加。经济社会发展转型,是人民法院无法控制的因素。因此,人民法院唯有尽量发挥裁判对潜在纠纷解决的示范效果,避免因为示范效应不佳造成的案件增多。故而,我们需要从法理上寻找满足哪些条件裁判可以产生正面示范效应。

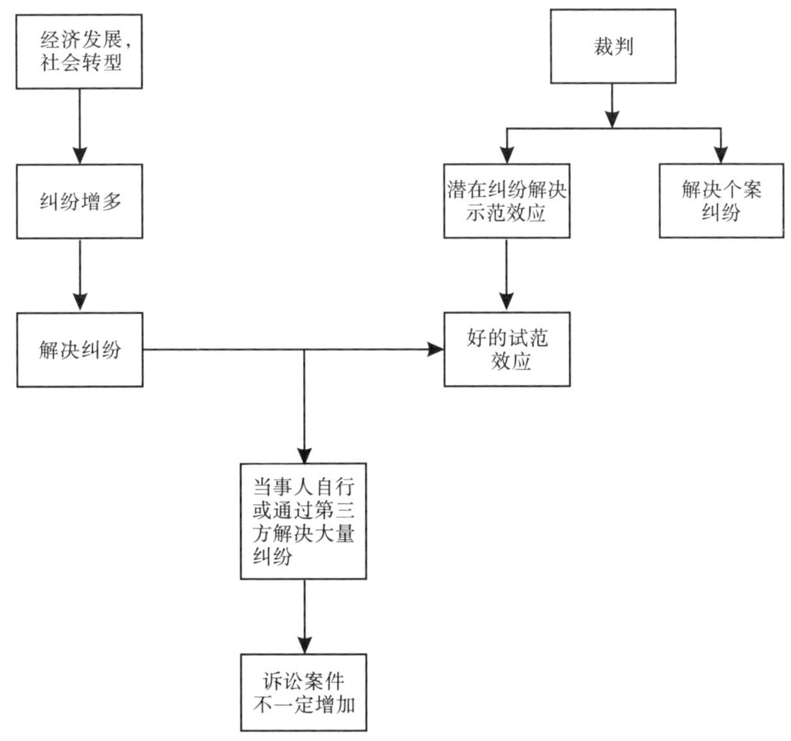

图 1　经济发展和社会转型、纠纷增多、案件增量逻辑关系

三、裁判示范效应抑制案件产生的法理分析

虽然我们经常谈论司法案件的示范效应，但是对于示范效应是什么以及如何产生，一直没有冷静地思考。如常识所揭示的一样，裁判示范效应分为正面效应和负面效应。判决示范正面效应，可以引导纠纷当事人依照现有的裁判所体现的规则与原则，不断达成纠纷解决的共识，从而抑制纠纷转化为诉讼案件。负面的裁判示范效应，就像前述三个实例，纠纷产生后，对于纠纷如何解决，人们无法找到共识，从而使双方之间对立加深，最后不得不走向诉讼对决。裁判之所以能对潜在纠纷处理产生示范效应，根本上是由人的社会性所决定的。持有某个具体的目标或目的，在自身所处的情境或条件的约束之下，采取被视为可以利用的手段，但在实现这个目的的时候，需要参照特定的社会规范，采取某些评估性标准，从中作出抉择。这种评估有赖于“真实与否的认知性标准，妥帖与否的鉴

赏性标准,以及正确与否的道德性标准"①。一般情形下,人们主张某种利益时,首先将比照这种利益是否具有依据。如果已有的裁判已经清晰地表明这种主张不能成立或者很大程度上不会得到支持,同时坚持无理的主张将付出额外成本,那么人们往往会放弃无理的主张。裁判的示范效应由此而获得解决纠纷的示范效应。具体而言包括以下几个方面。

(一)形式预测示范与裁判确定性

形式预测示范依托于法的确定性。这种确定性首先体现在形式上,使人们清楚在什么情况下司法会给与当事人行为肯定或否定处理。② 这样人们可以信赖自己在类似情况下会被类似对待,从而在纠纷解决中作出自己的理性选择。

司法的过程一般以三段论作为解释起点。"要证明某一具体案件必须受到某个一般规则(法律规则)调整。三段论则能用于连结该一般规则与具体案件。法律规则表述在大前提中,小前提表明具体案件受到该规则调整。结论则表明适用于大前提案件类型的谓语项,同样也适用于小前提中的案件。"③三段论有其深厚的政治理论基础,孟德斯鸠就认为,法官当以法律的文字为依据,裁判只能是法律条文的准确解释。④

有些案件可以直接适用三段论得出确定的司法答案,然而有些案件就不能简单地适用三段论,需要法官独立判断。法官处理这些案件也是向确定性回归的过程。法官一方面应该考量等待判断的具体案件事实,凭此以具体化及特殊化其由法律或法官法中取得之标准及评价观点;与前述做法同步,法官亦应以其认为适切的法律观点为据,以补充必要的案件事实,使之更趋精确;两者必须一

① [英]克里斯·希林、菲利普·梅勒:《社会学何为?》,李康译,北京大学出版社 2009 年版,第 122 页。

② 参见[德]魏德士:《法理学》,吴越、丁晓春译,法律出版社 2005 年版,第 42 页;[美]道格拉斯·沃尔顿:《法律论证与证据》,梁庆寅、熊明辉译,中国政法大学出版社 2010 年版,第 30～34 页。

③ [荷]菲特丽丝:《法律论证原理——司法裁决之证立理论概览》,张其山等译,商务印书馆 2005 年版,第 26 页。

④ [法]孟德斯鸠:《论法的精神》,张雁深译,商务印书馆 1961 年版,第 76、157 页。

直持续进行，直到不能再为正当的个案裁判寻获任何新观点为止。[①]

裁判要么遵循确定性所包含的结论，要么寻找到不确定案件应当的确定状态。裁判的合理性基于这样的假设，“即任何一个正确的判断都是由某个真的、可接受的一般性原则所产生的，也就是说，各个真的具体判断乃是将一般性原则应用于各种具体情境的结果”[②]。作出裁判之时，首先是发现了应当应用于案件场合的一般性规范，然后将这一规范应用于具体的案件，最后得出司法结论。

裁判所依据的一般规范，就是裁判所具有的纠纷解决形式预测效应：只要形式上待解决纠纷可以被包含在裁判依据的一般规范当中，人们就可以预测到有关于自己的事务会如何进行处理。

（二）价值引导示范与裁判论证

裁判仅仅具有形式预测示范效应，还不足以为潜在纠纷解决提供充足支持。假设已有的裁判规则与普遍的公正观不相符合，或者依照现有裁判规则无法对应手头的纠纷。这两种情形，就需要裁判的价值引导示范效应发挥作用，引导当事人找出潜在的共识，为解决纠纷提供社会规范支持。

价值引导示范，是由裁判运作原理决定的。司法的结果是将当事人之间意见的分歧搁置一边，而对权利义务纷争做出确定性判断。“搁置意见分歧的文明但独断的方法是，把问题交由充当裁判员的第三方来决定谁是对的。”[③]

一方面，裁判不能任意决定对错，需要尽到说理义务。两造提出的诉请或抗辩一般都会先行寻找法律的依据，法官必须找到（至少法官自认为）最为稳妥的答案。法官有义务通过裁判说理来解释自己为何支持哪一方的观点，或者说明为何选择不同于两造的事实认定或者法律解释。[④] 法官既要做出结论又要对做出的结论进行解释。

另一方面，法官做出的结果和说理，会超越个案对社会产生教育作用，并且

---

① 参见[德]卡尔·拉伦茨：《法学方法论》，陈爱娥译，商务印书馆 2003 年版，第 1～2 页，第 22 页；参见王晨光：《法律运行中的不确定性与“错案追究制”的误区》，载《法学》1997 年第 3 期；陈坤：《法律、语言与司法判决的确定性——语义学能给我们提供什么?》，载《法制与社会发展》2010 年第 4 期。

② [美]诺奇克：《合理性的本质》，葛四友、陈昉译，上海译文出版社 2012 年版，第12 页。

③ [荷]弗兰斯·H.凡·爱默伦，弗兰西斯卡·斯·汉克曼斯：《论辩巧智——有理说得清的技术》，熊明辉、赵艺译，新世界出版社 2006 年版，第 22 页。

④ 参见曹志勋：《对民事判决书结构与说理的重塑》，载《中国法学》2015 年第 4 期。

对行为产生评价作用。个案制作的判决书文本，承载着法院对极易形成社会效应以及各种各样具有典型法律意义的社会问题治理。通过具体个案裁判，潜在地实现了另外一种不可忽视的社会治理功能，尤其是制定和推动公共政策，制约和规范公共权力，统一法制和解释法律，确立规则和形成判例。司法机关通过法律评价让具体案件中的当事人能认可法律结论。这样，社会公众才能在个案正义中感受到法律的公正性，并且接受法律的权威性。①

裁判应当在结论上体现出法律的价值导向功能，并且围绕结论进行说理以使公众知晓法律支持什么、反对什么，从而有助于纠纷当事人明辨是非，在诉讼外解决纠纷。

(三)诉讼实效示范与权利保护、违法惩罚

形式预测使人们知法律其然，价值引导使人们知其所以然。有了这两点对于示范纠纷解决仍然是不够的。正像场景三所展示的，即使借钱还钱天经地义，仍然提出让借款人去起诉。裁判还需要示范：对权利的充分保护和“不法”的有力惩罚，使不履行义务成为比履行义务更需要付出代价的行为。

从权利人角度，权利人利用司法程序，必须投入一定的时间、金钱和精力，这构成了权利人利用司法的成本。同时，通过司法程序所得的收益一般在起诉前就已经固定(最多是起诉过程中另行计算的持续性利息或违约金)。因此，可以说权利人从司法程序中能得到的收益基本是固定或者相对固定的，然而权利人的成本却可能因为义务人的行为而变化。可以借助经济学上的边际效用对此予以说明(见图 2)。

随着消费量的不断增加，当边际效应超过 0 时，裁判就会呈现出权利人得不偿失的负面效应。对应的就会成为义务人的利益空间。场景三中，一旦借款人另行融资的成本超过年利率 12%，借款人就有动力拖延诉讼程序，变相使权利人对其低的成本融资。裁判还仅判决借款人还款 12%的利息，相当于认可了义务人的融资，变相鼓励义务人不履行义务。

① 参见任帅军：《论法律评价活动的要素、程序与共识形成机制》，载《学习论坛》2016 年第 3 期；谢进杰：《判决功能的阐释：纠纷解决与社会治理》，载《学术研究》2014 年第 1 期。

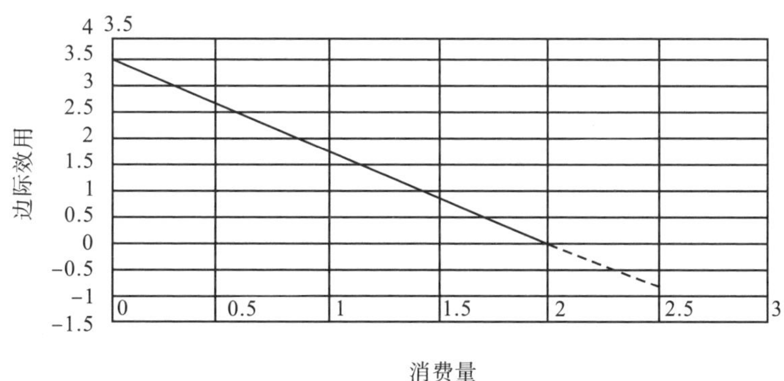

图 2　诉讼成本收益示意图①

从债务人的角度，当某人从事违法行为的预期效用超过将时间及另外的资源用于从事其他活动所带来的效用时，此人就会从事违法。同时，如果惩罚仅仅是对受害者提供补偿，回复到原有状态，那么受害者还需要耗用额外的资源执行这些惩罚。② 因此，对于债务人不自动履行义务的行为应当不以弥补债权人的实际损失为限，加大惩罚力度，杜绝债务人从拖延履行债务中获利。

在诉讼过程中应当在降低冲突主体诉讼成本方面保持明确的意识，避免不合理、不经济的诉讼手段运用。冲突主体对诉讼行为的选择也实际影响到诉讼效应，对于诉讼成本效益的研究，正在于为各方行为选择提供理性化的启示。③ 裁判的成本收益示范核心在于通过裁判显示，主动履行债务代价小于被动履行债务，利用诉讼程序拖延债务履行将付出更大的代价。

四、以裁判示范效应助益定分止争

既然，裁判具有促进潜在纠纷诉讼外解决的示范效应，那么，一个合理的问

---

① 图形参见周寓先、黄穗：《告知变更诉讼请求的正当界址——〈民事证据规定〉第 35 条实践之于文本的背离与回归》，载贺荣主编：《深化司法改革与行政审判实践研究（上）——全国法院第 28 届学术讨论会获奖论文集》，人民法院出版社 2017 年版，第 515 页。

② ［美］贝克尔：《人类行为的经济分析》，王业宇、陈琪译，上海格致出版社、上海人民出版社 2015 年版，第 47、61 页。

③ 顾培东：《社会冲突与诉讼机制》，法律出版社 2015 年版，第 114 页。

题就在于:当前的案件如此之多,为什么不借助于示范效应,促使大量纠纷在诉讼外解决,从而抑制案件增长呢? 是哪一个环节出现了问题? 又应当如何利用示范效应规律定分止争,抑制案件增长?

(一)认识偏差阻碍了裁判示范效应作用发挥

案件的逐年增加,会直接增加人民法院工作压力。学者站在外部甚至已经观察到案件增多给法院造成的压力:“员额制下增人不现实;减案是治本之策,但提高诉讼门槛迫使当事人远离诉讼欠缺正当性;多元化纠纷解决机制因权威性不足影响运行实效;深度挖潜提高诉讼效率已达边际。”①因此,人民法院并没有动力放任案件增加。案件逐年增多,给法院带来压力的同时,这种压力也会间接传导到党委和政府。首先是人员增编压力,其次是司法预算压力,最后是物质保障压力。因此,党委政府也没有理由放任案件增多。

从目前解释案件增多的路径上看,实务和理论都存在将案件逐年增多视为理所当然的认知偏差。一般认为,案件增多的原因包含人口增长,经济发展,国家日渐迈入法理型社会(治理法制化获得了越来越主流的地位,其功能也越来越重要),鼓励诉讼的司法政策(集中表现在诉讼费用过低),公民权利意识增强。②正确的认识既要符合实践的表面现象,也需要经受证据和逻辑的考验。由于主题所限,对于经济增长以外的其他原因暂不予以讨论,至少可以看到,这些结论目前只是符合实践表面现象,属于待证命题。③ 经济社会发展与案件增量的正向关系,潜在而深刻地影响了我们的认知,认知又影响了我们应对案件增多的做

---

① 张海燕:《法院“案多人少”的应对困境及其出路——以民事案件为中心的分析》,载《山东大学学报(哲学社会科学版)》2018 年第 2 期。

② 参见左卫民:《“诉讼爆炸”的中国应对:基于 W 区法院近三十年审判实践的实证分析》,载《中国法学》2018 年第 4 期;江苏省常州市中级人民法院课题组:《解决人民法院案多人少问题的调研报告》,载《人民司法》2009 年第 11 期。更多的分析见于各级法院关于案多人少原因分析的非正式出版报告,选取引注虽然不多,但是两份文献所载明的理由基本上属于共识。

③ 法理社会的建立,表明人们的行为更多受到法律调整,法律最重要的目的是定分止争,在中国如《劳动合同法》《信息公开条例》还反而造成案件增多;权利意识觉醒造成案件增多,姜峰《法院“案多人少”与国家治道变革——转型时期中国的政治与司法忧思》一文已经进行评判,见《政法论坛》2015 年第 2 期;诉讼费用过低造成案件增多,如果提高诉讼费用也只是补偿国家的司法投入,相比补偿国家,也许补偿权利被侵害者参加诉讼的投入,可能更加合理。

法。当我们一心一意追求如何处理不断增多的案件之时，其实首先应当关心的是案件不断增多是否正常。

(二)案件增多是否正常的评价方法

评价案件增多是否正常，需要对现有案件进行总量评估、分析。在这些案件中，有多少是由于法院形式裁判规则不明确导致的投机诉讼，又有多少是因为裁判规则蕴含的价值不偏差导致的尝试诉讼，还有多少是因为法律的惩戒对于债务人过轻而对债权人的保护不够导致的被动诉讼。

形式预测方面，实践中常常存在不合理的类似案件不同处理。它会使当事人在面对纠纷时，陷入不能达成共识的对立。正如场景一中，司法时而支持职业打假，时而否定职业打假，而且理由针锋相对，无论是纠纷的任何一方都无法清楚地知道，法院会不会支持本次职业打假。如果法院并非一味支持(或不支持)职业打假，那么支持(或不支持)的界线又在哪里?

价值引导方面，价值引导是通过裁判说理来实现的，目前裁判说理还显得粗糙，尤其是对于疑难复杂案件。法官更愿意采用调解处理此类案件，或者经过审判委员会会决，从而往往丧失探究灰色地带法律规则的机会。如果一个裁判规则不能满足社会公众的认知，人们总会尝试通过新的诉讼去挑战已有的裁判规则。

保护和惩罚方面，尤其值得检讨。如果对非法行为不能给予足够的惩罚，违法行为者承担的法律责任不足以劝勉其他违法者，裁判就无法达到教育目的，从而防止、化解纠纷。最典型的是“狼牙山五壮士案”，狼牙山五壮士案其影响早早超过个案，《民法总则》甚至因此增加了英烈名誉保护条款，国家也出台了关于烈士保护的专门法律。然而，狼牙山五壮士案的侵权人承担了何种责任呢?通过裁判文书网可以看到，一审判决侵权人承担登报道歉责任，侵权人提起上诉，二审驳回上诉。侵权人本当依照裁判确定义务履行登报道歉义务，但侵权人拒不履行判决义务，也不向原告支付诉讼费。最后由人民法院通过《人民法院报》代为刊登，侵权人承担诉讼费及登报费用，按照《人民法院报》公布的收费标准，侵权人付出代价不会超过 1800 元。[①] 也就是说侵权人故意侵权,判决侵权后仍然不履行法律义务,法律最终仅仅要求其履行 1000 多元的强制执行费费用。法律责任如此之小,难以发挥裁判的教育功能。即使故意损害烈士名誉的人尚且未能从法院审理中得到教育,这种教育效果又如何突破个案教益潜在的侵权人呢?

前述分析,只是对于当前实践的一个素描,要科学准确地分析,还需要系统化、类型化地解析现有案件。这种分析尚需大量的人力、物力和时间投入,但是一旦完成,就能将裁判示范效应不佳从定性判断变为定量判断,从而更好理解示范效应与案件增长的关系,为中国司法和法治提供明确清晰的走向建议。

(三)有助于形塑示范效应的现有政策及不足

抛开裁判解决潜在纠纷的示范效应,最高人民法院从司法公信力的角度已经注意到了司法实务中"同案不同判""说理弱化"问题,并且部分注意到了拖延履行义务的矫正问题。这些正是制约裁判示范效应的重要因素。

针对"同案不同判",《最高人民法院司法责任制实施意见(试行)》要求本院法官应依托信息技术对最高院已审结或正在审理的类案和关联案件进行全面检索,并制作类案与关联案件检索报告。发现冲突判决或者拟作出不一样的裁判,需要履行一定的程序。对其他各级人民法院法官处理案件则要求如出现"与本院或者上级法院的类案判决可能发生冲突的"情形,应当提交法官专业会或审委会讨论。

针对"说理弱化",《最高人民法院关于加强和规范裁判文书释法说理的指导意见》要求"要释明法理,说明裁判所依据的法律规范以及适用法律规范的理由;要讲明情理,体现法理情相协调,符合社会主流价值观","发挥裁判的定分止争和价值引领作用"。

针对诉讼中的权利滥用,要充分发挥诉讼费用、律师费用的杠杆作用,促使以适当方式解决纠纷。当事人滥用诉讼权利、拖延承担诉讼,造成直接损失的,可以根据具体情况可支持无过错方提出的赔偿合理的律师费用等正当要求。[②]

---

① 狼牙山五壮士案案情详见北京市西城区人民法院(2015)西民初字第 27842 号判决、北京市第二中级人民法院(2016)京 02 民终 6271 号判决;执行情况详见罗书臻:《"狼牙山五壮士"名誉权案强制执行》,载《人民法院报》2016 年 10 月 22 日第 3 版,另有传言侵权人被强制执行费用登报费、诉讼费仅 1300 元,因并无权威证据支持,故采用人民法院公示收费标准。

② 胡仕浩、刘树德、罗灿:《〈关于进一步推进案件繁简分流优化司法资源配置的若干意见〉的理解与适用》,载《人民司法》2016 年第 28 期。

不难看出，这些制度仅仅试图解决司法中的某个具体问题，虽然这些问题都十分重要，然而缺少裁判示范效应的整合和统领，仅仅是对具体问题的因应。实质上，它们都可以被统一于裁判示范效应纲要之下，可以相互配合，共塑示范效应。“同类同判”应当致力于为潜在纠纷解决提供一个极具参考性的答案，而不仅仅是法官作出相同判决。裁判说理应当向公众展示作出某类判决的内在法律追求，以便为(纠纷没有参考或不值得参考答案的)潜在纠纷提供一套达成共识的指引。法院不仅应当关注诉讼中的诚信问题，还需要向诉讼前端延伸。对于事实清楚、权利义务明确的案件应当增大支付令、禁止令等非诉程序适用，义务人滥用异议权等，应当增加赔偿，法院就有理由通过裁判创造一种司法氛围：主动履行义务成本最低、通过司法程序履行义务就需要付出额外的代价、滥用诉讼权利拖延义务履行必须接受更多的惩罚。

裁判解决纠纷示范效应，随着裁判进行当然产生。应当注意的是，这个过程可以通过我们有意识地掌握示范效应的规律予以主动应用，整合已有制度，系统化提升正面效应，以缓解案件增长压力。至少尽量避免因为当事人不可预测、不知法律追求价值、权利保护与违法惩罚失衡诱发的投机诉讼、尝试诉讼和被动诉讼。

结　语

将诉讼案件猛增，解释为经济社会发展在司法上的体现。这一命题表面上属于某种常识，因而长期以来为人们所当然接受。然而，这一命题最为薄弱的地方在于：忽视了个案裁判对潜在纠纷具有的、促使纠纷非诉讼解决的示范效果。通过对司法实践中典型情形的梳理，可以发现现行诉讼确实存在一些由于裁判示范效应自身不足诱发的案件。当然，由于研究条件的限制，示范效应不佳诱发的诉讼，这一现象在整体司法中存在的程度尚需进一步深入研究。

可以肯定的是，如果通过裁判示范效应使人们看到诉讼的结果，纠纷也许就不会走向法院。退一步而言，无论能否肯定裁判解决纠纷示范效应可以有效抑制案件增加，做到裁判的清晰、论证的明确并且提供保护权利的良好司法生态使“诚信者扬眉吐气，不诚信者寸步难行”，也是新时代司法改革过程中必须完成的基本课题。总而言之，如果司法个案的处理确实存在示范效应这一客观规律，人民法院又有什么理由不利用这一规律，去更好地服务社会和人民。

类案检索机制的检视与重塑

——司法改革语境下统一裁判尺度的反思

洪　婧*

摘要：作为人民法院立足司法体制机制改革，推动裁判尺度统一的一项有力举措，类案检索机制的积极意义在于提升法律检索技能，丰富人力与智力、技术与数据、业务资源的支持，唤起对司法案例价值的重视，进而为推进案例制度改革工作打下基础。然而，在司法改革语境下，以统一裁判尺度为导向重塑类案检索机制，应当在立足现有国情的基础上借鉴英美法系制度，积极完善司法理念；积极强化审判委员会、专业法官会议、审判长联席会议等制度的职能，强化裁判文书说理并内化动态监督；依托现代信息技术、凝聚专业智慧力量并健全各项培训机制，强化智力支撑；区分审理法院、案件类型、审理难度等不同情形，明确检索范围，同时规范检索方式、明确检索效力并加强结果运用，从而确保案件审判“有所专”“有所束”“有所助”“有所依”。

关键词：类案检索；司法改革；统一裁判尺度

引　言

作为司法供给功能的最佳诠释，习近平总书记提出的目标“努力让人民群众在每一个司法案件中感受到公平正义”，要求人民法院对其提供的法律产品应确保确定性及同质性，即做到“类似案件类似处理”，充分满足社会公众行为结果的可预测性。为此，人民法院以遵循司法规律、保证审判权独立运行为前提，立足全面深化司法体制机制改革，全力推动建立设置科学、运转顺畅、实效突出的统一裁判尺度保障机制。最高人民法院亦印发《最高人民法院司法责任制实施意

* 作者系宁波市中级人民法院法官助理，法学硕士。

见(试行)》,创设了类案与关联案件检索机制,进一步统一裁判尺度。近期,最高人民法院还委托中国司法大数据研究院研发了"类案智能推送系统",系统基于自然语言处理的人工智能方式,对文书内容进行案情特征、争议焦点、案由、适用法条的多维度类案要素梳理,旨在为法官提供专业、智能、精准的类案辅助服务。本文试以统一裁判尺度为导向,立足司法改革语境检视类案检索机制的正当性基础,剖析其运行现状,反思存在的理论与实践瓶颈,并探索具体的破解之道,以期对制度完善有所裨益。

一、初探:司法改革语境下类案检索机制的正当性检视

(一)历历可考:类案检索的依据梳理

梳理与类案检索及统一裁判尺度相关的文件,包括发布年份、文件名称、发布机关、具体内容等,可汇总得出如表1。

发布年份	文件名称	发布机关	具体内容
1999年	《人民法院五年改革纲要》	最高人民法院	提出要编选典型案例,供下级法院审理类案案件时参考
2002年	《人民法院第二个五年改革纲要》		正式提出要建立和完善案例指导制度
2010年	《关于案例指导工作的规定》		明确以指导性案例的形式落实案例指导制度
2014年	《中共中央关于全面推进依法治国若干重大问题的决定》	党的第十八届中央委员会第四次全体会议	将"统一法律适用标准"作为推进严格司法的重要任务之一

续表

发布年份	文件名称	发布机关	具体内容
2015年	《人民法院第四个五年改革纲要》	最高人民法院	明确要求探索完善法律统一适用机制
2015年	《〈关于案例指导工作的规定〉实施细则》		对指导性案例的选择范围、体例、遴选、报审、发布以及指导性案例的参照方式等作了进一步的明确
2017年	《最高人民法院司法责任制实施意见(试行)》		承办法官在审理案件时,应当依托办案平台、档案系统、中国裁判文书网、法信、智审等,对最高人民法院已经审结或正在审理的类案与关联案件进行全面检索,制作检索报告,并分情形作出处理:拟作出的裁判结果与本院同类生效案件裁判尺度一致的,经合议庭评议后即可制作、签署裁判文书;拟作出的裁判结果将形成新的裁判尺度的,由院庭长决定或建议提交专业法官会议、审判委员会讨论;对拟作出的裁判结果将改变本院同类生效案件裁判尺度的,应当按程序提交专业法官会议、审判委员会讨论;如发现本院同类生效案件裁判尺度存在重大差异的,应层报审判委员会讨论决定①

① 黄海英:《最高人民法院司法责任制实施意见(试行)》,载法制网 http://gs.legaldaily.com.cn/content/2017-08/01/content_7265865.htm? node=32241,最后访问日期:2018年5月29日。

(二)法脉准绳:类案检索的意义考量

1.圭端臬正:提升法律检索技能

随着裁判文书公开上网制度的实行,"互联网+"社会大数据的规模化应用,既往类案所形成的裁判尺度成为独任法官或合议庭处理案件时无法忽略及回避的重要考量因素。相较于个案的处理结果,具体裁判所体现的规则内涵、彰显的价值导向,所释放的司法信号及表明的观点立场,在司法实践中显得尤为重要。类案检索机制的广泛应用,同时也意味着,向来在律师界备受重视的法律检索技能开始向司法机关延伸,这确实是一项可喜的变化。毕竟,任何法官都不能不审慎地对待自己将要作出的裁判。而类案检索机制的完善,将在制度上形成对承办法官的压力与约束,明显有利于进一步统一裁判尺度,规范法官在判案过程中的自由裁量权,从而保证法律的统一适用。

2.深度融合:丰富多项资源支持

司法改革取消了院、庭长对案件的审核或审批环节,此举既是强化独任法官与合议庭权力的必由之路,也是落实审判责任制的应有之义。因此,无论是从合理制约一线法官的自由裁量权、有效监督其办案过程,还是对裁判质量进行必要把关,在必要范围内统一裁判尺度来说,通过类案检索机制的有效运用,都能在一定程度上消解司法改革进程中"放权"与"限权"这对日益激化的矛盾。与此同时,类案检索机制的应用,亦为奋战在一线的承办法官提供了良好的资源支撑。首先,法官助理的配备为查找可咨参照借鉴的类案提供了人力与智力支持;其次,审判管理办公室协同相关业务庭室、研究室及信息中心等通力合作,为检索类案与关联案件提供了技术与数据;最后,丰富的案例及其中所蕴含的经验与智慧,为一线办案法官提供了丰富的业务资源。

3.相得益彰:凸显司法案例价值

随着科技经济的飞速发展与社会现实的日新月异,传统的风俗人情、伦理观念遭到了冲击,固化的法律条文因其滞后性及可能存在的缺陷和空白,已远远不能满足司法实践的需求。作为不同审级法院集体经验与智慧的结晶,案例相较于法条的最大特点及优势,即在于司法情境的实际应用,不仅"锚定"了诸多具体的情节或事实,亦对法律条文做出了相应的阐释,同时还为相应问题的解决提供了合理方案,并具体展示了不同方案所考量的多元因素,从而为裁判尺度的统一提供了有效参照。

4.与时俱进:应对案例制度改革

与此同时,类案检索机制的适用,有利于减少和避免裁判文书论证及说理部分的重复,从而节约司法资源、提高司法效率,当事人也能循例预期大致的诉讼结果,减少申诉可能,有助于定分止争、增加判决的羁束力。更重要的是,类案作为一项开放性体系,能够不断与时俱进、适时调整并自我更新,而类案检索制度的构建与发展,恰恰喻示着我国的阶段性法治建设正从"以立法为中心向以司法为中心"①过渡,并为进一步推进司法案例制度改革工作打下铺垫。

二、瓶颈:司法改革语境下类案检索机制的现状及困境剖析

(一)运行现状分析

"工欲善其事,必先利其器。"作为类案检索的重要环节,检索工具的选择至关重要。当前,司法实践中使用频率较高的有:中国裁判文书网、中国司法案例网、各省自行研发的办案数据关联平台、法信、智审、北大法宝、北大法意、威科先行等案例、裁判文书库和以无讼为代表的智能APP。当然,具体的检索效果亦是各有利弊。如中国裁判文书网免费开放且权威性较高,具备一定的关键词联想及关联文书匹配功能,但在界面舒适度方面有所欠缺,检索过程中时常遭遇"堵车",影响检索效率;借助法信案例,可以实施分段检索,数据资源亦较为全面,但收费相对较高;威科先行的优势,则在于其独特的定位检索功能,可将关键词定位在同一句子、段落或案件事实、"本院认为"等部分,但其同样存在收费较高的弊端。相较而言,免费检索工具中无讼的界面舒适度较高、检索速率较快、收集的数据资源全面,同时具备关键词联想、定位、结果再检索等功能,并提供直观展示具体案例信息的可视化图表,还推出了一键生成案例检索报告的功能,具备较高的技术认可度。

然而,笔者通过检索中国裁判文书网及Z省高级人民法院办案关联系统中的数百份裁判文书,得出的结论是:类案检索在实践中的运行情况未尽人意。

1.应用范围不广且总体比例不高

以知识产权诉讼为代表,大部分案件援引了关联案件,主要涉及当事人一方或双方相同,诉讼标的相同、类似或有牵连,前案诉讼尚未执行完毕当事人又起

---

① 顾培东:《判例自发性运用现象的生成与效应》,载《法学研究》2018年第2期。

诉等重复诉讼的情形。除去关联案件,较难发现类案对于具体案件处理的参考借鉴价值。例如,以中国音像著作权集体管理协会作为原告、起诉卡拉OK业主著作权侵权等集体维权诉讼,还有以中小型超市、个体摊贩等终端零售商为被告、起诉金额1万至2万元不等的知识产权商业化维权案件。单从裁判文书字面来看,承办法官一般不会提及类似案件的处理情况,哪怕是以同一权利人作为原告,以经营范围、规模,侵权行为、性质、情节几乎相同的销售商作为被告,在同一阶段处理的批量案件,也难见类案处理结果被纳入裁判文书。这就为法官在法定赔偿额度内确定具体的赔偿金额预置了充分的自由裁量空间,可能引发"类似案件不同处理"、裁判尺度难以统一的风险,有损司法公信。

2.参考价值隐形且引用不够规范

司法实践中,即便法官的观点缘自类案的启发或参考了在先判例,但基于对成文法制度下正式法源效力的尊重,一般不直接以具体案例作为形式理据。如N市中级人民法院审结的一起侵害发明专利权纠纷案①,承办法官参考借鉴了S市高级人民法院的在先判例②,但并未在"本院认为"部分加以明示,而是将后者的裁判要旨蕴含在说理部分的相关论证及裁判之中。进一步讲,即便援引了效力层级更高的指导性案例,亦少有承办法官按照相关规定,在裁判文书中引述指导性案例的编号及裁判要点,一般仅提到"发布主体+指导性案例"③或"发布主体+发布日期+指导性案例编号"④。甚至有判决认为,"因指导性案例不属于法律规定的证据类型,故不予采纳"⑤。

3.类案界定不准且检索范围不明

正如世上没有两片一模一样的树叶,现实中也不存在两个百分百相似的案例。个案一般包括裁判要旨、案件事实、判决理由等部分,认定类案,一直颇有争论。司法实践中存在以下几种不同的倾向:一是以不同案例的案件事实作对比,

① 参见浙江省宁波市中级人民法院(2015)浙甬知初字第626号民事判决书。

② 参见上海市高级人民法院沪高民三(2012)知终字第44号民事判决书。

③ 孙光宁:《反思指导性案例的援引方式——以〈关于案例指导工作的规定〉实施细则为分析对象》,载《法制与社会发展》2016年第4期。

④ 孙光宁:《反思指导性案例的援引方式——以〈关于案例指导工作的规定〉实施细则为分析对象》,载《法制与社会发展》2016年第4期。

⑤ 详见北京市第二中级人民法院(2016)京02民终6513号民事判决书。

再以判决理由印证[①];二是以裁判要旨和判决理由作为参照对象,先检验前案包含的必要事实与法律问题是否符合裁判要旨中的事实和法律问题,再通过判决理由加以检验[②];还有观点主张,案件基本事实、法律关系、争议点、所争议的法律问题相似的案件,才能视为类似案件[③]。观察上述思路,不难发现类比推理在类似案件的判断中起到了重要作用。如何分析已有法律规范与系争案件的相似与差异之处,如何选择比较点,如何使类比推理的过程更具有合理性,不仅复杂,也需要法官投入大量的时间和精力,这无疑增加了工作负担,导致类案检索机制的应用范围受限。更有甚者,不同审判领域的相似案件可否被界定为类案,同样需要具体问题具体分析。诸如刑事、民事等不同领域的司法理念及相应法律规定的差异,在刷单、表见代理、贴牌加工等具体问题上,甚至可能出现检察机关认为已达入罪金额遂提起刑事公诉,但民事法官认为无须赔偿的情形,影响了裁判尺度的统一。

4.机制定位不清且结果运用不定

《最高人民法院司法责任制实施意见(试行)》使用了“应当”的用词,“应当……对最高人民法院已经审结或正在审理的类案与关联案件进行全面检索,制作检索报告”。这意味着,类案与关联案件检索机制似乎是法官办案流程中的必备环节。然而实践中,关于类案检索机制的定位,一直相当模糊。有观点认为,类案检索机制对最终判决结果的输出起着重要作用,并在事实上具备向“决定意义的作用”倾滑的趋势。也有观点认为,类案检索机制可以是一种辅助性的办案工具,起着参考性作用,并不能直接决定案件的判决结果。原因在于,当下的社会发展趋势对立法及司法提出了崭新的挑战,既有案件的判决结果不一定吻合日新月异的现实情况,否则,可能强化法条的僵化性、滞后性等缺陷,导致对法官自由裁量权的过分侵蚀。与此同时,“真理掌握在少数人手中”的法谚也告诉我们,即便检索报告中的所有案件都是甲结果,也不能当然否定乙结果的正当性。还有观点认为,类案检索机制不应成为制度化的刚性要求植入一线法官的办案流程,而是可以作为当事人及其诉讼代理人自发性的诉讼选择,如通过既往案例的裁判结果预测诉讼的走向、预估最终的结果、预计具体的流程,进而决定

① 戎雪倩:《案例指导制度下同类案件的认定》,载《法制博览》2017 年第 5 期。

② 戎雪倩:《案例指导制度下同类案件的认定》,载《法制博览》2017 年第 5 期。

③ 王利明:《我国案例指导制度若干问题研究》,载《法学》2012 年第 1 期。

是否接受调解、具体的赔偿额度、是否选择上诉等。

(二)理论与实践困境反思

1.理念与规范层面:机械执法与能动司法之分

司法改革的大背景下,我们一直在强化法官的主体地位,裁判文书的独立签发制、庭长审批(把关)程序的取消等等,都在释放一个有力的信号:充分尊重法官的独立审判权。然而,我们必须清醒地意识到,独立审判权不等于无限度的自由裁量权。毕竟,立法的抽象性、滞后性以及可能存在的漏洞等是其固有弊端,除此之外,司法裁判工作是一项深刻复杂的思辨过程,并非“自动售货机”式的机械作业。实践中不同法院、不同合议庭、不同承办法官对于抽象法律条文的理解、对于具体法律问题的认识、对于不同类型证据的采信、对于疑难新型案件的处理均可能不同。在审理案件过程中,法官除了受到自身理论水平、实践经验、职业阅历的影响,还会被个体的情感、爱好、偏向等其他因素所左右,即便在法律已有明文规定的情形下,不同认知水平的法官亦有可能得出不同的结论……这些都给个案裁判尺度的统一带来了天然的不确定性。加之法官职业规范中关于保守审判机密的要求,法官在审理案件过程中一般不会主动与他人讨论案件情况,也不会主动公布判决结果,甚至连倾向性意见也不便透露。这也为我们从宏观角度掌握类案与关联案件的审理情况、结果及依据增加了难度。事实上,类案检索机制固然可以通过对相应案件的检索、对比和推演,为法官判决提供思路与参考,但也有可能会在无意中培植一批忽略实践变化情况、机械套用甚至搬用既往类案的“司法机器”。而出现这一现象,很大程度上是基于法官规避自身风险、缩短审理周期的被动选择。

2.技术与法律层面:形式同一与实质统一之争

目前,法律检索作为一项重要技能,其核心的许多环节仍离不开司法人员的人工操作。更有甚者,受到技术条件、资金储备等各方面因素的局限,加之我国疆域辽阔,不同地区的具体条件差异很大,虽然局部法院建立了区域性的电脑网络,但不同地区的网络彼此孤立①,审判信息沟通联动不畅。同样由于我国幅员辽阔,形式上同一的裁判结果并不意味着实质上统一的裁判尺度。比如,不同地区的经济发展水平不同,如果机械依照法条规定采用相同的量刑标准,可能有损

① 杨玉泉:《建立统一的裁判机制,维护司法公正》,载《四川省政法管理干部学院学报》2005年第9期。

实质正义。换言之,即便依托现有技术条件检索到了相应的类案,是否参照、如何参照、在多大范围内参照才算实现了裁判尺度的统一,并非易事。

3.机构与职能层面:个案探讨与抽象指导之界

随着司法改革工作的深入推进,对于法院审判委员会的工作方式也提出了新的要求。然而实践中,审判委员会的职能大多停留在个案讨论、推动案件流转的阶段,其审判指导功能被弱化,不仅未上升到开展类案讨论进而提炼针对性指导意见的层面,更遑论细化裁判标准、统一裁判尺度的功能定位。与此同时,专业法官会议在实践中亦存有明显的虚化趋势,会议召开频次偏低,讨论内容限于个案解决方案,这就使得相应机制的出口——审判委员会与专业法官会议缺少向外辐射审判经验的空间,类案检索机制的运转亦受到机构缺位与职能弱化的限制。

4.制度与现实层面:决定意义与辅助作用之辨

正如前文所述,过于强调尊重法官的自由裁量权,可能会导致"同案不同判"的现象。与之相反,过于强调类案检索机制的决定性作用,亦会形成一定弊端。首先,按照现有的类案检索机制,除了与该院同类生效案件裁判尺度一致的判决结果可以由合议庭自主决定,其他由一线承办法官做出的与原有生效案件裁判尺度不一的案件均需寻求更高层级权力的支持与同意。不仅有拉长案件审理周期、增加法官工作量之嫌,还可能降低审理效率,侵蚀法官独立审判的自主性。同理,司法在重整社会观念、重塑价值导向进而重构治理社会方面的功能亦被削弱,其能动性价值将逐渐被确认性功能所覆盖。其次,过度强调类案检索机制的决定性作用,可能进一步加剧裁判尺度的"马太效应",一线办案法官想要形成新的裁判尺度或者改变既有裁判尺度,将越来越难。最后,司法实践中大部分案件集中在基层,案多人少矛盾尤为凸显,一线承办法官的工作任务十分繁重。与此同时,案件审理难度亦随审级增加递增。而一审主要担负着审核认定证据、还原厘清事实,借此建立沟通并化解纠纷的任务,促使当事人服判息诉、实现案结事了系主要目标。另外,案件类型的不同也会导致审理难度的差异。比如,知识产权诉讼中有较多属于新类型案件,在立法上存在空白或者模糊的灰色地带,在法律适用上存在争议及不确定性,需要通过对类案与关联案件的检索、比对加强法律适用的准确性。如若不区分案件类型及难易程度,"一刀切"地要求对所有案件进行全面检索及制作检索报告,显然过于理想化。不仅会消耗大量不必要的时间与精力,加剧一线办案人员本已十分繁重的工作负担,也会背离法律检索作为办案辅助手段的初衷,有违司法实践的真实需求。

三、破解:司法改革语境下类案检索机制的完善路径

(一)完善司法理念以保障案件审判有所专

正如勒内·达维奇所言,“在法的问题上并无真理可言,每个国家按照各自的传统确定制度与规范是适当的,但传统并非一成不变,可在别人的既定经验中汲取改进的源泉”①。全球化时代,两大法系相互借鉴、取长补短已是大势所趋,昔日具有显著区别的成文法渊源与判例法渊源已不再泾渭分明。故而,可在立足现有国情的基础上,撷取英美法系制度精华,充分融合两大法系的优势,做到取长补短。首先,应当建立专业化的团队,推进类型化审判,充分发挥专家陪审员和专业陪审员术业有专攻的优势,细化裁量标准,提升审判的专业化程度,借此统一裁判尺度。其次,可通过着力健全裁判文书上网、新型案例定期汇编发布等司法公开机制,明确类案的约束力,合理规范法官的自由裁量权。最后,司法改革废除了院庭长案件审判制,也改变了现行的裁判文书签发机制,强调尊重法官的办案主体地位,充分尊重独立裁判权。但这并不意味着法官享有不受限制的自由裁量权。故此,类案检索机制的运用,应与审判监督管理制度的运作、案件质量评查体系的运转及办案责任追究机制的运行一道,在不同层面约束法官的自由裁量权。坚持“放权”而不“放任”,不断完善司法裁判工作的导向。

(二)内化动态监督以保障案件审判有所束

1.精准定位以强化相关机构职能

以审判委员会为例,司法审判、经验总结、审判管理是其主要职能,针对司法实践中审委会常常止步于个案决定、其一般性指导功能被弱化的现状,应当全方位强化审判委员会的审判管理和审判指引功能,从讨论疑难、复杂、新型案件,或者具有典型示范效应的类案入手,总结审判经验、提炼抽象意义,将其升华为一般性的规范,进而指导具体审判工作。同时,探索建立专业法官会议制度,发挥专家智囊,为一线承办法官提供咨询和建议,并积极完善审判长联席会议制度,在充分集中司法智慧的基础上,运用审判经验,对具体案件的审理以及裁判尺度的统一提供指导。

---

① [法]勒内·达维奇:《当代主要法律体系》,漆竹生译,上海译文出版社 1984 年版,第 2 页。

2.条分缕析以强化裁判文书说理

司法实践中,裁判文书往往偏重对于案件的定性,事实部分浓墨重彩、说理部分轻描淡写的现象屡见不鲜。比如知识产权案件中,认定侵权事实的论证往往比较翔实,对于具体的判赔数额以及量刑理由却难见详尽的阐释。故此,应当强化裁判文书的说理,尤其应当注重明示量刑或者具体赔偿数额的计算方式,并建立重大复杂疑难案件裁判文书强制说理的刚性约束与激励机制,借此依托"关键词联想""关键文书匹配"等功能,促进类案检索的标准化、规范化。

(三)强化智力支撑以保障案件审判有所助

1.依托现代信息技术以完善数据资源

日新月异的"互联网+"时代,网络最大的优势在于其快捷高效、促进资源共享的特质。依托现代化信息技术平台,可以尝试构建一项在全国范围内联网的内部系统。一线承办法官可利用该网络公开自己的裁判文书(包含生效与未生效的),也可以查阅到其他法官的法律文书,以便及时掌握新型案件的审理情况及审判动态。同时,利用该网络,还可以构建一个全国性的法官论坛,讨论复杂、疑难的法律问题,以便形成较为一致的意见。另外,还可依托信息技术,构建一个协同性的写作平台[①],允许全国法官自主参与案例的创建、编辑与修改。

2.凝聚专业智慧力量以便利类案检索

发现类案判决的规律,是大数据时代案例研究的一个重要目的[②]。故此,可由最高人民法院研究室或专门庭室负责,将各类新型案例的裁判文书进行整合。实践中,类案的标题一般是"当事人+案由",为了方便检索,可将不同案例的裁判要点和理由提炼为裁判要旨,辅以"当事人+案由"作为副标题,根据发布时间、裁判要点、案件类型等特征分类索引。[③] 同时,建议完善法律法规数据库资源,在法条后附上相关案例,以便查阅。

3.健全各项培训机制以提升职业素养

司法改革的大背景下,法官员额制的全面推行,对法官独立裁判的经验能力、业务水平、职业道德等都提出了专业化、精英化的要求,然而现实中法官职业

① 刘宇:《统一裁判尺度的困境及其破解——以法院知识管理结构的"扁平化"改造为突破口》,载《尊重司法规律与刑事法律适用研究》,人民法院出版社2016年版,第87页。

② 胡田野:《论司法案例研究与法官裁判思维的养成》,载《人民司法》2018年第13期。

③ 郭琳佳:《参照指导性案例的技术和方法》,载《人民司法》2014年第9期。

素养参差不齐，裁判尺度未尽统一的客观情况，不仅不利于司法改革的深入推进，也不利于促进审判事业的专业化与标准化发展。为此，应当完善各项培训机制，通过“类案识别、适用技能以及类案裁判规则”①的培训，切实提升法官的法律适用能力与职业素养，并协同推进职业道德教育与职业保障机制，不断强化对司法审判工作的支撑与保障。

（四）完善检索机制以保障案件审判有所依

1.因级制宜以明确检索范围

作为一项可选择、辅助性的办案手段，类案检索机制在适用范围上，可以选择最高人民法院、高级人民法院做大范围的硬性要求，并挑选部分具备条件的中级人民法院作为试点。因为，层级较高的法院职能定位较为宏观，其裁判尺度也将对辖区范围内的下级法院产生深远影响，事实上，形成合理完善的裁判尺度本就属于上述法院的重要职能。至于基层法院，则可由具体案件的承办法官自行斟酌类案检索的必要性。同时可将传统的案件审核签发机制改为分管院长随机到庭听取案件审理情况，案件宣判前有针对性地抽查案件卷宗，如若发现不同合议庭或独任审判员的裁判尺度与类案或关联案件不统一，应当及时了解案件情况，确定是否报审委会或提交专业法官会议讨论。②

2.分门别类以规范检索方式

类案检索需涵盖最高人民法院发布的指导性案例、公报案例、典型案例，最高人民法院主办的《人民司法》刊载的案例、各审判业务条线主办的审判指导刊物刊载的案例、省高级人民法院主办的《案例指导》刊载的案例，最高人民法院裁判的其他案件、省高级人民法院裁判的其他案件、本院裁判的其他案件，全国其他地方法院裁判的案件。检索到的类案或案例原则上应为生效裁判文书。在具体的检索方式上，按照上文顺序实行分类逐层检索，在前一类别中检索到相关案例或类案的，可不再检索后一类别，同一类别中，按照层次逐一进行检索。③

---

① 北京市第一中级人民法院课题组：《司法改革背景下加强人民法院法律统一适用机制建设的调查研究》，载《人民司法》2018 年第 13 期。

② 北京市第一中级人民法院课题组：《司法改革背景下加强人民法院法律统一适用机制建设的调查研究》，载《人民司法》2018 年第 13 期。

③ 李红：《重庆涪陵法院探索类案检索机制统一裁判尺度》，载 https://www.chinacourt.org/article/detail/2017/11/id/3072031.shtml，最后访问日期：2018 年 5 月 29 日。

3.立竿见影以明确检索效力

作为一项辅助性的办案手段,类案与关联案件检索机制并不具有强制性的决定作用,而是可选择的,所起的是参考意义。对于检索到的类案,建议承办法官下载案例或裁判文书,复印纸质文本并装入副卷归档。对于最高人民法院发布的指导性案例和Z省高级人民法院发布的参考性案例,要参照适用,并在合议笔录中具体说明,其他检索收集到的案例或类案,一般可予参考适用。

4.精益求精以加强结果运用

微观层面,一线办案法官就个案制作检索报告时,应当以具体裁判要旨的提炼为前提,在归纳争议焦点、整合法律适用的基础上,明确具体的检索工具、方式、范围,并梳理相应的裁判理由、依据和结果。实践中,类案检索的裁判结论可能一致亦可相左,承办法官均应如实记录不同结果的数量、比率,必要时可以直观的图表形式展示具体信息。事实上,作为一项辅助性的工具,类案检索在裁判理念的孕育、裁判思路的形成乃至裁判结果的确定等方面,均起着双重层面的导向作用。即便结果五花八门,类案检索亦能为承办法官提供过程意义的启迪与结果意义上的参照。另外,就宏观层面而言,各审判团队还可就案例检索情况制作年度专项统计分析报告,提交审判管理办公室汇总形成全院案例检索年度统计分析报告,并通过法院系统内网发布。

结　语

作为司法体制改革的一项有力举措,类案检索机制实质是以"统一司法为目标的强化司法业务管理的新手段"①。在司法改革的语境下反思,我们应当意识到,约束各级法院的自由裁量权并非该项机制的最终目标,以类案检索为手段,去探寻、解释既有法律规范的含义,进而弥补成文法的漏洞、冲突、缺陷等不足之处,借此实现裁判尺度的统一才是其应有之义。在此基础上,通过完善司法理念、内化动态监督、强化智力支撑并完善检索机制,确保案件审判"有所专""有所束""有所助""有所依",既是当下司法改革落地的重要环节,亦是未来推进司法改革实践的切实途径。

---

① 邹海林:《指导性案例的规范性研究——以涉商事指导性案例为例》,载《清华法学》2017年第6期。

指导性案例的遴选标准优化
——基于指导性案例司法应用情况的分析*

张文芳**

摘要:指导性案例的质量对案例指导制度效用的发挥有着决定性影响。优化指导性案例遴选标准,提高指导性案例的质量,必须尊重并遵循指导性案例在司法应用中的实践规律。指导性案例的司法应用情况表明,指导性案例的案由、审级、地域来源以及公私法性质等均与指导性案例效用的发挥有着密切关联。应当尊重司法实践规律,坚持"针对需求,有效供给"的基本原则,以结果为导向,遴选出真正满足司法需求的指导性案例,从而进一步提升案例的司法实效,保证该制度的长久生命力。

关键词:指导性案例;市场需求;司法实效;遴选

一、现有研究的不足

案例指导制度于其确立之初,就引发了学界的广泛探讨。法学研究应以服务于客观实践为导向,现阶段有关案例指导制度的研究已经逐渐开始从理论建构转向实证分析,研究方法的转变具有很大的进步意义。对已有研究文献进行梳理,可以发现现有的实证研究大概可以分成两种进路:其一是从裁判文书角度

* 本文系山东省社会科学规划项目"指导性案例的参照技术及其实践应用研究"(项目编号:17CSPJ09)的阶段性成果。

** 作者系山东大学法学院2017级宪法与行政法学专业硕士研究生。

出发,对引用指导性案例的裁判文书进行统计分析,得出研究结论。[①] 其二是立基于已发布的指导性案例,对指导性案例文本本身进行统计分析,得出研究结论。[②] 以上两种研究进路对案例指导制度的阐释厘清所起到的积极促进是毋庸置疑的,然而对于指导性案例的遴选(生成)而言,这两种研究是孤立存在的,尚有值得商榷之处。

一方面,对引用指导性案例的裁判文书进行统计分析得出的结论都是关于裁判文书本身的,是对指导性案例在司法裁判领域应用的总体概括和简单统计。这种研究方法将关注的焦点放在各类型案例之间的绝对值差上,虽然呈现了指导性案例在司法应用中的整体状况,却忽略了不同类型案件间的基数差异,所得结论也是浅显表面的,很难经得起深入推敲。[③] 比如有学者鉴于各级法院参照指导性案例的数量对比得出"上级人民法院缺乏维护指导案例权威的主动性"[④]这一结论,然而却忽略了我国"两审终审"制司法环境下能够达到上级法院的案件本就少之又少这一客观事实,由此得出的结论其客观性是存疑的。简单而言,单纯地从文书角度进行分析,忽视了"司法市场"对指导性案例这一"司法产品"的实质需求,在严格意义上而言与指导性案例的遴选生成并没有很多内在关联。

另一方面,基于指导性案例本身进行分析,大多以某个或某类指导性案例为参照对象,在逻辑和细节上都比较深入,并在此基础上对指导性案例的遴选机制提出构想。然而其问题在于缺乏对比性,只着眼于细节而忽视了全局,无法看出整个"司法市场"领域对指导性案例的需求偏好。此种方法虽然对指导性案例本身进行了分析,但是这些分析与司法需求并没有什么联系,其提出的指导案例遴

---

① 参见向力:《从鲜见参照到常规参照——基于指导性案例参照情况的实证分析》,载《法商研究》2016 年第 5 期;孙海波:《论指导性案例的使用与滥用——一种经验主义视角的考察》,载舒国滢主编:《法学方法论论丛》(第 3 卷),中国法制出版社 2016 年版;秦宗文、严正华:《刑事案例指导运行实证研究》,载《法制与社会发展》2015 年第 4 期。

② 参见安雪梅:《指导性案例的法律续造及其限制——以知识产权指导性案例为视角》,载《政治与法律》2018 年第 1 期;汤文平:《论指导性案例之文本剪辑——尤以指导案例 1 号为例》,载《法制与社会发展》2013 年第 2 期;孙光宁:《法律解释方法在指导性案例中的运用及其完善》,载《中国法学》2018 年第 1 期。

③ 例如郭叶、孙妹:《指导性案例应用大数据分析——最高人民法院指导性案例司法应用年度报告》,载《中国应用法学》2017 年第 4 期。

④ 向力:《从鲜见参照到常规参照——基于指导性案例参照情况的实证分析》,载《法商研究》2016 年第 5 期。

选构想是一种闭门造车式的“应然”，而非司法应用的“实然”，脱离了市场需求而生产的案例并不一定受“司法市场”欢迎。

总之，上述两种研究路径分别在宏观和微观上对指导性案例做出了阐述，对于案例指导制度的完善和其立法初衷的实现具有重要的价值，但是这两种研究方法是孤立存在的，于指导性案例的生成遴选而言并无太大关联。除了上述两种进路，其实还可以换个视角来分析，即建立在文书角度基础上的案例角度。简单而言，从指导性案例的被引用率和被参照率情况来对指导性案例进行分析，探究司法实践究竟更加需要什么样的指导性案例。在此基础上我们再去优化指导性案例的遴选标准，从终端逆推回始端，以终为始，针对“司法市场”的需求有目标地进行遴选，从而生产出更能满足实践吁求的指导性案例。此种路径或可概括为“针对需求，有效供给”。本文以裁判文书网数据库已公开裁判文书作为依托，以“指导案例”“指导性案例”“案例指导”作为关键词进行检索，截至 2018 年 3 月 1 日共检索到 4953 份公开司法文书，[①]除去其中的重复文书、不符合条件的文书，共得文书 2087 份，这 2087 份文书共涉及 2100 次指导性案例的司法应用行为。[②] 以此作为样本对指导性案例被引情况和实际被参照情况做出分析，探知指导性案例司法应用的市场规律，从实然角度来立体地认识案例指导制度的具体应用情况，为指导性案例的遴选提供指引。

二、指导性案例被引情况分析

要生产出符合“司法市场”需求的、受欢迎的指导性案例，离不开对“产品供给”与“市场需求”关系的了解，即指导性案例在实践中被引用情况的分析。本文

---

① 检索方式：将裁判日期设定为 2011 年 12 月 20 日（第一批指导性案例发布之日）至 2018 年 3 月 1 日（检索日期），分别以“指导案例”“指导性案例”“案例指导制度”为关键词进行全文检索，各录得文书 2761 篇、2179 篇、13 篇，共计 4953 篇。除去其中的重复文书、不符合条件的文书，共得文书 2087 篇。需要说明的是由于存在检索困难，本文只涉及显性援引而不涉及隐性援引。

② 需要说明的是，本文录得的 4953 篇原始文书是全样本的，而非抽样的结果。之所以采用全样本分析，是因为虽然抽样调查是科学的，但是无论采取何种抽样方式，推断与总体的实际之间总是存在偏差。而全样本分析则更为客观，避免了任何投机行为的发生。有关全样本分析的优势可参见［美］李殷尚、罗纳德·N.福索佛：《分析复杂调查数据》，张卓妮译，格致出版社 2018 年版，第 15 页。

对指导性案例被引情况的剖析,从案由、审级、地域及公私法四个角度展开。

(一)案由对指导性案例被引情况的影响

依据指导性案例所涉案由,92个已公布的指导性案例可分为民事案例、刑事案例及行政案例三大类。

表1 案由对指导性案例被引情况的影响

指导性案例的案由	被引次数	基数	被引频率
民事案由	1519	57	26.65
刑事案由	37	17	2.18
行政案由	544	18	30.22
合计	2100	92	22.83

表1直观展现了案由与指导性案例被引用情况之间的关联。如表1所示,在2100次引用行为中,民事案例被引次数最多,为1519次,占比72.33%;行政案例次之,为544次,占比26%;刑事案例被引37次,居于末位。在92份已公开指导性案例中,民事案例最多,刑事案例与行政案例基本持平,三者基数分别为57件,17件,18件。从被引频率来看,在裁判文书网已发布文书中,行政类指导案例的被引频率更高,平均每个案例被引30.22次;民事类指导案例紧随其后,平均每个案例被引26.65次;刑事类指导案例被引率远低于前两者,平均每个案例仅被引2.18次。

如上分析,行政类和民事类案例更能满足"司法市场"的需求,刑事类案例应用率欠佳,在实践应用中效力较弱。究其原因,我国现行立法例中行政立法体系化较弱,数量庞杂、质量参差不齐的行政规章、规范性文件等在内容上不乏重复和冲突,加大了行政诉讼案件处埋中法律选择的难度。已发布的行政类指导性案例在具体内容上更倾向于对法律规定的解释,不仅起着统一司法机关法律适用、促进同案同判的作用,其所确立的某些规则和秩序还会扩展至行政行为领域[1],为行政案件的解决提供了指引。特别是,立案登记制度实施以来,行政案件数量激增,行政类指导案例为法官快速有效地处理行政纠纷提供了可能。[2]案例指导制度的引用要以争议焦点相同或案情相似为前提,在实践中刑事案件往往更加复杂,争议焦点和案情比对起来更为困难,加之当前我国法域内刑事立法相对成熟完善,因此刑事类指导案例引用率相对更低。

由以上分析,我们或可得出结论:行政类指导性案例和民事类指导性案例具有较强的案例转化能力,在"司法市场"中更受欢迎。在指导性案例遴选过程中适当调适民事、刑事、行政三种案例的比例,对于案例指导制度效用的发挥有着重要影响。

(二)审级对指导性案例被引情况的影响

在已有研究中,诸多学者认为审级高低与指导性案例在司法实践中的应用息息相关,甚至得出了"近半数指导案例的原审法院层级过低而影响其司法权威"[3]这一结论。那么事实确实如此吗?我们对现阶段已发布的 92 个指导性案例按照其审理法院的层级进行分类,得出如下数据。

表 2　审级对指导性案例被引情况的影响

		被引次数	基数	被引频率
下级法院	基层法院	1485	41	36.22
	中院法院			
上级法院	高院法院	615	51	12.06
	最高法院			
合计		2100	92	22.83

① 王东伟:《行政诉讼指导性案例研究》,载《行政法学研究》2018 年第 1 期。

② 姜启波:《立案登记制改革一年多:有案不立等现象基本消失》,http://news.cctv.com/2016/08/06/ARTIko3SMT5E7W4V1kbCgkv7160806.shtml,最后访问日期:2019 年 4 月 3 日。

③ 向力:《从鲜见参照到常规参照——基于指导性案例参照情况的实证分析》,载《法商研究》2016 年第 5 期。

表2反映了审级对指导性案例被引情况的影响。在最高人民法院已发布的指导性案例中,由下级人民法院(基层人民法院和中级人民法院)进行审理的共41件,在已公开裁判文书中被引用1485次,平均每个案例被引用36.22次。由上级人民法院(高级人民法院和最高人民法院)进行审理的案例数量明显高于下级人民法院,共51件,被引用次数却远低于下级人民法院,仅为615次,平均每个案例被引次数仅为12.06次。也就是说,上级法院生产的指导性案例在司法实践中的应用效果并不显著。我国司法政策在很大程度上遵循着"矛盾不上交,就地解决"的理念,大量的诉讼案件涌入下级人民法院,基层法官对与其受理案件相类似的指导性案例的需求量加大。由下级人民法院生产的指导性案例与其所受理的案件在案情或是争议焦点方面交叉点更多更明显,因此可更有针对性地为案件的解决提供借鉴或是参照。上级人民法院受理的案件是在其辖区或者全国范围内有重大影响的案件,这种案件数量可谓是寥若晨星且案情往往错综复杂,在争议焦点和案情方面对比存在困难,被引用的可能性降低。

基于上述数据,我们可以得出结论:指导性案例审级高低与其在"司法市场"中的竞争力并不必然地呈正比例关系,下级法院生产的指导性案例具有更强的市场适应性,更有可能产生强大的参照效力。在指导性案例遴选中适当向下级法院倾斜或可促使其功能的发挥,有助于案例指导制度设立初衷的实现。

(三)地域对指导性案例被引情况的影响

在统计数据中笔者发现来源于不同地域的指导性案例在被引用的次数方面相差悬殊,那么指导案例来源地与其被引情况是否存在关联呢?基于此问题,本文将所有的指导性案例依据其来源地域,划分为来自东部、中部、西部以及最高级人民法院的指导性案例,统计数据如表3所示。

表 3 地域对指导性案例被引情况的影响①

		被引次数		基数		被引频率	
东部	北京	85	1735	5	49	17.00	35.41
	天津	14		3		4.67	
	上海	184		11		16.73	
	江苏	1369		14		97.79	
	浙江	58		9		6.44	
	福建	6		1		6.00	
	山东	7		5		1.40	
	广东	12		1		12.00	
中部	内蒙古	7	197	1	10	7.00	19.70
	黑龙江	3		1		3.00	
	安徽	142		4		35.50	
	江西	40		2		20.00	
	河南	5		1		5.00	
	湖北	0		1		0.00	
西部	四川	27	29	5	8	5.40	3.63
	贵州	0		1		0.00	
	甘肃	0		1		0.00	
	重庆	2		1		2.00	
最高人民法院		139		25		5.56	
合计		2100		92		22.83	

① 其中东部地区包括北京、天津、河北、辽宁、上海、江苏、浙江、福建、山东、广东、海南11个省市，中部地区包括山西、内蒙古、吉林、黑龙江、安徽、江西、河南、湖北、湖南共9个省市，西部地区包括四川、云南、贵州、西藏、陕西、甘肃、宁夏、青海、新疆、广西、重庆共11个省市。统计数据不含港、澳、台三个地区。其中，河北、辽宁、海南、山西、吉林、湖南、云南、西藏、陕西、宁夏、青海、新疆、广西13个省市暂无案件被遴选为指导性案例。

表3反映了指导性案例来源地与其被引情况之间的关联。根据表中统计结果,指导性案例的遴选来源及其被援引次数在地域分布上显著失衡。其中已发布的指导性案例中从东部地区遴选出来的最多,共计49个,占比超过50%,被提请或主动援引次数高达1735次,占比82.62%,平均每个指导性案例被引用35.41次。中西部地区遴选出来的指导性案例数量相差不大,然而在其被引用情况上却存在着较大差别。来源于中部地区的指导性案例被引用次数为197次,平均每个案例被引用19.7次,而来源于西部地区的案例仅仅被引用29次,平均每个案例只被引用3.63次。此外,值得一提的是江苏省生产的指导性案例销路最好,在样本文书中总共被引用1369次,占比65.2%,平均每个案例被引用次数高达97.79次。湖北、贵州、甘肃三地生产的指导性案例尚未有被引用记录。我国幅员辽阔,东西部经济发展水平存在着明显失衡,且中西部地区少数民族分布较广,在长期历史发展中形成了其独具特色的法律文化和民俗惯例,这些惯例直接反映到当地案件的裁决及处理中来,因此,中西部生产的指导性案例的应用有其特殊的文化、习俗背景,在一定程度上局限了其在司法实践中的应用。

据以上分析,在不考虑各地受案数量等因素的前提下,或可得出结论:东部地区生产的指导性案例在"司法市场"中更为畅销,颇受"消费者"欢迎。适当增加指导性案例在东部地区的遴选,对提高指导性案例的应用实效大有裨益。

(四)案例性质对指导性案例被引情况的影响

在数据统计过程中,笔者发现指导性案例的性质与其引用率也存在着一定的关联。本文将已发布指导性案例按照其解决的是公法还是私法问题,划分为公法性案例和私法性案例,试图寻求案例性质对其在"司法市场"中"畅销度"的影响。

表4 性质对指导性案例被引情况的影响

案例性质	被引次数	基数	被引率
公法	671	46	14.59
私法	1429	46	31.07
合计	2100	92	22.83

公法性案例以强调、宣示规则为主,更多的涉及公共利益或是国家与公民之间的关系,而私法性案例则更多的涉及公民平等主体之间的利益纠纷,私法性案

例数量远胜于公法性数量。基于此，笔者大胆猜测私法性指导案例可能更具有影响力。

那么上述猜测是否与司法实践规律相吻合？表4中的一组数据或许可以给我们答案。表4直观地显示了指导性案例的性质与其被引用情况的关系。目前已发布的指导性案例中，依据其内容划分，公法性案例与私法性案例数量均等，各为46个，然而其在“司法市场”中被引用的次数却相差悬殊。其中公法性案例被引用次数为671次，平均每个案例被引用14.59次。私法性案例被引用次数远远高于公法性案例，被引用次数为1429次，平均每个案例被31.07个案件所引用或提及。

由此我们有理由认为，在“司法市场”中私法性指导案例相较于公法性案例更能深入市场，具有强大的市场竞争力。在指导性案例遴选上向私法性案例适当倾斜，对于提高指导性案例司法转化率有显著促进作用。

(五)审理程序、文书类型等其他因素对被引情况的影响

表5 审理程序、文书类型等因素对指导性案例被引情况的影响

		被引次数	基数	被引率
审理程序	一审	335	18	18.61
	二审	1697	49	34.63
	再审	20	17	1.18
	其他	48	8	6.00
裁判文书类型	判决书	1962	67	29.28
	裁定书	128	20	6.40
	决定书	0	4	0.00
	其他	10	1	10.00
裁判结果	倾向强者	524	22	23.82
	倾向弱者	972	33	29.45
	无明显倾向	604	37	16.32

审理程序、裁判文书类型以及案例裁判结果的倾向,也与指导性案例的命运有着千丝万缕的关联。依据审理程序划分,指导性案例来源案例的终审程序包括一审程序、二审程序、再审程序以及其他程序(包括执行程序和国家赔偿程序);所涉裁判文书类型主要包括裁决书、裁定书、决定书以及其他文书(调解书、决定书等);依据其裁决结果倾向,指导性案例的结果可分为倾向强者、倾向弱者及无明显倾向三种。①

表5描述了审理程序、裁判文书类型、结果倾向这三项因素对指导性案例司法效果的影响。如表所示,就审理程序看来,二审生效的指导性案例数量约占目前指导性案例发布总数的半数,在样本文书中共被引用1697次,平均每个案例被34.63个后案所援引,司法效果良好。一审生效的指导性案例司法效果次之,平均每个案例被引用18.61次,约为二审生效的指导性案例司法辐射力的1/2。再审生效的指导性案例在司法实践中效果并不显著,在样本文书中仅仅被引用了48次,平均每个案例仅被引用1.18次,远低于其他审理程序生效的指导性案例,司法效果欠佳。

从裁判文书类型来看,原始文书属于判决书的指导性案例在“司法市场”中颇受欢迎,在样本文书所涉案件中共被引用1962次,平均被引次数为29.28次,以绝对优势高居榜首。原始文书属于裁定书的指导性案例平均每个仅被引用6.4次,在司法应用中影响力相对较小。原始文书属于决定书的四个已发布指导性案例“先天不足”,尚无被引用的前例。

从案例裁决结果来看,已发布的无明显倾向的指导性案例数量最多,为37件,但其在司法实践中却效果欠佳,每个案例平均被引次数为16.32次,远低于有明显倾向的指导案例被引率。其中,倾向强者的指导性案例在基数和被引次数这两项绝对值上低于倾向弱者的指导性案例,但二者在被引率这一相对值上相差不大,平均每个案例分别被引用了23.82次和29.45次。

由此,我们或可得出结论:就审理程序而言,原始案件在二审之后生效的指导性案例在“司法市场”中竞争力明显强于采用一审生效、再审生效及其他审理程序生效的案例,更能迎合司法实践的需求;就裁判文书类型而言,相较于裁定书、决定书等形式,原始文书属于判决书形式的指导性案例具有更强的司法穿透

① 相对于集体,个人属于弱者;相对于管理者,被管理者属于弱者;相对于行政主体,行政相对人属于弱者。

力，实践效果优良；就裁判结果而言，有明显倾向的指导性案例更受诉讼各造的青睐。

三、指导性案例被参照情况的分析

上文仅就指导性案例在司法实践中的被引用情况做出分析，至于法官是否对诉讼各造提请援引或其自身引用的指导性案例予以参照，即指导性案例所确定或者宣示、强化的规则秩序是否在司法应用中产生正面作用，则需要对指导性案例的被参照情况进行分析。同样地，此处从案由、审级、案例来源及案例性质四个方面进行阐述。

（一）案由对指导性案例被参照情况的影响

表 6　案由对指导性案例被参照情况的影响

指导性案例的案由	被参照次数	基数	被参照率
民事案由	786	57	13.79
刑事案由	30	17	1.76
行政案由	136	18	7.56
合计	952	92	10.35

表 6 体现了案由与指导性案例被参照情况的关系，与前文相似，将样本文书所参照的指导性案例根据其案由划分为民事案由、刑事案由及行政案由，对其实际被参照次数做出统计，据此可以窥见各类指导性案例的实际案例辐射能力。如表中数据所示，三类指导性案例中民事案例总共被参照 786 次，平均每个民事类指导性案例被参照 13.79 次，在被参照次数这一绝对值和被参照率这一相对值两个方面均居于首位。行政类案例紧随其后，被参照次数为 136 次，平均每个行政类案例为 7.56 个案件的审理提供了指引。与上述两类案例相比，刑事类案例则在实践应用中“遇冷”，被参照次数仅为 30 次，平均每个刑事类案例仅被参照 1.76 次。

由此我们可以得出结论，在不考虑其他因素的情况下，民事及行政类指导案例更容易被法官在裁判中所参照，为案件的最终裁决提供指引，在定分止争中发挥着良好的作用。这一结论与前文指导性案例被引情况所得结论基本一致，因此有必要在指导性案例的遴选范围上向民事类案件和行政类案件倾斜,以生产出更受案件的最终判决者欢迎的案例。

(二)审级对指导性案例被参照情况的影响

在前文中我们得出结论,指导性案例审级高低与其在“司法市场”中的竞争力并不必然地呈正比例关系,下级法院生产的指导性案例具有更强的市场适应性,更有可能产生强大的参照效力。这个结论是否正确呢?我们透过一组数据从被参照情况来看审级与指导性案例在“司法市场”中竞争力的关系。

表 7 审级对指导性案例被参照情况的影响

		被参照次数	基数	被参照频率
下级法院	基层法院	703	41	17.15
	中级法院			
上级法院	高级法院	250	51	4.90
	最高法院			
合计		953	92	10.36

表 7 说明了审级对指导性案例被参照情况的影响。从上表中可以看出:下级法院产生的指导性案例被参照次数和被参照频率都远高于上级法院。具体而言,来源于下级法院(基层人民法院和中级人民法院)的指导性案例总共被参照 703 次,平均每个案例被参照运用 17.15 次。上级法院(高级人民法院和最高人民法院)所生产的指导性案例在裁判文书网已公开文书中总共被参照 250 次,平均每个案例仅被参照 4.9 次。该表格数据为前文所得结论提供了佐证,进一步说明指导性案例的来源与其在司法应用中的受欢迎度呈反比例关系。而在目前最高院已发布的指导性案例中下级法院所生产的指导性案例却仅占比44.6%,这一比例相对而言偏低,桎梏了指导性案例功能的有效发挥。

至此,我们可以得出以下结论:指导性案例效用的发挥与其审理层级之间是负相关关系,下级法院生产的指导性案例具有更强的市场适应性,实践效用良好。调节上下级法院间指导性案例遴选比重,可有效提高司法资源利用率,促进司法效益的提升。

（三）地域对指导性案例被参照情况的影响

表 8　地域对指导性案例被参照情况的影响

<table>
<tr><th colspan="2">地域</th><th colspan="2">被参照次数</th><th colspan="2">基数</th><th colspan="2">被参照频率</th></tr>
<tr><td rowspan="8">东部</td><td>北京</td><td>46</td><td rowspan="8">773</td><td>5</td><td rowspan="8">49</td><td>9.20</td><td rowspan="8">15.78</td></tr>
<tr><td>天津</td><td>5</td><td>3</td><td>1.67</td></tr>
<tr><td>上海</td><td>91</td><td>11</td><td>8.27</td></tr>
<tr><td>江苏</td><td>594</td><td>14</td><td>42.43</td></tr>
<tr><td>浙江</td><td>27</td><td>9</td><td>3.00</td></tr>
<tr><td>福建</td><td>3</td><td>1</td><td>3.00</td></tr>
<tr><td>山东</td><td>0</td><td>5</td><td>0.00</td></tr>
<tr><td>广东</td><td>7</td><td>1</td><td>7.00</td></tr>
<tr><td rowspan="6">中部</td><td>内蒙古</td><td>4</td><td rowspan="6">92</td><td>1</td><td rowspan="6">10</td><td>4.00</td><td rowspan="6">9.20</td></tr>
<tr><td>黑龙江</td><td>3</td><td>1</td><td>3.00</td></tr>
<tr><td>安徽</td><td>71</td><td>4</td><td>17.75</td></tr>
<tr><td>江西</td><td>9</td><td>2</td><td>4.50</td></tr>
<tr><td>河南</td><td>5</td><td>1</td><td>5.00</td></tr>
<tr><td>湖北</td><td>0</td><td>1</td><td>0.00</td></tr>
<tr><td rowspan="4">西部</td><td>四川</td><td>14</td><td rowspan="4">14</td><td>5</td><td rowspan="4">8</td><td>2.80</td><td rowspan="4">1.75</td></tr>
<tr><td>贵州</td><td>0</td><td>1</td><td>0.00</td></tr>
<tr><td>甘肃</td><td>0</td><td>1</td><td>0.00</td></tr>
<tr><td>重庆</td><td>0</td><td>1</td><td>0.00</td></tr>
<tr><td colspan="2">最高人民法院</td><td>73</td><td>73</td><td>25</td><td>25</td><td>2.92</td><td>2.92</td></tr>
<tr><td colspan="2">合计</td><td colspan="2">952</td><td colspan="2">92</td><td colspan="2">10.35</td></tr>
</table>

按照前文所述，将现阶段最高人民法院已发布的指导性案例依据其来源划分为东、中、西部地区及最高人民法院。表 8 从实际被参照角度阐释了指导性案例来源地与其在“司法市场”中受欢迎度的关系。一如表中数据所体现的，不同

地区生产的指导性案例的“畅销度”有着显著差异，具体而言：东中部地区所生产的案例远比西部地区生产的案例在实践中更具有影响力，而源自于西部地区的指导性案例被采用率仅为1.75，远低于10.35的各地区平均水平。

基于此，我们可以得出结论，从东中部地区遴选出来的指导性案例有着更为广阔的效力发挥的空间，在司法实践中更具影响力。在指导性案例遴选过程中适当放宽在东中部地区的遴选比例，对于有效利用指导性案例这一司法资源有着重要的推动作用。

(四)案例性质对指导性案例被参照情况的影响

指导性案例依据其调节的矛盾内容可以将其分为私法性案例和公法性案例，对此二者被参照情况的分析目的在于知悉其在实践应用中真正发挥效力的空间，以为指导性案例的遴选有针对地提供方向。

表9　案例性质对指导性案例被参照情况的影响

案例性质	被参照次数	基数	被参照频率
公法性案例	230	46	5.00
私法性案例	722	46	15.70
合计	952	92	10.35

如表9所示数据，现有指导性案例中公法性案例与私法性案例在数量上呈持平状态，然而二者在实践效果上却有着显著差别。透过表中数据，在样本文书所涉案件中以调节平等主体之间的社会矛盾为主要内容的私法性案例在实践中被参照频率约为公法性案例被参照频率的3倍，平均每个私法性案例为15.7件案件的裁决提供指引。毋庸置疑，私法性案例在应用中可有效为案件审理提供一种可参照性的蓝本，更受法官的欢迎。公法性指导案例以保护公共权利和利益作为出发点，每参照一个公法性案例就意味着向公共权利又推进了一步，对市民生活的规制和干预也又多了一分，因此对公法性指导案例的参照必须遵循“谦抑性”原则，只有当“他法不能”时才有发行并参照指导案例的必要。[①]

基于上述分析，我们可以得出结论：相较于公法性案例，以解决私法领域问

① 胡云腾、于同志：《案例指导制度若干重大疑难争议问题研究》，载《法学研究》2008年第6期。

题为主要内容的指导性案例在“司法市场”中更具有穿透力，在实践中其效力辐射范围更广。

（五）审理程序、文书类型等其他因素对指导性案例被参照情况的影响

表 10 审理程序、文书类型等因素对指导性案例被参照情况的影响

		被参照次数	基数	被参照率
审理程序	一审	154	18	8.56
	二审	754	49	15.39
	再审	11	17	0.65
	其他	33	8	4.13
裁判文书类型	判决书	868	67	12.96
	裁定书	79	20	3.95
	决定书	0	4	0.00
	其他	5	1	5.00
结果倾向	倾向强者	174	22	7.91
	倾向弱者	527	33	15.97
	无明显倾向	251	37	6.78

表 10 统计了审理程序、裁判文书类型、裁决结果倾向这三项指标与指导性案例被参照率，即指导性案例司法实效之间的关系。如表 10 数据所示，从审理程序角度看来，二审生效的指导性案例在样本文书中总共被参照 754 次，平均每个案例为 15.39 个后案的判决提供实际指引，司法效益远高于其他程序生效的案例。一审生效的指导性案例在司法应用中的表现不尽如人意，再审生效的指导案例在样本文书中仅被参照 11 次，每个案例平均被参照仅 0.65 次，这意味着有的再审生效的指导性案例处于“虚设”地位，尚未实际发挥效用。

基于裁判文书角度，可以看出原始案件采用判决书作出裁决的指导性案例在司法应用中有着广阔的效力发挥空间，平均每个案例被实际参照 12.96 次，这一比例为采用裁定书形式的指导案例均值的 4 倍，是采用其他（调解书、决定书等）文书类型案例均值的 2 倍有余。

从裁决结果倾向角度分析，裁决结果无明显倾向的指导性案例在样本文书中被实际参照251次，平均每个案例仅被采用6.78次，远低于各类型的平均被参照值10.35次，司法实效并不理想，这一点为前文所得结论提供了佐证。需要特别注意的是虽然倾向强者的指导性案例和倾向弱者的指导性案例在被引用率上相差不大，但是二者在被参照率，也就是司法实际效用上却相差甚远。具体而言，倾向弱者的指导性案例在样本文书中共被参照527次，平均每个案例被参照了15.97次，而倾向强者的指导性案例单个案例被参照均值仅为7.91次，仅相当于前者的1/2。显然，倾向弱者的指导性案例司法价值更高，这一结论对指导性案例的遴选而言具有相当的指引作用。

有鉴于此，我们可以得出结论：二审生效的指导性案例具有更强的市场适应性，有着良好的司法效益；原始案件采用判决书作出裁决的指导性案例具有广阔的效力发挥空间；倾向于保护弱者的指导性案例具有更强的司法辐射力。

四、优化指导性案例的遴选标准

判断一项制度的好与坏，归根结底也要看其是否被人民与实践所认同。案例指导制度必须以客观实践为导向，“把更能满足实践吁求的司法先例升格为指导案例”①。指导性案例的遴选，必须尊重客观实践规律或“实践效率的正当性”②，脱离了实践现状的构想，仅仅是一种闭门造车式的臆想，无法生产出真正为“司法市场”所接受、效用良好的案例。通过前文对案例指导制度在实践中被引用和实际被参照情况的剖析，我们可以得知具有何种特征的案例更有机会发挥其司法效用，辐射空间更为广阔。以终为始，“针对需求，有效供给”，尊重并“迎合”司法实践对指导性案例这一产品的偏好，遴选出最能满足实践需求的指导性案例，方能真正实现案例指导制度设立的初衷。

(一)调适指导性案例内部民事、刑事、行政案例的比例

通过前文分析我们得出结论，指导性案例的案由对其在实践中效用的发挥有着直接的影响。行政类案例和民事类案例无论是在被提请援引方面还是在被

① 张华：《论指导案例的参照效力——基于1545份已公开裁判文书的实证分析》，载《甘肃政法学院学报》2018年第2期。

② D.J. Boggs and B.P. Brooks, Unpublished Opinion and the Nature of Precedent, *Green Bag*, Vol.4, 2000, p.17.

实际参照方面都表现出良好的效果，而刑事案由的指导性案例在司法实践中效力相对孱弱。现阶段已发布的指导性案例中，刑事类案由的案例和行政类案由的案例数量基本持平，限制了表现优良的行政类案例司法实效的发挥，同时部分刑事类案例处于"有而不用"的虚设地位，造成对司法资源的浪费。因而指导性案例遴选过程中有必要对指导性案例内部的民事、刑事、行政结构进行调适，适当增加民事类案由、行政类案由的案例遴选比例，限缩刑事类案由案件的遴选比重。当然，这并不意味着完全放弃在刑事领域内进行遴选的可能，而是要遴选出真正具有实际价值的刑事类案例，以防造成司法资源的浪费。

（二）适当降低上级人民法院案例的入选率

在指导性案例的来源上，有学者认为"最高人民法院内部生产的案例应逐步成为指导性案例的主要直至唯一供给源"[①]。但是通过前文分析我们发现，指导性案例的审级来源与其司法实效的高低呈反比例关系，源自于上级人民法院的指导性案例在实践中的应用表现并不良好。我国现阶段"两审终审"制的司法环境，使得大量的案件压缩在下级人民法院，下级人民法院作为冲锋在司法一线的先行者，由其生产的指导性案例具有较强的市场适应能力。加之审级制度下上级人民法院，尤其是最高人民法院，亲自受理并审理的案件可谓是少之又少，在一定程度上也限制了其遴选的空间。本着"适者生存""优胜劣汰"的原则，适当降低上级人民法院案例的入选率，有意识地提高下级人民法院，尤其是中级人民法院案例的入选率，对于提升指导性案例的司法实效大有裨益。

（三）指导性案例遴选来源向东中部地区侧重

不同地域遴选出来的指导性案例，在"司法市场"的畅销度有着显著差别。遴选自东中部地区的指导性案例，相较于西部地区遴选出的指导性案例而言，具有更强的生命力，更容易被后案所引用和实际参照，理应成为指导性案例遴选的重点关注区域。西部地区遴选出来的指导性案例在司法实践的效力处于极尴尬的状态，甚至贵州、甘肃、重庆三地遴选出的指导性案例处于"悬空"状态，尚未有实际被参照的先例。因此在指导性案例遴选过程中向东中部地区适当侧重，适当压缩西部地区案例遴选比例，对于提高指导性案例实际应用率而言具有重要价值。

---

① 向力：《从鲜见参照到常规参照——基于指导性案例参照情况的实证分析》，载《法商研究》2016 年第 5 期。

此外,需要注意的一点是遴选自江苏省的指导性案例,无论是在被提请援引的绝对值还是在实际被参照率这一相对值上都处于绝对的优势地位,其他省份难以望其项背。至于发生此种现象的原因限于篇幅此处不做展开,借鉴江苏省指导性案例成功运行的模式,也有益于案例指导制度司法效用的实现。

(四)指导性案例遴选向私法性案例倾斜

指导性案例的性质与其功能的发挥有着紧密联系,解决私法性问题的指导性案例在"司法市场"中具有更强的穿透力和市场竞争力,与之相反,公法性案例则可谓是"在夹缝中求生存"。公法性案例以保护公共权力和社会利益为基本立足点,每遴选一个公法性指导案例就意味着公民个人私权利的一分妥协和让步。因此相较于私法性案例的遴选而言,公法性指导案例的遴选必须遵循"谦抑性"原则,慎之又慎。只有在该公法性案例富有指导价值、确有必要且作为指导性案例是最佳的指导载体的情况下,将其遴选为指导性案例才有必要。如果某一公法性案例无法在法律基本精神的指引下妥当地解释法律并有效地解决问题,无法实现预期的效果,或是该案例公布后需要付出的司法成本过高,抑或该案所面临的法律问题完全可以在其他领域寻求到解决方式,则该案例一般没有成为指导性案例的必要。[①] 基于以上原因,指导性案例的遴选应适当向私法性案例倾斜,严格控制公法性案例的遴选比重。

(五)其他遴选标准的优化

指导性案例所经过的审理程序、采用的裁判文书类型乃至裁决结果的倾向,都会对指导性案例的命运产生影响。其中,二审生效的指导性案例、原始案件以判决书形式作出裁决的指导性案例以及倾向于保护弱者的指导性案例是司法应用中的"宠儿",在"司法市场"中处于相对明显的优势地位。因此,调节各项审理程序、裁决书类型以及裁决结果倾向的案件遴选比重,有意识地提高二审生效、采用判决书形式以及向弱者倾斜保护的案件的入选比例,对于改善指导性案例质量,提高司法效用具有重要作用。

结　语

指导性案例的遴选是构建案例指导制度的基础,遴选案例的质量高低直接

---

① 胡云腾、于同志:《案例指导制度若干重大疑难争议问题研究》,载《法学研究》2008年第6期。

影响着该项制度效用的发挥。高质量的指导性案例备受诉讼各造的推崇，通常可以在极短时间内产生强大的司法辐射力，为后续案件的最终裁决提供有效指引，而某些指导性案例则因为遴选时“先天不足”而被束之高阁。尊重并且遵循指导性案例在司法应用中的规律，真正遴选出符合司法实践吁求的指导性案例，案例指导制度才能真正实现其立法初衷，为实现“同案同判”，推进社会公平正义做出其应有的贡献。案例指导制度虽已运行 9 年，然而对一项制度而言才刚刚起步，该项制度的更多潜在运行规律还需要我们去不断探索，如此案例指导制度方能拥有长久的生命力。

中国知识产权法院的实践检视与完善建议

拉提帕·巴提力*

摘要:随着经济社会的转型,设立专门知识产权法院从而优化知识产权司法保护是我国顺应国际知识产权保护规则的体现。我国现如今已有北京、上海和广州知识产权法院得到运转,在知识产权司法保护层面积累了相应的经验。面对中国社会经济发展转型带来的对于知识产权保护和相应规则确立的迫切需要,知识产权司法改革在目前已进行的基础上还需深入推进。应当在现有取得的成绩的基础上进一步加强知识产权法院建设,将成功的知识产权司法改革经验作为试验样本在其他法院或者地区推广,基本建立知识产权专门法院建制的基本结构。用先进地区和先进经验带动知识产权司法保护空白地区或者薄弱地区。

关键词:知识产权;知识产权法院;司法保护

一、中国知识产权司法保护的现状考察

(一)知识产权案件数量持续迅猛增长

30多年的时间,我国的知识产权从1985年的第一宗专利权纠纷案件的受理到目前的每年我国人民法院受理和审结几十万知识产权案件可以说是“火箭式”的速度。在这一过程中,我国的知识产权审判队伍建设、案件审理的数量和质量都实现了质的飞跃。截至2017年,全国法院共有知识产权法官及法官助

* 作者系清华大学法学院2016级民事诉讼法学博士研究生。

理、技术调查官、书记员等5000余人。① 我国知识产权案件的数量从最初的少数增长到目前的几十万件，可谓是实现了成倍增长。根据数据显示：1985年至2016年，人民法院受理知识产权民事一审案件792851，审结766101件；2002—2016年的知识产权行政一审案件受理44401件，审结39113件；1998—2016年受理知识产权刑事一审案件77116件，审结76174件。2017年根据国家知识产权局官网发布的数据：全国审判机关审结知识产权案件22.6万件，全国地方人民法院新收知识产权民事一审案件201039件，审结192938件，其中著作权案排名第一，行政一审案件8820件，刑事一审案件3621件。② 2017年最高人民法院院长周强对三家知识产权法院成立三周年工作情况进行了报告，根据《最高人民法院关于知识产权法院工作情况的报告》，截至2017年6月，北京、上海和广州知识产权法院共知识产权案件46071件，审结33135件；其中审结的民事案件为21620件，这些民事案件中专利案件为7041件，商标案件1462件，著作权案件11664件，不正当竞争和垄断案件564件；审结知识产权行政案件11113件。③ 知识产权司法实践中逐渐演变为案件不断增长，审判人员工作压力大，这些问题是当下的主要矛盾。

（二）新情况与新类型问题涌现

我国知识产权司法保护新时期的知识产权诉讼类型呈现出：(1)诉讼标的额大，尤其以专利和商标纠纷案件，由于某些专利的市场价值潜力巨大，因此在完善知识产权诉讼制度的当下法院认真研究知识产权诉讼中的侵权损害赔偿制度的制度回归实现物有所值的赔偿额的确定。(2)涉及国家战略性新兴产业的案件增加④，例如无人机飞行器技术、4G网络侵权案件、大数据和云计算带来的诸多知识产权网络侵权问题。(3)知识产权涉外案件增多且案件审理难度增加。

① 2017年4月25日，最高人民法院举行新闻发布会。在新闻发布会上，最高人民法院副院长陶凯元、最高人民法院知识产权审判庭庭长宋晓明介绍到中国知识产权司法保护制度的发展和情况，http://www.sipo.gov.cn/ztzl/qgzscqxzz/zscqbh/1058383.htm，最后访问日期：2019年2月22日。

② 数据来源：国家知识产权局：《二〇一七年中国知识产权保护状况》。

③ 数据来源：2017年8月29日，最高人民法院院长周强在十二届全国人民代表大会常务委员会第二十九次会议上做《关于知识产权法院工作情况的报告》，http://www.court.gov.cn/zixun-xiangqing-57742.html，最后访问日期：2019年2月22日。

④ 参见北京知识产权法院：《知识产权法院论丛》，法律出版社2018年版，第87页。

由于我国当下的经济形势的长期良好态势和对外开放进度的进一步扩大，中国日益成为国际知识产权诉讼的“优选地”，正如美国外交学者网站在2018年1月20刊登了一篇题为《中国在知识产权保护上的进步——是的，这是真的！》评价中国知识产权审判的一流水平。① 社会中存在的实践问题总是先于法律规范而存在，为此知识产权法律和制度需要及时发掘现实问题进行自我更新。从国家提出知识产权战略以来的十年间，我国的知识产权司法保护体制建设和审判机制改革都取得了长足的进展，尤其司法保护起了主导作用。② 当下我国司法改革进行的过程中很多领域的问题需要细化，笔者认为只有专业化的知识产权法院体系内进行司法改革才可以解决知识产权诉讼这种特殊诉讼类型的诸多实践困惑，因为只有建立一套符合知识产权司法规律的配套司法机制和运作方式才可以实现正确及时的救济，深入现代新型诉讼改革模式，让属于知识产权专业案件领域的问题通过系统化专业机制得到完善解决。

(三)知识产权案件中的专业技术问题的审理

无论国内国外，技术问题在知识产权案件的审理中都是难点和需要设计合理的司法辅助制度来加以解决的问题。在知识产权案件中专利诉讼、技术合同案件的审理通常需要面对技术事实的查明，法官面对技术类案件需要查明事实问题从而才可以针对事实问题进行法律适用，而事实问题的查明需要对比本案涉及物品或者专利方法、权利说明书等记载的申请范围进行一一对比，这对长期接受文科教育的法官群体来说并不是一件容易的事。根据相关数据，(1)专利诉讼随着我国技术创新环境的鼓励呈现大幅度增长的趋势，这些技术类案件主要涉及专利、计算机软件著作权和技术合同纠纷。例如通过观察和总结知识产权法院成立四周年以来审理的案件类型中技术类案件往往构成了重点：在知识产权法院成立四年以来以高度专业合作的精神审理了诸多具有典型意义的知识产权案件，例如“西电捷通公司诉索尼公司涉及WAPI无线连接标准专利侵权案”“高通诉魅族关于专利侵权纠纷案”“苹果公司诉高通关于专利侵权纠纷案”“华

① 《中国保护知识产权“动真格” 美媒：中国已成公正诉讼地》，https://baijiahao.baidu.com/s?id=1590254233768959552&wfr=spider&for=pc，最后访问日期：2019年2月22日。

② 参见易继明：《我国知识产权司法保护的现状和方向》，载《西北大学学报》2018年第5期。

为公司诉韩国三星公司涉及LTE通信标准专利侵权案”“中国好声音案”首次采取“诉前行为保全制度”等;“法国拉菲罗斯柴尔德酒庄与上海保醇实业发展有限公司、保正(上海)供应链管理股份有限公司侵害商标权纠纷案”“维多利亚的秘密商店品牌管理公司诉上海麦司投资管理有限公司侵害商标权及不正当竞争案”等。根据相关数据,在2008—2018年间美国企业在华的专利诉讼案件就呈现出波动中增长的局面,主要以专利诉讼为主,2008—2018年美国在华专利诉讼案件为586件,大部分案件以发明专利为主,分布区域主要集中在中国沿海发达地区,排前五的地区是北京、广东、江苏、浙江和上海①。(2)新类型的知识产权案件增多,例如北京知识产权法院审理了药品标准的垄断案、首例图形用户界面(GUI)外观设计专利侵权案。(3)“互联网+”时代引发知识产权司法保护的特殊需求。2015年全国“两会期间”李克强总理提出中国“互联网+”行动计划,在全国进入“互联网+”时代的背景下,大众创业、万众创新成为新一轮中国实现创新发展的气氛,各类线上线下平台的结合带来侵权隐蔽性和难以打击知识产权侵权问题。②

针对法官技术知识和能力的不足很多国家都设有司法辅助人员或者采取技术法官制度解决技术事实的查明,例如日本有技术调查官制度,德国有专技术法官,长期以来我国在知识产权案件中对于技术事实的查明融合司法鉴定制度、专家证人制度、技术咨询专家、人民陪审员制度中的技术人员担任以及近几年随着知识产权诉讼制度的探索引进的技术调查官制度,可以说我国目前在知识产权诉讼中对于技术问题的审理是多元化的技术事实查明机制体系,但是实际效果依旧存在诸多问题,如何彻底解决或者很大程度上缓解因技术难题的判断而影响知识产权诉讼效率的问题还需要探索。

(四)知识产权诉讼中的举证难、赔偿低、周期长问题

知识产权诉讼中长期存在当事人举证困难、维权成本高、诉讼周期过长等缺陷,这些问题也构成了今后我国知识产权诉讼改革重点解决的问题。例如举证难的问题主要是基于知识产权“无形性”的特点,打赢诉讼关键在证据,知识产权

① 数据来源:知产宝《美国在华企业专利诉讼情况数据分析报告》,载https://www.ip-house.cn/report/index,最后访问日期:2019年2月20日。

② 参见徐璟、李胜利:《“互联网+”时代知识产权的司法保护研究》,载《安徽农业大学学报》2018年第4期。

诉讼由于涉及主体复杂、纠纷类型多样因此在证据收集和提出方面呈现出知识产权诉讼证据特色。证据问题在知识产权诉讼领域中充分体现了知识产权实体法、民事实体法和民事诉讼法的双重功能。与法治发达国家的证据制度的规定和实际运用来看,我国的证据制度需要引进和学习还有很大的空间,在不断深化研究民事证据理论的同时需要关注新型现代化诉讼中的证据使用和存在卡壳的问题,目前我国需要完善和制定一部适合知识产权案件审理的特殊证据规则,填补证据披露规则、举证妨碍规则、优势证据标准的确定。[①] 例如举证妨碍制度也叫证明妨碍制度,虽然我国并没有在民事诉讼法中规定证明妨碍制度,但是在2001年的最高人民法院发布的《关于民事诉讼证据的若干规定》和2015年新民事诉讼法解释中对于证明妨碍制度予以回应作出规定,这一制度有待在各类诉讼中得到完善,尤其是知识产诉讼。目前的法律及司法解释对于知识产权诉讼中权利人的权利保护不够彻底,需要细化和拓宽证明妨碍制度司法适用的解释。知识产权诉讼形态多样,证据资料的表现形式不止书证一种类型,还有很多证据存在难以固定和隐蔽性的特点,因此无论何种证据只要当事人采取足够的证据和说服力即可。证明妨碍的客体要件是指证明妨碍行为作用的对象,即可以被妨碍的证据方法。[②] 在证据制度的改革需要结合司法实践带来的问题细化与优化。知识产权诉讼中权利人有时势单力薄无法与强大的行政机关或者有其他高端诉讼技术策略采取的企业抗衡,如果在知识产权案件审理过程中法官可以基于事实情况采用证明妨碍制度来惩戒当事人不当的诉讼行为,规范知识产权诉讼,形成良好的诉讼环境。

知识产权损害赔偿数额认定,是一个世界性难题。其解决之道,不仅在于相关立法的科学规定,更在于司法裁判的经验总结和提高[③]。知识产权案件中的损害赔偿制度存在问题的原因在于很多时候当事人举证困难,无法全力挖掘实际损失和侵权人的违法所得,因此在掌握证据有限的情况下由法院做出法定赔偿和法院在具体的损害赔偿额的计算方式上出现了问题,以及在实际诉讼中获

① 参见黎淑兰:《论知识产权专业化审判新格局的构建与实现——以上海知识产权法院专业化建设为视角》,载《法律适用》2015年第10期。

② 参见焦艳鹏:《刑法生态法益论》,中国政法大学出版社2012年版,第108页。

③ 参见吴汉东:《知识产权损害赔偿的市场价值与司法裁判规则》,载《中外法学》2016年第6期。

得侵权行为人实际赔偿难。① 知识产权案件损害赔偿制度为什么这么困难？怎么改变这一局面是今后知识产权诉讼制度着力需要重视和解决的大模块。2016年《关于完善产权保护制度依法保护产权的意见》发布，提出要解决知识产权侵权法定赔偿额的上限，尤其针对专利侵权、商标侵权要建立侵权惩罚性赔偿制度，只有解决当事人实际维权的实在利益才可以实现对知识产权的充分保护、落实国家创新驱动发展战略。知识产权案件中损害赔偿额的精确确定和合理赔偿问题需要考虑很多因素，例如，第一，对于知识产权市场价值问题的重新定位和认识。第二，对知识产权司法理念的再认识，②例如可以充分进行调研，及时进行证据保全，基于法律知识和经验以及技术专家的智慧支持合理推定，法院要在加大知识产权司法保护力度上有所举措。第三，要完善符合知产特色的证据制度，针对专利、商标侵权诉讼中的证据提出困难需要细化知识产权实体法律和程序法律的同时，结合两大法系的证据规则的合理制度，在知识产权案件中充分学习和运用调查取证、证据保全的程序性的规则。第四，构建知识产权诉讼法律共同体。第五，充分考虑不同案件对于权利人的不良影响、涉案权利的特殊性、侵权行为的性质、主观恶性判断、侵权持续的时间、侵权规模、侵权地域等，综合确定赔偿数额。

（五）知识产权民事诉讼与行政诉讼交叉问题的处理

知识产权诉讼中通常会产生三类诉讼交叉进行的情形，例如民事诉讼、行政诉讼和刑事诉讼会同时进行，但是大多数情况下民行交叉问题比较突出。知识产权诉讼一直以来以自身属性带来的平行程序限制而引发诉讼效率不高的问题。与其他大陆法系国家一样，我国在知识产权领域实行民事侵权与行政无效二元分立体制。③ 民行交叉的问题在知识产权诉讼领域中是平行程序的表现方式之一，民行问题又是涉及司法权与行政权博弈和分工合作的难点，民行交叉同样在某些程度上方便恶意当事人拖延诉讼、毁灭证据从而扭转不利于己的诉讼局面的手段之一。由于不同机关权限带来的效力确定问题会影响到诉讼效率，

---

① 参见陈惠珍：《破解知识产权侵权损害“赔偿难”的司法实践》，载《中国知识产权》2018年第1期。

② 参见陈锦川：《确定赔偿数额需要处理好的几个关系》，载《中国知识产权》2018年第1期。

③ 参见朱理：《我国知识产权诉讼法院诉讼制度革新：评价与展望》，载《法律适用》2015年第10期。

因此对于诉讼程序交叉影响案件及时审结的问题是我国知识产权诉讼制度改革需要深入进行研究和改革的重大问题。① 知识产权诉讼中的这类因为行政机关权力和司法机关权力之间的问题主要是由于专利案件中对于专利确权从而导致的"循环诉讼"问题。专利侵权案件中被诉专利侵权人往往在十足的证据面前怕败下阵千方百计地需要拖延诉讼争取有利于自己的时间,其方式就是向审理法官提出被诉专利存在效力瑕疵属于无效专利的无效抗辩②,而司法机关出于对专利行政机关的授权行为和专利复审委员会复审工作专业性的尊重只能采取诉讼中止的司法措施,然而一些国家出于司法效率的考虑和司法权的尊重,如美国、日本等国的法官可以进行专利确切有效与否的司法判断。如何在我国现有的司法制度和法官水平的基础上考虑此类问题从而提升专利诉讼效率考验着我国知识产权司法改革的水平。

二、中国知识产权法院的实践考察

(一)中国知识产权法院的现状描述

北京知识产权法院的成立是在特殊时段建立的有着特殊任务的专业法院,因此对其定位、展望、功能和存在的问题依旧任重而道远。北京知识产权法院在机构设置与人员的配备、技术类案件审理机制的创新探索、知识产权审判权运行机制改革、充分利用和改革审判委员会组织功能、落实司法改革中司法责任制、当事人诉权保障问题、案例指导基地建设方面有着不错的成绩。截至2017年年底有52名法官,73名法官助理,审理的知识产权案件是同时期的其他两家知识产权法院总和的1.5倍,法官年均结案将近每人300件。北京知识产权法院的整体设立体现了专业性、国际性、现代型新型法院的特点,进行"扁平化管理"的法院设置模式,集中优势的司法资源,对于工作机构运转方面也是精简为主,主要是围绕和服务于知识产权审判工作。在审判团队的建设上尊重知识产权案件审判规律和难题,形成"1+1+1>3"的相对固定的工作模式,一名法官配备法官助理和书记员,其中法官助理呈现年轻化、知识结构专业化的趋势,在很多案件

① 《周强关于在北京、上海、广州设立知识产权法院的决定(草案)的说明》,2014年8月25日十二届人大常委会第十次会议第一次全体会议。

② 参见周澎:《探索知识产权审判"三合一"制度——以专利确权纠纷为切入点》,载《南海法学》2017年第3期。

的审理过程中与法官形成密切配合和辅助的工作关系，很多案件的理论深入探讨均离不开法官助理的辅助，审判法官在工作中对法官助理的历练有助于日后法官助理工作经验的积累和历练；除此之外，改革机制的探索还表现为建立专业咨询制、审判长“行政化色彩”削弱，只有谁承办案件时谁就是审判长，法院院长、庭长均要审理案件，让审判委员会审理案件公开化等。总而言之，北京知识产权法院是当下的知识产权司法模式的“先锋”，是知识产权审判人才建设的有力土壤，未来如何发展，当下的工作是最要紧的，目前来看已经积累诸多经验成绩，需要在这些的基础上形成更有力和坚固的知识产权司法探索基地。

上海知识产权法院自诞生起就需要充分利用上海的种种优势条件并通过司法保护反馈于上海经济和科技的发展。2017 年 9 月，“最高人民法院知识产权司法保障科技创新研究（上海）基地”在上海知识产权法院成立，以司法保护手段保障上海“科创中心”、自贸试验区和“四个中心”建设的战略大局，并在工作机制的开展过程中及时向最高人民法院反映知识产权司法服务保障科技创新中的问题。[①] 上海知识产权法院成立四年以来的工作可以说是围绕“专”“精”“便”[②]展开的，在具体工作中开创出“四位一体的技术事实调查认定体系”，完善证据保全规则，加强对各类知识产权理论和司法难题的研究，提升智能化审判水平，探索“互联网＋”审判模式，制定《远程视频审理案件操作规则》，激活了知识产权审判工作的方式，方便了律师和当事人。经过了四年的积累，目前上海知识产权法院的工作机制不断完善到位，硬件与软件设施逐步回归，司法影响力不断扩大。

广州知识产权法院实行跨区域管辖，即广东省跨区域管辖专利、植物新品种、集成电路布图设计、技术秘密等案件的一审民事和行政案件。目前法院内部设立立案庭、专利审判庭、著作权审判庭、商标及不正当竞争审判庭、技术调查室，法官平均年龄 43 岁，53.8％为硕士以上学历。成立四年以来共审结 23297 件各类知识产权案件，人均法官结案每年 300 件左右。在审判工作开展上注重全方面覆盖、灵活探索，细化知识产权诉讼中的专家证人制度、证据披露、证据妨

① 《最高人民法院知识产权司法保障科技创新研究（上海）基地在上海知识产权法院成立》，载中国法院网 https://www.chinacourt.org/article/detail/2017/09/id/2999466.shtml，最后访问日期：2019 年 3 月 3 日。

② 参见沈建坤、陈颖颖：《上海知识产权法院 念好司法保障科技创新的“三字诀”》，载《中国审判》2018 年第 8 期。

碍排除规则、律师调查令等工作规则的试验与完善,目前已在惠州、东莞、中山、汕头设立诉讼服务处或巡回审判庭。[①] 2015 年最高人民法院在广州知识产权法院成立"知识产权司法保护与市场价值研究(广东)基地",着重解决和研究知识产权诉讼领域中的由于制度改革不到位与其他原因导致的知识产权侵权损害赔偿制度,在互联网背景下的知识产权审判工作的普及方面,设立 13 个数字法庭,打造法院工作的信息化和智能化,已实现网上立案率达 92%以上。广州知识产权法院取得了诸多成绩,但其跨区域覆盖广东省的功能和任务仍实行得不够彻底。

(二)中国知识产权法院的特点分析

知识产权法院的设立和运转在我国是知识产权司法体制改革甚至是司法体制改革的重要组成部分和一张亮丽的名片,正如著名知识产权法学者刘春田教授所说的知识产权审判我们缺的是一支"国家队"[②],知识产权法院就是这种国家队式的审判团队培养的基地。尤其在新一轮司法改革精神的引领下大胆探索适合知识产权法院模式的各类先进改革,例如法院员额制,司法责任制机构精简化,扁平化管理等设置方案,可以说是"一步到位",从具体的工作成绩和改革的态度上很明显地体现了知识产权法院的设立与运行是中国司法体制改革的"先行者"和"排头兵"。作为专业设计和运作的法院系统其不仅具备普通法院的特征,更是在结合知识产权司法的特性的基础上进行专业打造和完善,在人员配备、机构设置、审判机制运作、不断总结自身经验的同时及时借鉴国外先进制度加以引进的一种渐进式的发展模式。目前知识产权法院呈现出专业化、集约化、现代化和国际化的特点,在不断深入建设知识产权法院的同时我们需要结合这些呈现出来的特点和运作过程中出现的问题,让知识产权法院体系的建构依旧沿着正确的方向进行而不至于产生绕弯的问题。

1.知识产权法院设立在特定区域

在全国看来,知识产权案件密集的地区主要还是在北京、上海和广州,这一

---

① 参见广州知识产权法院官网:《法院报头版:广州知产法院 4 年审结 2.3 万余件》,载 http://www.gipc.gov.cn/front/content.action? id=2cd8cea880dc48b58066418f6d22d626,最后访问日期:2019 年 3 月 4 日。

② 参见殷泓:《设立知识产权法院要做好顶层设计——访中国知识产权法学研究会会长刘春田》,载《光明日报》2014 年 7 月 25 日第 3 版。

地区也是中国经济发展活力最大、人才密集的特殊区域。例如北京知识产权法院辐射京津冀地区及其周围,形成促进知识产权案件专业化审理的示范作用。上海知识产权法院本身处在我国的国际金融中心,大量涉外、复杂和综合因素交叉的知识产权案件的涌现带动长江三角洲地区的知识产权司法环境得到改变。广州知识产权法院的成立不仅在广州市还在整个广东将发挥整体效应。也就是说,我国的知识产权法院目前并没有遍地开花而是在知识产权案件数量明显多的地区满足案件审理的需要,并且也都是在经济发达的可以丰富知识产权司法内容的地区,反过来可以刺激和促进知识产权司法工作方式的转变和调整,相得益彰。

2.实行"民行二合一"审理

知识产权法院在不同的国家或地区都是在基本符合知识产权司法规律的前提下根据实际情况进行设计打造,从司法独立、公平正义、司法效率等基本价值出发强化救济的手段,与知识产权审理需要全方位到位的三审合一不同,我国的知识产权法院实行"二合一"审理模式,即用有限的知识产权司法资源实现对知识产权民事案件和行政案件的初级审理和部分案件的二审。这种"二审合一"模式的采取就是正视实际情况和本国的经济技术条件的合理举措,在知识产权案件集中的地区往往法治意识较强,法律争议集中在经济纠纷和私权争议,涉及的刑事案件的数量远远低于知识产权民事和行政案件。这种"二合一"模式可以为快速地提升审判效率、总结审判经验并不断完善与制定专门法院的程序性规定提供有用的建议。

3."初审+上诉审"知识产权法院模式

虽然我国已经成立最高人民法院知识产权法庭作为主要知识产权案件的上诉机制,但是目前的知识产权法院依旧处于审理知识产权案件的初审和上诉审阶段,知识产权法院同时具备"初审"和"上诉审"功能,这也是中国特色。世界上的知识产权法院模式的设置有"初审""上诉审",例如德国专利法院、日本知识产权高等法院为上诉法院;美国、俄罗斯等国的知识产权法院是初审。我国的知识产权法院目前是技术类案件的初审法院,一般著作权、商标、反不正当竞争案件的上诉法院。①

① 参见全国人大常委会《关于在北京、上海、广州设立知识产权法院的决定》第3条规定。

4.专门法院性

知识产权法院是专门法院，其设立就是留出一道空间专门处理知识产权领域的棘手案件并不断形成稳定化机制来应对常态化的知识产权案件的增长与国家对于知识产权司法保护的成熟的实际需要。专门法院对行政、商事等现代诉讼具有专门性、统一性的诸多优势。专业化改革是在司法改革精神下实现的突破，例如知识产权法院的司法人员分类管理以后，设置为法官、司法辅助人员和司法行政人员，其中法官助理、技术调查官、书记员和司法警察归入司法辅助人员行列，在知识产权法院的日常审理模式中“1＋1＋1”就是在法官与司法辅助人员中的配合中形成的，有时候基于工作需要也有“1＋2＋1”，需要两名法官助理协助事务；法官员额制改革大大加强了法律专业性、职业性建设，让真正热爱审判、愿意从事审判事业的人留下来发挥作用；对于知识产权法院的法官国家提出了更高的要求和精细的遴选机制，2014 年的《知识产权法院法官选任工作指导意见》均较为强调法官从事审判工作的经验时长、学历要求和实际的司法裁判能力；“让审理者裁判，让裁判者负责”的司法责任制的提出旨在解决法院内部由于权责划分不明确和其他法律以外的因素的干扰导致案件的审理并不是由承办人一个人决定，新成立的知识产权法院尽量保证司法独立，废除个案汇报制，尝试建立专业咨询制、法官定期会议制度，适时交流讨论知识产权案件审判问题。这种专业性体现在法院内部的方方面面，从人员选拔、常态机制的运作体现合理的改革思路，最明显的就是让院长、庭长参与案件的审理，彻底实行“让审理者裁判”“由裁判者负责”，明确主审法官、合议庭、专业法官会议和审判委员会之间的权责划分，真正从制度上保障法官的职业尊严，提升司法保护的形象。

5.数据技术与司法裁判的密切结合

司法的智能化是未来不可逆转的趋势，为此知识产权法院加快了审判工作的信息化和智能化建设，从方便当事人诉讼、提升司法效率等角度考虑进行“远程审判工作”的试验开展。在知识产权案例指导制度的构建过程中更需要依靠大数据、云计算等前沿技术，搭建广阔的技术平台挖掘海量的知识产权裁判文书、前沿资讯、法律法规体系和学术理论研究文章，实现深度和广度兼具的案例援引服务平台。司法大数据运用与智能化将对知识产权审判全局起到关键作用，这里还有很大的空间可以操作，还有很多的工作需要细化完善。

(三)中国知识产权法院的问题检视

1.法官选任问题

法官的选任和培养是比较重要的,这是关键环节。审判权的行使除了具备制度的优势设计以外,知识产权法官的水平直接决定了知识产权司法审判的水平。知识产权精英法官队伍的培养关乎知识产权司法保护机制的成型和完善,从理论和实践层面充实中国司法体制改革的内容。我国的法官囿于司法体制,很多情况下并不独立,这使优秀的有能力的法官得不到职业尊严并击退了其对法律事业的热爱从而沦落为法院工作中的正常运转的办案机器。2014 年,最高人民法院出台了《知识产权法院法官选任工作指导意见(试行)》,其中强调法官的学历至少是本科,且需要长期的审判经验和优秀的庭审驾驭能力和裁判文书撰写能力,上海知识产权法院法官的任职条件更是需要 10 年以上审判经验。笔者认为,知识产权审判事业的真正向专业化和国际化看齐的机制处于初期阶段,知识产权法官的培养不仅需要看专业学历的获得,还需考虑对于法律其他知识的掌握和经验的长期积累,因为法官在任何一个法治国家都是值得尊重和极其具备高度的职业尊严,这是因为在法治国家成为法官首先需要长期的法律思维的培养和训练,通过难度极高的司法考试,再者需要具备成熟的心理和其他学科的涉及,因为法律问题的背后很多时候涉及对于社会发展的看法和把握,以及人情世故的精通、一定文化的积淀。没有这种综合素质的积累无法成为合格的法官,因此法官的培养不能刻板和机械。对知识产权法官的培养机制应该在现有的国家法官培养方式的基础上进行独立探索和改革,知识产权司法的不断发展给知识产权法官的具体培训内容上带来了可能性,例如在三家专业的知识产权法院内单独设立培训机构,这种机构可以由院领导带头集中知识产权审判经验很足的法官对于一定时期碰到的疑难复杂和新型案件的案例分析研讨、学理探讨;在培训的内容上形成干货集中,不仅挖掘知识产权法的问题,更需拓宽学习范围及时跟进合同法、公司法等民商事法律的精通,形成逻辑严密的私法体系思维;及时学习国际知识产权规则和司法保护机制,在北上广地区实行多次的与国际同行的交流对话,扩充眼界提升实力。知识产权法官队伍的培养在我国需要循序渐进,这是由目前的基本司法实践决定的,因此立足实际进行专业化、精英化的法官队伍的培养是未来之路。

2.知识产权法院与行政授权、确权机构的关系①

知识产权专业化审判体制和组织建设是构建专业化知识产权司法保护机制的关键,赋予司法更多的权力也是从另一层面快速提升诉讼效率的方法。快速提升审判效率的前提是不因为法律以外的因素而耗费法官审理案件的时间和精力,我们国家在知识产权案件的审理中会面临行政权和司法权碰撞的局面,常面对当事人的申请和抗辩需耐心等待行政机关的决定,这样一来就会拖延诉讼程序。司法程序与行政程序本来属于不同类型,理应分开进行,但是知识产权诉讼中本来就会涉及多种诉讼程序,如刑事诉讼程序、行政诉讼程序和民事诉讼程序,本来行政机关内部可以有救济途径以满足当事人对于授权确权行为和效力认定问题,但由于也可以向具有知识产权审判权的部门提起诉讼,所以会将问题复杂化。早些年我国学者主张将专利复审委员会、商标复审委员会等规定为准司法机构,其对决定不服可以直接向法院提起诉讼,节省了一步。这是问题的一方面。还有一方面就是我国知识产权司法随着社会的进步也在深入发展,法官的能力和视野随着经济的巨大进步得到提升,法官面对恶意诉讼的当事人可以直接判断争议的知识产权是否有效,而不用中止诉讼程序等待行政机关作出的决定再恢复诉讼程序。长期以来我国司法机关直接可以认定争议知识产权无法实现是基于管辖权不集中、过于分散,现如今转变和改革知识产权裁判标准不统一问题逐渐得到好转,为审理法院或法官判定涉案权利有效带来了成熟的时机,这些不仅需要认真研究国外法治先进国家或者地区的成熟经验,也要努力改善本国的司法环境,深入推进司法体制改革,尤其法官能力的培养方面。

(四)知识产权上诉机制的确立

2018 年 10 月 26 日,十三届全国人大常委会第六次会议表决通过最高人民法院提请审议的《关于专利等案件诉讼程序若干问题的决定》。2019 年 1 月 4 日最高人民法院成立知识产权法庭,作为最高法院层面的知识产权审判机构将会统一审理全国范围内的专利等专业技术性较强的知识产权上诉案件,主要限

① 参见李明德:《关于我国知识产权法院体系建设的几个问题》,载《知识产权》2018 年第 3 期。

定为知识产权民事和行政上诉案件。[①] 针对知产二审案件的细化规定——《关于知识产权法庭若干问题的规定》于 2018 年 12 月 3 日由最高人民法院审判委员会第 1756 次会议通过,此司法解释是《关于专利等知识产权案件诉讼程序若干问题的决定》的细化和具体规定,对以后的审判工作起到指导作用。笔者认为,知识产权上诉法院的成立与试验是中国知识产权司法保护机制开枝散叶的继续性司法步骤,是深化知识产权审判领域改革也是与国际先进知识产权司法机制接轨从而初步解决中国知识产权司法裁判统一问题的关键性改革部分的到位措施。早先在知识产权司法改革探索前期无论是知识产权学者还是实务中的法官都呼吁成立国家层面或高级人民法院层面的上诉机构,例如学者吴汉东[②]、刘银良[③]主张在北京建立知识高级人民法院(上诉法院),孙松主张的建立国家层面的以知识产权上诉法院为核心的专门法院体系[④],易继明主张的建立国家层面的知识产权高级人民法院、建立最高人民法院知识产权巡回法庭[⑤]等。种种建议和思考反映了处于过渡期的中国知识产权法治建设中曲折之路的司法智慧火花的碰撞。现行的安排即最高人民法院解决知识产权案件二审问题是符合当下知识产权司法实际需求与专业处理标准的满足,建立国家层面的知识产权高级法院审理机制也是当今世界上主要国家的模式,主审专利和其他技术类案件为知识产权裁判标准的统一从制度上消除障碍。无论如何最高人民法院在法治中国建设的今天存在和发挥作用的意义都远远超出了审判机关的含义,还有很多作用体现在法治引领方面,知识产权上诉法院的成立使得中国知识产权司法改革又迈出坚实的一步,未来对于技术类案件的审判经验的总结以及全球知识产权司法前沿咨询的及时学习让知识产权审判事业成为中国经济发展的有力

---

① 最高人民法院新闻:《专利等案件的二审审理权限将集中到最高人民法院知识产权法庭》,http://www.court.gov.cn/zixun-xiangqing-125391.html,最后访问日期:2019 年 2 月 28 日。

② 参见吴汉东:《中国知识产权法院建设:试点样本与基本走向》,载《法律适用》2015 年第 10 期。

③ 参见刘银良:《我国知识产权法院设置问题论证》,载《知识产权》2015 年第 3 期。

④ 参见孙松:《知识产权跨区域管辖的问题与出路——兼论知识产权法院的系统设计》,载《中国发明与专利》2017 年第 12 期。

⑤ 参见易继明:《国家治理现代化进程中的知识产权体制改革》,载《法商研究》2017 年第 1 期。

保护手段之一，更有利于以后的知识产权案件审理的专业化、管辖的集中化处理、程序的集约化与现代化，从方方面面营造有利于知识产权保护的环境，从而为建设知识产权强国和科技强国提供司法保障。

三、中国知识产权法院的完善建议

(一)中国知识产权法院的体系布局

最高人民法院知识产权法庭成立解决了技术类案件的上诉审理，最高人民法院在知识产权司法体制改革与构建过程中起着核心与主导作用，各类司法解释、文件的出台和改革方案就是显著的方式。目前的知识产权司法审判机构的分布要么呈现水平的不对等，有些是专业法院体系，有些依旧是普通法院内部的审判庭，对于知识产权法院的布局需要从专业性和独立性出发，原先广泛讨论的解决知识产权司法裁判不统一问题需要建立全国范围内的知识产权高级法院的设置，然而当下的问题是：地方的知识产权法庭和知识产权法院如何设置；数量上怎么安排；三家知识产权法院的成立有没有解决法院所在地及其周围的知识产权司法保护；如果存在问题针对跨区域管辖应该考虑什么问题；现在已经建成的 20 个主要城市的知识产权法庭有没有必要；未来是否还需要增设知识产权法庭，原因何在。也就是说我们不能动不动谈改革，谈改革是对的，但是需要先问自己，我们需要建立什么样的知识产权审判体系。知识产权业务的特殊并不应当是单设法院的理由。只有深挖这些问题才不会陷入司法改革的成绩迫切需要的迷离之中。知识产权法院的专业性特征以及诸多工作机制我们较为熟悉，至于知识产权法庭目前的改革方案和运行模式无论理论界还是实务界探讨较少，这些知识产权法庭的分布以东部沿海地区居多，也有一些正在发展的地区。知识产权法庭的设置在原有的普通法院体系内如何开创出符合现代化司法理念和诉讼类型的知识产权审判体制将会显得更考验地方司法改革的决心和努力，例如在诸多先进地区知识产权法庭的工作需要创新内容，适时地跟进改革思路，条件成熟可以在知识产权法庭运行成熟的基础上设立跨区域审理知识产权案件的知识产权法院，例如笔者认为西安、武汉、大连、青岛、海口等知识产权法庭具备这个条件与可能性。

对于知识产权法院体系的布局笔者建议是“1＋(3＋N)＋(20＋M)”，这是基于当下的知识产权法院及审判机构存在的状况下合理推理的未来知识产权法院体系构建模式。知识产权司法有着特殊的系统性调解的天然和内在需求，在以最高人民法院知识产权法庭、知识产权庭为首的、知识产权法院、各地知识产权法庭和基层知识产权法庭为内容的系统才会构筑起稳固的硬件系统，继续组建主要经济发达城市的中院层面的跨区域知识产权专门法院。① 当然知识产权法院体系的建构需要将其放在知识产权司法改革的框架中，理性考虑其他制度成本、中国本土的知识产权司法消化能力，目前来看不适宜中国各个省市、直辖市、自治区建立知识产权法院，通过每年最高人民法院发布的中国知识产权司法保护状况也可以得知，不同省份之间的知识产权司法实践的具体情况差距悬殊。知识产权司法体系的建设不仅仅是法律问题，更需要从经济成本效益、社会总体效应出发和分析，司法系统性改革是需要国家投入金钱成本的系统工程，在改革深入推进的当下我们需要考虑知识产权法院体系的实际作用和“含金量”，要借鉴国外先进知识产权司法体制的做法，从案件管辖集中化、程序保障专业化、纠纷解决快速化等角度进行开创性的工作②，做一些技术含量高的工作，只讲究数量不讲究质量不符合改革的精神。司法领域的改革也不能是“孤芳自赏”，如果没有社会大环境的变革和提供便利、尊重法律，形成法治思维，那么我们得到的终将是冷冰冰的硬件系统，并不能感受到规则之治的魅力。

知识产权司法真的是体系内容庞大和丰富，建立一套适合中国本土的知识产权司法体制与审判运行机制并非易事，这里需要打破陈旧的观念、创造良好的司法环境、深度挖掘和总结知识产权诉讼的本质与特殊性、建立科学合理的机制和应对不断增长的知识产权案件与审理团队人数不足的矛盾，通过修改和制定法律来赋予知识产权司法机关的司法审查权，厘清知识产权案件中由于司法权与行政权的界线从而适度解决因此导致的知识产权诉讼拖延问题，知识产权案件与一般的民事案件相比，除了其自身的专业性和复杂性以外，更具有公法与私法融合、法律问题与技术问题相结合等特点。③ 在知识产权司法改革和探索的初期，我国目前的速度可以说是惊人的，出现问题也是必然现象，只是在法治中国不断被提倡的今天还有很多问题不能从表面上看待，法律是复杂的，理解深刻

---

① 参见易继明：《国家治理现代化进程中的知识产权体制改革》，载《法商研究》2017年第1期。

② 参见徐俊：《日本和我国台湾地区知识产权审判体制改革速览》，载《中国审判》2018年第8期。

③ 参见冯晓青、王丽：《从专门法庭到专门法院：我国知识产权司法的最新进展透析》，载《南都学坛(人文社会科学学报)》2015年第3期。

原理并且与实际改造结合更是难上加难,目前需要先把树干型的内容设计好,再从细微之处入手进行完善。

真正实现全方位的知识产权司法改革需要建立更紧密协调、相互配合的知识产权法院体系,针对知识产权法院的数量少的问题,我国目前正在一一设置的跨区域管辖的知识产权法庭是下一步中国继续构建知识产权法院体系的重要环节。① 对于目前的知识产权司法机构的布局我们需要在冷静分析中国的实际需求的基础上考虑如何增添知识产权法院或者建立大知识产权司法跨区域的司法机构,对于未来专门法院的设置不仅需要考虑经济发达地区,更需要考虑中国国土面积广大和人口规模巨大的实际国情。② 北京、上海和广州知识产权法院的专业设置通过四年运行的已经交出不错的答卷,那么未来我们对于部分城市的知识产权司法改革也是否需要设置类似北上广的知识产权法院模式,或是建立跨区域的知识产权法院或者巡回法庭模式?是在全国实现知识产权法院或者知识产权法庭遍地开花的模式还是只考虑知识产权案件集中和服务科技创新为主的设置地考虑?这些问题不仅涉及法律问题,同样还有很深刻的社会因素和政治因素。司法资源的合理配置和使用、知识产权专业审判的扎实落实、知识产权强国建设的总目标、激励科技创新、中国法律现代化转型过程中对于现代诉讼类型的完善、统一知识产权保护的司法标准、法院的机构改革的深入等这些问题是未来改革依旧要面对的难题和思路。笔者认为,未来中国知识产权的保护只会更加深入和专业,知识产权对于科技创新与产业的转型的作用会越来越突出,我国的知识产权司法体制改革依旧需要深化和扩充。目前中国已经成为全球知识产权案件增长迅速、审理案件最多的国家,并且这一态势会持续很长一段时间,随着中国经济崛起,北上广地区已接近发达国家地区水平,更多内陆城市也初具规模和产业兴起的潜力巨大,这些地区的知识产权司法实践不能忽视。因此在初步的三家知识产权法院运行四年之时,重新审视和展望知识产权法院体系建设、知识产权各项司法改革措施的探索,同时需要在三家知识产权法院工作的基础上"登高而望远",基本理出知识产权法院运行模式、审判团队建设、专业化知

① 参见张玲玲:《完善我国知识产权法院体系的初步构想》,载《知识产权》2018 年第 3 期。

② 参见吴汉东:《中国知识产权法院建设:试点样本与基本走向》,载《法律适用》2015 年第 10 期。

识产权审判体制工作的基本规律和科学之处，进而为中国知识产权法院体系建设提供坚实的成功示范样本。

（二）中国知识产权法院的改革方向

专业化、国际化、前沿化以及本土化是未来中国知识产权法院继续深入改革的方向性表现。经过前期准备和一段时间的试验，我国的知识产权法院可以说刚刚进入角色，随着专业系统的确立和司法实践的现实需要，未来会面对更加新颖、复杂和疑难案件，为此在准备好“装备”的同时更要有“硬核”内在功力得以解决现代化诉讼带来的司法问题。2017 年通过的《关于加强知识产权审判领域改革创新若干问题的意见》提出要加强知识产权法院建设，知识产权法院的建设不仅仅是司法实践的需要，更是从顶层改革角度赋予了方向，其中就强调了“完善知识产权诉讼制度、加强知识产权法院体系建设”，只有解决了专业化问题才可以更好地应对知识产权诉讼实践。除了专业以外，还需面对知识产权诉讼的综合性问题，如中国对外开放水平的进一步提升所面临的国际诉讼、技术更新背景下新型案件的涌现以及中国本土环境中的所谓中国特色的知识产权司法组织体系。

专业审判问题在知识产权诉讼中尤其突出，改革也尤其迫切。知识产权法院的专业化建设问题是系统工程，包含诸多内容。专业化改革指的是审判队伍的建设、裁判能力的提升、理论与实务的密切融合、升级优化诉讼制度以服务知识产权审判、实现审判权的精细分工、司法行政事务实现集约化管理等。知识产权法院的专业化问题在于基础设施现代化与实际司法保护机制的高效，为此需要国家高度重视适时拨付资金支持知识产权司法事业，将当下的方便平台与知识产权法院结合起来，加强信息平台建设，改革裁判文书体例等层面拓宽知识产权法院专业化建设的局面。

国际化问题在知识产权诉讼中常见的，这不仅仅因为我国的知识产权制度是“舶来品”，更为主要的是我国当前的经济大国的地位，全世界的目光都瞥向逐渐崛起的东方巨人，经济社会的转型发展必将颠覆法律服务模式。从现行三家知识产权法院运行经验分析，国际化案件审理水平得到了国外同行的认可，且外国当事人主动选择中国知识产权法院进行诉讼的案件不断增多，但是还需深入推进国际化诉讼能力和水平，例如在实际庭审上努力实现中文和外文审理的实现，主要还是法官要具备英语庭审能力；开展务实的国际知识产权司法交流，定时安排学习团体赴先进国家和地区观摩、开会和报告。加强国际化诉讼能力的关键是成为一个地区的诉讼中心，例如北京、上海知识产权法院很有区位优势，力争亚洲知识产权诉讼中心，争做国际知识产权司法保护新规则的制定者和引领者，用实力吸引全球顶尖企业来中国诉讼从而不断提升我国的国际化诉讼水平。

前沿性知识产权案件越来越多样化，涉及尖端、前沿技术领域的最新问题，如有生物医药、化工、信息通信、人工智能终端、集成电路、航空航天技术，这些最新人类智慧成果的事实认定问题对知识产权审判事业和法官能力提出了挑战和为诉讼制度的改革提供了可能性。为此需要培养辅助法官解决技术事实认定的专业人员和辅助人员。

本土性问题的建设就是要结合中国实际司法需要构建知识产权司法体系，我国的知识产权司法一方面要遵循 WTO 规则体系，另一方面要采取理性的方案必须直面我国的特殊国情，否则只能是引进先进制度却达不到应有的效果，正如著名知识产权学者吴汉东所说的，“中国的知识产权司法保护政策既要有国际视野、又要坚持中国立场”①。这种本土性问题体现在知识产权法律体系的不完善，知识产权实体法律规则与程序法律规则之间需要加强对话；实地调研北上广以外的具备知识产权法院建设的地区和城市，杜绝知识产权法院建设的形式主义②；知识产权一线审判队伍的不足与扩充；减少行政干预、发挥司法独立作用，发挥以法官为核心的审判团队功能；全面梳理知识产权法院建设。

(三)中国知识产权法院的发展路径

进一步研究推动知识产权“三审合一”。“三审合一”模式的讨论由来已久，知识产权诉讼带来的综合性问题需要理性分析，三合一诉讼制度对于解决裁判标准不统一问题，合理配置司法资源，及时公正解决矛盾纠纷，提高诉讼效率方面有着合理性。“三审合一”问题由于需要考虑的司法层面更为细致、周全，因此对于法官审判能力的提高，整合知识产权审判力量具有重要意义。③

制定符合知识产权诉讼特点和规律的程序性规则。“重实体轻程序”是长期

---

① 参见吴汉东:《中国知识产权司法保护的理念与政策》，载《当代法学》2013 年第6 期。

② 参见许春明:《谈知识产权法院体系框架的构建》，载《中国发明与专利》2005 年第 1 期。

③ 参见冯晓青、徐相坤:《我国知识产权法院发展现状及其改革研究》，载《邵阳学院学报》2015 年第 6 期。

以来我国的一种法学研究的现象，目前随着法治建设的加强很多程序性法律问题亟待解决，知识产权诉讼中的许多制度和流程可以单独构成一部程序法从而指导知识产权司法实践。

科学设计技术事实认定机制，增加辅助人员，完善技术调查官制度。知识产权诉讼中的很多技术问题具备复杂性、前沿性和疑难性特征，对于其中的技术事实的查明成了案件解决与否的关键性环节。在技术事实问题查明与法律判断并作出判决的过程中如何衔接好之间的关系以及帮助不具备技术知识的法官群体认定技术问题做出判断是知识产权诉讼案件的重要问题。技术调查官制度在我国属于引进不久的制度，若要充分实现其价值要在总结经验的同时发现问题从而改进，技术调查官制度目前来看需要厘清其定位、真正的作用和与法官之间的分工合作问题。

探索建立知识产权案例指导制度。案例指导制度的另一层含义是通过对司法实践过程中出现的各种类型的案例的审理，总结出可以在相似或者相同的案件中适用同样的司法裁判规则、法律逻辑的推理、提炼后的司法认知和理念，从而尽量减少“同案不同判”的现象。2015 年 4 月最高人民法院知识产权案例指导研究（北京）基地在北京产权法院成立，成为全国性的专门研究知识产权案件的探索法院。截至 2018 年，北京知识产权法院已经在 1000 多个案件中援引在先案例，对丰富知识产权案例指导制度的体系和完善提供了新的模式和思路。未来的知识产权法院建设和审判实践中需高度重视和研究案例指导制度对于推动知识产权诉讼的作用和意义。

此外，我国的法官与西方法律语境下的法官制度不同，相比来看我国的法官需要更多的自由、尊严与权利。知识产权诉讼爆炸带来的问题是知识产权审判领域法官的压力过大，不仅仅是工作任务压力，还存在着学习能力的提高、生活水准的保障等问题。知识产权法官集中在一线特大城市，经济压力是可想而知的，为了防止法官纷纷辞职转行，应该建立合理人性化的法官薪酬制度，提高福利待遇，让法官没有后顾之忧。

结　语

我国在总结学习世界先进知识产权司法保护模式的基础上选择自上而下地推动和建立知识产权法院体系，并以最高人民法院司法改革推动为牵引，探索中国特色知识产权司法体制。中国的三家专业知识产权法院的成立不仅完善了中国知识产权诉讼制度,更从司法规律出发,用司法保护的手段为经济的发展保驾护航,服务中国的创新驱动发展战略和知识产权战略。由于现有的知识产权司法问题还需要考虑政治因素,即国家对于知识产权战略的实施以及知识产权事业的总体布局,加之设立知识产权高级法院层面的献言计策会触及中国法院制度的安排和司法制度之间的衔接问题,可谓复杂而艰巨。

执行法论坛

裁执关系审视下民事执行"分段集约"模式之反思与重构

——以员额制改革下的执行团队建设为契机

丁　瑶*

摘要：民事执行模式是民事执行领域的基础与关键，其构建与运行直接关系到执行质效及执行的规范化运作。从民事执行现状分析，当前我国民事执行"分段集约"模式在实践层面还存在模糊化现象，审执分离的改革要求与执行效能最大化之间还存在一定现实背离。上述问题的解决需重点从执行权合理配置、执行机制优化与裁执关系等层面着手，对执行机构的组织架构、人员构成、工作程序、运行机制等进行具体设计，实现对现行民事执行模式和运行机制的重构，以进一步理顺民事执行内部关系，整合执行资源，最大限度发挥执行效能，进一步释放员额制改革和裁执分离改革的红利。

关键词：员额制改革；分段集约；裁执分离；执行团队

一、检视：现行民事执行模式运行及相关问题

在员额制改革如火如荼的司法环境下，在执行外部联动不断完善的背景下，深化对民事执行模式的分析研判，重构民事执行机制，优化执行权内部配置与规范运行，最大限度挖掘执行内生动力，对于基本解决执行难、推进执行规范化具有重要意义。基本解决执行难取得突破性重要成果，涉及执行工作政策、体制、

* 作者系华东政法大学2019级经济法博士研究生，济南市槐荫区人民法院助理审判员。

机制等方面的问题逐步得到解决，在很大程度上推进了解决执行难的步伐。但是，随着基本解决执行难实践的不断深入与长效化开展，一些深层次问题也逐渐暴露出来。民事执行模式、机制构建与运作问题是其中的重要方面，属于解决执行难"制度层面""内生动力"因素，不仅对顺利达成基本解决执行难的预期目标具有关键影响，对执行工作规范化和持续发展也具有基础性作用。

基于此，本文重点围绕民事执行模式、机制构建与运行等问题，结合基本解决执行难、推进执行规范化以及员额制改革等关联内容，在对山东省和部分其他省份执行模式调研的基础上，对现行民事执行模式情况进行针对性、分层次的梳理和分析。

（一）执行机构设置、内部分权模式及"分段集约"运行分析

1.调研梳理山东部分地区和部分外省市现行执行机构设置情况(图1、图2)。

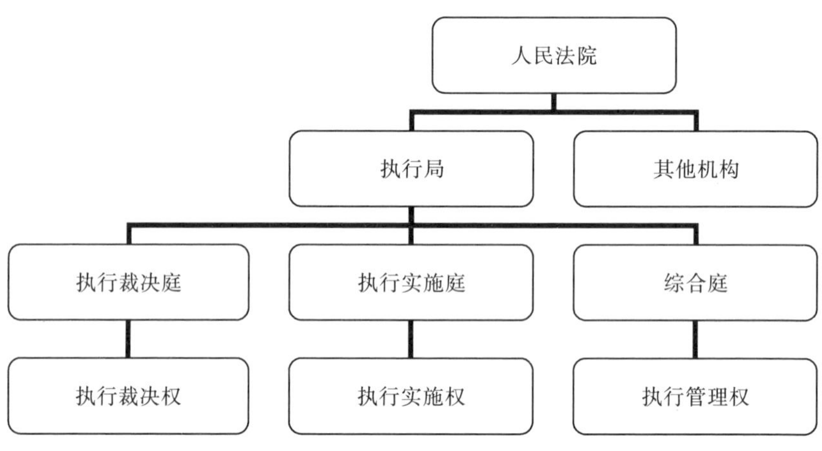

图 1

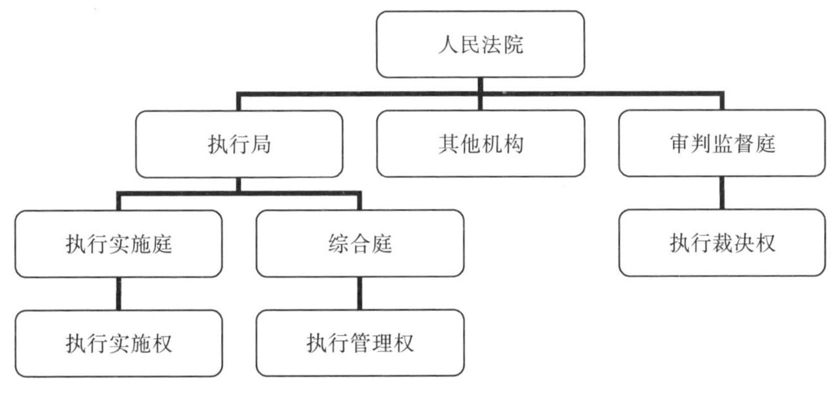

图 2

2.调研梳理山东部分地区和外省市现行执行权配置情况(图 3、图 4、图 5)。

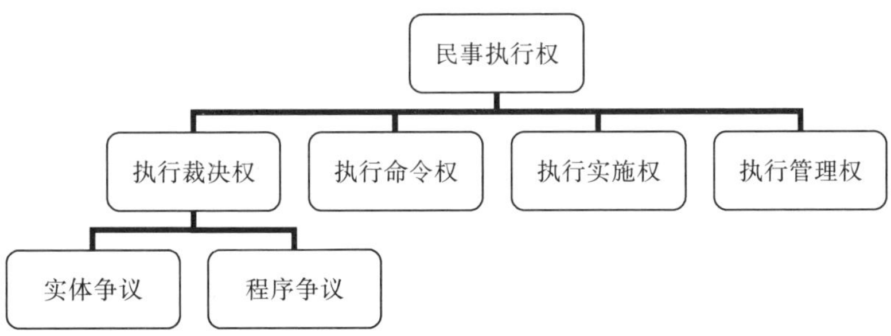

图 3

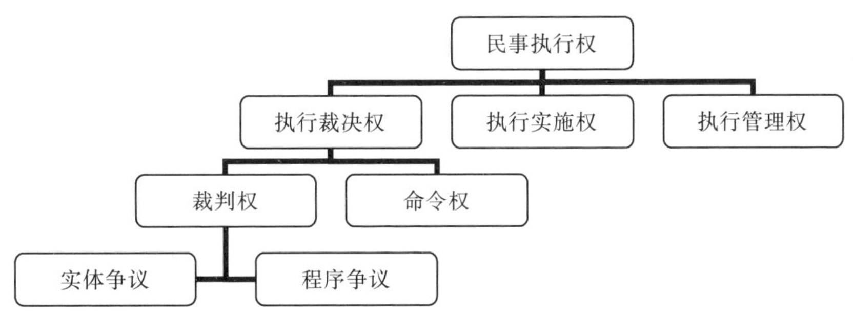

图 4

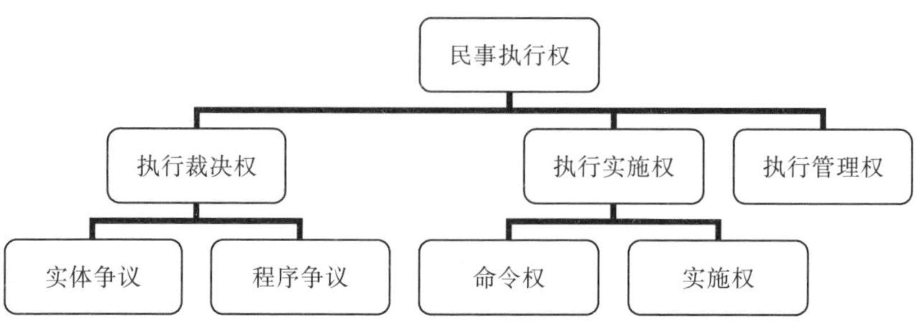

图 5

以上分权模式在裁执分离要求的基础上,对执行权进行了具体的划分,并设定了负责机构和行使权限,但在实际运作中,“分段集约”模式还需要解决一些操作层面和落实层面问题。具体可见表 1。

表 1

领域	重点问题	实践状况、不足、表现
权力集中方面	执行局长权力集中问题	执行权集中问题只是在执行机构内部的一定层面得到解决,执行局长权力集中问题依旧凸显。
分权制约方面	内分有余而衔接不足	分段之间存在衔接壁垒,单纯的物理切割式的分段影响整体协作。案件实际执行到位除了依靠财产查控、处置等分段外,督促被执行人履行、执行和解同样重要,而这类工作需有丰富办案经验的执行人员根据具体案情进行判断,不宜作为一个分段集中、流水线式办理。
财产保全方面	财产保全与财产查控衔接问题	山东部分法院模式:(1)诉前、诉中财产保全由立案庭办理;(2)诉前财产保全裁定由立案庭办理,诉中由相关业务庭室办理;(3)设置单独的财产保全处办理诉前、诉中财产保全。 云南部分法院模式:诉前、诉中财产保全均由执行局实施。 四川部分法院模式:财产保全裁定由立案庭或执行局实施。

续表

领域	重点问题	实践状况、不足、表现
执行新要求方面	执行人员专业化问题	1.当前执行异议、复议、申诉以及执行协调等审查类案件不断增多,对执行人员业务素质提出新挑战。有的法院执行局员额法官配备不足,不具有法官资格的人员审查处理执行异议的情形并不罕见。 2.员额制改革后如何界分执行法官与执行员、执行法警的职责分工和协作运行,期待科学的制度设计。

(二)"一人包案"与"分段集约"执行模式整体考察

从实践运行看,传统的"一人包案"执行模式因较为粗放的运作、机制内在地缺乏有效监督,不利于资源整合、易造成执行腐败,受到广泛批评,目前从理论和规范层面已基本摒弃了该种模式。但实践中"一人包案"情况仍大量存在,主要制约因素不外乎两大类:一是受制于人员力量影响,"一人包案"仍存在现实需求。在某次东部省份解决执行难专项调研中,来自偏远农村地区的法院普遍对"一人包案"模式持支持态度,主要理由即执行人员数量有限,客观上难以详细划分为不同的组别承担不同阶段的实施职能。二是分段集约模式衔接机制不畅,可能影响执行效率。如有执行人员反映,经过速查速执没有解决的案件交到下一阶段后,还要重新开始调查财产线索,有重复劳动之嫌。

为解决"一人包案"模式的种种弊端,2008 年 1 月北京二中院在全国率先开展了"分段集约执行机制"改革。[①] 2011 年,最高人民法院发布的《关于执行权合理配置和科学运行的若干意见》为"分段集约"模式提供了规范层面的具体依据。从理论层面讲,"分段集约"模式更为科学,实践中却存在不少困难和制约因素。

"分段集约模式"将民事执行程序按执行事项种类、流程环节、案件进度顺序等进行同类项合并、分工,但该分段仅停留在物理切割的表象化层面,在未对现有执行权进行深层次理论解构剖析、科学重构的前提下,很难保证执行权能配置

① 李松、黄洁、杜岩:《分段执行"流水线"提升执结率——北京二中院案件执行不再"一包到底"》,载《法制日报》2008 年 10 月 17 日第 1 版。

和运行的科学性。虽然现阶段法院内部审判部门与执行部门的分离已取得实质性进展,但目前审判权与执行权的界分并不彻底,大量涉及权利义务分配的具有“审判要素”的裁决职权与单纯的执行实施权交织,混同在现有执行程序中未予相应的归责制衡,执行法官过度参与执行事务,审判、裁决权能不当配置于执行人员,由此引发的权责推诿、各自为战、重效率轻效果的弊端逐渐凸显。

另外,虽然《关于执行权合理配置和科学运行的若干意见》第6条要求“执行局的综合管理部门应当对分段执行实行节点控制和流程管理”,目标在于加强财产查控、处置等不同阶段的监督与制衡,但该模式仅限于对案件流程形式上的管控,未触及对具体案件执行实效的全局性、针对性跟进,对案件整体流程之间的协作与衔接也无相应设计。从而导致分段集约模式沦为“机械性流水线作业”,在效率方面可很好实现“诉讼产品”(生效裁判)流水线加工,但最终的执行效果如何,该模式似乎无能为力。

通过上述分析可见,要进一步科学设置并规范执行程序,弥补“分段集约模式”分工有余、协调配合不足的短板,推进“解决执行难”向纵深发展,需在员额制改革契机下以深化内分审执权能、重构科学的执行运行模式为进路。

二、解构:执行权能分解基础上的裁执分离

以往对审判权与执行权分离的研究与论证,主要集中在审判机构与执行机构的分设层面,这是在区分审判案件与执行案件性质差异的规律性基础上所做的宏观角度的分离。而对现行民事执行权进行权能细分考察,会发现其并非纯概念意义上的执行权,而是内含执行裁决权能、执行实施权能、执行监督权能、执行命令权能、执行调查权能等一系列权能的权力束。① 目前学界多数观点采二

---

① “二分说”认为民事执行权由执行实施权和执行裁决权构成。参见于泓:《关于我国民事强制执行机构设置的构想》,载沈德咏主编:《强制执行法起草与论证》(第1册),中国法制出版社2002年版,第323页。“三分说”认为民事执行权由执行命令权、执行实施权和执行裁决权构成。参见孙加瑞:《中国强制执行制度概论》,中国民主法制出版社1999年版,第110页。“四分说”认为民事执行权由执行命令权、执行调查权、执行实施权和执行裁决权构成。参见满宏伟:《执行权的分割与制衡》,载青岛市中级人民法院编:《司法理论与实务》,法律出版社2001年版,第146页。“五分说”则认为民事执行权划分为执行命令权、执行管理权、司法审查权、执行实施权和执行裁决权。参见葛行军:《民事强制执行权之我见》,载《人民司法》2004年第3期。

分法，即包括执行裁决权和执行实施权。而现行执行模式采取裁执一体化的运行模式，无论在制度设计目标还是在理论基础方面，都存在先天不足。

（一）宏观考察：裁执分离的制度依据

最高人民法院 2009 年出台的《关于进一步加强和规范执行工作的若干意见》以及 2011 年出台的《关于执行权合理配置和科学运行的若干意见》规定将执行审查权与执行实施权分别行使，明确了执行程序内部对含有裁决要素的权能与执行权的界分，对“二分法”予以肯定；2016 年发布的《关于落实“用两到三年时间基本解决执行难问题”的工作纲要》①进一步明确了执行程序中裁判事项与执行事项权能分离的分工运行方面的指引。但是，上述文件只是对现行执行权中的审查权能、裁决权能与执行实施权能进行原则性区分。一方面，尚未对执行程序中的具体事项的权能归属给予详细界分，某些权力中仍包含审判要素，且执行裁决要素与执行实施要素在主体构造、程序运作等方面互相渗透、一体化行使问题凸显；另一方面，分离后的具体运行模式有待进一步构建。

（二）微观透视：裁执分离的理论剖析

通过对现行执行程序中的各项权能进行提取，对每项权能的权力指向进行理论剖析，以权力指向为类别对现行执行权进行具体事项的权能基础剖析，归纳总结出以下两类具体事项：一是在执行过程中作出的有裁决效力的事项。如执行异议、不予执行、执行复议、财产查控裁定（查封、扣押、冻结、扣划等）、处分裁定（拍卖、变卖、以物抵债、价款分配等）、制裁决定权（拘留、罚款）、变更或追加被执行人、中止执行、终结执行等。二是纯粹地执行实施事项。如对被执行人的财产的实行查封、扣押、冻结等，具体实施拘留、罚款等强制措施等。

前者执行裁决事项涉及当事人的重大实体利益和程序利益。比如变更或追加被执行人这一事项，一方面，关系到生效裁判文书之外的第三人的法律主体地位确立及责任承担，具有程序利益与实体利益的双重实质性影响；另一方面，对申请执行人而言，其被生效法律文书所固化的权利能否保障，该事项往往发挥关键性作用。唯有对该事项配置以与其法律效果相当的权责保障，才能确保该职权不被空置或滥用。再如对执行案件作出中止或终结裁决，虽然其在形式上为

① 其中在“（二）实现执行体制改革”项下第 4 条规定：“实行执行权和审判权科学合理分离。进一步优化执行权的科学配置，设立执行裁判庭，审理执行程序中涉及实体权利的重大事实和法律争议，形成审判权对执行权的有效制约和监督。”

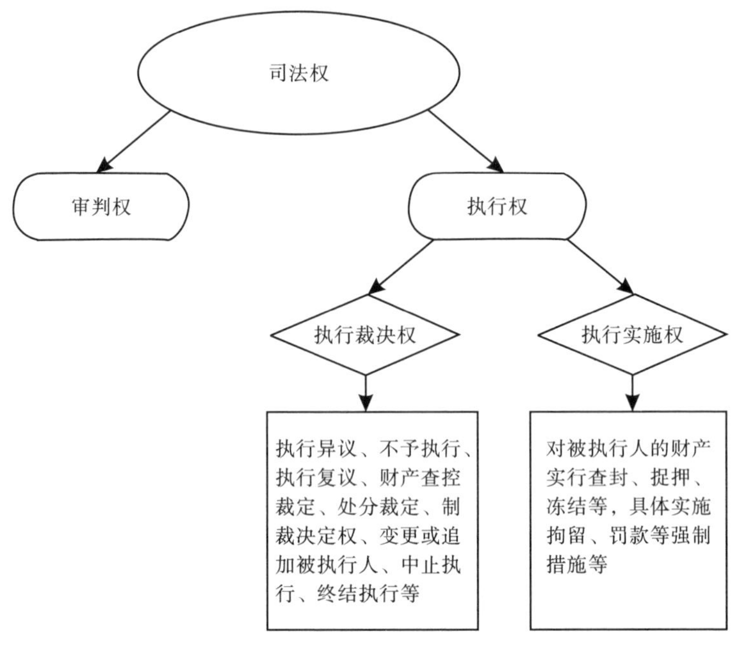

图 6

单纯的程序判断,但就其所产生效果而言,该事项直接关系申请执行人的经诉讼确认的债权何时实现、能否实现。对于财产的查控、处分以及对被执行人的强制执行措施等,有学者将其概括为执行命令权。① 该权能虽然有明显的程序性特征,但其关系到财产的处分、人身自由的限制等重大事项,亦需谨慎为之。

分散在执行流程中的执行裁决事项,既涉及整个案件的执行进程即执行效率的把控,又直接影响到当事人的实体利益即执行效果的考量,且每个执行案件也有其具体特殊性,故对该类权能不宜仅为提高执行效率而机械切分,应当将执行裁决事项从执行流程中抽取并集中,且因其涉及实体权利义务分配,应由具有裁判职能的机构进行统一掌握为宜。

对于后者执行实施权,主要涉及依生效裁判文书所确定的权利义务进行操作层面的具体分配,该类事项区别于裁决事项的关键在于其不具有对当事人重

① 孙加瑞:《中国强制执行制度概论》,中国民主法制出版社 1999 年版,第 110 页。

大程序利益与实体利益的决断效力。因该类事项具有同质性和可分割性①,对其运行模式安排不宜简单套用与执行裁决事项或诉讼案件等相同的处理模式。以提高效率为目标追求,对该类事项进行同类项合并,适用合理的分段集约模式,或成为执行体制改革的优选方式。

三、思辨:执行权能优化配置之目标与限度

在将执行权能解构为裁决权、实施权的基础上,如何进行职权配置与机构重组、确保执行目标的达成是我们需要解决的关键性问题。要构建科学的执行模式,应当从执行权的价值目标及权力运行规律、执行裁决权与实施权分离的限度等方面进行论证。

(一)基于价值目标与权力运行规律的双重考量

首先,执行权追求效果与效率相统一的价值目标。执行权的设计初衷是确保生效裁判的良好执行,维护司法权威,故效果追求是执行权的首要价值目标。而物理切割式的分段集约模式因缺乏对执行权机理进行深层理论分析,缺乏相应的总体制约机制、责任划分与效果监督设计,易导致执行效果大打折扣。同时,忽略执行案件各环节同质性及相对独立性的特点,单纯效仿诉讼案件"一战到底"的办理方式,每个案件从执行流程开始到财产查控、财产分配、案件执结等整个流程都相对孤立进行,由同一执行人员对该全过程承担一揽子责任,势必在执行效率方面与分阶段集中处理相去甚远。

其次,执行权配置应当符合权力监督制约的运行规律。过去的一人包案模式是权力过度集中的典型,给消极执行、乱执行现象提供了生存土壤,甚至容易滋生司法腐败。目前的民事执行监督主要包括外部监督和内部监督。外部监督即主要通过人民检察院监督,作为一种独立于审判执行权之外的外力干预,但由

① 肖建国:《民事审判权与执行权的分离研究》,载《法制与社会发展》2016 年第 2 期。

于信息不对称性、检察监督的谦抑性①、事后性②等特点，使得现实中执行权检察监督逐渐虚化。因此，权力内部监督的作用举足轻重。挖掘执行程序内部的权力监督机制，最行之有效的方法是进行执行分权，其可有效防止"暗箱操作"、提高执行效率，是执行权科学形式的内在要求。

(二)执行裁决权与实施权分离的限度分析

1.基于审判权与执行权分离理论的若干思考

审执关系、裁执分离等问题一直是备受理论界与实务界热议的论题，在裁执分离视野下研究执行模式的合理构建，离不开对该问题的合理审视。但不少观点认为，执行权中的裁决权应与实施权彻底分离，纳入审判序列③，其实质系将审执关系与裁执关系归为同一个问题。

笔者认为，审执关系与裁执关系不宜作简单等同认定。审判权系旨在应然层面判断权利义务归属的、明显区别于执行权的独立权力束，而裁决权能系天然地包含于执行权内部的、在国家强制力通过执行权将应然权利转化成实然权利过程中必不可少的判断权能。从民事执行权的权力属性上看，民事执行权派生执行裁判权与执行实施权。④ 亦如日本民事诉讼法权威三月章教授所言："尽管说强制执行的法与判决之法的特征方法具有显著的异质性，但是我们仍然不能忽视二者之间存在的复数程序法体系具有的相互包容关系这一特征。在执行程序的进行过程中，不可避免地会遇到派生性纠纷，这些纠纷必然会涉及实体和程序两方面，对这些纠纷的处理也是强制执行法本来的课题。"⑤

由此，裁执分离的执行模式构建仍应在执行视阈下进行，而非将裁决权能彻

---

① 孙谦著：《检察：理念、制度与改革》，法律出版社 2004 年版，第 158 页；程晓璐：《检察机关诉监督的谦抑性》，载《国家检察官学院学报》2012 年第 2 期；邓志宏：《悖论与正说：检察监督权的谦抑性研究》，载《中国检察官》2014 年第 9 期；郭云忠：《检察权谦抑性的法理基础》，载《河北法学》2005 年第 5 期；常廷彬：《论民事执行检察监督的构建》，载《社会科学家》2008 年第 8 期；蒋玮：《民事执行检察监督节制主义——兼论与民事执行救济体系之协调》，载《甘肃政法学院学报》2016 年第 1 期。

② 郭兴莲、曹琳：《民事执行检察监督的范围、方式及相关的程序设计》，载《法学家》2010 年第 3 期。

③ 曹凤国：《审判权和执行权"深化内分"模式研究》，载《法律适用》2016 年第 8 期。

④ 童兆洪：《论民事执行权的构造》，载《法律适用》2003 年第 11 期。

⑤ 转引自章武生等：《司法现代化与民事诉讼制度的构建》，法律出版社 2003 年版，第 659 页。

底从执行权中剥离。

2.现有“外分”“内分”模式构建的现实阻力分析

基于对审判权与执行权分离体制改革的研究，理论界、实务界形成“彻底外分”①、“深化内分、适当外分”②、“深化内分”③等不同改革模式探究。也有学者认为，执行权本身并没有一个应然或必然属性，一国执行机构的设置并不是一个单纯的理论问题，简单依据执行的属性而不考虑现实社会的其他因素来确定执行机构设置的倾向有可能将人们的行为引入误区。④

笔者认为，在现有的物质技术条件基础及机构设置条件下，仍有在法院执行机构内部进行合理优化的空间，暂不宜进行“彻底外分”。因每一个案件的执行在一定程度上也是一个系统性工程，执行裁决权与实施权存在千丝万缕的联系，在行政机构改革尚未理顺的情况下，在司法机关与行政机关之间甚至行政机关之间信息联通仍存在孤岛化与一定壁垒的现实因素下，贸然将执行权或执行实施权予以外分，并不利于执行效率的提高，甚至会在一定程度上因沟通衔接不畅而引起不必要的程序拖沓。当然，在技术、机构条件等相关配置达到时，不可否认，“适当外分”亦有其独特优势。而“将执行裁判机构别离出执行实施机构、纳入审判序列”的“内分”模式，因其在理论上割裂了执行权力束、将执行裁决权能与审判权混同，忽略了裁执衔接与配合的天然需求，亦不足可取。

3.裁执分离基础上的裁执衔接、归责与制约

由上分析，过分注重执行实施权与裁决权的分立，二者之间缺乏衔接与协调，且内部监督职能与责任划分未予以明晰，将使执行效率与效果皆受影响。实

---

① 该观点主要基于将执行权之性质认定为不同于司法权的行政权，其属行政活动，具有行政特性。参见贺卫方：《司法的理念与制度》，中国政法大学出版社 1998 年版，第 264 页；孙小虹：《体制突破：执行工作新思路》，载《云南法学》1999 年第 1 期；汪红、纪欣、梅双：《执行权应从法院职能中分离》，载《法制晚报》2014 年 10 月 29 日。

② 该模式系在裁执分离的基础上，将执行实施权交由行政机关行使，实现垂直管理。参见褚红军、刁海峰、朱嵘：《推动审判权与执行权想分离体制改革试点的思考》，载《法律适用》2015 年第 6 期。

③ 该模式系将执行裁判机构别离出执行实施机构，纳入审判序列，在各级人民法院内组建与民事审判庭室平行的执行裁判机构，负责与执行案件有关的主要争议事项的解决和涉执行诉讼的审理。参见曹凤国：《审判权和执行权“深化内分”模式研究》，载《法律适用》2016 年第 8 期。

④ 廖中洪：《关于强制执行立法几个理论误区的探讨》，载《现代法学》2006 年第 3 期。

务中有的法院将执行权内部不同的权能进行机械划分,导致具体执行工作无所适从。从相关实证调研来看,过分强调执行实施权与执行裁决权相互分立的法院已开始面临着如何加强二者的衔接与配合的新问题。[①] 故执行裁决权能与实施权能存在着错综复杂的权力纠葛,双方应在保持一定距离以回归权力理性的同时,相互审视、相互沟通,共同致力于生效裁判所确定的当事人权利的最终兑现。

首先,执行裁决权(广义上内含执行命令权)对执行实施权具有指示、责任统筹分配的作用。实施权依据裁决权作出的具体指令进行,实施权在执行过程中每一步不同流程与环节的推进有赖于裁决权的形式性审查及对程序性纠纷的判断;具体的财产查控、分配等经裁决权作出判断后确定责任划分。其次,执行实施权是检验执行裁决权是否得当的现实手段。通过对裁决事项的具体实施,并将实施内容及时反馈,裁决权才能结合实际情况在此基础上再次作出下一步指令。在一个案件的整个执行程序中,裁决权与实施权实际上是进行不断沟通、往返的过程。最后,从功能上看,执行裁决权可有效实现对执行实施权的监督。执行裁决权中的执行异议、复议、变更或追加被执行人等事项具有执行救济功能,在一定程度上能够实现对执行实施权能的制约与监督。"通过确认和强化权利来制约执行权,其根本性或关键性意义甚至要大于权力划分和分工行使的意义。"[②]在裁执分离的基础上,借助执行申请人、被执行人、案外人的异议权、复议权等权利保障机制,通过执行裁决权的理性审视,建立以执行救济为核心的执行权内部监督,杜绝执行实施过程中的任意性与选择性执行。

四、重构:员额制改革背景下的执行权裁执分离与衔接

最高人民法院《关于全面深化人民法院改革的意见》指出,要" 建立中国特色社会主义审判权力运行体系,必须坚持以法官为重心,全面推进法院人员的正规化、专业化、职业化建设,建立法官员额制度"。员额制改革对于优化司法资源配置,全面提升法官素质,保障人民法院独立行使审判权具有重要的意义。具体到执行程序中,带有显著强制性色彩的执行权直接限制和剥夺债务人的人身权

---

① 这方面的情况可参见《优化权力配置,推动执行工作科学发展——四川省高院关于执行权配置的调研报告》,载《人民法院报》2010 年 8 月 12 日 8 版。

② 张志铭:《执行体制改革的想象空间》,载《人民司法》2008 年第 21 期。

利和财产权利，因此执行措施采取的审查决定权必须归属于相应专业背景和司法能力的法官。而执行实施权也应在掌握执行审查权的法官统筹协调下开展，达成预期目标。此外，从改革的推进情况看，人民法院内设机构中，执行部门的员额制改革较为特殊，改革落实情况具体多样。以员额法官为主导的执行团队建设对执行权配置及运作都具有重要导向作用，对团队的组织架构、工作流程、人员更新机制也有重大影响。

(一)执行裁决权行使主体之确认

在具体模式构建中，员额法官作为案件承办人对其承办的执行案件负总责，对执行过程中需要判断的事项和采取的措施具有决定权，职责范围主要包括：制订执行实施案件执行方案；决定案件的不予执行、驳回申请等事项，决定执行过程中出现的各类财产控制和财产处置措施，向司法辅助人员或相应实施组下达执行指令，推动案件进展；制作或签发各类裁定书、决定书等法律文书；组织和指挥重大、疑难、复杂案件具体执行措施的实施工作。员额法官通过行使执行裁决权，对整个执行过程进行司法控制，进而达到提升执行效果的目的。“执行法官作出查封裁定、扣押裁定、冻结裁定、拍卖裁定、变卖裁定、划拨裁定、以物抵债裁定、强制管理裁定、司法拘留决定书、司法罚款决定书的实质是，执行法官命令执行员或者其他辅助人员采取具体执行措施，表明具体实施这些实施事务的主体应当受司法控制，其原理与检察机关对侦查行为的控制(检侦一体化)具有共通性。”①

由员额法官集中行使执行裁决权，一方面与法院员额制改革的精神相契合。传统分段集约模式虽然通过分割执行环节与集中办理在一定程度上达到了提高效率、节省资源的目的，但本质上仍是基于传统行政审批制办案方法的改变。分散在各环节的裁决事项多数需要由环节负责人作出裁定、决定，呈报不同层级领导批准，显然与司法改革“由审理者裁判，由裁判者负责”的大趋势不符。而明确员额法官为执行案件的裁判者和负责人，对于理顺权责关系、推动员额制和司法责任制在执行工作中的落实，都具有重要意义。另一方面，由员额法官行使执行裁决权，有助于提升办案效率。员额法官作为案件承办人和负责人，其目标不再是单一地采取某项执行措施或实施某种规定动作，而是对案件整体办理质量和效果负责，员额法官以将案件执行到位为目标指挥执行团队开展执行工作，对于

① 黄忠顺：《民事执行机构改革实践之反思》，载《现代法学》2017年第2期。

提升案件办理效果,避免各环节推诿扯皮有着重要作用。

(二)执行实施权运行模式之考量

民事执行权分权运行模式的构建,克服了以往执行员对案件全程包揽的弊端,防止执行工作的随意性和暗箱操作,尤其在程序上更具透明,有利于提高执行案件的公信度,增强当事人和有关利害关系人对结果的信任度和接受度。① 但是,执行分权运行更着眼于提高执行工作的规范化,解决"执行乱"问题,而对于解决"执行难"、实现胜诉当事人的胜诉利益并不产生直接作用。要切实解决这一问题,必须建立高效的执行实施权运行机制。

由于全国各地法院在案件数量、案件类型、法官素质、保障水平和规范化水平等各方面差异巨大,想找到一种放之四海而皆准的高效执行实施权运行模式并不现实,必须结合本地实际进行具体考量和探索,找到适合本地区特点的执行实施权运行模式。故可以从以下两种模式进行构建。

1.动态分组模式

考虑到执行更具有"对物不对人"的同质性、可分割性特点,面对执行案件数量庞大的执行环境趋势,在执行人员素质较高、执行力较强或已经运行过分段集约模式的法院,可建立执行实施权动态分组模式即"1+N+X+……+X"模式,"1"是指1个执行指挥中心,为信息化服务中枢,统筹协调、支持保障信息化、协作办案,"N"是指负责执行裁决权的若干员额法官,"X"由若干执行员、书记员、法警成立执行组,将执行实施权按照内容分为"财产查控""拍卖、变卖""财产处置""强制措施"等若干阶段②,由员额法官对执行事项作出决定后将具体实施事项分到各执行组负责实施。各环节除不具备裁决权能外,与分段集约模式下各环节职能基本相同,本文不再赘述。将不同执行实施权进行归类、分段集中,对大批量实施事项流水化作业,"程序具有反复性、多重性,一个执行标的可反复发生多个执行程序,最终直到申请执行人的权利得到满足"③。运行动态分组模式,一方面执行实施人员不具备独立的执行措施决定权,需要执行实施人员具备

① 童兆洪、唐学兵:《我国民事执行改革实践演进及理性思考》,载《法律适用》2005年第6期。

② 这里作出的分段并非适用于所有法院,而是各法院根据自身规范化水平执行设定,比如对于一些规范化程度较低的法院,在财产处置等环节执行实施人员尚不能及时高效地按照法官要求达到处置财产目的,这些环节就暂时不宜集约办理。

③ 肖建国:《民事审判权与执行权的分离研究》,载《法制与社会发展》2016年第2期。

较高的专业素质和执行力，能够按照员额法官要求在规定期限内不折不扣地完成其指令；另一方面，各环节要尽可能建立标准化流程办理规范，避免具体执行事项反复提交法官决定而造成资源浪费和效率低下。具体运作模式如图7所示。

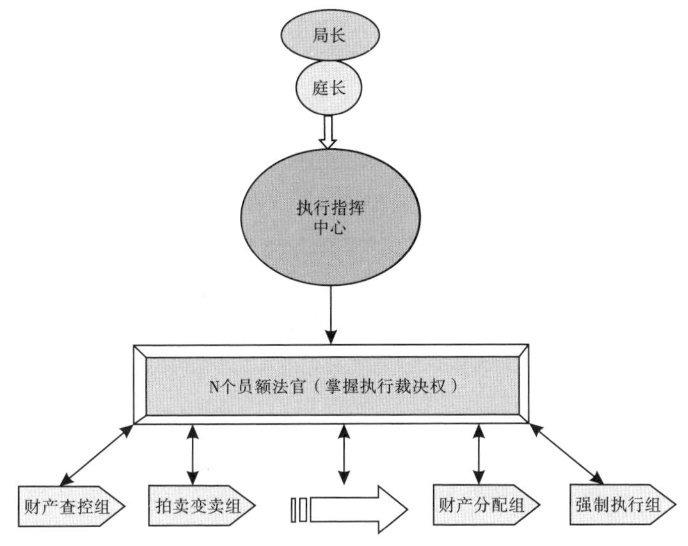

图7 “1＋N＋X＋……＋X”动态分组执行模式

在执行实践中，动态分组模式往往需要和执行案件繁简分流相结合。执行案件立案后，经“执行立案”“财产查控”流程完成规定动作后，被执行人财产情况基本清晰，对于行为类执行案件、存款余额满足执行标的的案件，设立相应的“速执组”及时执行到位；对于未查到财产、暂不具备执行条件的案件，设立相应的“终本组”完成发布限制高消费令、传统调查、终本约谈等规定动作后经法官审查同意后以终本方式结案。“速执组”和“终本组”虽然仍然涉及部分事项的决定，但是同质化程度较高，法官通过签发相应裁定书、决定书、限制高消费令等文书进行“司法控制”即可，以最大限度提升案件运转效率，使得法官可以集中精力办理疑难复杂案件。

2.执行团队模式

执行团队模式即以员额法官为核心组建执行团队，将执行工作中需要判断的重大事项统一收归员额法官决断，由员额法官对案件负总责，员额法官通过向团队中其他辅助人员发出执行指令并监督实施的方式推进案件不断前进。在具体执行实施团队模式的构建中，建议采用“1+N+X”的模式，以1个执行指挥中心为信息化服务中枢，统筹协调、支持保障N个执行团队信息化、协作办案，执行团队由一名员额法官配备X名法官助理、书记员、法警，以员额法官为指令核心，按照流程节点的难易程度进行流水化、协作式办案。该种团队化运作模式更方便实现执行裁决权与实施权的相互衔接与监督制约。在团队运行机制中，员额法官作为团队长对团队办案负总责，职责范围主要包括制订执行实施案件执行方案，决定执行过程中出现的各类财产控制和财产处置措施等各类执行裁决事项。法官助理的职权范围包括根据法官指令办理执行实施案件，采取执行措施，在法官指导下约谈案件当事人，组织双方当事人执行和解等。司法警察作为执行强制力的保障力量，其职权范围包括根据法官指令外出办理被执行人财产查控措施，执行拘传、拘留、搜查、查封、扣押、强制迁出等需现场采取的强制措施，维持执行现场秩序，保障执行人员安全。书记员的职权范围主要包括通过全国法院执行案件信息流程管理系统查控被执行人财产，将办案各环节采取的工作及时录入执行办案系统，纳入和屏蔽失信被执行人名单，送达法律文书，整理、装订执行卷宗和办理法官交办的其他事项。具体运作模式如图8所示。

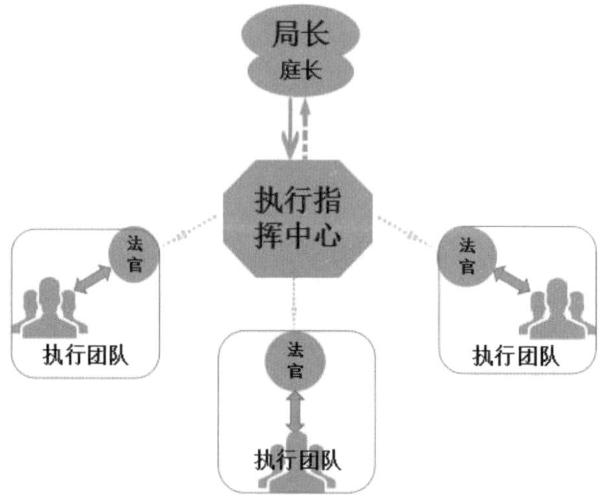

图8　“1+N+X”执行团队模式

该模式主要用于执行案件数量相对有限，执行人员整体素质有待提高的法院。和动态分组模式相比较，这种执行团队模式的优势也是显而易见的：一方面，这种模式较之动态分组模式更加灵活，执行法官对本团队内执行案件的控制力更强，各环节流转更加灵活，更有利于实现执行案件办案目标的实现；另一方面，与执行分组模式需要各实施组均具备较高的专业化素养和执行效率不同，执行团队模式的配置相对简单，更适合一些人、才、物保障有限的法院。

终结本次执行程序的实务检视与优化设想

陈志鑫*

摘要：通过对444份终结本次执行裁定书的实证分析可以发现，《终本规定》在司法实务中尚未得到全面适用，《终本规定》部分条款过于超前、部分内容适用范围过小。对比《终本规定》及五地法院的终本程序适用意见，在相关核心要件上规定均不一致。终本程序适用范围不应局限于金钱给付类案件，不应将限制消费作为终本必要条件，应进一步扩大"财产不能处置"认定范围，有必要加强查找被执行人并加大对妨碍执行的被执行人惩戒力度。终本案件应为因客观原因无法执行的案件，金钱给付类案件终本核心要件为无可供执行财产。

关键词：终结本次执行；客观原因无法执行；无可供执行财产

为严格规范终结本次执行程序适用，2016年10月29日，最高人民法院出台《关于严格规范终结本次执行程序的规定(试行)》(下称《终本规定》)，该规定的出台，有效解决了以往终本把关不严、随意终本等问题。但从实务来看，终本程序仍存在不少问题，按照《终本规定》，人民法院决定终本的案件，应同时符合五个要件，其中，以下三个为形式要件：(1)已发出执行通知、责令报告财产；(2)已发出限制消费令并将符合条件的纳入失信被执行人名单；(3)立案已超过三个月。以下两个为实质要件：(1)穷尽财产调查措施，未发现有可供执行的财产；(2)被执行人下落不明的已依法予以查找，有妨害执行的已依法予以惩戒。客观来看，满足三个形式要件并无难度，当前理论与实践中分歧较大的集中在两个实质要件，例如，对无可供执行财产、财产不能处置、被执行人下落不明以及依法予以查找等的理解尚未形成共识。因此，有必要专门进行梳理，以厘清终本程

* 作者系厦门市集美区人民法院执行局执行一科科长，法学硕士。

序适用界限与适用条件，实现执行不能案件退出机制科学化、合理化。

一、实务检视：以444份终本裁定书为样本

在中国裁判文书网，笔者设置如下检索条件：案件类型为执行案件，全文检索关键词为终结本次执行，法院层级为基层法院，裁判年份为2018，共检索出3119份文书。笔者将3119份文书以裁判日期递增的方式排序，下载前500份文书，经筛查，有444份为终本裁定书。从地域维度而言，444份裁定书覆盖全国25个省、自治区或者直辖市中的102家基层法院，较大的地域范围可以确保分析样本来源的广泛性。

（一）具体分析

1.关于"穷尽财产调查措施"的调查范围

载明通过最高人民法院网络查控系统发起财产查询的有99件，占22.30%；载明查询了银行、车辆、不动产、工商的有36件，占8.11%；载明查询范围小于银行、车辆、不动产、工商的有141件，占31.76%；未载明查询范围及未载明查询财产的有168件，占37.88%；载明核实财产线索的有0件。

2.关于何为"财产不能处置"

根据《终本规定》，财产不能处置有两种情形，一是车辆未实际扣押，二是财产处置失败且申请执行人不愿以物抵债的。但从下载的终本裁定来看，以下情形被纳入"发现的财产不能处置"范围：财产被其他法院轮候查封的46件，房产为共有的5件，不动产为集体土地房地产而无处置条件的3件，设备无益拍卖而不处置的1件，超标的而不处置的2件，房产为无籍房无法评估拍卖的2件，房产为共有的村房地产且证照不一的1件，一拍流拍后申请执行人以降价将导致其利益受损而不同意降价再拍的1件，房屋未竣工无法评估拍卖的2件。

3.关于如何认定"被执行人下落不明"

在444个案件中，仅有47份裁定书载明被执行人下落或查找被执行人的方式，占10.59%。其中，有16件载明到被执行人住所地查找但未找到，有1件载明到村公告栏张贴传票，有5件因被执行人在服刑或者被羁押，有1件载明到被执行人开设的店铺查找，有4件载明通过公安机关布控查找，有3件载明被执行人去向不明，有13件体现被执行人可找到或随传随到，有2件载明有调查但未明确调查方式，有1件载明被执行人手机暂停服务。

4.关于是否有对妨碍执行的进行惩戒

在444个案件中,有10件对被执行人进行拘留或者罚款,有22件作出对被执行人进行拘留或者罚款的决定书但未实际执行,有1件以涉嫌构成拒不执行判决、裁定罪移送公安机关立案侦查。

(二)终本程序实务样态概评

综合上文的实证考察可以发现,《终本规定》在司法实务中尚未得到全面适用,其根本原因在于《终本规定》与司法实务之间存在一定程度的脱节,这种脱节具体体现在以下两方面。一是《终本规定》部分条款过于超前,例如:对下落不明的被执行人依法进行查找,但查找手段极其有限且成效甚微。二是《终本规定》部分内容适用范围过小。例如,财产不能处置的情形远不止《终本规定》中的两种形态。

二、规范盘点:以最高人民法院及五地法院的规定为样本

在《终本规定》之前,对终本条件作出详细规定的是中央政法委和最高人民法院于2009年3月19日联合发布的《关于规范集中清理执行积案结案标准的通知》(下称《清案标准》),以及2015年1月1日起开始施行的《关于执行案件立案、结案若干问题的意见》(下称《意见》)。《清案标准》提出,下列情形之一的,可裁定终本后结案:(1)被执行人确无财产可供执行,申请执行人书面同意人民法院终结本次执行程序的;(2)因被执行人无财产而中止执行满两年,经查证被执行人确无财产可供执行的;(3)申请执行人明确表示提供不出被执行人的财产或财产线索,并在人民法院穷尽财产调查措施之后对人民法院认定被执行人无财产可供执行书面表示认可的;(4)被执行人的财产无法拍卖变卖,或者动产经两次拍卖、不动产或其他财产权经三次拍卖仍然流拍,申请执行人拒绝接受或者依法不能交付其抵债,经人民法院穷尽财产调查措施,被执行人确无其他财产可供执行的;(5)作为被执行人的企业法人被撤销、注销、吊销营业执照或者歇业后既无财产可供执行,又无义务承受人,也没有能够依法追加变更执行主体的;(6)经人民法院穷尽财产调查措施,被执行人确无财产可供执行或虽有财产但不宜强制执行,当事人达成分期履行和解协议的;(7)被执行人确无财产可供执行,申请执行人属于特困群体,执行法院已经给予其适当救助资金的。

《意见》取消了《清案标准》对终本的第五项条件,其他均予保留。总结《意见》规定的终本六项条件,其实质上是三个条件,即一是无财产可供执行,二是虽

有财产但处置失败且申请执行人拒绝或不能交付其抵债，三是虽有财产但不宜强制执行且当事人执行和解。

此外，经检索，在《意见》出台之后《终本规定》出台之前，广东高院、江苏高院、浙江高院、内蒙古高院、南京中院等五家法院曾出台关于终本的适用意见。对比《终本规定》及五家法院的终本程序适用意见，存在如下不同(详见表1)：一是"穷尽财产调查措施"的调查范围及方式不同；二是终本前是否必须对被执行人限制消费的要求不同；三是"财产不能处置"的范围界定不同；四是除《终本规定》要求必须对下落不明的被执行人进行查找及浙江高院要求通过公安机关采取布控外，其他法院均未作要求；五是除《终本规定》外，对终本前是否应该对被执行人采取拘留、罚款、移送拒执罪等措施，五家法院并无规定；六是除广东高院允许行为类案件进行终本外，其他均未明确行为类案件是否可进行终本，但从内容的表述来看，其他规定均仅针对金钱给付类案件。

表1　五家法院终本程序适用意见对比表

情形	是否要求限制消费	财产不能处置	被执行人下落不明	执行惩戒	终本适用案件范围
广东高院《关于规范执行不能案件退出强制执行程序的意见(试行)》(2016年8月16日印发)	根据具体情况发出限制消费令	(一)财产处置失败，无法抵债且无法采取其他执行措施的；(二)未实际扣押车辆、船舶、飞行器等特殊动产；(三)执行法院非首先查封被执行人财产，且与首先查封法院协商不成，导致案件超过六个月仍无法推进执行的；(四)执行内容需要分期进行或者双方达成分期履行和解协议，导致案件超过六个月不能执结的；(五)被执行人财产依法不能执行或者应当免于执行的；(六)申请执行人暂不要求被执行人履行生效法律文书确定的给付义务，书面要求终结本次执行程序的；(七)执行法院认为其他有财产但不可供执行的情形	未载明查找方式	未作要求	行为执行案件暂不具备执行条件，有下列情形之一的，可以参照本意见第九条的规定，裁定终结本次执行程序：(一)交还、腾空房屋，因被执行人及其扶养家属无合理安置去向，不具备执行条件的；(二)探望或者抚养不具备执行条件的；(三)财产权属变更存在障碍的；(四)执行行为不可替代，被执行人下落不明的；(五)其他暂不具备执行条件的

续表

情形	是否要求限制消费	财产不能处置	被执行人下落不明	执行惩戒	终本适用案件范围
江苏高院执行局《关于依法正确适用终结本次执行程序及加强终本案件单独管理的意见》(2016年1月1日起施行)	未作要求	(一)维持生活必需的住房;(二)政府相关部门依法不同意处置的不动产;(三)未能实际扣押车辆、船舶等动产,且被执行人下落不明的;(四)其他无法拍卖变卖的情形	未载明查找方式	未作要求	未规定
浙江高院《关于规范"终结本次执行程序"适用的意见》(2016年6月30日印)	视情节采取限制出境	1.被执行人本人及所扶养家属维持生活必需的房屋和生活用品。2.政府相关部门依法不同意处置的不动产。3.车辆、船舶等财产,未能实际扣押的。4.信用证开证保证金、养老金、住房公积金等财产权利,法律规定不得执行或只有具备一定条件才能执行但条件尚不具备的。5.被执行人财产无法拍卖变卖的其他情形	视情节采取布控	未作要求	未规定
内蒙古高院《关于依法正确适用终结本次执行程序方式结案的规范意见》(2016年6月13日发布)	未作要求	(一)维持生活必需的房屋;(二)政府相关部门依法不同意处置的不动产;(三)车辆、船舶未能实际扣押,且被执行人下落不明的;(四)公司的股权已冻结,但缺乏资料评估,无法处置的;(五)被执行人财产无法拍卖、变卖的其他情形	视情节采取布控	未作要求	未规定

续表

情形	是否要求限制消费	财产不能处置	被执行人下落不明	执行惩戒	终本适用案件范围
南京中院《关于统一民事执行案件程序终结条件和规范恢复执行案件管理工作的规定(试行)》(2015年5月15日发布)	未作要求	1.被执行人财产系本院轮候查封、冻结的,与首封法院就处置权协商不成的。2.首封法院不放弃处置权,或协商、协调后决定由首封法院处置的,应书面告知申请执行人享有申请参与分配的权利,并将申请执行人提交的参与分配申请书转交给首封法院。3.首封法院采取的措施如系财产保全,所涉案件尚未审结且期限超过执行期限,或审结后未进入执行程序的,可裁定终结本次执行程序,书面告知申请执行人待另案进入执行程序后申请恢复执行。4.政府相关部门依法不同意处置的不动产。5.维持生活所必需的居住房屋。6.车辆、船舶未能实际扣押,且被执行人下落不明的。7.被执行人财产涉另案诉讼、仲裁,有下列情形之一的,可裁定终结本次执行程序:(一)标的物需要等待案件审理完毕确定权属的;(二)对于仲裁裁决,一方申请执行,另一方申请撤销,人民法院已立案受理的;(三)需要等待另案诉讼析产分割的共有财产;(四)人民法院已裁定受理以被执行人为债务人的破产或破产重整申请的。8.被执行人财产系异议之诉的标的物,审理期限较长,已采取措施能够保证财产不被转移、处置的。9.申请执行人请求延期执行且暂不要求处置被执行人财产的。10.被执行人下落不明,被处置财产系易变质、贬值的物品,申请执行人强烈要求及时处置,处置变现款仅够或不够支付处置费用的。	未载明查找方式	未作要求	未规定

三、问题分析:终结本次执行程序实务困境探索

(一)终本程序适用范围不应局限于金钱给付类案件

如上文所述,除广东高院外,《终本规定》及其他四家法院的规范性文件,行为类案件无法适用终本程序。正如有论者所言,民事诉讼法第252条规定:“对判决、裁定和其他法律文书指定的行为,被执行人未按执行通知履行的,人民法院可以强制执行或者委托有关单位或者其他人完成,费用由被执行人承担。”从上述规定可以看出,对行为的执行可由被执行人完成,如被执行人拒绝履行,可委托有关单位或其他人完成,不存在无法执行完毕的情形,故不应适用终结本次执行程序结案。[①] 但实际上,从广东高院的规定来看,确实存在因客观情况无法执行的行为类执行案件。在上述444件案件中,即有一件为行为类案件并进行终本的,其申请事项为将婚生子交付申请执行人,但因确实无法找到婚生子,执行法院将其进行终本。对于这种情况,在被执行人拒绝履行的情况下,也无法委托有关单位或其他人完成。因此,若将因客观原因而无法执行的行为类案件排除在终本案件适用范围之外,可以预见,该类案件因不存在其他对应的结案方式而将长期处于未结状态。

(二)规范冲突与实务风险:对将限制消费作为终本必要条件的双重考量

按照《最高人民法院关于限制被执行人高消费及有关消费的若干规定》(下称《限高规定》),对于未履行生效法律文书确定义务的被执行人,人民法院可以对其限制高消费,对于被纳入失信被执行人名单的,人民法院应当对其限制高消费。从该规定来看,终本案件中被执行人均未履行生效法律文书确定的给付义务,但并非应当对其采取限制消费措施。换言之,若终本案件中被执行人未被纳入失信被执行人名单,则并非必须对其限制消费,是否限制消费由执行法官根据实际情况决定。但在《终本规定》中,采取限制消费措施是进行终本的必要条件,未对被执行人采取限制消费措施的无法以终本方式进行报结。应该说,该规定与《限高规定》是相冲突的。

同时需要注意的是,采取限制消费、纳入失信被执行人名单、司法拘留等措施之前,必须得到确认的客观事实是,被执行人未履行生效法律文书确定的义务。实践中,有部分当事人在另一方当事人已履行生效法律文书确定的义务后,

① 范加庆:《适用终结本次执行程序的基本点》,载《人民司法(应用)》2015年第7期。

仍向人民法院申请强制执行。[①] 因此,若因被执行人下落不明,在未得到被执行人确认其确实未履行生效法律文书确定的义务的情况下,径直对其进行限制消费甚或失信惩戒的做法不够严谨,甚至可能不当损害他人权益。

（三）扩大“财产不能处置”范围的合理性与迫切性

《终本规定》规定,终本并未仅指查无财产的案件,若查询到有财产,财产不能处置的,也可予以终本。但对于财产不能处置的,最高人民法院仅规定了两种,一种是拍卖变卖均流拍后,申请执行人不愿意以物抵债也不能进行强制管理的,另一种是车辆、船舶等财产未能实际扣押的。按照该规定,其他查询到有财产的,均不能进行终本。例如,某省高院执行局在其编发的执行工作相关问题的解答中,明确指出:未上市公司的股权、农村宅基地及房产等财产虽执行起来难度较大,但仍不属于“不能处置的财产”,应予执行。但在司法实务中,除上述情形外,还存在其他确实因客观原因导致财产无法处置的情形,例如轮候查封,于轮候查封的法院而言,若首封法院未转让财产处置权,则其无法对该财产启动处置程序,该财产对轮候查封的法院来说,即属于不能处置的财产,轮候查封的法院只能向首封法院发起参与分配申请。同时,还有无益拍卖,国土资源管理等相关管理部门依法不同意法院处置的国有划拨土地使用权、集体土地使用权、农村房屋涉及集体土地、尚未办理土地使用权登记、未做分割的土地使用权、预查封房地产、在建工程、无证房产,被执行人在有关公司的股权因缺乏资料评估而无法处置的,等等。若对这些案件不予终本,案件将长期处于未结状态,并于相当时间后,变为长期未结案件而被纳入重点督办范围,同时影响法院结案率等考核指标。

（四）依法查找被执行人的实务困境

当前,对于如何认定被执行人下落不明及如何查找尚无明确标准。某省高院执行局在其编发的执行工作相关问题的解答指出:发现被执行人已不在原住所居住,或者法律文书通过司法专递无人签收的,且申请执行人无法提供被执行人其他居住地的,即可认定被执行人下落不明。应该说,该种认定方式较为简单。而更重要的在于如何查找,上述解答指出:到被执行人住所地进行了解,并作出执行笔录,即可认定已依法进行了查找。而这也是笔者所接触的大部分执

---

① 石狮法院:《申请执行人要钱没有还被罚款并写下检讨书,为什么呢》,载于福建省石狮市人民法院微信公众号《石狮法院》,2018 年 5 月 11 日刊发。

行法官的做法,但是,在认定被执行人下落不明后再到住所地查找,查找到被执行人的概率几乎为零。实践中,被执行人住所地周边人员或者村居干部亦普遍不愿配合制作执行笔录,不少执行干警只能选择到被执行人住所地拍照或者录像以证明其有到该地查找,查找普遍流于形式,成效甚微,其目的仅在于使案件符合《终本规定》的要求。因此,依靠传统手段查找被执行人的做法,于执行而言,除增加执行干警工作量之外,对推动案件执行并无裨益。

目前,部分法院依托公安机关对被执行人进行布控,甚至有的法院为激励公安机关抓捕被执行人的积极性,在当地党委政府的支持下下拨专门经费用于发放给抓捕到被执行人的公安干警,例如浙江全省法院、福建省石狮市法院。2017年5月1日起开始施行的《最高人民法院关于民事执行中财产调查若干问题的规定》第15条也规定,对于人民法院决定拘传但下落不明的,可以通知有关单位协助查找。该有关单位主要即当地公安机关。但公安机关是否协助,关键在于当地党委政府的支持以及法院与公安机关的关系,否则,在通知公安机关协助查找后往往并无成效。因此,除非最高人民法院与公安部从上而下推广,否则该种依托公安机关布控手段查找被执行人的做法,很难在全国全面推行。

此外,有部分法院通过悬赏执行或者村居网格员,发动广大群众积极提供被执行人下落线索,应该看到,这些创新具有一定成效,但是该方式本身具有局限性:一是被征集线索的被执行人一般只能以本地区的为主,超出本地区的,倘若有人提供被执行人线索,执行法院也很难第一时间赶到并将被执行人抓获,往往会贻误时机;二是悬赏执行的赏金由申请执行人支付,该方式决定了悬赏执行的推广取决于申请执行人的个人意愿;三是囿于经费欠缺,且向法院提供线索可能会得罪同村居群众,村居网格员一般积极性较低。

因此,在实证分析的444个案件中,未载明有对下落不明的被执行人依法进行查找的高达397件,占89.41%。虽然未载明并非意味着一定没有查找,但有查找的占比应该也不容乐观。

(五)对妨碍执行的被执行人进行惩戒力度有待加强

从实证分析情况来看,对被执行人妨碍执行的被执行人司法惩戒适用率极低,实际有拘留或者罚款的仅10件,移送拒执罪的仅1件,两种情形合计仅占2.48%。实践中,对被执行人适用惩戒措施的前提在于能够找到被执行人,但找到被执行人的概率不高。此外,执行法院适用较多的对被执行人进行拘留或者罚款的事由为拒不报告财产、报告不实或者有能力履行而拒不履行生效法律文书确定的义务。但实际上,该三种事由在具体适用过程中也存在若干问题。《终本规定》要求发出财产报告令,发出一般采取快递方式寄出,但妥投率极低,被执行人可以没有收到为由对抗执行法院拒不报告的事由。此外,囿于当前查控范围的局限性,对被执行人报告事项进行查证核实的能力非常有限,对被执行人“有能力履行”的证明能力也非常有限。正如有学者所言,可供全国法院完整地调取被执行人各种有效信息的征信系统还没有确立,执行法院对被执行人的财产报告的查证能力非常有限,执行人员很难发现或者有证据认定被执行人有违法申报行为。[①] 概言之,查人找物能力的不足,极大地影响了相关惩戒措施的适用。

四、终结本次执行程序优化设想

有观点认为,终本属于“终结执行”的一种,并将其认定为《民事诉讼法》第257条第6项“人民法院认为应当终结执行的其他情形”,在《最高人民法院关于适用〈中华人民共和国民事诉讼法〉的解释》出台之前,部分法院在终本裁定书中即适用该款。但笔者认为,“终结本次执行程序”并非法定结案方式,其是中央政法委及最高人民法院于2009年为清理执行积案而提出的政策性、临时性结案方式,其并非终结案件全部执行程序,其仅终结“本次”执行程序,终结的是一个执行案件的其中一次执行程序,在发现财产等具备执行条件后可继续恢复执行,而“终结执行”终结的是一个执行案件的全部执行程序[②],其与终本存在本质区别。因此,应先厘清终本程序的功能定位,再以此为基础就终本条件的优化提出方案设计。

(一)定位:因客观原因无法执行

作为一种政策性结案方式,终本程序的目的在于临时性终结执行案件的其中一个程序,否则,大量无财产可供执行的案件将因无正当方式退出执行程序而逐年累积。如最高人民法院江必新副院长所言:“美国近些年每年受理破产案件在250万件以上,不存在无财产可供执行案件难退出的问题。而我国每年破产

---

① 刘静:《无财产可供执行案件证据问题研究——以执行财产的发现为中心》,载《证据科学》2014年第3期。

② 蔡维峰:《对“终结本次执行程序”几点思考》,载厦门长安网 http://www.paxm.xm.gov.cn/zfwh/zfyj/201401/t20140101_810629.htm,最后访问日期:2017年5月22日。

案件才两千件左右,符合破产条件却又无法退出执行程序的却在几十、上百万件以上。"[①]而这一临时性案件退出机制,所需具备的条件应为案件暂时因客观原因无法执行。具言之,某一执行案件在执行法院采取当前所能采取的法定措施后仍无法执行,其即可适用终本程序而暂时先退出执行程序。同时,该条件的设置,必须密切结合执行法院的客观情况,避免超前或滞后,导致部分案件本应退出而未退出,或者部分案件不应退出而退出。从这一角度而言,终本程序适用范围不应仅局限于金钱给付类案件,对于行为类案件,若确因客观原因无法执行,也可予以终本。

(二)金钱给付类案件终本核心要件:无可供执行财产

金钱给付类案件终本的核心要件并非无财产,而应是无可供执行财产,关键词在于"无可供执行"。具言之,无可供执行财产包括两种情形,一是无财产,即经过查询后未发现任何财产的;二种是发现了财产,但该财产因客观原因无法处置。第二种包括哪些情形,目前争议较大。同时需要指出的是,《终本规定》第1条第3项"未发现被执行人有可供执行的财产或者发现的财产不能处置"的表述值得商榷。财产不能处置,也是财产不可供执行的一种情形,因此,建议该句修正为"未发现被执行人有可供执行的财产"。

《终本规定》将财产处置失败归为"不能处置"的两种情形之一,该规定值得商榷。财产处置失败有多方面原因,比如标的物不受欢迎、拍卖时了解的受众不多等等。但是,更重要的原因在于当前对拍卖降价次数及降价幅度的限制。按照规定,当前首拍保留价可以降到评估价7折,流拍后只能降价一次,最低再降8折,所以理论上只能拍卖两次、变卖一次,拍卖或者变卖保留价最低只能降到评估价的5.6折。对于好的标的物,拍卖时拍卖保留价是否降价影响不大,但对于像机器设备等难处置的资产,绝大部分降到5.6折还是流拍。[②] 因此,将这种处置失败归类为是因客观原因导致,笔者认为是不妥的,该种处置失败的主要原因之一是对降价次数及降价幅度的限制。另外,有观点认为处置失败后不同意以物抵债或无法强制管理的可以直接解封,但是在基层法院,查封处置机器设备的基本上都涉及工人工资的群体性案件,若对机器设备直接解封,工人普遍无法

① 江必新:《比较强制执行法》,中国法制出版社2014年版,序言部分第1页。

② 陈志鑫:《司法拍卖不能的实践分析与优化——以拍卖次数的限制为切入点》,载《上海政法学院学报(法治论丛)》2016年第5期。

接受,极易引发群体性矛盾。目前基层法院对该种情况的普遍做法是在处置失败后重新启动评估拍卖程序。

同时,对何种情形属于“无可供执行财产”,笔者建议采取列举式的方法,对执行工作中经常出现的情形进行规定,同时增加兜底条款以应对新情况、新问题的出现。具体条文设计如下:“‘发现的财产不能处置’,包括下列情形:(一)人民法院在登记机关查封的被执行人车辆、船舶等财产,未能实际扣押的;(二)执行法院非首先查封、冻结被执行人财产,且与首先查封法院协商后无法取得财产处置权的;(三)明显的无益拍卖;(四)国土资源管理等相关管理部门依法不同意法院处置的国有划拨土地使用权、集体土地使用权、农村房屋涉及集体土地、尚未办理土地使用权登记、未做分割的土地使用权、预查封房地产、在建工程、无证房产等;(五)其他因客观原因导致财产不能处置的。”

(三)辅助要件的完善

建议就《终本规定》与《限高规定》就限制消费条件的规定进行修正,以实现两部规范性文件相关规定内容的一致性。此外,能否找到被执行人是人民法院对妨碍执行的被执行人采取惩戒措施的关键因素,也制约着大多数案件的执行进展,特别是对于10万元以下的小额标的案件,通过采取限制消费、失信惩戒、拘留及罚款等措施,以惩促执,大部分被执行人可以履行法律文书确定的义务。而这些措施能否采取取决于能否找到被执行人,当前最有力的查找方式即通过公安机关的布控,因此,建议进一步加强与公安机关的协调力度,将下落不明的被执行人纳入公安机关布控范围,同时依托全国四级法院执行指挥中心,加大异地委托力度,对异地发现的被执行人,由属地法院协助先行拘传,再由执行法院前往办理人员交接,提高执行质效。

执裁分离实践下到期债权代位执行问题研究

高小刚*

摘要:到期债权的代位执行,既要依法充分保障次债务人的程序权利,又要防止次债务人借异议程序规避执行。债权人代位执行的债权范围应当限于金钱债权,该金钱债权可以是附期限,但不应包含附条件情形。次债务人可以阻却执行的异议事由,应当限于债权实体存在异议,对自身履行能力和法律关系不同或者已经明确承认到期债权等异议,不能阻却执行。在次债务人执行异议成立的情况下,申请执行人可以另行提出债权人代位权诉讼救济权益,而相应的执行程序应当终结,并及时解除对第三人财产的查封措施。

关键词:到期债权代位执行;程序范式;异议权

2016年开始,最高人民法院推行一系列审判权和执行权相分离的体制改革,其中一项重点措施是执行实施权与执行裁判权的分离,以发挥裁判权对执行实施权的监督和保障作用。① 按照监督职能的分工,执行裁判主要负责积极执行行为的监督。② 在执行裁判法实务中,有关到期债权代位执行的执行异议案件,属于较为典型且又比较复杂的积极执行行为异议案件。但是,一方面,由于

* 作者系华东政法大学博士研究生,江苏省苏州市中级人民法院执行裁判与金融审判庭副庭长。

① 例如上海市高级人民法院、江苏省高级人民法院、湖北省高级人民法院等多地法院专门设立执行裁判庭,将执行裁判部门与执行实施部门分离,确保执行裁判权与执行实施权的彻底分离。

② 理论上执行监督分为积极执行行为的监督和消极执行行为的监督,一般拖延执行、不执行等消极执行行为,由执行实施部门内部监督,而针对当事人、案外人认为存在侵害其合法权益的积极执行行为,由外部执行裁判部门进行监督。

执行程序不规范,另一方面,执行异议裁判规则不清晰,导致到期债权代位执行制度出现严重虚化的倾向。本文从执裁分离改革下的执行裁判审查角度,分析到期债权代位执行的正当性基础和运行规则,并就到期债权执行行为的合法性判断路径提出思考,以期能在裁执协作下更好发挥到期债权代位执行制度的应有价值。

一、问题的提出

到期债权的代位执行,是在执行过程中直接将被执行人对第三人享有的到期债权列为执行对象,进而扩大被执行人责任财产的范围,不仅增加了申请执行人胜诉权益实现的可能性,同时也减少了债权实现的环节,提高了执行的效率。但是由于到期债权代位执行通常都会涉及债权人、被执行人、次债务人的合法利益,甚至有的案件还会涉及案外其他与到期债权相关的利害关系人,故多重法律关系和利益纠葛,极其容易引起相关当事人提出执行异议,引起执行裁判上审查监督。自执裁分离实践以来,实务中到期债权执行的异议案件大幅增长。通过中国裁判文书网检索“到期债权执行”“执行异议”关键词,明显可以发现2016年以后涉及期债权执行的异议审查案件大幅增长。数据显示,2015年涉及期债权执行异议案件仅有51件,而2016年达145件,2017年达285件,2018年更是增加至472件,2018年比2015年增长825%。案件数量增长的一个重要原因,正是在执裁分离实施情况下,法院更加规范了对当事人提出的执行异议申请的审查,给予到期债权执行当事人充分的救济权利,而避免过去执裁未分离情况下不给当事人充分的异议救济机会情况发生。

从执行裁判审查情况来看,相较于一般执行裁判案件中审查判断的核心围绕当事人之间实体权益对抗,在到期债权代位执行异议案件中,执行裁判审查的重点不仅包括债权是否具有高度盖然性,还包括执行程序是否合乎运行规则,即从实体和程序两方面判断债权能否执行。然而,由于客观上部分执行裁判的审判人员此前较少接触执行实务,而执行实施人员由于执行方式的惯例,两者有时对于到期债权执行的理念存在冲突,再加上因法律规定上对到期债权存在的审查范围限制,以及执行程序运行规则不完善,造成实务中到期债权最终能否顺利执行存在很大的不确定性。例如,在有的到期债权代位执行案件中,虽然次债务人在执行时均提出异议,但由于到期债权执行时执行实施部门对次债务人采取的措施差异(有无作出执行笔录、作出冻结裁定书、履行到期债权通知书等),最后到期债权执行结果大相径庭,有的执行裁判审查认为到期债权可以执行,由此申请执行人的债权得以满足,而有的执行裁判审查则认为由于执行措施不规范而相应的到期债权则不能执行。同时,对于由于到期债权代位执行措施不规范的执行行为,是否应当在撤销相关违法执行行为的同时,指令执行实施部门重新作出执行行为,还是只能直接终止整个到期债权的执行,又涉及执行程序瑕疵情形下的到期债权如何继续执行问题。因此,到期债权为什么可以代位执行,如何执行,审查执行是否合法等问题,是当前执裁分离实践下到期债权执行理论和实务中亟须解决的问题。

二、到期债权代位执行制度的正当性基础与程序范式

(一)到期债权代位执行制度的正当性

由于我国最高立法机关只确立债权人代位权诉讼制度,并未有实体法规定代位执行制度,与到代位执行相关制度均由司法解释所确立[①],这也导致理论上一直质疑到期债权执行突破合同相对性和带来的执行权不当扩张,对到期债权代位执行制度的正当性提出怀疑,甚至在司法解释制定过程中主张不再保留该项制度。[②]

正当性基础是制度依据所在。关于到期债权代位执行的正当性基础,理论上主要有以下几种代表观点:一是生效法律文书效力扩张说[③],认为是因为申请执行人行使了代位权,使执行名义的执行力扩张至第三人,申请执行人得据以对第三人强制执行;二是责任财产说[④],认为到期债权是债务人用于一般担保的责任财产,执行标的并非债权标的物,而是指向给付的债权;三是执行裁定说[⑤],认

① 就到期债权执行的程序规则,前后主要有三部司法解释十一个司法解释条文予以规定,包括《最高人民法院关于适用〈中华人民共和国民事诉讼法〉的解释》第 501 条、《最高人民法院关于人民法院执行工作若干问题的规定(试行)》第 61 条至第 69 条,以及《最高人民法院关于适用〈中华人民共和国民事诉讼法〉若干问题的意见》(1992 年施行,现已废止)第 300 条。

② 赵晋山、葛洪涛:《〈民事诉讼法〉司法解释执行程序若干问题解读》,载《法律适用》2015 年第 4 期。

③ 吴英姿:《代位执行之我见》,载《南京大学法律评论》1998 年第 2 期。

④ 庄加园:《初探债权执行的理论基础——执行名义欠缺的质疑与收取诉讼的构造尝试》,载《现代法学》2017 年第 5 期。

⑤ 王霞:《论代位执行》,载《兰州学刊》2001 年第 6 期。

为执行裁定书是一种附条件的执行根据，所附条件即第三人在法定期限内未提出异议或者异议理由不成立，当该条成立时，代位执行裁定便产生执行力，法院即以此为依据对第三人施以强制执行；四是次债务人协助义务说[①]，认为基于执行过程中对被执行人享有所有权的财产的确认，第三人对其财产的暂时性占有而产生的协助履行义务，才使第三人所占有的被执行人的财物被纳入强制执行的范围之中。

就上述几个观点而言，原执行依据说认为执行依据当然可以突破合同相对性理论依据并不足，其也不能解释既然可以扩张至案外的次债务人而缘何次债务人异议即可阻却执行的问题；责任财产说则是混淆请求权与财产权的区别，直接将请求权等同于被执行人的财产范围亦不能成立，并且并未考虑次债务人的异议权和法律后果；执行裁定说则混淆了执行程序与执行力正当性，因为执行裁定书本身只是整个到期债权代位执行程序的一个环节；而次债务人协助义务说，将到期债权的执行强制力直接等同于一般协助执行行为效力，显然也是不准确的。

到期债权代位执行的正当性基础，实际在于以略式方式确定民事权利义务关系，其中包含实体的正当性和程序的正当性。具体而言，到期债权代位执行虽然是诉讼法上的一项制度设计，但从其制度构造来看，不仅需要审查确认到期债权的存在具有高度盖然性，同时又要在程序上保障次债务人的合法权益。而根据传统民事诉讼法有关执行力的理论，执行力的正当性基础包括实体权利存在具有高度盖然性以及债务人已经正当程序保障。[②] 在到期债权制度下，被执行人对次债务人享有到期债权的事实满足实体要件，而在被执行人因拒不履行债务而被法院采取强制执行措施的情况下，通过对到期债权的确认和次债务人程序权益的保障，亦能满足程序正当性。故法院就生效判决确定的义务扩张至对次债务人的到期债权进行执行，其本质上是依据权利人对特定债务人享有权利的高度盖然性以及相应的程序保障，从而产生了一个与原债权债务的实现有关的新的执行依据，这一新的执行依据，确认了申请执行人与第三人之间、被执行人与第三人之间的权利义务关系，并且高效地实现了民事实体权益和法律关系

① 武文浩：《民事代位执行的依据探究》，载《河北北方学院学报（社会科学版）》2017 年第 5 期。

② 赖来焜：《强制执行法总论》，台湾元照出版有限公司 2007 年版，第 187 页。

的确定。

(二)到期债权代位执行的程序范式

到期债权的代位执行最早由1992年《最高人民法院关于适用〈中华人民共和国民事诉讼法〉若干问题的意见》(以下简称《民诉意见》)第300条所确立,经过1998年《最高人民法院关于人民法院执行工作若干问题的规定(试行)》(以下简称《执行规定》)第61条至第69条所细化,至2015年《最高人民法院关于适用〈中华人民共和国民事诉讼法〉的解释》(以下简称《民诉解释》)第501条所进一步完善,虽不能谓之周全,但已为到期债权的执行程序操作和实体处理确立了明确的规则。

1.执行审查启动程序

依据《执行规定》第61条规定:"被执行人不能清偿债务,但对本案以外的第三人享有到期债权的,人民法院可以依申请执行人或被执行人的申请",到期债权执行必须是由申请执行人或者被执行人申请启动,排除了执行法院主动启动。同时,《执行规定》改变《民诉意见》只能由申请执行人申请,更加合理。在启动时,无论是申请执行人申请还是被执行人提出执行申请,必须要提供到期债权存在的依据。就该证明债权存在依据的形式,笔者认为,应当做宽泛的理解适用,可以是具有法律效力的文书,包括民事判决书、调解书、仲裁文书、公证债权文书,也可以是诉讼保全时对到期债权保全形成的暂停支付到期债权的协助执行通知书、送达回证、执行笔录等,还可以是一般交易往来的债务确认的凭证,例如欠条、对账单,其他能够证明存在确定的债权和金额的有效凭证。其他债权凭证也可以作为启动执行依据理由是《民诉解释》《执行规定》上并未规定到期债权必须是以生效法律文书为证明,只是赋予在债权未经生效文书确定的异议权,相反如果有证据能够证明债权存在具有高度盖然性,而次债务人不提出任何异议的情况下,该到期债权依法是可以被执行。

2.执行法院制作冻结债权执行裁定书和履行债务通知书

在申请执行人或被执行人向法院提交到期债权执行申请及相应债权依据后,执行实施部门审查认为可以执行的,依照规定,应当先进行冻结债权程序,之后进行通知履行程序。《民诉解释》第501条首次明确了到期债权执行的冻结程序,并且与通知履行程序相区分。依照《执行规定》第61条规定,到期债权执行是必要程序是向次债务人作出履行债务通知书,并且通知的内容要明确告知次债务人债务的履行对象是申请执行人、15日的异议期和逾期未提异议且不履行债务的法律后果。但是在没有冻结债权的情况下直接要求次债务人进行履行，不仅在理论上存在障碍，也容易使得次债务人规避执行。在不少国家和地区，查封是处分的被执行财产的前提条件。例如在德国，对动产的扣押意味着国家对查封的执行标的取得处分权，并排除债务人的处分权。① 该点也为我国《民诉解释》第 486 条所确定②。《民诉解释》第 501 条明确了到期债权的冻结程序，使得到期债权的执行的程序更为规范，规则更加严谨。

3.次债务人或利害关系人异议的处理程序

次债务人和利害关系关系异议处理程序是到期债权执行中的重要程序。执行实务中，有执行人员为了追求执行效率，或认为次债务人存在规避执行嫌疑，或根据内心确信到期债权的真实性，并未充分重视次债务人的异议权和异议效力规则。按照《执行规定》第 63 条规定第三人在履行通知指定的期间内提出异议的，人民法院不得对第三人强制执行，对提出的异议不进行审查。有观点对此认为，次债务人享有的是绝对异议权。姑且无论该观点是否正确，法律规定的确赋予了次债务人异议阻却效力的直接效力。其法理基础是，执行程序不得代替裁判程序对实体争议进行认定和裁判，到期债权执行略式程序处理的应是实体上不存在争议的到期债权。现行《民诉解释》对次债务人的异议规则进行了修正，第 501 条第 3 款明确对于对生效法律文书确定的到期债权，该他人予以否认的法院应不予支持。

4.异议处理不成立情况下对次债务人的执行程序

依照《执行规定》第 65 条规定，第三人在履行通知指定的期限内没有提出异议，而又不履行的，执行法院有权裁定对其强制执行。此裁定同时送达第三人和被执行人。在次债务人或利害关系人对于到期债权的异议处理完毕后，执行法院最终须制作以次债务人为被执行人的执行裁定书，该执行裁定书是将次债务人纳入被执行人的范围并且执行次债务人财产的执行依据。该执行裁定书的作出一定是以前述三项程序执行完毕为前提，否则即程序错误的执行行为。

---

① [德]汉斯·约阿西姆·穆泽拉克：《德国民事诉讼法基础教程》，周翠译，中国政法大学出版社 2005 年版，第 366 页。

② 《最高人民法院关于适用〈中华人民共和国民事诉讼法〉的解释》第 486 条规定："对被执行的财产，人民法院非经查封、扣押、冻结不得处分。对银行存款等各类可以直接扣划的财产，人民法院的扣划裁定同时具有冻结的法律效力。"

三、到期债权代位执行行为合法性的判断

依据《民事诉讼法》的规定，根据异议对象是针对执行行为还是执行的标的，执行异议救济程序分为执行异议复议和执行异议之诉，分别适用《民事诉讼法》第225条和第227条规定。由于次债务人的异议，性质上是针对执行行为的异议，故应当使用《民事诉讼法》第225条执行异议和复议程序；而对于利害关系人异议，性质上主张针对执行的到期债权，属于对执行标的的异议，应当《民事诉讼法》第227条执行异议之诉程序，《民诉解释》第501条第2款即明确该点。

(一)关于可执行的债权范围

1.关于金钱债权和非金钱债权

从理论上来看，债权作为请求权，既可以是给付金钱请求权，也可以是给付种类物或者特定物的请求权。所以有观点认为，可执行的到期债权既可以是金钱债权，也可以是给付种类物的债权①；另一种观点认为，可执行的到期债权在性质上只能是金钱、货币或者有价证券一类的可以直接执行的债权②。笔者认为，到期债权代位执行中的债权应当限缩为金钱债权。理由是：其一，从立法条文解读来看，《民诉解释》第501条对于到期债权执行的前提是出具“冻结”裁定书，而从执行措施来看，只有针对金钱一类债权适用冻结措施，而动产或者不动产的执行主要是采取查封、扣押措施。其二，根据《执行规定》第五章“金钱给付的执行”编的规定来看，法律已经对被执行人名下的存款、收入、股权、股票等明确作出相应的执行规则，包括有价证券在内的财产本质上属于被执行人名下的财产，即使存在相对人也仅是协助的义务，与执行项下次债务人的债权明显具有区别。其三，从实务操作层面来看，限于金钱债权的执行才真正符合执行效率的要求。如果将到期债权的执行范围扩大到其他与财产相关的权益，则不可避免要涉及处理程序，撇开执行财产的处理程序较为烦琐且程序要求较高以外，还可能出现需要处理其他与执行标的相关异议，显然背离了到期债权执行效率的初衷，故可执行的债权范围作扩大解释并不可取。

另外，需要注意的是，执行中容易将到期债权的执行程序与到期应收收益(收入)的执行程序相混淆。考虑到到期应收收益属于被执行人对其具有资本性

① 谢春和、黄胜春：《代位执行制度的理论与实践》，载《现代法学》1995年第6期。

② 廖中洪：《代位执行中的若干问题研究》，载《法律适用》2005年第8期。

质的投资所应获得的利益,与到期债权具有本质区分,所以在执行制度上是作了不同的执行安排。最典型的区分是,依据《执行规定》第36条的规定,是由执行实施部门向相关单位发出协助执行通知并且直接予以扣留或提取,同时相关单位的异议也不能直接排除执行。

2.关于附期限债权和附条件债权

附期限的债权主要指未到期债权,对于未到期债权能否作为执行范围,理论上亦存在争议。笔者认为,无论是理论上还是实务上未到期债权均可以作为执行的对象。从理论上来看,未到期债权随着期限的届满,即可转化为到期债权,不存在执行的障碍,而且通过对未到期债权的保全和执行,也能防止次债务人或者被执行人恶意或者串通在债权到期前进行处分而损害申请执行人的利益。而在实务操作中,如果在申请执行人无论是在诉讼阶段还是执行阶段,发现存在未到期债权的,完全可以先申请法院进行财产保全。

关于附条件的到期债权,则不应当作为可执行的债权范围,如果执行实施部门对此直接予以执行,应当予以撤销并纠正。理由是,从理论上讲,与附期限明显不同的是,附条件的债权是以将来约定的条件是否成就作为债权给付的条件,本身具有很大的不确定性,不能满足债权确定的前提条件;从实务操作来看亦不现实,因为必须考虑条件的实现问题,在被执行人已经不能履行的情况下,一般很难想象其会积极促成条件的实现,而显然不可能让申请执行人来实现该条件。

(二)关于次债务人对到期债权代位执行异议的审查

1.关于次债务人异议权的性质

实务中,有观点认为对于到期债权执行中次债务人的异议权属于绝对异议权,其依据是根据《执行规定》第63条规定的"第三人在履行通知指定的期间内提出异议的,人民法院不得对第三人强制执行,对提出的异议不进行审查",只要第三人在履行到期债权通知书规定的期间内提出异议,便不得对其强制执行,对第三人提出的异议,人民法院不进行审查。① 笔者认为,绝对异议权的观点是值得商榷的,准确说应当是"实体异议限缩审查"规则。其一,《执行规定》在第64条明确规定次债务人对于履行能力或法律关系的异议,并不能构成有效的异议,法院应当继续执行,《民诉解释》第501条规定"对生效法律文书确定的到期债权,该他人予以否认的,人民法院不予支持",从逻辑上来看,只有执行裁判部门

① 廖中洪:《代位执行中的若干问题研究》,载《法律适用》2005年第8期。

先对次债务人的异议请求以及相应的事实理由进行审查基础上，才能判断是否可以排除不能阻却执行的情形，进而支持异议的请求，所以在无论是何种情况下，针对次债务人的异议应当存在审查环节，只是审查的内容有所区别，而并非一概不予审查。其二，在执行异议审查当中应当考虑诉讼诚信，即使被执行人对于次债务人的债权未有生效法律文书所确认，但是在有相关证据充分证明债权存在的情况下，执行裁判部门也应当对此予以审查，而不能一概而论地不予任何审查。所以，无论是《执行规定》还是《民事解释》规定的次债务人的异议权益，应当限定为实体争议的绝对异议权，只有在次债务人提出的异议事由是针对实体事由下才可以阻却执行效力，否则还是应当进行充分的审查，以防止次债务人借助异议恶意规避执行。

2.关于次债务人异议的期间

对于次债务人未在履行债务通知书限定的期间内提出异议，或者在诉讼阶段的债权保全时未提出异议，相应的法律后果是否即可以不予受理审查进而执行该到期债权。笔者认为，次债务人未能在限定的期间内提出异议，可以据此启动后续的执行程序，但是并不能以此认定具有次债务人承认债务的实体法效力。换言之，如果次债务人在执行强制执行结束之前提出异议并且有依据否定债权存在的事实，执行裁判部门应当予以审查，但是应当将次债务人未及时提出异议作为考量执行正当性重要内容，并且应当由次债务人举证债务不存在或者已经清偿完毕的证据，否认应当承担相应不利的法律后果。①

3.关于次债务人不同异议事由的裁判路径

按照程序公正的要求，任何在通过司法程序承担法律责任的同时，应当享有充分、有效的便利权利和机会。② 对于次债务人不同的异议事由的审查，笔者认为，应当在实体异议限缩审查的原则下根据具体情形按照不同路径进行异议裁判：

(1)不承认到期债权的存在的异议情形。如次债务人主张申请执行的债权自始不存在或者因附条件尚未成就，或者在法院执行前已经清偿、提存、抵销、债权转让等事由而消灭。就此，执行裁判部门就此应当组织听证程序，召集申请执

① 详见《最高人民法院执行工作办公室关于到期债权执行中第三人超过法定期限提出异议等问题如何处理的请示的答复》[2005]执他字第 19 号。

② 胡亚球:《代位执行制度的属性与适用》，载《法学评论》2001 年第 4 期。

行人、被执行人和次债务人，由申请执行人和被执行人对于次债务人就此的异议发表答辩意见。在听证和审查各方证据的基础上，除非审查发现存在后续第(2)(3)(4)种情形，即次债务人的债权事实上确实存在即次债务人存在规避执行的情况下，执行裁判应当作出终止执行的异议裁定书，明确不得对次债务人进行执行。

(2)对到期债权已由生效法律文书所确认的异议情形。《民诉解释》第501条明确规定第三人对于生效法律文书确定的到期债权予以否认的，人民法院不予支持。这是对《民诉解释》对《执行规定》中次债务人异议规则进一步的完善，目的就是避免债务人滥用异议权导致执行不能。具体生效法律文书可以是包括民事判决书、民事调解书、仲裁裁决书、公证债权文书等。

(3)对已经诉讼保全的债权的异议情形。在到期债权执行过程中，一种较为常见的情形是在之前诉讼过程中，原告依据法律规定已经申请法院向次债务人发民事裁定书和协助执行通知书，要求次债务人协助暂停向被告支付到期债权，之后在案件进入执行程序后提出申请执行该到期债权，而次债务人以债权不存在提出执行异议，对此关键在于一是审查法院诉讼保全时协助执行的内容是否明确，二是审查次债务人是否明确确认到期债权的存在，这个确认的方式必须是书面的形式，可以是在法院执行笔录中予以确认或者单独以书面形式的方式进行提交，但是不能以次债务人签收送达回证为确认债权存在的依据。从效力来看，送达回证只能证明次债务人收到法院保全裁定书和执行规定，而不能认为次债务人对实体债权的承认。在实务中存在的情形是，申请执行人申请执行的依据即在诉讼中对工程款采取的保全措施，在整个保全过程中虽然次债务人签收相关法律文书，但是并未有任何确认债权真实性和金额的事实，故在执行异议审查过程中，由于缺乏债权存在的依据，只能支持次债务人的异议行为；还有的情形是，财产保全的措施非常规范，次债务人在诉讼保全时明确承认其对被执行人的债务，并且在之后的异议过程中其提交的证据材料中也反映债权真实性，故该债权不能免于执行。

(4)出具欠条或对账单异议反悔的异议情形。在实践中，还有的情形是申请执行人或者被执行人向法院提交了有次债务人签字确认的欠条或者对账单，而法院据此启动到期债权执行过程中次债务人在未对欠条或对账单真实性提出异议情况下，以其他事由主张到期债权不存在，就此执行法院如何处理，有两种不同的观点：一种观点认为，欠条和对账单仅证明债权存在的可能性，但是在债务人与次债务人之间权利义务未经裁判审理确认的情况下,不符合生效法律文书确认的债权可以执行要件,应当支持异议请求;另外一种观点认为,虽然欠条和对账单对于债权的证明效力达不到生效法律文书的标准,但是已经初步证明债权的存在,在异议人没有其他已经推翻该证据的情况下,应当驳回异议。对此,笔者基本同意第二种观点,但是认为具体还是应当个案分析,重点还是要结合审查次债务人有无其他否认欠条和对账单债务存在的依据。比如有的情形中,申请执行人已经提交由次债务人出具的对账单,而执行法院据此作出履行通知书的情况下,次债务人既未及时提出异议又未进行履行,而后次债务人在法院采取执行措施之后方对到期债权真实性提出异议,但又未能提供其他有效证据,在此情况下应当认为到期债权的执行行为并无不当。

(5)债权存在但无履行能力或与申请执行人无法律关系的异议情形。依照《执行规定》第 64 条"第三人提出自己无履行能力或其与申请执行人无直接法律关系,不属于本规定所指的异议"的规定,对于该两种情形的异议,执行裁判部门审查后应当裁定驳回异议,支持到期债权的执行。

(三)关于利害关系人对到期债权执行的异议审查

《民诉解释》第 501 条增设了到期债权执行中利害关系人权益救济制度,明确针对利害关系人对到期债权执行异议的,应当按照《民事诉讼法》第 227 条执行异议之诉的路径进行救济,以诉讼裁判的方式就各方针对到期债权执行实体问题进行判断。在实务难点问题是,对于利害关系人的身份识别问题,是否只要是案外人对到期债权执行的异议就认定为利害关系人,对此,笔者认为,还是应当根据其异议的对象进行区分。申言之,如果案外人认为到期债权的执行是损害了其对于到期债权的实体权益,比如其作为债权转让的受让人的,在此情况下应当作为利害关系人进行审查;但是,如果案外人认为到期债权执行损害其优先受偿的权利,比如应收账款质押人认为到期债权的执行损害其优先受偿的,那么实系对执行行为的异议,应当根据执行行为异议和复议的审查规则,而不应当一概导入执行异议之诉。

(四)关于对擅自支付规避债权执行行为的异议审查

对于法院已经作出冻结债权裁定和履行债务通知情况下,次债务人对于存在到期债权的真实性提出异议,但申请执行人主张次债务人实际上存在向原债务人清偿的行为,对此执行裁判中应当如何处理存在很大的争议。一种观点认为,由于缺乏到期债权存在的直接证据,故依据次债务人提出的异议应当中止到期债权的执行；另一种观点认为应当审查次债务人是否存在清偿的行为，如果存在证明到期债权证据，次债务人未按照冻结裁定要求执行，应当承担相应的法律后果，故可以继续执行。对此笔者认为，对于次债务人的异议审查和次债务人擅自支付行为的审查应当分为不同的审查路径，不能混同在一个执行异议案件中进行。理由是，对于到期债权执行异议的审查是针对到期债权能否执行的有限审查，并且是针对执行行为的审查；而针对擅自支付行为的异议，依据《执行规定》第67条执行实施部门可以进行审查处理，如果执行实施部门未作处理的情形下，并不存在具体的执行行为。相反，如果执行实施部门审查后针对次债务人责令限期追回擅自支付的款项，并且在次债务人未履行情况下裁定执行，这种情况下则存在执行行为，应当由执行裁判部门进行审查。反之，在执行实施部门并未依据《执行规定》第67条规定作出相应执行行为情况下，执行裁判部门不应纳入对次债务人执行异议范围一并审查。

四、到期债权执行异议成立后债权人权利救济处理

在次债务人异议成立而法院裁定不予执行的情况下，就申请执行人的权利如何救济问题，依据最高人民法院《关于认真贯彻实施民事诉讼法及相关司法解释有关规定的通知》的规定，对于次债务人在法定期限内提出异议的，除到期债权系经生效法律文书确定的外，人民法院对提出的异议不予审查，即应停止对次债务人的执行，债权人可以另行提起代位权诉讼主张权利。因此，在法院未支持申请执行人对于到期债权执行的申请，申请执行人作为债权人只能通过诉讼程序主张行使对次债务人的代位权。就程序的衔接问题，有观点提出执行法院应当继续冻结次债务人的财产而给予申请执行人提取代位权诉讼一定的宽限期限，并且在申请执行人另行提起代位权诉讼情形下将此前的执行保全转为诉讼保全，以防止次债务人滥用异议权规避执行的情形。对此做法笔者并不赞同。理由是，在支持异议的执行异议裁定已经生效的情况下，执行实施部门继续冻结到期债权乃至查封次债务人其他财产的依据已经不存在，由此应当立即解除对上述财产的查封。至于申请执行人是否作为债权人提起诉讼保全，系其在另案诉讼程序中依法享有的权利，但与之前执行案件处理已无关联性，不应将前案的保全或查封措施继续转换至代位权诉讼案件中，避免形成对申请执行的债权人权利过度保护而损害了次债务人的合法权益。

结　语

到期债权代位执行具备充分的正当性基础,该项制度通过略式程序的方式,既能在执行效率上满足申请执行人胜诉权益及时兑现,又兼顾了次债务人利益程序保障。我国现行《民诉解释》《执行规定》关于到期债权执行制度构建,虽然并非完美,但已经具备完备的运行规则。在执裁分离实践下,执行实施人员与执行裁判人员均应规范运用、协作配合,避免不必要的理念冲突,从而既依法增加申请执行人胜诉权益实现的可能性,又兼顾次债务人的合法权益的保护,从而发挥到期债权执行制度的真正功能。

刑事法律前沿

认罪认罚从宽制度改革视野下自愿虚假认罪的识别与排除

沈 威[*] 陈凯明[**]

摘要:认罪认罚从宽制度是2018年《中华人民共和国刑事诉讼法》修改后新增的内容,然而受利益驱使,存在着比一般程序更为严重的犯罪嫌疑人虚假认罪的风险,且可能因为利益契合,各方诉讼主体在各自立场上均将力促虚假认罪的成案,从而损害司法权威与社会公正。因此,如何在实现认罪认罚从宽制度所追求的司法效率目标的同时,识别虚假认罪并予排除已成为司法机关防范冤假错案所必须面对的重大课题。

关键词:认罪认罚;自愿;虚假;认罪;识别

引 言

"一个人为什么会在侦查机关讯问的过程中,明知之后会导致一连串不利于己的后果,仍然对其没有做过的犯罪加以承认?"这是近年来法律学家和心理学家所关注的问题。因为这一行为明显违反人类自我保护、趋利避害的天性,从而导致的一个后果就是,当犯罪嫌疑人愿意作出不利于己的供述时,在排除刑讯逼供等其他特殊情况下,原则上便会推断该供述具有真实性。在2018年修改后的《刑事诉讼法》已经将试点的认罪认罚从宽制度改革制度化、法定化的新形势下,这一推定将在更大程度上被强化:自愿认罪将导致刑事诉讼程序的简化以达到司法效率的制度目的。对犯罪嫌疑人而言,其自愿认罪的动机与追求的后果更

* 作者系福建省莆田市城厢区人民检察院副检察长,法律硕士。

** 作者系福建省莆田市城厢区人民检察院检察官助理,法学硕士。

容易达成;而对控诉方而言,一方面可以节约司法资源、快速结案,另一方面,对于证据体系不是那么牢固的案件则更容易掌控案件的结果,美国检察官有句名言:"半个面包胜过没有面包。"——认罪的案件等于胜诉的案件——从而使得检察官的业绩单变得更漂亮。[①] 随着社会发展与法治文明的进步,直接以身体刑求作为取供手段的做法被法律禁止且在实务上逐渐减少,但是犯罪嫌疑人自愿虚假认罪的情形仍然普遍存在于世界各国,并造成诸多刑事司法错误的案件。在我国认罪认罚从宽制度改革并推行的形势下,如何在追求诉讼效率的同时,避免事实真相被操控,以维护司法的公正与权威,是当下司法机关应当警惕并积极应对的课题。

一、实务中自愿型虚假认罪的动因与特点

所谓供述,是指受审者陈述犯罪事实等。[②] 故虚假认罪即为犯罪嫌疑人、被告人作出不实的承认犯罪的行为。以案件事实为区分标准,虚假的内容通常出现在以下三个方面:一是客观事实,如行为、结果及对象等客观存在的事实;二是主观事实,如故意、过失、动机以及知情等内心状态;三是主体事实,即犯罪嫌疑人与真实犯罪人的同一性。从虚假认罪的类型、动因以及特点展开分析,有利于为虚假认罪的识别和排除提供基础帮助。

(一)虚假认罪的类型

根据学理通说与司法实例,虚假认罪以犯罪嫌疑人的主观状态为区分标准,可以大致分为以下三类:[③]

1.强制屈从型虚假认罪

犯罪嫌疑人为逃避某些极端侦讯方式(如刑讯逼供、胁迫等),即使他们知道自己事实上没有犯罪,但基于立即的工具性目的而作出认罪供述。在这种情况下,犯罪嫌疑人宁愿选择认罪后的短期利益(如不被虐待、休息、回家等),而无视

---

① 张建伟:《能从辩诉交易中学到些什么》,载《人民检察》2018 年第 3 期。

② 中国社会科学院语言研究所词典编辑室:《现代汉语词典》,商务印书馆 2005 年版,第 480 页。

③ Kassin, S. M. & Wrightsman, L. (1985). Confession evidence. In Kassin, S. M. & Wrightsman, L.(eds.), The psychology of evidence and trail procedure, pp.67-94. Beverly Hills: Sega Publications, pp.77-80.转引自:施志鸿、林灿章:《虚伪自白成因及过程解析》,载《东吴法律学报》第 21 卷第 2 期。

认罪所造成的长期不利后果(如被定罪)。

2.强制内化型虚假认罪

该种情形是指犯罪嫌疑人作出事实上是虚假的认罪供述,但他们相信自己做过该犯罪行为。强制内化虚假认罪与心理学上的“记忆不信任症候群”有关,即一个人无法相信自己记忆的状态,将真实与虚构记忆相互混淆,并容易受到外在指示的引导或影响而虚构记忆并内化于心,进而向侦查机关作出有罪供述。

3.自愿型虚假认罪

该种情形指的是在未受到侦查人员提问或其他压力的情况下,犯罪嫌疑人主动做出认罪的虚假供述。这是上述三种类型中最难以理解且不易被识别的类型。本文着重讨论该种类型虚假认罪在认罪认罚从宽刑事诉讼制度改革之中的风险防范与识别排除。

(二)自愿型虚假认罪的现实功利性因素

自愿虚假认罪可能的动机多种多样,有的是为了寻求出名(特别是高度轰动的案件)[①],有的是为了追求良心上的安宁试图弥补过去所犯的过错,还有的是因精神疾病导致无法区分现实与幻觉的差异。以上种种虽然亦是自愿虚假认罪的类型,但并非本文关注的重点。一方面是因为这些种类的案件在实务中并不常见,另一方面是因为这些情形并非认罪认罚从宽制度改革下刺激的产物。本部分重点讨论的是认罪认罚从宽刑事制度改革形势下,基于现实功利性而产生的自愿虚假认罪的动因。

1.趋利避害的躲避

该类动因经常出现在犯罪嫌疑人犯有多项罪行或过错,为了使较重的犯罪行为不被追究,而主动承认较轻的罪名。如在性侵案件中,面对被害人强奸的指控,犯罪嫌疑人往往会策略性地选择承认猥亵罪名的成立,以逃避强奸罪更为严重的刑罚。又如,一些犯罪嫌疑人为了避免长时间行政强制措施的人身限制,而宁愿选择刑期较短甚至缓刑的莫须有的罪名认罪,而侦查机关限于破案指标的压力,往往也会促成该类“交易”的达成。如 2014 年甘肃兰州民警禹维远为了完成办案任务数,与自己抓获的两个吸毒人员达成了交易:两个吸毒人员按照禹维远安排的案件细节,承认两起虚构的扒窃案,禹维远保证其刑期在 6 个月以下,

① 如 20 世纪 80 年代美国人 Henry Lee Lucas 曾经主动承认 600 多项未决的谋杀案,成为近代史上最多产的自愿认罪者,而这些谋杀案经查证都与其无关。

以换取该二人不再接受两年的强制戒毒。①

2.利益追逐的包庇

此类动因在自愿虚假认罪的功利性因素里最为常见,根据何家弘教授的调查,在导致行为人作出虚假认罪供述的原因里,有35%的调查对象选择了"出于某种目的自愿为他人顶罪而作出有罪供述",仅次于刑讯逼供认罪的60%。② 这类案件常见于亲属之间、朋友之间、老板与雇员之间,出于亲情、江湖义气或金钱利益关系顶包,散见于各类罪名,尤其以危险驾驶、交通肇事等无直接目击者且轻刑罪名的案件居多。③

3.认罪从宽的诱惑

不可否认的是,当认罪认罚从宽制度引入之后,犯罪嫌疑人相比之前将拥有更多选择的余地。对于检察官告知其证据已经确凿,其认罪态度将决定其刑罚轻重的案件,那些事实无罪却被指控的犯罪嫌疑人是否选择认罪将面临两难选择:一方面,如果选择认罪,无异于给自己套上无中生有的罪行枷锁;另一方面,如果选择不认罪,可能法院仍然会依据其他证据并因自己"认罪态度恶劣"而判处更重的刑期。特别是当死刑是可能的判决时,这对无辜的犯罪嫌疑人而言更是压力倍增:到底是要选择无辜的认罪以避免死刑还是死扛到底不认罪而可能被剥夺生命?事实上,按照美国的实务观察,即使被判处死刑的可能性很小,也能促使被告人(包括无罪的人)认罪以豁免死刑的风险。④ 因此,在美国的诉辩交易史上出现了一个奇怪的规则——阿尔弗德答辩:它允许一个坚称无罪的人对自己未曾犯过的罪作出认罪的答辩。⑤ 这显然将加剧冤错案产生的风险,也理应为我国全面推行认罪认罚从宽制度时所重视并予以防范。

---

① 程盟超:《禹维远:民警的计谋》,载《中国青年报》2016年6月1日第10版。

② 何家弘、何然:《刑事错案中的证据问题——实证研究与经济分析》,载《政法论坛》2008年第2期。

③ 在百度搜索引擎里以"交通肇事顶包"为关键词搜索,可得出约1030000个结果,且以案件新闻的搜索结果居多。具体参考文献可见:刘维:《交通肇事后指使他人顶罪的刑法评价——周浩交通肇事、妨害作证案》,载《判例与研究》2011年第4期。

④ John H. Blume、Rebecca K. Helm:《"认假罪":那些事实无罪的有罪答辩人》,郭烁、刘欢译,载《中国刑事法杂志》2017年第5期。

⑤ John H. Blume、Rebecca K. Helm:《"认假罪":那些事实无罪的有罪答辩人》,郭烁、刘欢译,载《中国刑事法杂志》2017年第5期。

（三）自愿型虚假认罪供述的特点

自愿型虚假认罪供述从本质上看，属于“谎言”——故意的虚假言论的范畴，因此，从谎言理论的一般性特点可以窥视自愿虚假认罪固有的缺陷，从而为识别和排除提供有效的路径。

1.谎言并非记忆错误

谎言是虚假的陈述，但是基于故意的主观状态下的虚假陈述，因此有别于记忆错误。这就意味着两个方面的内涵：第一，该类供述是行为人主动做出的，本就在行为人行动计划之内；第二，该类供述动机形成在侦讯程序之前，即与侦查人员讯问的压力并没有太大关系。从而区别于强制内化型的虚假认罪。

2.谎言并非空想虚构的故事

谎言是伪造自身现实体验，令对方相信陈述为真实并相信。因此是具有理由和现实基础的陈述而非仅为虚构的故事，与运用想象力全然脱离现实的故事有所差异。这在甄别过程中的意义在于，行为人为了说服侦查人员相信自己，就必须组合对方所知道的资讯且与其他证据不发生矛盾。

3.谎言具有阶层性结构

谎言并非一次性即终结，若谎言之上不再架构谎言，就无法构成具有说服力的谎言。为了让第一次谎言正当化，就有继续编造第二、第三、第四等多次谎言的必要，从而呈现一种连锁、递进而非并列的关系，带有阶层性结构。这种结构的特点在于，如果第一次谎言被识破，则后续谎言就无以为继；如果第二次谎言被识破，则虽然第三、第四等后续谎言崩塌，但并不必然导致第一谎言无效。换言之，行为人可能会为了守住第一谎言而继续做出变更后的其他的第二谎言。

4.谎言是假设的演绎过程

谎言为了具有说服力和可信性，就需要有相当程度的说理和逻辑内涵，并运用所谓假定的逻辑，模拟成像实际发生过的事。例如，事实上是某甲所为的事，却说“那件事是自己做而与某甲无关”谎言，行为人就需要掌握某甲的基本情况、动机、过程以及结果等情节。如此谎言脱离现实体验所构成的假设演绎过程，就需要不但不能与对方所确认或掌握的资讯相矛盾，而且其虚构的故事内部不能互相矛盾而应当具有内在逻辑的合理性。实务中，自愿性虚假供述的行为人是基于“自己是真正犯罪人”的假设，使自己的供述与侦查人员提出的证据相吻合，这个构架过程并非总是一气呵成完成于侦讯过程中，而是通过行为人供述与侦查人员讯问的不断往返中陆续成型，换言之，更像是行为人与侦查人员共同作业完成的产物。

二、认罪认罚语境下自愿虚假认罪的风险扩大化分析

对于适用普通程序的刑事案件而言,如何在刑事诉讼过程中有效排除自愿虚假认罪尚且是一大难题,而认罪认罚从宽制度恰好给了自愿虚假认罪一个绝佳的"表演"平台。以认罪认罚从宽制度之效率价值加之自愿虚假认罪的天然隐蔽性,无疑将使刑事诉讼揭开真相的功能大打折扣,使得"谎言"得以置于多重的"掩护"之下,并释放出前所未见的巨大风险。虽然有学者提出认罪认罚制度不应以效率作为重要的目标,而应具有诉讼程序权利化的内涵。[①] 这一观点的提出充满着对认罪认罚从宽制度过于追求效率化而忽略程序保障机制的担忧,但从该项制度出台的原始意涵上看,否认认罪认罚从宽制度的效率价值并不妥当。作为司法体制改革的重要环节,认罪认罚从宽制度以犯罪嫌疑人、被告人是否认罪作为案件分流的标准而进行司法资源优化配置,一定程度上为审判中心诉讼改革和"案多人少"的司法现状提供了配套性的制度支持。不过,司法活动的效率价值反映在实务操作中所表现出的程序精细化水平的降低以及对司法人员上主观上无形的影响,将弱化该制度发现错案——特别是自愿虚假认罪类型错案的能力。

(一)简化程序带来的风险

职权主义的诉讼模式下国家权力在诉讼中具有发动侦查、收集证据并在案件过滤过程中予以评判的职责,其中能够保证事实得以查清的关键在于诉讼程序与证据规则的严谨与细致。但是在适用认罪认罚制度处理案件过程中,司法机关将把认罪认罚自愿性以及控辩双方协议的合法性等内容作为审查重点。伴随着控方证明责任和证明内容新变化的态势,法院庭审环节同样变现出了简略的新趋势,一般认为在认罪认罚程序中普通程序的法庭调查、法庭辩论可以简化或省略[②],在简易程序、速裁程序中也省略了法庭调查、法庭辩论程序[③],重点听取控辩双方的量刑意见,法官重点询问被告人自愿认罪、认罚以增强内心确信。从实务以及发展趋势来看,认罪认罚制度倡导的诉讼效率取向必然会带来诉讼

---

① 左卫民:《认罪认罚何以从宽:误区与正解》,载《法学研究》2017年第3期。

② 参见"两高三部"《关于在部分地区开展刑事案件认罪认罚从宽制度试点工作的办法》第16条。

③ 根据全国人民代表大会常务委员会:《关于授权在部分地区开展刑事案件认罪认罚从宽制度试点工作的决定》,认罪认罚从宽试点是在刑事速裁程序试点基础上开展,二者试点地区相同,试点时间相续,试点内容相接。

环节的简化、省略，但是从相反的角度来看，却是给自愿虚假认罪大开方便之口。

（二）证明标准松动带来的风险

虽然在法律规定上对于证据标准的要求没有松动，从各地的认罪认罚从宽的试点实践中看，这一制度的效率追求也必然伴随着证明标准的降低。各试点文件中除部分仍然坚持刑事诉讼法中要求的“事实清楚、证据确实充分”之外，其他均不同程度予以了修改，包括了“主要犯罪事实清楚，主要证据确实充分”“犯罪构成要件事实清楚，排除合理怀疑”“主要犯罪事实清楚，基本证据确实充分”等。[①] 客观而言，这三类证明标准从表述上看，明显低于原先的证明标准。高举效率大旗的改革趋势下，认罪认罚从宽制度放宽证明标准将成为必然选择。具体而言，法院在审查认罪认罚案件时，重点放在了确保被告人认罪的自愿性，即控辩双方达成合意并犯罪事实清楚，并有相应的证据支持。[②] 值得忧虑的是，如前所述以及《关于授权“两高”在部分地区开展刑事案件速裁程序试点工作的决定》指出的“事实清楚、证据充分”这些与刑事诉讼法“证据确实、充分”不同的证明标准，在庭审程序简化的情况下，既降低了控辩的对抗，又降低了证据采信、证据补强的标准，对于识别虚假认罪而言确属增加了风险。

（三）办案人员认识偏差带来的风险

根据修改后的刑事诉讼法规定，侦查机关在第一次讯问或者采取强制措施之日起，即可向犯罪嫌疑人出示《认罪认罚从宽制度告知书》，并告知其认罪认罚制度适用的法律后果和所要承担的法律责任。这对于侦查机关而言无疑是重大利好，因为以认罪认罚作为“交易”砝码，能够更快地从犯罪嫌疑人处获取认罪口供，尽快完成破案和办案指标。体现在工作方式上，侦查人员甚至会出现怠于履行发现事实真相的现象，本着“犯罪嫌疑人不可能自愿供述自己没做过的犯罪事实”的心态，使得自愿虚假认罪供述根本就没有被侦查人员审查的可能。不仅侦查人员如此，伴随着证明标准的降低和犯罪嫌疑人“认罪”后侦查、审查压力的下降，检、法机关同样可能为了尽快清案而以“应付”的方式对待认罪案件。对于值班律师而言，其作用在于程序的维护，即保障犯罪嫌疑人认罪的自愿性，在无异议且又有收益的情况下，自然无须究问其供述是否即为事实真相。综上因素，犯罪嫌疑人的自愿虚假认罪供述无疑可以在公检

① 孙长永：《认罪认罚案件的证明标准》，载《法学研究》2018 年第 1 期。

② 山东省高级人民法院刑三庭课题组：《关于完善刑事诉讼中认罪认罚从宽制度的调研报告》，载《山东审判》2016 年第 3 期。

法律等控辩主体的主观疏忽与客观懈怠下畅通无阻。

三、认罪认罚从宽制度改革背景下自愿虚假认罪的排除

自愿虚假认罪在认罪认罚从宽程序中有着得天独厚的隐蔽环境，要破解这一制度发展的现实难题，唯有控制认罪认罚从宽制度中能够影响虚假认罪风险扩大的关键因素，以尽可能地排除认罪认罚从宽程序中冤假错案的隐患。

(一)明确认罪认罚案件证明标准

自认罪认罚程序试点以来，这一制度的证明标准问题引起了学界和实务界的广泛争议。学界主流的观点始终认为认罪认罚程序可以在证据规则或者庭审证据调查程序上进行适当的从简，但是在证明标准上仍应当恪守"证据确实充分的证明标准"[①]。但在实务界对于证明标准的论争则观点不一。有人提出可以根据认罪、罪行以及不同情节，实行差异化的证明标准，由此与认罪认罚制度的效率价值相契合。[②] 也有人主张刑事诉讼法规定了同一的证明标准，这一标准适用于所有的刑事案件，其中也必须包括认罪认罚的案件。[③] 笔者认为，要追求认罪认罚制度"繁简分流"的制度功能，就必然需要以牺牲证明标准为代价，否则各方主体均无启动该制度的动因，但是从防范冤假错案层面而言，又需要恪守严格的证明规则，因此，建议对不同证明对象区别对待，分别设定证明标准。

1.侦查证明标准的维持

对于侦查活动而言，因其处于刑事诉讼程序的第一道关口，如果对侦查活动采用节约司法资源，降低司法成本的措施，那么无疑将对后续的司法审查造成重大冲击。因为法定证明标准是无罪的人不受错误刑事追究的根本保障，一旦在侦查阶段就降低证明标准，对于自愿虚假认罪案件就可能因自愿性审查的难题而最终被判有罪，由此也会对审查起诉和审判产生连锁效应，导致对证据收集、固定、保全、审查的全面性、客观性形成冲击。因此对于侦查机关的侦查活动、提请批准逮捕书等证据、文书必须"忠实于事实真相"，认定被告人有罪的处理结论

① 参见陈卫东：《认罪认罚从宽制度研究》，载《中国法学》2016 年第 2 期；陈瑞华：《认罪认罚从宽制度的若干争议问题》，载《中国法学》2017 年第 1 期；叶青、吴思远：《认罪认罚从宽制度的逻辑展开》，载《国家检察官学院学报》2017 年第 1 期。

② 参见 2016 年 1 月中央政法工作会议。

③ 孙谦：《刑案认罪认罚从宽制度试点工作九大问题要注意》，载 http://www.jcrb.com/gongsupindao/FXTX/201702/t20170208_1713961.html，最后访问日期：2018 年 8 月25 日。

必须达到"案件事实清楚,证据确实、充分"的证明标准。

2.定罪证明标准的恪守

定罪标准应当遵照严格的证据标准,正如司法效率只能以司法公正为前提,离开了原有的证明标准,所谓的司法效率在本质上必定是反效率、高成本的。因为如果法院仅仅因为被告人自愿认罪认罚,对检察机关指控的犯罪事实没有异议,就在没有查清案件事实、没有对证据是否确实充分作出肯定结论的情况下,对被告人定罪量刑,那么这种判决势必是不可靠的。从司法工作的本源上看,牺牲定罪证明标准,无异于抛弃了司法公正的神圣外衣,沦为"指鹿为马"的荒谬机构。从公诉程序上看,既然认罪认罚从宽制度已经很大程度上减轻了公诉人的证明责任了,这一制度就更要求公诉人花更多的时间和精力将审查的重点放在认罪认罚的"自愿虚假认罪"的真实性的审查上。

3.量刑标准的降低

认罪认罚程序在大陆法系的实践中体现出的一大特点就是通常只允许以认罪为条件进行"量刑协商",而不允许相关主体就犯罪事实和指控犯罪的数量、性质上进行协商,而且法院不得仅仅根据被告人的有罪供述即作出有罪判决。客观而言,这反映了在定罪证据标准上的坚守和适当地放宽量刑情节的认定标准。司法官在办案中要履行真实发现之义务,但作为一种司法妥协,为保证认罪认罚程序的效率性,对认罪认罚量刑情节的认定标准可以相对地降低证据标准,否则从证明责任上看,认罪认罚程序的效率性也无从谈起。适当放宽量刑情节的证明标准,以此作为提高司法效率、查明案件事实的"祭品",反而能达到多赢的效果。如此的"交易",对于嫌疑人、被告人而言能够换取来更轻的刑罚,降低其供述事实的心理门槛;对于司法机关而言,适当降低量刑情节的认定标准,对主要的事实影响甚微,更真正意义上实现认罪认罚从宽制度的效率价值。

(二)口供可信性的综合判断

犯罪嫌疑人供述的真实性一般是通过任意性规则、补强规则以及可信性判断加以保障。[①] 我国《刑事诉讼法》第53条虽然已有"只有犯罪嫌疑人供述不能定罪"的规定,但却仍未建立口供补强规则体系,即如何补强、补强到何种程度并无明确标准。而在自愿型虚假认罪的案件中,有罪供述已然成立,侦查人员根据

① 施志鸿、林裕顺:《自白信用性判断之探讨——以日本著名判例为例》,载《法令月刊》2007年第4期。

该供述多多少少总能够取得相应的其他印证证据。特别是关于被告人与犯罪人同一性的证明上,因为证据收集困难,一般认为难以要求有补强证据。① 在自愿性虚假认罪已符合任意性规则要求,而补强规则并无法满足该类型虚假认罪的识别要求的情况下,笔者建议将重点转向供述可信性判断的关注上来。

1.供述内容与客观证据的符合程度

将物证及其他确定的客观事实,与犯罪嫌疑人相应的供述加以对比,是口供可信性判断的重要方式。日本多数法院以客观证据具有真实性为前提,将被告人供述暂时搁置,让其他客观证据及确定的客观事实浮现,然后再就被告人供述与客观证据符合的范围及程度,是否有合理的理由解释等方面进行判断。② 如果被告在审判阶段翻供,同时也要对翻供的供述,检视其与客观证据的符合性。供述内容与客观证据符合程度是否存有“超越合理范围的重大分歧”是供述可信性判断的重要标准。一般而言,主要或重要部分与客观事实不符者,除非有特别事由说明,将会影响供述的可信性;如果不是主要事项部分不符,就其不符理由可以说明时,则不影响供述全体的可信性;此外,行为人为减免罪责、隐瞒或夸大有利事实是犯罪者的一般心理状态,其供述与客观情形不一致也并非不可理解;同时,即使是完全一致的情形,也仍然需要注意有无因侦查人员诱导、暗示、提醒等干预行为人供述的情形,才能做出正确的判断。

2.体验供述的可信程度

真正犯罪人供述的内容具体而明确,且具有若非亲身体验者无法表现出来的真实感;若是虚假认罪供述,则是对于未体验过事实的虚构陈述,内容往往缺失具体性与真实感,故二者在供述内容与叙述方式上容易产生一定程度的落差。如日本1973年富士高校纵火案,第一审判决指出,被告人在案发前并无特别理由在学校徘徊2个半小时之久,而且纵火后依照常理应该会立即逃离,但是被告人却供述案发后脑袋空白在校园内徘徊并未逃离,且没有听到铃声大作的警报等。法院据此认为,被告人供述内容不合理且缺乏真实体验性,判定该供述不具备可信性。③因此,司法机关在审

① 黄东熊、吴景芳:《刑事讼法论》,三民书局2002年版,第360~361页。

② 施志鸿、林裕顺:《自白信用性判断之探讨——以日本著名判例为例》,载《法令月刊》2007年第4期。

③ 判例时报第777号,载 http://dl.ndl.go.jp/info:ndljp/pid/2794788,最后访问日期:2018年8月20日。

查时不应忽视案件发生、过程与结果的细节考察，应从客观的角度分析供述内容是否具有实际体验的真实性、叙述的方式是否具有一致性等，以提高供述可信性的正确判断程度。

3.认罪供述的动机与过程

被告人是在何时、向何人、在何种情况以及出于何种动机作出的认罪供述，考察这些情节对于口供的可信性判断将起到辅助性的作用。一般而言，被告人基于悔改或关切罪责等道德动机，所作出的供述可信度就会比较高；被告被逮捕后或在侦讯初期立即认罪的，可能就比经过长时间及高度压力侦讯下的认罪供述更有可信度。是否基于道德或悔改的判断，可审酌被告人在犯罪前后、曾对家人、亲友、看守人员作出的有罪供述，或对被害人及其家属道歉等言行情节进行考察。

（三）个人独知事项的查明

所谓个人独知事项，又称隐蔽性事项或秘密的暴露，是指供述的内容含有仅“真正犯罪人所知晓的事项”。虚假认罪人没有身临其境与亲身体验，无法了解和掌握这些事项，因此，个人独知事项的查明是甄别真假犯罪人的重要途径，为多数判例所认可，深受侦查机关与司法机关的喜爱——一旦取得个人独知事项的证据，被告人供述就不但不是孤证，而且还可以印证供述的真实性，从而极大提升可信度。包含了隐蔽性事项信息的证据就被称为“隐蔽性证据”①，我国关于隐蔽性证据的规定详见表1。

表1

时间	规定名称	内容
2010	关于办理死刑案件审查判断证据若干问题的规定第34条	根据被告人的供述、指认提取到了隐蔽性很强的物证、书证，且与其他证明犯罪事实发生的证据相印证，且排除串供、逼供、诱供等可能性的，可以认定有罪。
2012	最高人民法院关于适用《刑事诉讼法》的解释第106条	根据被告人的供述、指认提取到了隐蔽性很强的物证、书证，且被告人的供述与其他证明犯罪事实发生的证据相印证，并排除串供、逼供、诱供等可能性的，可以认定有罪。

① 万毅：《“隐蔽性证据”规则及其风险防范》，载《检察日报》2012年6月6日第3版。

根据上述规定可知，我国的隐蔽性证据规则包含三个要件：第一，隐蔽性证据只能来源于被告人供述；第二，隐蔽性证据必须符合印证规则；第三，隐蔽性规则的取得必须具有独立性与自愿性。一旦符合上述三个要件，即可成为司法机关认定被告人有罪的证据基础。实务中，自愿型虚假认罪很容易符合上述条件，因为其来源于被告人主动供述，符合自愿性要求，取得的隐蔽性证据如前所述，多多少少都会有补强证据予以印证，因此，对于自愿型的虚假认罪供述很难从隐蔽性证据的可靠性来辨别真伪。① 学者也提出要特别防范“替身犯”派生出的虚假隐蔽性证据，以降低错案风险。②

实务中的自愿虚假认罪与隐蔽性证据关联情况，从逻辑上可以归纳为以下两类：一类为供述与隐蔽性证据俱为虚假的情形，即被告人虚假认罪，侦查机关配合被告人制造虚假的隐蔽性证据，如前述的侦查人员指使吸毒人员认盗窃假罪的交易行为；另一类为供述假，但隐蔽性证据为真的情形，常见为被告人虚假认罪，但其供述的隐蔽性证据来源于真正犯罪人的传授，并通过侦查人员发现并取得，如前述的顶包替罪情形。无论哪一类情形，被告人供述出的隐蔽性证据都无法来源于自己的虚构，必须依赖于外界的输入，要么是侦查机关告知，要么需要事先与真正犯罪人串供，要么通过其他渠道（如公共信息、案发在场等）获取。因此，本部分讨论的焦点就集中于隐蔽性证据取得来源的独立性上，即必须排除“（与真正犯罪人）串供、（受侦查人员）诱供”的可能，方可保证隐蔽性证据的独特证明力。为达上述目的，笔者以是否进入刑事诉讼程序为标准，针对隐蔽性证据来源的独立性审查提出两点建议：

1.严守隐蔽性事项保密原则以防止隐蔽性证据来源污染

首先，侦查机关在案件办理过程中，不得向被害人、媒体等第三方透漏案件相关细节信息，以免造成隐蔽性事项的泄露导致混淆隐蔽性证据的来源。其次，在带领犯罪嫌疑人指认现场、作案工具或开展侦查实验过程中，应当避免向犯罪嫌疑人提供关于案件细节的信息（如提示关键性物证、特征等）。最后，对于隐蔽性证据存在疑问的案件，应当组织犯罪嫌疑人进行现场重演。在此过程中，应当秉持全面原则，即包含从犯罪嫌疑人进入犯罪现场到离开犯罪现场的整个过程

---

① 祝婧婧：《从虚假供述角度分析隐蔽性证据的可靠性》，载《福建警察学院学报》2017年第3期。

② 万毅：《“隐蔽性证据”规则及其风险防范》，载《检察日报》2012年6月6日第3版。

重演，并让犯罪嫌疑人自由、详细地陈述、演示整个犯罪过程的细节，避免诱导及提示犯罪嫌疑人，以便能对犯罪嫌疑人所站的角度进行较为客观与完整的观察与评价。

2.运用逻辑与经验法则以加强对隐蔽性证据独立性以及与其他证据印证关系的甄别

如果说侦查人员诱供或无意向犯罪嫌疑人透露隐蔽性事项的情形，因属于进入刑事诉讼程序可以通过加强案件信息保密以及同步录音录像等具体制度以及措施予以监督管控的话，那么自愿虚假认罪的犯罪嫌疑人与真正犯罪嫌疑人在事前的"联手布局"则无从开展案前防范。在这种情况下，逻辑与经验法则的运用对于隐蔽性证据的审查就具有相当重要的意义。所谓逻辑法则，指的是一般实务推理及演绎的逻辑规则，不得将"可能性"直接变成"必然性"，而在立论及论证上，也应当避免循环论证的问题；所谓经验法则，指的是基于日常生活经验所得的规则，并非个人主观推测或少数人特殊行为模式。[①] 逻辑与经验法则的运用规则，如台湾地区"法院办理刑事诉讼案件应行注意事项"第 78 点所称："证据证明力，固应由法院自由判断，但应注意所下证据判断，必须斟酌各方面情形，且不违背一般人之共同经验；所得结论不能有逻辑上的矛盾，不可凭空推测，仅以理想之词，如难保、自属当然等字样为结论。"既然虚伪认罪的无辜者并没有亲自体验当时的犯罪事件，即便其从真正犯罪人处所获取了隐蔽性事项的相关信息，也不可能具有完全的完整性、全面性与细节性，其与事实真相之间仍有可供辨识的特征。如 2016 年高检院通报的"优秀侦查活动监督案件"中的陈某开设赌场顶包案[②]，公安机关现场抓获的犯罪嫌疑人陈某自认是开设赌博游戏机的老板，并提供了所谓隐秘的账本物证，但经检察机关审查，发现三处疑点：首先，陈某系年满 66 周岁且家住贫穷小山村的老年人，如何有能力独自在异地他乡开设赌博机店。其次，该游戏机店位于乡下，按照乡下习俗，一般租房均是口头协议，且陈某仅为小学肄业文化程度，但本案的《租房协议书》格式标准、内容翔实，且时间有涂改痕迹，不合常理。最后，陈某虽然认罪并称该赌博机店为其一人所

---

① 林钰雄：《自由心证：真的很自由吗？》，载《台湾本土法学杂志》2001 年第 27 期。

② 最高人民检察院侦查监督厅：《关于全国检察机关"优秀侦查活动监督案件"评选结果的通报》，www.gj.pro/cms/web/downfile.jsp? AID＝8451464762508224，最后访问日期：2018 年 8 月 24 日。

经营,但是对于账本记录的赌博机采购、资金来源及去向均无法进行说明。该三点矛盾无法通过逻辑与经验法则检验,其有罪供述与隐蔽性证据之间的关联性存有重大疑问,最终在检察机关的严察细审之下,陈某承认其系受真实老板林某和王某雇佣顶包替罪。

(四)值班律师以及辩护律师的履职边界

作为认罪认罚程序的配套措施的值班律师律师制度,旨在为犯罪嫌疑人、被告人提供初步的法律帮助,并保障犯罪嫌疑人和被告人的诉讼权利。但是,面对自愿虚假供述时,值班律师或者辩护人是否有帮助公检法共同揭开"谎言"的权利或者义务呢?笔者认为,律师的"忠诚义务"伦理与在认罪认罚程序中要求(值班)律师负有将自愿虚假供述的事实发现、查清、报告的义务是格格不入的,自始就不具有期待可能性。反之,这一违背律师职业伦理的设定和确认,反而更能促进要求制度的设计者更加明确认罪认罚从宽制度证明标准在侦查和定罪时的不可降低性这一基本原则,以调整侦查、审查起诉、审判阶段相关主体的错误心理,真正将查清事实的职权在认罪认罚程序中也得以落实。并且,在供述判断和个人独知事项上苛以公检法更为规范的审查规则,以工具性的方法加强国家权力查明犯罪事实的能力。简而言之,对于自愿虚假认罪案件如果要求(值班)律师也参与到查清事实的队伍中来,反而需要反思认罪认罚制度的不实际性,因为"忠诚义务"应被视为律师的"第一职业伦理"。值班律师虽然不同于辩护人,是由公权力主动对犯罪嫌疑人、被告人予以程序性保障,但既然是为了保障犯罪嫌疑人、被告人的诉讼权利,那么本质就与律师无异。对值班律师或者辩护律师提出违背"忠诚义务"的职业伦理要求,一方面将僭越律师的工作职权,另一方面无疑也将律师变成了另一个国家机器,在实践中这样的苛求既无法得到实施,也有悖于律师职业定位。

不仅以上,在实务中我们甚至应该对值班律师或者辩护人在保障犯罪嫌疑人、被告人诉讼权利的过程中,发现犯罪嫌疑人、被告人自愿进行虚假供述,而消极作为的行为予以豁免和保护,确认值班律师和辩护人的"职业秘密豁免权"。因为,根据《关于在部分地区开展刑事案件认罪认罚从宽制度试点工作的办法》第5条的规定,值班律师的职权只包括了提供法律咨询、程序选择、申请变更强制措施等法律帮助,其权利范围相对于辩护人而言是非常有限的[①],甚至直接丧

① 王迎龙:《值班律师制度研究:实然分析与应然证成》,载《法学杂志》2018年第7期。

失了阅卷、调查取证等辩护权，对值班律师苛以“发现、告知的义务”将造成权责不一的现实尴尬。（值班）律师的唯一使命就是为嫌疑人、被告人进行权利保障，因此面对自愿虚假供述（值班）律师和辩护人可以保持沉默，唯一可以要求他们做的就是守住执业底线，不通过积极的行为来毁灭自愿虚假供述犯罪嫌疑人、被告人的证据、伪造事实、误导司法人员作出错误的判断。

结　语

自愿虚假供述的存在无疑击中了认罪认罚从宽制度的软肋，但曝光出不足总强过于制度设计的自我陶醉。制度的适用者应当恪守刑事诉讼的证明标准，进而探究什么样的侦查和审查方法能够与认罪认罚的效率性相匹配。从口供的综合判断到个人独知事项的验证，更多的是需要通过客观证据补强、隐蔽事项保密等基础性制度予以保障。即便是在“谎言”过于逼真的复杂情况下，认真细致地运用逻辑与经验法则，也能够尽可能地为认罪认罚程序中自愿虚假认罪排除提供助益，从而降低冤假错案的出现可能。刑事诉讼程序作为公认的最为严苛的法律程序，最根本的保障就是国家权力和巨大司法资源的投入，而这些投入的目的就是能够破除“谎言”，查明真相，进而正确适用法律。在既有的诉讼程序中强化侦、审的职能，尽可能地识别与排除自愿虚假供述是一种事中、事后的补救。

良善的认罪认罚从宽制度应当同时做到尽可能阻却或减少自愿虚假供述进入到刑事诉讼程序中。从源头上看，犯罪嫌疑人自愿性的虚假供述发乎内心，实难防范。苛求于认罪认罚从宽制度在兼顾效率的同时还能够做到尽早尽快地识别出虚假供述，在实践中是不具有期待可能性的。因此，在认罪认罚从宽程序适用之前识别虚假供述是降低冤假错案发生的关键。鉴于此，将认罪认罚从宽制度设计为有严格诉讼节点限制的制度，也是值得探讨的问题。笔者认为，认罪认罚从宽制度应仅能在审查起诉和审判阶段适用，并明确排除侦查阶段的适用。①侦查阶段证明标准的不可降直接决定了侦查机关不能够成为认罪认罚程序启动的主体。要强化事前对虚假供述的识别，应当排除认罪认罚从宽程序对侦查人员的吸引力。侦查机关的职权就是适用法定的各种侦查措施，依法全面收集证据材料、查明案件事实、抓捕犯罪嫌疑人归案是侦查机关的使命。只有在公安侦查终结，满足犯罪事实清楚、证据确实充分的证据标准，公安机关将案卷材料、证

① 陈卫东：《认罪认罚从宽制度研究》，载《中国法学》2016年第2期。

据一并移送检察院审查决定,在审查起诉阶段检察院方可决定是否采用认罪认罚制度处理此案。侦查阶段的不可适用性,可以在认罪认罚从宽制度适用前,真正做到恪守刑事证据的证明标准,揭开自愿虚假供述的高隐蔽性面纱,防止证据造假的通行无阻。唯有做到事前、事中的全方位识别与排除,才能实现认罪认罚从宽制度的程序价值,而如何进一步完善制度设计,强化事前防范的力度,明确程序的适用节点,仍需要进一步的探讨和研究。

宪法与行政法论坛

从自发行为到制度回应:论行政诉讼独立审前程序再造

刘之玮[*]　吴贤奔[**]

摘要:行政诉讼独立审前程序,在理论研究及立法建设上几无成例,已不能适应当前行政审判实践的需要。司法实践中,行政法官"自发"对诸多不具实质可裁判性的案件探索了审前处理程序。为更深入研究法官庭前"自发"行为,构建行政诉讼独立审前程序,应当从法官动机、审查行为、审查结果等三个方面进行考察,并通过对比借鉴域外司法实践的有关做法,从宏观和微观两个层面明确独立审前程序采取职权进行主义模式,并在此模式下分别从程序的适用范围、审查主体、审查期限、审查方式、强化法官释明、救济途径等方面探讨独立程序构建的基本规则。

关键词:行政诉讼;独立审前程序;自发行为;裁驳

一系列具有明确目的的制度的生成,是极其复杂但却条理井然的,然而这既不是设计的结果,也不是发明的结果,而是产生于诸多并未明确意识以其所作所为会有如此结果的人的各自行动。

——哈耶克

我国行政诉讼发端于民事诉讼,目前未严格区分审前程序和庭审程序,而代

---

* 作者系重庆市第一中级人民法院行政庭庭长,法律硕士。

** 作者系重庆市第一中级人民法院行政庭法官,法学硕士。

之以庭前准备和开庭审理两大环节。庭前准备一般解决一些辅助性、事务性事项，而诉权争议、程序争议等内容则与实体争议一样，需要在开庭环节中解决，造成许多案件通常都要经过多次开庭。这种断断续续的庭审方式，被学者形象地称为“牙科医师治疗”①或“五月雨式的审理，淅淅沥沥，总也下不透彻”②。其结果不仅削弱了庭审实质化，也降低了诉讼效率。立案登记制实施由此带来庭前审查功能的弱化，使大量不具备实体争议的案件直接进入庭审程序，这些案件在审理过程中并未涉及实质性的诉辩交锋与审查，大多也终结于程序性裁定而非实体判决。与此同时，修订后的《行政诉讼法》的实施使案件受理数量激增，更加激化了“人案矛盾”，如何提升庭审效率不仅是行政诉讼亟待解决的问题，也成为法官迫切的现实需求，并引发了法官的“自发”探索。

一、问题源起：行政诉讼案件激增背景下的高“裁驳”率

2014 年新的《行政诉讼法》实施和立案登记制推行以来，行政审判领域出现了受理案件数高速增长、裁定驳回起诉案件数激增的“两高”现象。以笔者所在 C 市 Y 中院为例，一审行政案件受理量由 208 件增长为 764 件，同比增长 3.67 倍；而裁定驳回起诉案件数则由 48 件上升为 479 件，增长近 10 倍（见图 1）。大量案件被裁定驳回起诉，意味着以实体审查为中心的庭审环节无继续的可能。

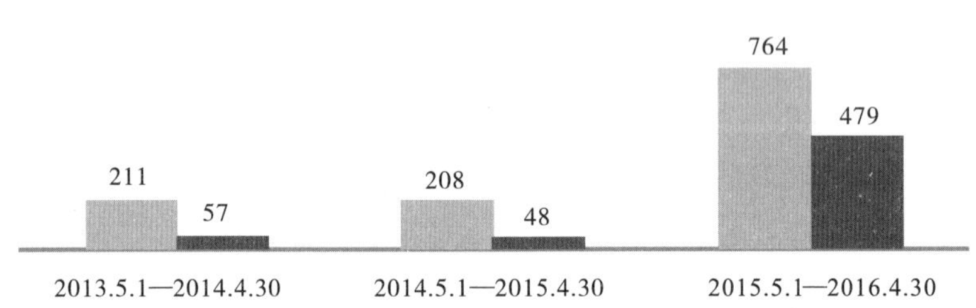

图 1　行政一审受理案件数与裁定结案数（单位：件）

---

① 黄东熊、吴景芳：《刑事诉讼法论》，三民书局 2011 年版，第 21 页。

② 王亚新：《对抗与判定——日本民事诉讼的基本结构》，清华大学出版社 2002 年版，第 136 页。

笔者以裁驳的479件案件为样本分析①,总结出如下特点:

第一,不符合起诉条件是案件被裁驳的主要理由。起诉条件审查参照的依据是《行政诉讼法》第49条,以及新的《行政诉讼法》适用司法解释第3条规定,不符合起诉条件的情形主要包括主体资格不具备、诉讼请求不明确具体、原告起诉超过起诉期限等。

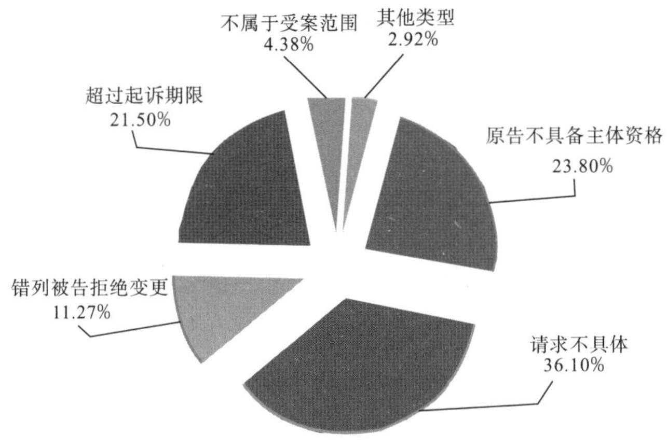

图2 裁定结案行政案件类型(单位:%)

第二,"裁驳"案件大多未经庭审程序。479件案件中,有427件未经严格意义上的庭审程序,其余52件进入庭审环节的案件主要基于当事人要求开庭,被诉行政行为的合法性需要被告说明或举证,被告是否适格需要经庭审程序进一步确认等理由,但以上案件大多也未涉及实体法律关系。

第三,"裁驳"案件因诉讼类型不同有所差异。按诉讼类型要件区分,未开庭即"裁驳"的案件中,作为我国诉讼制度框架基石的撤销诉讼,相对其他诉讼类型而言,对庭前审查的需求较小,确认之诉所占比重最大。

第四,法官多以庭前审查方式处理"裁驳"案件。427件"裁驳"案件均是法官在开庭程序启动之前完成,只是因案件情况不同,在具体处理方式上有所差异。

① 以上裁驳案件选取的时间段为2015年5月1日至2016年4月30日。

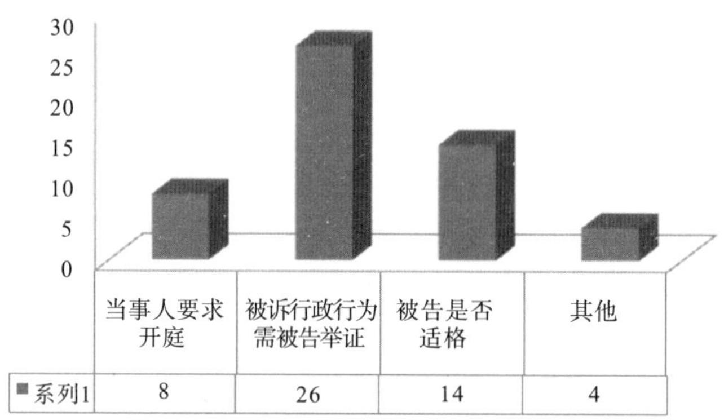

图 3　进入实体审理案件类型分布(单位:件)

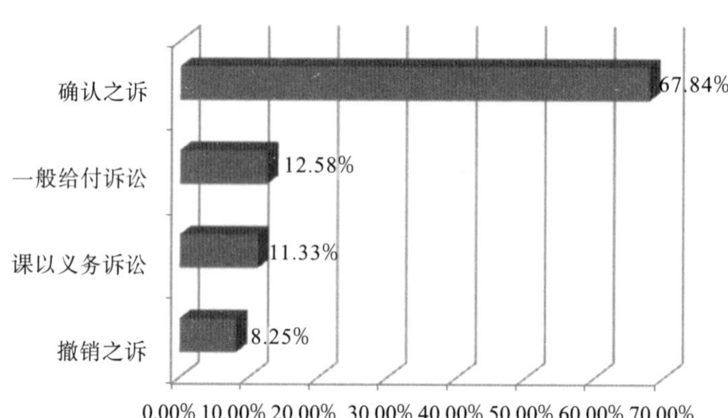

图 4　裁驳案件按诉讼类型分类情况(单位:%)

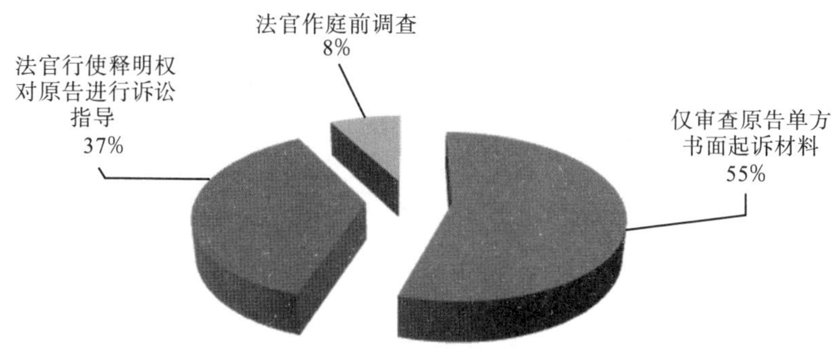

图 5　法官庭前处理裁驳案件的方式(单位:%)

二、现象描述:法官庭前"自发"行为的深度剖析

在大量裁驳案件中,法官为何"自发"地以庭前审查代替开庭审理,法官具体做了哪些工作,结果如何……带着这一系列疑问,笔者对所在中院及辖区 10 个基层法院的行政法官进行了相关问卷调查。①

(一)法官动机考察

法官以庭前审查替代开庭审理的动机多元,最主要的因素有四个方面(见图 6):

1.确立审查方向与审查模式

由于我国行政诉讼缺乏类型化,现实中原告可能任意提起一个行政诉求并附加确认或给付等要求,以表达其实体利益诉求;或是一个诉讼请求中可能同时包含撤销、确认、给付之诉的要件。因此,原告的诉讼请求不一定能直接对应诉讼法中所确立的审查程序,而需要法官对诉讼请求作进一步的理解、判定和归类。法官受理案件后,首先要做的就是对当事人诉求进行归并整理,以找寻最恰当或最接近的审查模式或程序。

① 笔者所在中院行政庭现有 4 个合议庭,法官 13 人。中院下辖 10 个基层法院,共有合议庭 10 个,法官 63 人。共发放调查问卷 76 份,有效问卷 72 份,其中中院 13 份,基层法院 59 份。

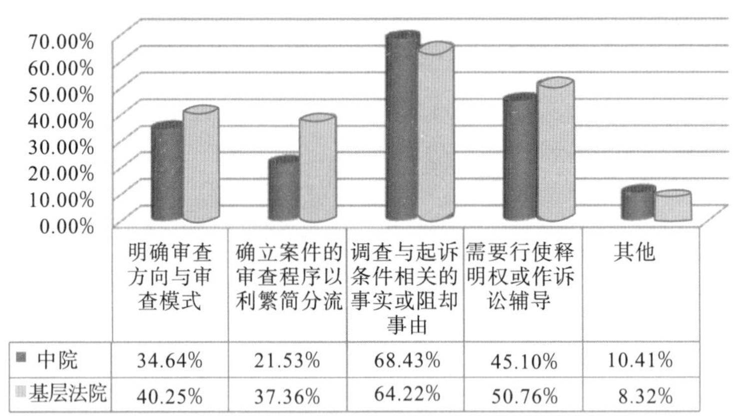

	明确审查方向与审查模式	确立案件的审查程序以利繁简分流	调查与起诉条件相关的事实或阻却事由	需要行使释明权或作诉讼辅导	其他
中院	34.64%	21.53%	68.43%	45.10%	10.41%
基层法院	40.25%	37.36%	64.22%	50.76%	8.32%

图 6 法官庭前审查行为的动机(单位:%)

(注:此项调查为多选)

2.甄别案件难易程度以利繁简分流

经过庭前审查,明确案件类型及基础法律关系后,根据案件的难易程度,对案件处理程序、审理周期做出预判。对可以快速处理的,选择简易程序或以简化的普通程序进行审理,其他案件则移送普通程序审理。

3.审查案件有无终结程序必要

通过审查与起诉条件相关的事实,或其他诉讼程序性阻却事由,确认有无必要终结诉讼程序。对于缺乏基础事实和必须经过行政前置程序处理的案件,在审查清楚的基础上径行裁驳,以终结案件。

4.排除阻却庭审连续性的非实体因素

对原告诉讼请求不明确、被告或共同被告不适格、原告诉讼行为能力存疑、追加必要共同诉讼原告或第三人等情形,对当事人进行释明或诉讼辅导。个别事实纷杂,证据材料较多的案件,进行庭前初步审查加以梳理。

(二)审查行为表现

分析调查样本可知,法官审前行为解决的问题主要为程序性的,细碎而因案有异,大致可分为以下几类:

1.原告起诉条件的审查

立案登记制施行后,起诉条件审查由立案环节后移至审判阶段。而起诉条件关涉原告诉权的适法性,如诉讼两造关系确定、争议案件系属、基础法律关系

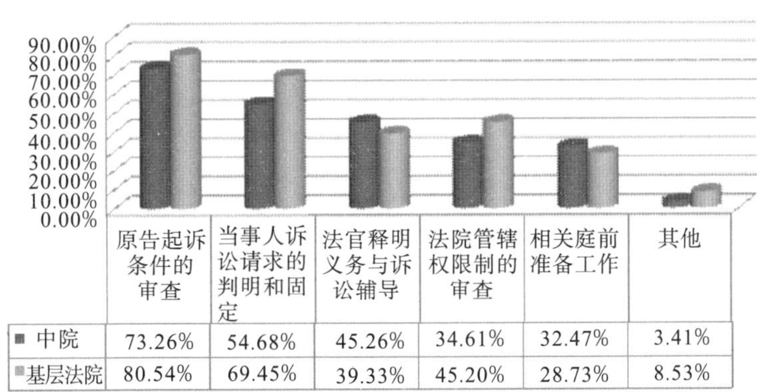

	原告起诉条件的审查	当事人诉讼请求的判明和固定	法官释明义务与诉讼辅导	法院管辖权限制的审查	相关庭前准备工作	其他
中院	73.26%	54.68%	45.26%	34.61%	32.47%	3.41%
基层法院	80.54%	69.45%	39.33%	45.20%	28.73%	8.53%

图 7　法官庭前审查行为表现

（注：此项调查为多选）

性质和起诉基本事实依据判定等，此类程序性问题较之实体性问题具有先决性，如得不到解决则诉讼关系无法确立，更不必谈实体利益之争的解决。现行庭审程序是围绕实体利益之争设置，审查要素、顺序和方式无不围绕实体问题开展，并不适用于起诉条件的审查。因此，法官多以阅卷和单方庭询的方式，通过庭前自发的行为对原告起诉条件进行审查，避免案件贸然进入庭审。

2.诉讼请求的判明和固定

诉讼请求是任何案件进入司法程序的核心基础要件。由于目前立法未采用行政诉讼类型化模式，仍然保持以行政行为审查标的、以行政行为合法性审查为主线的司法审查框架，对于原告起诉请求多样化、模糊化的现状缺乏有效应对方式。多数情况下，法官仅凭原告提交的起诉状和初步材料，无法直接从诉讼类型的角度判明原告诉讼请求归依，而必须通过额外的询问、调查，从原告诉称的事实理由中发现被诉行政行为，并在法律条文中检索合法性审查基准。在此情况下，启动庭前审查明确和固定原告诉请，对保障庭审顺利进行至关重要。

3.法官释明义务与诉讼辅导

行政机关与行政职权设置复杂、行政行为种类多样等特点，一方面使行政诉讼具有较高的专业性与技术性；另一方面，也导致原告的诉讼能力往往难以适应诉讼要求。原告起诉时常会出现一案中同时起诉多个行政行为，将民事请求和行政请求混合，错列、漏列或多列被告等情形。此时，法官的释明与诉讼辅导尤为必要，实践中，法官的普遍做法是在庭审前一次性对原告进行释明，提示被诉行政行为,并告知其补充必要的证明材料。

4.法院管辖权限制的审查

目前法官针对管辖权限制的审查主要包括以下三方面内容:一是前置程序的阻碍。如法律规定必须先经复议或其他程序先行处理的,未经前置程序处理或处理未完成,行政诉讼程序不得启动。二是起诉期限的影响。与民事诉讼的诉讼时效制度不同,行政案件起诉期限更接近除斥期间,起诉期限应由法院依职权审查。三是司法管辖权有限。行政审判管辖范围虽有扩张趋势,但仍遵循有限管辖原则,非法律规定范围内的纠纷不得入门。

5.相关庭前准备工作

庭前准备工作主要包括两类:第一,专业知识的准备与整理。因行政权涉及面广、专业化程度高,在很多领域单纯依靠法官的法律判断不能够甄别出争议的适法性和审查要点。因此,开庭审理前,法官需要诉讼各方提供相应的基础事实材料和法律资料作为铺垫,以做好案件审判所需的知识准备。第二,完成辅助性事务。如法律文书送达、证据收集整理等审判事务工作,以及针对复杂案件于庭审前完成证据开示、进行庭前意见交换、充分了解双方诉辩主张等。

(三)审查结果归类

通过对“裁驳”案件结果的分析可知①,法官庭前审查行为大致导向四种结果:

第一,归并。即将程序性事项审查剥离于庭审环节,不需要以开庭审判方式处理的程序问题集中于庭前解决,如举证失权、诉辩应答、固定证据、背景揭示等,以确保庭审程序的连续性,提升庭审实效。

案例一:C某等31名原告诉某区政府请求确认同意林权转让行政行为违法,因原告所称的“同意转让”行为指代不明,且缺乏初步证据证明被诉行政行为存在,法官庭前审查后,要求原告明确诉讼请求并限期补充举证证明被诉行政行为存在,同时就相关事项要求被告强制答辩和举证,以在庭审前解决原告起诉适法性的基本问题。

第二,终结。因程序事由阻却不能进入实体审查的案件,将诉讼程序终结于庭审之前,避免启动庭审程序浪费司法资源。在条件成就的情况下,组织诉辩磋商降低诉讼对抗性,或以替代性纠纷解决方式化解争议。

---

① 此处的分析样本为未经过严格意义庭审而被裁驳的427件案件。

案例二：H 等 4 人诉某区人民政府要求履行安置补偿法定职责，经承办法官庭前阅卷、调查，明确认定原告请求的事项不属于区政府的法定职责，法官释明并要求变更被告未果后，裁定驳回原告起诉，使案件终结于庭审前。

第三，分流。经庭前审查区分案件繁简与难易程度，按照简易程序和普通程序的审判要求，将案件移送不同程序处理。

案例三：某村 47 名原告对某区政府提起的不服信息公开答复案件。经法官庭前处理，其中 11 名原告自愿撤回起诉，剩下的 36 件案件则区别处理。对基础事实清楚、当事人双方争议不大的，用简易程序或普通程序简易审；对案件事实复杂、争议较大的，则在庭审中组织当事人充分举证、质证、辩论，提高案件审判效率。

第四，确认。经法官释明归纳，明晰当事人请求，明确所诉的适法性与案件管辖等内容，确定案件法律关系、固定争议焦点，保障审判权依法行使。

案例四：某企业诉某区人民政府要求履行法定职责纠纷，原告列明的 8 项诉讼请求虽然都以给付为前提，但其所主张的事实和理由涉及土地规划许可调整后的补偿、土地征收安置补偿、优惠待遇落实、企业环保搬迁补偿、土地出让金返还等不同法律关系，经法官庭前审查并释明，原告逐一明确起诉目的和法律关系，固定了诉争焦点，确保后续庭审有效开展。

（四）小结

将法官行为动机、行为类型和所产生的结果综合分析，可以发现大量未经开庭的“裁驳”案件中，法官在庭审前所完成的工作具有目的明确、次序明晰、对象确定等三个明显特点。庭前审查不仅较好地解决了大部分案件诉请固定、繁简分流、庭前准备等问题，发挥了初步分流案件、提高审判效率、促进庭审实质化的作用，而且以“裁驳”方式对部分案件进行实质性处理，也使庭前审查与庭审程序具备了同质性解决纠纷的功能，程序的独立价值呼之欲出。

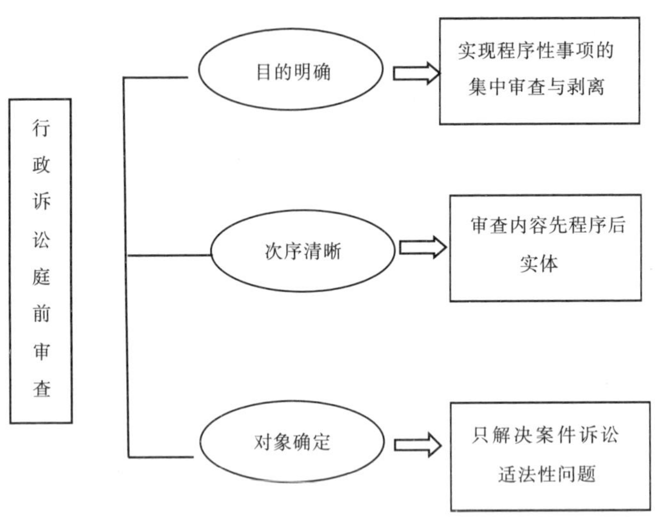

图 8　行政诉讼庭前“自发”行为特点

三、理论探讨:法官庭前“自发”行为的思考

(一)庭前审查行为的偏差

面向两级法院行政法官的调研显示,不少法官在庭审前均会“有意识”地对案件进行审查,但此种操作方式也存在需要完善之处。

1.制度偏差——规则体系缺失

从法官访谈中可知,现行立法对行政诉讼庭前审查的规制作用有限,难以凸显出“自发”审查行为应具备的特性。具体表现为:第一,条文规定零散,未体现审前程序的整体功能。当前涉及庭前审查的内容散见于强制答辩、举证时限、证据交换与调查等规定,缺乏逻辑严谨的体系化规则,程序特征不明显。第二,立法“真空”导致标准缺失。如法官职权限度不明晰,法官应保持消极中立,还是依职权加以主导,对此难以达成共识①;程序性事项与实体事项剥离界限不明,影响庭前审查与开庭审理活动的有序衔接;双方当事人庭前审查环节权利义务的规定缺失,导致当事人权利义务体现出个案差异。立法规范不足主要是受“重实体、轻程序”思维影响,程序设计偏重于实体纠纷的处理,忽略了剥离程序性事项

① 解志勇、曹魏、郑志平:《行政诉讼立案审查程序研究》,载《天津行政学院学报》2009年第5期。

的必要和审查过程所具有的独立程序功能。①

2.认识偏差——价值定位模糊

庭前审查的直接目的在于提升庭审实效，但对于这种自发行为的定位，法官并未形成清晰认识，主要有两种分歧意见：一种观点将审查行为理解为庭前准备活动，其功能主要是处理程序性事务，以保证庭审顺利进行；另一种观点认为庭前审查除了保障庭审集中化以外，还有其独立功能，如在判明起诉适法性问题等争议的基础上，对部分可以终结的案件作出裁驳处理。分歧形成的主要原因是行政诉讼理论研究和司法实践未能提供清晰的方向指引，造成庭前审查与庭前准备活动的混同。

表1　两级法院法官关于审前程序价值定位的观点分歧

分歧观点	基层法院		中级法院	
	人数	所占比例	人数	所占比例
庭前准备活动	22	37.29%	2	15.38%
具有独立程序功能	37	62.71%	11	84.62%

3.实践偏差——操作方式差异

基于“自发”性特征以及制度层面规范不足，实践中法官进行庭前审查表现出多种差异，如：审查模式多元，两级法院法官中，有的惯以阅卷形式审查，有的偏好与当事人进行当面沟通完成审查事宜。参与庭前审查的组织多样，有的由庭审合议庭进行，有的由承办案件法官自行审查。案件审查范围差异，有的法官采取每案审查的方式，而有的法官则仅针对疑难、复杂案件进行。② 审查行为涵盖内容不明晰，目前审查行为大多围绕原告起诉条件展开，是否需要进行证据交换、整理和固定诉讼争议焦点，以为庭审顺利推进提前准备，法官对此认识也存有分歧。

（二）规制“自发”行为的必要性分析

尽管当前庭前“审查”活动中存在的一些问题为法官带来不少困惑，但对于

---

① 张显伟：《行政诉讼审前程序的功能定位及实现机制》，载《西南政法大学学报》2010年10月。

② 因案件审查范围和方式的，基于法官主观认知判断的差异，可能影响对案件的实体处理。

有无必要通过规制“自发”行为以助其功能发挥，对此法官的倾向性意见也很明确。多数法官认为有必要设置独立审前程序的主要理由如下：

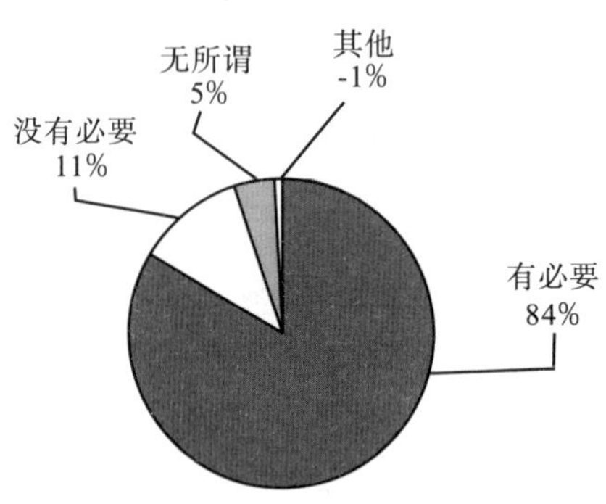

图 9　法官对庭前审查的倾向态度

1.促进庭审实质化

独立的审前程序的价值在于通过程序性事项的剥离，将不需要开庭审理的非实体问题集中于庭前处理，确保庭审围绕事实查明、证据核实、法律适用、责任分清展开，使“庭审的主要资源配置于当事人对案件事实和法律问题的辩论之中，促进庭审的集中化”①，最大限度地提高庭审效率。而此前“一步到庭”模式，虽然能够防止法官先入为主、未审先判，但也使所有问题集中于庭审程序解决，以致案件因审查起诉条件、整理争议焦点等事项多次开庭、久拖不决，不仅背离了不间断审理原则，也弱化了庭审的针对性。

2.符合诉讼经济原则

立案登记制和修订后行政诉讼法实施，由此带来的案件数量激增，进一步凸显当事人诉讼需求与司法供给之间的矛盾。而庭前审查程序可以对部分案件作出实质性处理，以有效节约诉讼成本和司法资源。如前所述，对于因程序事由阻却而不能进入开庭审理的案件，可在庭前审查予以终结，减少程序空转和当事人参与环节，从而降低诉讼成本。经程序性审查，还可初步预判案件繁简、难易程度，进而对案件处理程序进行分流，实行简案快审、难案精审，确保司法资源有效

① 林念贺：《论行政诉讼审前程序及其运行机制构建——从普通程序的视角设计》，载《行政法学研究》2003 年第 3 期。

利用。

3.弥补类型化缺失带来的弊端

修订后的行政诉讼法对诉讼请求的归类方式，虽然体现出向类型化靠拢的倾向，但并未采用类型化立法体例，这也导致当事人诉请多样、指向行为不具体、模糊等问题无法得到有效解决，进而影响案件法律关系和诉讼争议焦点的确定。设置庭前审查程序，可以使法官在开庭审理前，通过释明方式帮助当事人确定诉讼请求，在此基础上整理争议焦点，以保障庭审的针对性和集中性。

四、域外借鉴：行政诉讼审前程序的司法实践

（一）实践概述

行政诉讼审前程序因诉讼模式差异而体现出不同特征，并在规范依据、法官地位、违背程序后果等方面表现出明显差别。

表2　两大法系行政诉讼庭前程序比较

	规范依据	法官地位	不遵守程序的制裁
大陆法系	行政诉讼法典专门规定	居于主导地位，大部分审前活动由法官主动完成或当事人在法官指导下完成	限制诉讼权利
英美法系	适用民事诉讼规则或其他特别法律规定	消极中立，当事人发生争议或有重大问题时才介入，一般不主动调查证据	在案件审判中直接判定其承担不利后果

大陆法系中，德国《行政法院法》对审前程序予以规定，包括行政诉讼预审程序要求、预审程序中的裁决、诉状补充完善、送达被告和被告答辩、法院对事实的调查等内容，在当事人的主要权利义务、法官职责、程序推进顺序等方面形成了

体系化规定。[①]

法国出于确保公正和提高诉讼效率的考量,也对行政诉讼审前程序做了明确要求,包括起诉审查、决定是否采取临时紧急措施以及预审程序三方面内容。其中,预审程序在行政诉讼中占有非常重要的地位,是指在正式开庭审理前,由预审法官阅读材料、调查研究,查明案件事实和法律问题,使案件处于可以审判的状态。[②]

英美法系中,对应大陆法系的行政诉讼是由普通法院的司法审查制度完成。由于英美法系在行政诉讼中采取当事人主义模式,奉行言辞审理原则,强调庭审集中化,因此完善的审前程序尤为重要。

英国司法审查审前程序主要包括司法审查申请的提起、对司法审查申请的许可、诉状送达、诉答程序和证据开示等几个阶段。通过审前程序,不仅可以为审理排除障碍,更重要的是可以排除大量不需要进入正式庭审的案件,使其不经庭审而得以解决。[③]

美国司法审查审前程序由诉答程序、证据开示和审前会议三部分组成。审前程序的功能主要在于明晰争点以简化法庭审理,并针对案件不同情况作出分流处理:符合法庭审理条件的案件进入诉讼程序,达不到法庭审理条件的案件宣告诉讼终结,或通过和解方式处理。[④]

(二)经验启示

通过对比分析两大法系行政诉讼审前程序,对于再造我国独立的审前程序不无裨益。

1.审前程序受到高度重视

无论是英美法系国家还是大陆法系国家,审前程序一般都是正式开庭审理前的必经阶段,审前程序的作用不仅在于为庭审做事务性准备,更重要的是为保

---

① 王晓杰:《两大法系行政诉讼审前程序模式比较及对我国的启示》,载《宪法行政法研究》2007年第4期。

② 王学辉主编:《行政诉讼制度比较研究》,法律出版社2004年版,第97页。

③ 齐树洁:《英国民事司法改革》,北京大学出版社2004年版,第428页。

④ 张显伟:《行政诉讼审前程序的功能定位及实现机制》,载《西南政法大学学报》2010年第5期。

障庭审顺畅而承担整理争点、固定证据等作用,此外还承担了替代性纠纷解决的职能。①

2.审前程序主要功能是为促进案件集中审理

虽然两大法系审前程序具体内容有所差别,但欲实现的程序功能基本趋同,即促进案件集中审理,避免多次开庭影响审判公正。为此,两大法系也更注重审前程序与庭审程序的功能衔接与互补,通过程序性事项的甄别以排除庭审障碍,保障庭审不间断进行。

3.设置审前法官制度

为保障审前程序与庭审程序顺利推进,防止法官预断影响司法公正,两大法系均设立了审前法官制度,负责组织审前诉讼答辩、证据收集交换等活动,并在工作职责上与庭审法官进行区分,将审前程序与庭审程序交由不同法官完成,以此保证司法公正不受干预。

五、制度回应:行政审判独立审前程序再造

基于前文分析,对审前程序再造应体现如下理念:审前程序是与庭审程序相分离的独立审查程序;程序设计采职权进行主义,发挥法官在程序推进过程中的主导、指挥作用;庭前审查核心为起诉条件审查;审前程序可对部分案件作裁判处理,起到分流案件的作用;庭前审查以案卷主义为原则,必要时可采用庭前会议或听证方式,不实行庭审制度。以下就庭前审查程序的建构详细阐述。

(一)宏观:模式选择

比较当事人主义和职权主义两种模式,构建我国行政审判审前程序应采职权进行主义较为合理。② 依据有两方面因素:其一,审前程序的模式选择受诉讼模式影响较大,当前我国行政诉讼未实行当事人主义,若审前程序采用当事人主义,则实践中难以与审判程序相衔接。其二,基于行政诉讼的特殊性,即诉讼双方在诉讼能力方面差异明显,采职权进行主义加强法官对审前程序的主导和介入,能够借助审判权的有效行使实现平衡诉讼双方地位和诉讼能力的作用。

职权进行主义模式之下,法官在审前程序中的职责主要体现为:首先,积极

---

① 熊菁华:《行政诉讼审判方式的改革——审前准备程序和审前会议制度》,载《行政法学研究》2000年第2期。

② 贾志敏、高丽丽:《行政诉讼审前准备程序研究》,载《前沿》2004年第5期。

主动参与到程序中,对程序的启动和推进起决定性作用。其次,加强释明义务,通过释明防止原告因诉讼能力较弱而陷入有损实质正义的不利后果。

(二)微观:规则设计

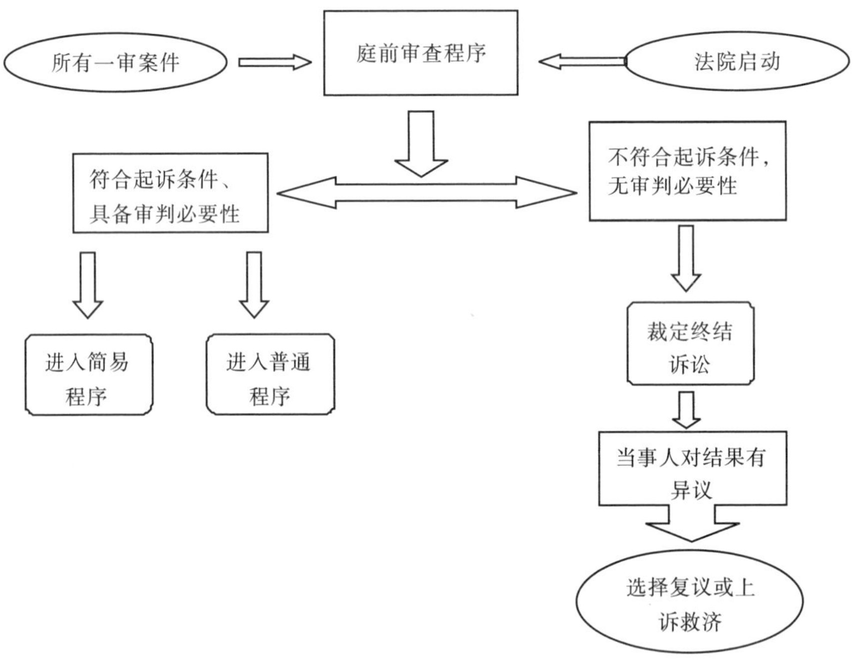

图 10 审前程序流程

1.适用范围

在现行行政诉讼法框架之下,考虑当事人法律知识与诉讼能力的欠缺,以及行政案件急速增长的现实,建议将庭前审查程序设定为所有行政审判案件的必经程序,但应排除非诉行政执行案件和国家赔偿案件。只有将所有一审行政案件纳入庭前审查,才能够确立审前程序的独立程序地位和实际价值。此外,将一审案件全部纳入庭前审查范围,可保障进入后续庭审程序的案件具备实质意义上的可审判性,在节约司法资源的同时,也可适应立案登记制改革的要求。

2.审查主体

借鉴法国行政预审制度模式,可建构庭前审查法官与庭审法官相分离的制度,防止二者混同造成先入为主,影响审判公正。即由庭前审查法官先就起诉条件、起诉期限等程序性事项进行审查处理，经分流后需要进入实体审查的则移送审判法官审理。根据现状，可以考虑专门指派一名法官独任审查并作出处理。

3.审查方式

程序启动上，按职权进行主义要求，庭前审查不由当事人选择而由法院直接发起。法官应依职权通知原告进行调查询问，必要时可以传票方式通知原告到庭，对于不接受法庭传票传唤拒绝到庭的原告，视为放弃起诉。审查以庭前会议为载体，采用简易程序进行，以独任审的方式审查案件，但基于诉讼效率的考虑，应对会议次数进行限定。

4.审查内容

明确庭前程序以书面审查为原则，审查内容主要针对原告起诉的适法性问题进行，例如原告主体资格、具体诉讼请求、适格被告等起诉条件的基本要求。通过上述内容审查，可在一定程度上对缺乏诉的利益以及存在滥用诉权的当事人进行规制。也有利于对案件进行分类，对不具备实质争议的案件及时作出裁定，对于庭前审查不能解决、存在实体审理的案件则移送庭审程序。经庭前审查处理后需进入庭审程序的案件，只移送当事人提交材料，不移送庭前审查程序中法院依职权形成的材料，避免对庭审法官形成先入为主的干扰。

5.审查期限

庭前审查程序的功能设计主要是为了提升司法效率，在审查期限上也应体现这一理念。因此，可以考虑为庭前审查程序设定一个月的审限。所有进入庭前审查程序的案件，必须在一个月内作出处理，即经该程序能够直接判明不符合诉的适法性等问题的，在一个月内作出驳回起诉的裁定。其他不能判定是否可以作裁驳处理的，或已经判明有判决必要性的，则也应在一个月内流转至庭审程序。

6.强化法官审前释明

在庭前审查程序中，应强化法官释明制度。即法官应对当事人提起的诉讼活动进行释明，释明重点集中于诉讼请求和相关法律依据。为此应建构较为详细的法官释明规则，以规范法官的释明行为。如只能就原告提起的诉请具体与否进行释明，而不能刻意引导原告提出某个诉请；此外，在释明过程中可适当调解，促进当事人通过和解化解纠纷，并对和解结果以裁定形式进行固定。

7.误用庭前审查程序的救济

对于可能出现的错误使用庭前审查程序处理的案件，当事人可从以下两种程序择一救济,但不得并行使用。其一,复核。当事人对审前程序作出的裁定不服,可向作出裁定的法院提出复核申请,法院经审查后,对庭前审查程序作出的裁定确有错误的,撤销原裁定,并将案件移送庭审程序解决。其二,上诉。当事人在收到裁定书后,可向作出裁定的上一级人民法院提起上诉。上诉法院在收到上诉状后作出判断,原裁定正确的予以维持,错误的撤销原裁定,指令案件进入庭审程序解决。

结 语

"一项良好的法律制度可以视为是正当理性的逻辑展开",但在历史演进的过程中,制度的发生、形成和确立往往是非理性设计的结果,或是人们缺乏明确意识的行动产物。① 现有行政诉讼立法框架之内,法官"自发"实施的庭前审查行为未被赋予独立的程序品性,对于庭前审查行为将如何发展,能否形成独立的制度,又将如何形成?诸如此类问题,对于愿意思考而又置身其中的行政法官而言,可能未必有足够清晰的认识,也许,无论是法官在实践中的探索,还是本文的思考与尝试,或许都是独立审前程序再造的一种"自发性经验"。

① 张显伟:《行政诉讼审前程序的功能定位及实现机制》,载《西南政法大学学报》2010年第5期。

行政案件庭前审查程序规定

（建议稿）

第一条 人民法院对已经立案受理的一审行政案件，应当经庭前审查程序先行审查处理。

第二条 庭前审查由一名审判人员独任审查。审判人员可以通过阅卷、调查、询问等方式进行。审判人员认为需要召集各方当事人的，应当以庭前会议或听证方式进行，但召开庭前会议或听证的次数不应超过两次。

第三条 庭前审查重点审查以下内容：

（一）原告是符合《中华人民共和国行政诉讼法》第二十五条规定的公民、法人或者其他组织；

（二）原告提起的诉讼属于行政诉讼受案范围；

（三）不存在错列、漏列被告的情形；

（四）原告诉讼请求具体；

（五）原告起诉未超过法定起诉期限；

（六）原告不存在重复起诉、撤回起诉后无正当理由再行起诉的情形；

（七）被诉行政行为对其合法权益具有实际影响；

（八）诉讼标的未受生效裁判羁束；

（九）原告提起的诉讼具有基础事实依据和法律根据；

（十）其他可能影响起诉条件成立的情形。

有本条规定前款（三）、（四）情形的，法官应当对原告予以释明。

经释明后能够固定原告诉讼请求的，审判人员应指导当事人及时变更诉讼请求、修改诉状；对错列、漏列被告的，经释明原告愿意变更、追加的予以变更、追加。

第四条 经庭前审查程序对案件进行审查后，对不符合《中华人民共和国行政诉讼法》第四十九条以及《最高人民法院关于适用〈中华人民共和国行政诉讼法〉若干问题的解释》第三条规定的，应当作出驳回起诉的裁定。

经审查，符合起诉条件，需要进行实体审判的案件，应当及时将案件移送简易程序或普通程序审理。

第五条 经庭前程序审查，需移送简易程序或普通程序的案件，只移送当事人提交的材料，不移送审查程序中法院形成的材料。

第六条 庭前审查程序审限为30日。

第七条 原告不服驳回起诉裁定书的，可以在收到驳回起诉裁定书之日起5日内，向作出裁定的法院提出复核申请。法院应当在接到申请后10日内作出复核决定。经复核维持的驳回起诉裁定不得再行提起上诉。

第八条 原告不服驳回起诉裁定的，可以在收到驳回起诉裁定之日起10日内，向上一级法院提出上诉。

上诉法院应当在收到上诉状后30日内，对驳回起诉裁定作出处理。原裁定认定事实清楚、适用法律、法规正确的，裁定驳回上诉，维持原裁定；原裁定认定事实或适用法律、法规错误的，应当予以撤销，并指令进入庭审程序。

商标授权确权诉讼模式研究

卓　丽*

摘要：目前我国商标授权确权案件依据行政诉讼法相关规定进行审理，当事人因不服商标评审委员会作出的裁定向人民法院起诉，以商评委为被告，其他利害关系人作为第三人参加诉讼。该诉讼模式在司法实践中因受到行政诉讼制度设置的诸多限制，不但不利于解决双方当事人的纠纷而且低效，最终导致"循环诉讼"，造成行政、司法资源巨大浪费。为有效解决商标纠纷，确定当事人法律关系，保护当事人合法权益，保障市场交易安全，节约公共资源，应当解决商标授权确权行政诉讼模式存在的问题。针对我国商标授权确权行政诉讼制度的现状及弊端，通过考察域外商标授权确权纠纷解决机制，我国商标授权确权诉讼制度应当进一步完善。

关键词：商标授权确权案件；司法审查；民事诉讼

一、我国商标授权确权行政诉讼模式概述

(一)商标授权确权案件的特殊性

1.商标授权确权行政行为的准司法性

有学者认为，因为商评委具有区别于一般行政机构的显著特征，进而其作出的商标授权确权行政行为具有准司法性质①，理由如下：

首先，商评委在行政程序中的居中裁决者身份具有特殊性。商评委依据《商标评审规则》(以下简称《规则》)独立行使职权，并不受商标局的制约，且《规则》

---

* 作者系北京外国语大学法学院国际法律与区域治理方向博士研究生。

① 侯淑雯：《商标评审委员会的准司法性》，载《知识产权》2005年第2期。

规定的评审类型中包含双方当事人的案件占大多数。此外，无论是商评委被动受理案件模式还是“合议制”评审方式均使得商评委更加类似于一个用书面审理方式处理民事争议的裁决机构，而非普通的行政机构。[①] 根据《商标法》及《商标评审规则》的规定，商评委的商标驳回复审、商标异议复审、商标撤销复审、商标无效宣告评审程序均依当事人申请而启动，且商评委评审商标案件时采用合议制度，由商标评审人员组成合议组，按照少数服从多数的原则进行审理。

其次，虽然根据我国商标局和商评委的机构性质、组织规则，商标授权确权属于行政行为，但是该行政行为具有特殊性。关于商标授权确权行政行为究竟为何种性质存在不同观点，例如行政许可说、备案说、行政确认说等。就行政许可说而言，行政许可是在法律一般禁止的前提下，行政主体根据行政相对人的申请赋予其从事某种活动的法律资格或法律权利，但是未注册商标可以在市场上使用，标有未注册商标的商品自由流通不受限制，并在符合《商标法》规定的情况下受到保护。由此可见，商标授权确权行政行为区别于行政许可。备案说主张商标权来自于实际使用，未经注册的商标同样可以使用，商标的注册行为仅仅是备案，而非获得授权。但有学者认为商标授权确权行政行为不仅仅是备案行为，而是一种行政确认行为，其主要目的在于对行政相对人的法律关系予以确定，这种确认经由申请而启动，历经严格的程序，相对人对于决定、裁定不服还可以进一步寻求救济，这些特征都赋予商标授权确权行为准司法特性。[②]

因此，在该类行政诉讼案件中，司法审查对象是具有准司法性的商标授权确权行政行为，而非一般具体行政行为。

2.行政权、司法权的衔接与界限

法院在审理商标确权行政案件的过程中，需要对商评委作出的行政裁决的合法性予以审查，但是当法院与商评委关于某一商标是否能够核准注册、应否维持注册或撤销的判断结果相矛盾时，法院判决撤销原行政裁决，由商评委根据判决作出新的裁决，而对于行政裁决不服的一方当事人可再次就新的行政裁决提

① 有学者通过对比美国行政法认为：学术上称这种权力为行政司法权或准司法权，准司法权的实质是司法权，只是行使的机关不同。美国专利商标局的商标审理与上诉委员会在法律上既享有准司法权又享有准立法权和准行政权。侯淑雯：《商标评审委员会的准司法性》，载《知识产权》2005年第2期。

② 李明德：《专利权与商标权确权机制的改革思路》，载《华中科技大学学报（社会科学版）》2007年第5期。

起诉讼,法院再次进入诉讼程序。

对于法院在商标授权确权案件中的审理范围,一种观点认为:“专业性判断属于行政机关的职权,对于商评委依职权所做出的事实认定,法院应当尊重。商标授权确权审查对于专业性、技术性的要求较高,商评委的审查员在长期进行商标授权确权案件审查工作过程中积累了丰富的经验,对该领域专业、技术知识的掌握运用程度更为深刻,其判断能力优于法官。”①因此,法院应主要针对商评委裁决程序是否合法、法律适用是否存在明显错误进行判断;至于商标是否近似、商品是否类似等专业性问题属于事实判断和裁量范围,要充分尊重商评委的职权,法院不应作出相反裁判。另一种观点主张,在司法实践中,商标近似、商品类似等问题并不仅仅为专业技术问题,同时涉及法律适用问题,而法院对于法律适用应当拥有独立的判断权。与商评委的工作人员相比,法官显然更熟悉法律,对于法律的理解适用能力也更强,尤其是在个案中处理由商标引发的实际纠纷、平衡各方利益的能力远远胜于商评委的技术人员。② 因此,在商标授权确权案件审理中,行政权和司法权的范围和界线成为重要问题。

(二)我国商标授权确权行政诉讼的弊端

1.当事人诉讼地位失衡

商评委的机构性质、职责、中立裁决地位影响着其在行政诉讼中的角色。根据《行政诉讼法》的规定,行政诉讼的当事人必须与具体行政行为具有法律上的利害关系,对原告来说,其参加诉讼是认为行政机关的具体行政行为侵犯了自己的合法权益,请求法院撤销违法的具体行政行为;对于被告而言,其参与诉讼是为请求法院对其作出的具体行政行为予以维持。③ 根据法律规定,我国商标授权确权案件采用行政诉讼模式进行审理,具体包括商标授权行政诉讼(商标驳回复审行政诉讼和商标异议复审行政诉讼)和商标确权行政诉讼(商标无效宣告行政诉讼和商标撤销复审行政诉讼),以不服商标评审委员会(以下简称商评委)作出的商标授权确权具体行政行为的行政相对人为原告,以商评委为被告,依据行

① 程顺增:《我国商标授权确权行政诉讼之特性分析与改良建议》,载《宁波工程学院学报》2011 年第 1 期。

② 刘冠华、谷彩霞:《论商标案中的司法权与行政权冲突的解决》,载《公民与法(法学版)》2009 年第 11 期。

③ 王佑启主编:《行政法与行政诉讼法》,中国人民大学出版社 2008 年版,第 301 页。

政诉讼法相关规定进行审理。在具有双方当事人的商标异议复审、商标无效宣告、商标撤销复审案件中,商评委对当事人的商标争议予以居中裁决,使得商标授权确权行政行为不同于一般具体行政行为,具有准司法性。① 商标授权确权诉讼中以商评委作为被告,而事实上商评委并不是讼争商标及其他任何在先权利的权利人或法律关系的主体,对于案件所确认的商标注册、维持或无效结果都没有直接利害关系,仅在因违反商标注册绝对事由而发起的异议和无效程序中,商标评审委员会在一定程度上代表国家和社会公众利益,而原行政程序中对商标权利存在争议的对方当事人仅可作为第三人参加诉讼。例如,在商标异议复审程序中,行政相对人包括商标注册申请人和异议人,但进入行政诉讼程序之后,异议人仅作为第三人参加诉讼。此外,在现有诉讼模式下,商评委作为被告在为其作出的具体行政行为合法性与合理性进行辩护的同时却充当着原商标异议人的"代理人",而原本有充足证据证明其异议理由成立的在先权利人等真正与案件结果有利害关系的民事主体却成为消极参与诉讼的第三人,争议重心由民事纠纷转变为行政纠纷,这会导致诉讼当事人地位失衡,忽视原告与第三人之间民事争议的重要性。②

2.行政程序与行政诉讼循环

一般情况下,"循环诉讼"出现在商标异议复审、商标撤销复审和商标无效宣告案件中。在行政诉讼模式下,法院无权直接变更错误的被诉裁决,对于行政机关的具体行政行为只能判决撤销或要求其重作,对于商评委重新作出的裁决,当事人可再次起诉,这将导致纠纷循环往复,无限拖延,商评委成为常设被告也会疲于应诉。商标授权确权行政程序本身就相对复杂,如果再进入诉讼程序,则该类案件总共需要历经商标局、商评审和法院一审二审,最终导致很多案件需要历时多年才得以最终审结,且在此过程中不论商评委、法院还是双方当事人都要花费大量的人力、物力、财力,毫无疑问是对行政、司法资源的巨大浪费。

例如,在"方型瓶三维标志商标争议案"③中,原告开平味事达调味品有限公

① 侯淑雯:《商标评审委员会的准司法性》,载《知识产权》2005 年第 2 期。

② 杨力:《论商标授权确权行政案件中适格当事人的制度构建——以保障当事人诉权为基点的研究》,载《全国法院系统第二十二届学术讨论会论文集》。

③ 北京市第一中级人民法院行政判决书(2010)一中知行初字第 3174 号行政判决书、北京市第一中级人民法院行政判决书(2012)一中知行初字第 269 号、北京市高级人民法院行政判决书(2012)高行终字第 1750 号。

司不服商评委作出的维持争议立体商标注册的裁定[①]而提起行政诉讼,法院认为商评委裁定审查程序违法,判令其重新作出裁定。随后商评委重新作出的裁定[②]再次维持了争议商标的注册,开平公司不服裁决,再次向法院提起行政诉讼,主张该商标的注册违反《商标法》的规定不应予以注册。一审法院认为现有证据无法证明争议商标已获得显著性,且不足以证明争议商标已具有很高知名度。据此,法院判决:"争议商标不具有固有显著性,也没有通过使用而获得显著性,被诉裁定部分认定有误,依法予以撤销。"[③]原审第三人雀巢产品公司不服一审判决提起上诉,二审法院认为上诉理由不成立,原审判决事实清楚、适用法律正确,依法应予维持。该案历经了两次行政程序、三次司法程序,在行政程序和行政诉讼之间循环往复。

再如,在先权利人或者利害关系人请求商评委宣告注册商标无效的案件中,当事人之间存在的民事争议是引发商评委行政程序的原因,而在商评委作出涉及商标权效力的行政裁定后,如果当事人不服商评委作出的具体行政行为,并以商评委为被告启动行政诉讼,则在原来双方商标民事纠纷之上又叠加了当事人与商评委之间的行政争议,待行政争议解决后才能处理原商标民事纠纷。例如,在PDA案件中,原告注册"PDA"商标并用于第九类商品[④]上,后来原告打算将其商标再用于域名进行注册时发现被告已注册的域名中包含该商标,于是原告提起商标侵权诉讼。原告认为被告抢注域名的行为侵犯其在先商标权,而被告认为该商标已经属于电子产品的通用名称。在商标侵权诉讼中,法院认为商标是否为通用名称需要商评委进行认定,法院裁定诉讼中止,由被告先以原告商标违反不得作为商标注册的事由向商评委提出宣告该注册商标无效的申请。后商评委经审查认为原告商标虽然在注册之初具有显著性,但随着该类商品的普及,

---

① 商评字(2010)第15921号《关于国际注册第640537号"三维标志"商标争议裁定书》(简称第15921号裁定)。

② 商评字(2010)第15921号重审第00789号《关于国际注册第640537号"三维标志"商标争议裁定书》。

③ 北京市第一中级人民法院行政判决书(2012)一中知行初字第269号。

④ 《商标注册用商品和服务国际分类尼斯协定》第九类:科学、航海、测地、电气、摄影、电影、光学、衡具、量具、信号、检验(监督)、救护(营救)和教学用具及仪器,录制、通讯、重放声音和形象的器具,磁性数据载体,录音盘,自动售货器和投币启动装置的机械结构,现金收入记录机、计算机和数据处理装置,灭火器械。

该商标显著性已经逐渐退化成为电子产品的通用名称。PDA(Personal Digital Assistant)现已成为“掌上电脑”的英文缩写,无论是在工业、商业还是日常学习、娱乐的电子产品上都可以使用该标志。据此,商评委支持被告的申请理由并宣告注册商标无效,法院再根据商评委的裁定判决被告没有构成商标侵权,驳回原告的诉讼请求。

综上,“循环诉讼”一方面使得本可较快解决的商标权益纠纷重复进入诉讼程序,间接审查在先判决的既有认定,损害司法权威和判决的公信力、既判力。另一方面,“商标权的效力、当事人的法律关系无法得以确定,导致权利人的利益不能通过诉讼程序获得及时、有效的保护”①。此外,竞争者有可能利用这种弊端为打击对手等不正当目的进行恶意诉讼。当事人反复诉讼,纠纷久拖不决,使得真正的权利人长期陷入“循环诉讼”之中,进而产生不良后果。例如,商标申请人在应对行政程序、诉讼程序的过程中可能错失商机,导致其拟注册商标在使用过程中失去显著性成为通用名称,不能再获得注册;或商标权人难以及时行使其合法权利,例如商标的排他使用权、收益权、处分权、续展权和禁止他人侵害的权利,最终严重影响到市场交易的顺畅与安全。

3.民事纠纷与行政争议叠加

“除商标驳回复审之外,其他三类商标授权确权行政诉讼的特殊性在于其中既存在民事争议又包含行政争议。”②当事人选择诉讼的根本目的依然是最终解决围绕商标引起的民事争议。民事纠纷是行政争议的基础,而该行政争议的解决又成为民事争议最终获得解决的前提,行政程序和行政诉讼紧密联系,均涉及当事人的实体权利。例如,在商标异议复审案件中,存在着大量案件是关于他人在先权利与商标权之间的冲突,本质上属于民事权利冲突,但由于异议人向商评委提出异议而进入行政程序,之后又进入司法程序。例如,“龙翔 LONGXIANG

① 周云川、迟晓燕:《商标确权行政纠纷中“循环诉讼”问题的解决思路(一)》,载《中国知识产权报》2007 年 11 月 30 日第 7 版。

② 程顺增:《我国商标授权确权行政诉讼之特性分析与改良建议》,载《宁波工程学院学报》2011 年第 1 期。

及图”[1]、“天锡楼”[2]、“高露洁及图”[3]等商标异议复审案是企业名称权与商标权的冲突，“阿玛妮 AMANI 及图”[4]、“樊記及图”[5]、“LEONOR GREYL”[6]等商标异议复审案是自然人姓名权与商标权的冲突，“CAMEL”[7]、“ADO 及图”[8]、“Tim Hortons”[9]、“BABOLAT 及图”[10]等商标异议复审案是著作权与商标权的冲突。

再如，在先权利人或者利害关系人请求商评委宣告注册商标无效的案件中，当事人之间存在的民事争议是引发商评委行政程序的原因，而在商评委作出涉及商标权效力的行政裁定后，如果当事人不服商评委作出的具体行政行为，并以商评委为被告启动行政诉讼，则在原来双方商标民事纠纷之上又叠加了当事人与商评委之间的行政争议，待行政争议解决后才能处理原商标民事纠纷。

对当事人而言，法院裁定诉讼中止，由被告向商评委提出宣告该注册商标无效的申请，再由商评委对商标进行审查的处理方式并非是最佳解决途径，一方面，如果注册商标经过审查有效，被控侵权者可能利用这段时间销毁侵权证据或者加大侵权力度，这会对商标权人造成额外的损失；另一方面，如果注册商标确属无效，被告向商评委提申请的行政程序也加重其负担。如果法院在审理中可以依据商标侵权诉讼发生时市场上的实际情况予以判定注册商标的效力，被告就没有必要再向商评委提出注册商标无效宣告的申请，其中的行政审查程序可以免除。

---

① 北京市高院(2010)高行终字第 1079 号行政判决书。

② 北京市一中院(2013)一中知行初字第 100 号行政判决书、北京市高院(2013)高行终字第 923 号行政判决书。

③ 北京市高院(2012)高行终字第 1754 号行政判决书。

④ 北京市一中院(2010)一中知行初字第 895 号行政判决书、北京市高院(2010)高行终字第 1383 号行政判决书。

⑤ 北京市一中院(2010)一中知行初字第 1650 号行政判决书。

⑥ 北京市一中院(2010)一中知行初字第 3847 号行政判决书。

⑦ 北京市一中院(2012)一中知行初字第 1286 号行政判决书、北京市高院(2012)高行终字第 1782 号行政判决书。

⑧ 北京市高院(2009)高行终字第 316 号行政判决书。

⑨ 北京市高院(2011)高行终字第 436 号行政判决书。

⑩ 北京市一中院(2009)一中知行初字第 1877 号行政判决书、北京市高院(2010)高行终字第 1270 号行政判决书。

因此，对于已经不具有显著性的商标，法院无权通过对商标权人权利的适当限制，或直接判定商标失去显著性，来平衡其他竞争者正当使用相同或近似商标的权利，再重新启动行政审查程序，不但会增加当事人的维权成本，而且浪费行政、司法资源。

二、域外商标授权确权司法审查制度

(一)美国商标授权确权司法审查

1.司法审查

美国的司法审查(judicial review)是建立在美国分权制衡(checks and balance)和宪政体制之上的制度，它赋予司法机关审查立法、行政法规及行政行为是否违反宪法的权力。司法审查的确立对于美国司法、行政领域都产生着深远影响，成为法治社会一项重要的法律制度。在商标法领域，当事人不服商标驳回、异议、撤销决定的，可以专利商标局局长以及另一方当事人为被上诉人上诉至美国联邦巡回上诉法院(US Court of Appeals for the Federal Circuit, CAFC)，再可以向美国最高法院上诉，最高法院会选择个别案件予以审理。在单方当事人案件(以“In Re 加单方当事人”表示)中，专利局局长需要向法院提供有关证据，对其裁决依据进行说明。①

例如，在“In re Tam 商标案”②中，TTAB 基于商标申请人拟注册的商标“THE SLANTS”中存在对亚裔群体的蔑视涵义而驳回注册申请，申请人 Simon Shiao Tam 不服该决定，向联邦巡回法院提起上诉。Tam 认为 TTAB 的审查员在商标审查过程中收集证据出现错误，USPTO 则认为这些证据可以证明其商标包含侮辱亚裔群体的成分。法院判决认为审查员对申请人所提交的材料之外的证据予以考虑的行为是恰当的，审查员不仅要考虑商标的字典涵义还要考虑商品或服务的特性、商标在市场上使用的方式以及商标的涵义对某一群体的实质组成部分是否存在贬损等因素，即使某一词汇的非歧视涵义是普遍的，也不能排除该词汇以冒犯他人的方式被使用。法院发现有充足的证据可以证明“SLANT”这一词汇包含对亚裔群体的蔑视、冒犯以及种族歧视意思，USPTO

---

① Melissa F. Wasserman, What Administrative Law Can Teach the Trademark System, 93 *Washington University Law Review*, 2016, pp.1511-1576.

② 785 F.3d 567, 568 (Fed. Cir. 2015).

应驳回那些对于某一群体包含消极意义的商标注册申请,而准许积极且非歧视涵义商标的注册。[①]

2.民事诉讼

美国确立了司法审查和民事诉讼两种并行的救济途径和审理模式。根据《美国联邦商标法》第21条规定,不服TTAB决定的当事人(如在先权利人或其他利害关系人)可以直接选择民事诉讼形式,以对方当事人(如商标申请人或商标权人)为被告向联邦地方法院起诉,要求重新审理事实问题和法律问题,之后还可向联邦巡回上诉法院及最高院上诉。在该诉讼模式下,专利商标局局长不是案件的被告,仅当控诉提出时,依法院书记员通知,专利局长方有权参加诉讼。法院根据具体案情,对商标应否注册或撤销等事项作出判决,专利局长按照判决要求采取相应措施。如果原行政程序中一方当事人选择的是司法审查程序,另一方当事人仍然有选择采取民事诉讼模式的权利,即该当事人可以在收到上诉通知后20日内向专利商标局局长提出声明,选择《美国联邦商标法》第21条第2款规定的民事诉讼程序,并于通知专利局长后30天内提起民事诉讼,则另一方当事人已提出的司法审查申请将会被法院驳回。

3.法院职权

法院有权在涉及商标权的诉讼中对注册商标的有效性进行直接审查,并作出相应的判决。根据《美国联邦商标法》第37条规定:"在涉及商标注册的诉讼中,法院可以确认注册商标的效力,命令撤销注册商标的部分或全部效力,恢复已被撤销注册的商标效力,并且可以修正任何当事人的注册登记。法院将有关裁判或命令发给专利与商标局局长,局长需依命令登入专利与商标局记录并受其约束。"

对于法院和USPTO的职责划分,有学者指出:"就像注册制度与反不正当竞争保护方式对于未注册商标所发挥的作用那样,法院和USPTO的程序也各有优缺点,但是事前、事后的分析在案件调查过程中都占有一席之地,而问题在于我们将大多数司法诉讼视为程序性的,却将行政程序视为更加实体性的解决方式。事实上,与大量的注册商标申请相比,实际商标侵权案件占少数,而我们往往陷入个案的经验主义调查中。在商标体系中,注册体系不是法律权利的主

① Linda K. McLeod and Lindsay B. Allen, 2015 Trademark Law Decisions of the Federal Circuit, 65 *American University Law Review*, 2016, pp.1027-1058.

要创设主体，它不该因为自身的矛盾而走向崩溃，我们可以尝试解决目前注册体系的矛盾，尽可能摒弃行政程序中实质性的审查元素，将注册仅作为行政性的手段、审查作用最小化，使其类似于版权的登记注册制度那样，仅在缺乏其他证据的情况下，将注册视为一种关于商标有效性的推断性证据，在侵权案件里权利人仍需证明其在先实际使用商标的行为，而将商标的有效性及权利范围的问题留给法院判决。"①例如，波斯纳法官曾用公式表明可能混淆和实际混淆之间仍存在判断空间，正如两个自然人同名的情况，导致混淆不是必然结果，相同或近似商标共存是否会必然导致消费者混淆需要法官在具体案件中进一步分析。②

（二）日本商标授权确权诉讼程序

日本特许厅的审查程序同我国商评委的行政程序类似。根据《日本商标法》第 5 条、第 14 条、第 43 条规定，拟获得商标注册的申请人向特许厅提出申请，特许厅长指派审查员进行审查，对符合条件的商标予以公告，他人可于公告之日起两个月内提出商标异议，由 3 名或 5 名复审员组成合议庭书面审理注册商标异议申请。在该法第五章的第 44 条至第 56 条详细规定了复审程序，具体包括商标注册无效复审（第 46 条、第 47 条）、撤销商标注册复审（第 50 条至第 53 条）等。在特许厅审查程序中，以商标驳回复审案件、商标注册无效案件、商标不使用撤销案件为主，还包括不正当使用商标撤销案件、在权利转移时伴随的不正当使用商标撤销案件、代理人的不正当注册商标撤销案件、商标补正驳回不服案件等。

在日本，三审终审制为一般原则，对于同一案件，当事人可以有三次向法院等不同机关请求裁判的权利。一般的商标民事诉讼案件，以各地的地方法院作为一审法院，高等法院作为二审法院。特许厅的审查行为虽属于行政行为，但与一般行政行为不同，其采用的是准司法的程序形态，在审理和认定方面具有特殊性，其审理结果可作为一审结果，如当事人对此结果不服，可以直接向作为上级

① Rebecca Tushnet, Registering Disagreement: Registration in Pattern American Trademark Law, 130 *Harvard Law Review*, 2017, pp.867-941.

② William M. Landes & Richard A. Posner, *The Economic Structure of Intellectual Property Law* (*First Edition*), The Belknap Press of Harvard University Press, 2003, p.202.

法院的东京高等法院提起诉讼。[①] 对二审裁判仍然不服的当事人可以最终上诉至日本最高法院,但是上诉至最高法院的案件仅限于对判决的法律认定问题存在异议的情形,如并非违反法律、条约的规定,一般不能上诉至最高法院。因此,虽然法律规定的是三审制,实际上案件以特许厅的审查和知识产权高等法院的二审为主。

根据日本《行政案件诉讼法》第 2 条、第 4 条的相关规定,"日本的行政事件诉讼包括四种诉讼类型:抗告诉讼、民众诉讼、机关诉讼及当事人诉讼"。其中,"当事人诉讼是指有关确认或形成当事人之间法律关系的处分或裁决的诉讼,是根据法令的规定以该法律关系当事人一方作为被告以及有关公法关系的诉讼"。当事人诉讼并不是直接争议公法关系中行政行为本身的行政诉讼,而是权利义务的主体站在对立的立场争议有关公法法律关系的诉讼,即当事人诉讼以与民事诉讼相同的当事人之间的权利义务关系作为诉讼对象,只不过是在审理过程中涉及行政行为的违法性审查。相比较而言,抗告诉讼仅审查行政行为或其他相当于公权力行使的行为,直接审理行政行为的违法性。[②]

根据日本《商标法》规定,"通常在当事人因不服特许厅决定而提起的诉讼中,被告为特许厅长官,而如果当事人不服的是商标无效或撤销裁定,商标行政诉讼即采用当事人诉讼模式,原行政程序中的请求人和被请求人作为双方当事人,分别为诉讼中的原告或被告,作出裁决的行政机关仅以特殊身份参加诉讼"[③]。法院在审理当事人诉讼案件时,可以作出撤销、确认或变更判决。法院有权确定商标权的效力,商标主管机关无须再次作出行政裁定,直接执行该生效判决即可。当事人诉讼制度充分考虑到商标授权确权诉讼不同于一般行政诉讼的特殊性,赋予知识产权审判庭司法变更权,对商标权效力进行最终认定,在保障司法终局性的同时,尊重当事人诉权,合理解决商标授权确权案件的争议。

(三)欧盟商标授权确权诉讼程序

商标申请人向欧洲内部市场协调局(Office for Harmonization in the

---

① 虽然日本《商标法》第 63 条规定"裁定撤销的诉讼由东京高等法院管辖",但是东京高等法院将审理知识产权案件的专门部门作为知识产权高等法院而独立,因此案件实际上是由知识产权高等法院负责审理的。

② 江利红:《日本行政诉讼法》,知识产权出版社 2008 年版,第 577～578 页。

③ [日]森智香子、广赖文彦、森康晃:《日本商标法实务》,北京林达刘知识产权代理事务所译,知识产权出版社 2012 年版,第 71～85 页。

Internal Market,OHIM)异议处(Opposition Divisions)提交的商标申请存在3个月的异议期(自商标公告之日起算)。异议人可以基于在先权利(包括已经注册和已经使用的商标)、商标注册为抢注行为、驰名商标特殊保护(将相同或近似商标使用于不同商品或服务上)提出异议。异议提出后,协调局会告知商标申请人并审查异议是否符合实质条件,异议理由经审核成立后,协调局会再次通知商标申请人。

根据商标纠纷具有民事争议的属性,各方当事人存在和解的可能性,协调局设置了异议冷静期(the cooling-off period)阶段。"在冷静期内,异议人可以撤回异议请求,或双方当事人自行和解,可通过采取一定的措施消除商标争议,例如对拟注册使用商标的指定商品或服务类别予以调整,或取得异议人的商标使用许可,同意在欧盟市场中将其商标使用于商品或服务上等。冷静期为2个月,自异议审核通过之日起算,并可由其中一方提出请求、经双方同意后而延长,延长请求在冷静期届满前向协调局提出(最多可延长22个月)。"①2个月后,如果当事人没有达成和解协议,双方需要就异议事项提交证据,申述异议及反驳理由。最后经异议处合议或独任对异议是否成立、商标应否注册进行裁决。

当事人对协调局审查决定、异议裁定、商标行政执法决定、商标撤销决定不服的可向协调局的上诉委员会(Boards of Appeal)提出上诉。上诉委员会经实质审理后作出裁定,当事人不服裁定的可以向初审法院(Court of First Instance)起诉,法院有权改变上诉委员会的裁定或直接判决裁定无效,协调局执行法院判决,如果对法律问题仍有争议,当事人可以上诉至欧盟最高法院欧洲法院(European Court of Justice)。②

(四)德国商标授权确权诉讼程序

根据德国《商标法》第56条的规定,为执行商标事务中的程序,专利局设立商标处与商标部,对于已提出申请的商标审查及注册程序中的决定的作出由商标处管辖,商标处的任务由1名专利局成员(审查员)承担,也可以由1名高级别的公务员或1名与之级别相对应的职员承担。对于不由商标处管辖的事务,由

① 鲍荷花:《欧盟商标异议程序简介》,载《中华商标》2014年第8期。

② Tobias Cohen Jehoram, Constant van Nispen and Tony Huydecoper, European Trademark Law: Community Trademark Law and Harmonized National Trademark Law, *Law International*, 2010, pp.522-532.

商标部管辖,商标部的任务由至少 3 名专利局成员承担。根据《商标法》第 64 条规定,专利局程序参与人对于商标处或商标部作出的决定可以提出抗议,抗议应在决定送达之后的 1 个月内向专利局提交,专利局需 1 名成员(审查员)对抗议作出决定。

根据《商标法》第 66 条的规定,对商标处或商标部所作决定不服的参与人可以直接向专利法院提出抗告,抗告状应在决定送达之后的 1 个月内向专利局以书面形式提交。商标处或商标部认为抗告方的理由充分的,应当予以处理。如果商标处或商标部既未处理,也未发表任何实质性意见,商标处或商标部应当毫不迟延地将抗告状提交专利法院。

如果专利局程序参与人已选择抗议程序,向专利局提交抗议状之后经过 6 个月,专利局未作出裁定的,抗议人可在 6 个月期限届满之后再次请求专利局裁定,自该请求到达专利局之日起 2 个月届满,专利局仍未对抗议作出裁定的,参与人对商标处或商标部的决定不服的有权向专利法院提起抗告。如果专利局在规定期限届满前对抗议作出裁定,参与人不得再提起抗告。期限届满后,参与人已提交抗告状的,专利局不得再对抗议作出裁定,专利局仍然对抗议所作的裁定无效。

在抗议程序中,另一专利局程序的参与人为抗议人的相对方的,同样有权选择抗告程序。自抗议人向专利局提交抗议状之后经过 10 个月,专利局未作出裁定的,另一参与人可向专利法院提起抗告。一参与人对商标处或商标部的决定提交了抗议状,而另一参与人提交了抗告状,抗议人同样可以提起抗告。如果双方参与人都选择了抗议程序,之后其中一方想要选择抗告程序的,需要经过另一方参与人的允许,且随抗告状附具该书面同意声明。

根据《商标法》第 67 条、第 68 条的规定,专利法院由 3 名成员组成抗告庭审理参与人对商标处或商标部所作决定提起的抗告。专利局局长为维护公共利益时,可以主动参加抗告诉讼程序,并可以在诉讼程序中向法院提出书面声明、在审理日期列席并详细陈述。专利法院认为必要时可以依职权请专利局局长参加抗告程序,专利局局长取得诉讼参与人的地位。

根据《商标法》第 83 条、第 84 条、第 87 条的规定,对专利法院抗告庭作出的裁判,只有在其违反法律时,抗告程序的参与人才可以向联邦最高法院提起法律抗告,具体分为准许的法律抗告与无须准许的法律抗告。存在下列情形之一的,专利法院抗告庭应在裁定中准许当事人提起法律抗告:(1)必须对具有基本意义的法律问题作出裁判;(2)发展法律或保障司法统一而要求联邦最高法院作出裁判。而满足下列情形之一时,当事人提起法律抗告时无须抗告庭的准许:法庭未依法组成、法官资格问题或法官未依法回避、拒绝参与人法律听证、参与人在诉讼中未委托代理人、违反程序公开的规定、裁定书未载明理由。专利局局长未参加专利法院抗告程序的,仍然可以在联邦最高法院进行的诉讼程序中向法院提出书面声明、在审理日期列席并详细陈述。联邦最高法院可以将案件发回专利法院重新审理,也可以通过裁定对法律抗告作出裁判。

(五)我国台湾地区商标授权确权诉讼程序

我国台湾地区与大陆的做法类似,亦与国际惯例保持一致,根据我国台湾地区"商标法"以及"智慧财产案件审理法"的相关规定,商标业务由"经济部"指定的专责机关办理,商标专责机关对于商标注册的申请、异议、评定(类似于大陆的商标无效宣告程序)及废止案件指定专门审查人员全面审核。商标注册申请人收到商标专责机关的决定后,可以自收到该决定之日起 30 日内向"经济部"提出诉愿,如果当事人对于经济部的裁定仍然不服的,可以自收到"经济部"裁定之日起 2 个月内向智慧财产法院提出行政诉讼,当事人对一审判决不服的可以向行政法院提起上诉。有学者指出,我国台湾地区与大陆对于商标注册程序中的补救措施设置基本相同,当事人享有行政和司法双重保障,这对维护当事人在商标注册申请过程中的合法权益具有重要意义。①

"智慧财产案件审理法"于第二章、第三章、第四章对智慧财产案件的审理分别规定了不同的诉讼模式(民事诉讼、刑事诉讼、行政诉讼),商标授权确权案件适用行政诉讼程序。此外,"智慧财产案件审理法"对行政诉讼程序中新证据的提出问题予以明确,根据第 33 条的规定,"在撤销、废止商标注册的行政诉讼中,当事人在辩论终结前可以提出新证据,商标专责机关对于该项新证据应当进行答辩,智慧财产法院对新证据应当予以仔细斟酌"。"智慧财产案件审理细则"规定:"依'智慧财产案件审理法'第 33 条之规定,智慧财产法院就该等新证据于同一事由范围内仍应加以审酌,但当事人故意拖延诉讼或因重大过失,未依诉讼进行程度在言词辩论终结前提出新证据,妨碍诉讼终结的,法院得依'行政诉讼法'第 132 条准用'民事诉讼法'第 196 条第二项规定驳回之。"

① 张淑亚:《我国台湾地区知识产权制度之评鉴》,法律出版社 2016 年版,第 299 页。

(六)域外商标授权确权司法审查制度对我国的借鉴意义

通过对比域外部分商标授权确权司法审查制度,可以得出以下结论:首先,TRIPS协议并未严格规定司法审查的形式,只是要求成员国可以为当事人提供一种司法救济途径即可,并且没有指出司法审查应采用行政诉讼还是民事诉讼,各成员国可以根据本国具体情况在知识产权法或诉讼法中予以具体规定。其次,不同法域的商标授权确权诉讼制度都有其特别规定以适应该类案件的特殊性。在诉讼当事人问题上,美国的"单方当事人"行政诉讼或民事诉讼模式、日本的"当事人诉讼模式"、德国的"抗告诉讼"都未将行政机关直接规定为诉讼的被告,而是由该行政部门负责人根据案件审理需要参与诉讼,并对其裁决依据向法庭进行说明或提供证据。类似这样的规定可以让行政机关仅就其职责范围内作出的具体行政行为的合理性予以解释,不会使得行政机关因积极抗辩、疲于应诉而浪费行政资源,将围绕商标权益存在争议的双方作为诉讼当事人的规定有利于有效解决纠纷,值得借鉴。在证据问题上,考虑到商标授权确权类案件的特殊性,我国台湾地区有关规定为法院审理该类案件提供了具体的证据采信规则,而没有笼统地规定准用行政诉讼法或民事诉讼法的证据规定存在合理性。

出于节约行政、司法资源的考虑,欧盟的"冷静期"安排为当事人在行政程序阶段进行和解提供可能,德国法要求"行政相对人应向专利局提交抗告状,再由专利局向法院提交"的规定也可以让行政机关及时发现裁决问题,在案件进入司法程序前对当事人予以救济。无论是在当事人之间,还是在行政相对人与行政机关之间,如果可以有效解决部分纠纷,都可以减少诉讼,或使得最终进入诉讼阶段的焦点问题是更为必要的,进而避免浪费司法资源。在行政与司法程序衔接时,可借鉴德国《商标法》的规定,将我国《商标评审规则》第35条中"不服商评委裁决的当事人向商评委抄送起诉状副本或者另行将起诉信息书面告知商评委"的规定修改为"由当事人向商评委提交起诉状和副本,再由商评委向法院提交"。这种类似于当事人在诉讼中提起上诉时向一审法院递交上诉状和副本的方式,一方面对于当事人没有提起诉讼的决定、裁定可以得到及时执行;另一方面如果裁决确有错误,商评委能够通过当事人的起诉状及时发现裁决中的问题,商评委则可以依职权予以纠正,减少诉讼。

在法院直接判决商标权效力的问题上,美国、日本、欧盟、德国法院均享有直接判定行政裁决的权力,可以作出撤销、确认或变更判决。外国法院有权确定商标权的效力,商标行政机关无须再次作出行政裁定,直接根据生效判决予以执行即可。这样的规定不仅符合司法终局的特点,也可以及时确定当事人的权利义务关系,值得借鉴。

通过上述分析,域外商标授权确权的司法审查制度中的部分规定存在其合理性,符合该类案件的特点,值得我国借鉴。

三、我国商标授权确权诉讼模式完善举措

我国商标授权诉讼模式的完善,有两种可能的思路:

(一)行政诉讼模式下进行合理调整

1.法院直接判决商标权的效力

如何对待和处理司法权与行政权的关系是行政诉讼法的基本问题之一,包括但不限于案件的受理、实体审理范围、司法权对行政权进行审查的程度、司法权是否会侵犯行政权以及更为深层的政治学、宪政学问题等。在行政诉讼法立法时就有学者指出行政权和司法权的关系不仅是确定行政诉讼法中受案范围的重要因素,也是衡量某一特定行政行为可诉性的关键,两者关系的确定直接影响到案件受理范围、裁判的方式和结果。[①] 因此,妥当处理二者的关系兼具立法意义和司法意义,而二者的处理方式又往往受到一国法律传统、法院及行政机关的设置机制等诸多因素的影响。例如,在英美法系中,法院对行政权的干预程度以及越权与否是司法审查的核心问题。英美法系司法审查的受案范围广泛,存在"对任何人的非法行为均可给予司法救济"的传统司法权威理念,且法院的司法审查权是固有的,但是法律对其审查深度限制较多,法院的审查范围限于行政行为的法律依据(legal or illegal)、管辖或程序争议,而非适当性(right or wrong),体现出司法机关对行政机关在事实认定和适用行政法律法规方面的尊重。相比较而言,在大陆法系国家,司法保护观念没有普通法系国家强烈,但是在其行政法院(Administrative Tribunal)体系下的审查较为深入。例如,法国严格区分司法与行政的权力范围,行政权力的扩张需要司法监督力度随之提升,法国存在监督行政行为的行政法院系统。行政法院的司法权可以通过司法审查对行政权进行深入监督,享有对事实和法律问题予以审查并作出裁决的充分权力,法院可以

① 孔祥俊:《行政行为可诉性、原告资格与司法审查》,人民法院出版社 2005 年版,第 5~7 页。

作出变更、撤销判决,或以司法判决取代行政决定。①

我国《行政诉讼法》的立法目的,同样是法院能够通过合法性审查监督行政机关依法行使行政职能,而行政机关具体行政行为的适当性审查,原则上由行政复议处理,司法权不能逾越行政权是处理二者关系的基本原则。但是,行政行为和行政案件在司法实践中的多样化导致法院在行政权和司法权关系的处理方面存在困难。例如,在行政许可类案件中,法院不存在固有的许可权,其判决本身不能使得行政相对人在原行政法律关系中的权利义务发生变更。虽然行政机关在重新作出行政许可决定时会受到法院判决的一定影响,但是依然起主导作用。而法院对行政行为的作出是否滥用职权或行政处罚是否显失公平的判断又属于合理性审查的范畴。

因此,法院自由裁量权的大小因行政案件的差异性而变化,具体问题具体分析更具有操作性,商标授权确权行政诉讼程序的调整依然是在行政诉讼框架下进行的,不会与我国现有的行政诉讼理念和制度相矛盾,可以允许法院经过审理后在具体个案判决中直接宣告商标权的效力,这样商评委就无须重新作出行政裁决,商标主管机关直接执行该判决,并依据判决书的主文进行商标权效力的公告即可。其法律依据在于:

第一,符合法院司法审查的功能。监督商标主管行政机关依法行使职权的同时解决纠纷,给予当事人以法律救济、维护当事人的合法权益。我国行政法学界对行政诉讼功能和作用的认识经历着不断变化发展的过程,有学者指出:“目前实务界和学术界对行政诉讼功能的认识仍然存在误区,即只看到监督功能而忽略其定分止争的作用,但是行政诉讼作为传统三大基本诉讼制度之一所发挥的功能和作用是全方位的,行政诉讼首先属于诉讼的范畴,具备诉讼程序解决纠纷的功能。此外,行政诉讼还兼具法律救济和法律监督的功能,且这三种主要功能是紧密联系的。”②行政诉讼是法院通过诉讼活动对行政机关行政行为进行审查,因此行政诉讼具备监督作用;在司法审查过程中,法院解决当事人的纠纷并予以行政相对人法律救济,实现诉讼解纠功能和救济功能。另外,我国行政诉讼不实行穷尽行政救济原则(exhaustion of administrative remedies),行政相对

① 孔祥俊:《行政行为可诉性、原告资格与司法审查》,人民法院出版社 2005 年版,第 10～12 页。

② 姜明安:《行政诉讼功能和作用的再审视》,载《求是学刊》2011 年第 1 期。

人可以选择行政复议也可以选择行政诉讼，而如果选择诉讼途径就不能再寻求其他方式解决争议。行政诉讼与其他解决行政争议的方式相比，具有终局性特定，因此对于当事人而言获得争议解决成为诉讼的主要目的。

第二，商标权作为一种私权，法院通过对行政裁决进行全面审查依法判决商标权的效力是行使司法权的体现。《与贸易有关的知识产权协定》第 62 条规定："无论采用何种获得或维持知识产权的程序，所作出的行政终局裁决均应接受司法和准司法的审查"，这是我国建立商标授权确权司法审查制度的原因和渊源。有学者指出："我国《行政诉讼法》确立全面审查原则，法律赋予法院司法审查职能，不仅在法律适用上要进行审查，在事实认定方面也必须进行审查。"①司法机关同样对此作出规定，例如，《最高人民法院关于全面加强知识产权审判工作为建设创新型国家提供司法保障的意见》明确提出："依法履行对专利、商标等知识产权确权纠纷案件的司法复审职责，在事实认定和法律适用上对行政行为进行全面的合法性审查。"再如，根据《最高人民法院关于贯彻实施国家知识产权战略若干问题的意见》第 8 条的规定，"法院需要在商标的使用情况、相关公众、通用名称、在先权利的审查等方面，合理平衡私权和公共利益"，以及第 19 条要求"强化对知识产权授权确权行为的司法审查，依法审查授权条件，统一和完善授权审查标准，稳固司法权的权威性和主导地位"。因此，法院在商标授权确权案件中通过全面审查进而确认商标权的效力，及时明确当事人的权利义务关系，符合我国法律、法规及国际公约的规定。

第三，商标复审程序的准司法特点为法院确定商标权效力提供条件。有法官指出："商标授权确权案件经过商标局、商评委行政审查程序，再进入司法程序，当事人对于围绕商标权益的争议点已经十分明晰，且已为支持其主张提供了充足的证据，法院可以在此基础上判断商标权的效力。"②因此，商标授权确权行政案件是对商评委行政裁决的司法审查，法院在判决中直接表明商标权效力是有法律依据的，也是案件审理的必然需要，符合司法终局的特点。

综上，法院判决由仅纠正商评委的居中裁判转变为直接宣告商标权的效力，

---

① 程顺增：《我国商标授权确权行政诉讼之特性分析与改良建议》，载《宁波工程学院学报》2011 年第 1 期。

② 周云川、迟晓燕：《商标确权行政纠纷中"循环诉讼"问题的解决思路(一)》，载《中国知识产权报》2007 年 11 月 30 日第 7 版。

能尽快确定商标权的效力,尽早明确当事人的法律关系,可以有效避免“循环诉讼”,有利于节省行政、司法资源。[①]

2.新证据的合理采信

法院在审理商标授权确权案件时对待原告在行政程序中未提交而在诉讼中提交的新证据的采信态度不一,部分认为应当仅对商评委具体行政行为进行审查,不采信行政相对人提交的新证据;部分主张基于司法审查的目的是对行政相对人予以司法救济,如果不采纳新证据会导致行政相对人救济权利的丧失,法院可以适度采纳该证据。例如,在“ORC 商标争议案”[②]中法院认为新证据是否采信应当由商评委在重新审查时进行认定,但在“富士宝 FUSHIBO 及图商标争议案”[③]、“POND'S 旁氏商标异议复审案”[④]、“BEST BUY 及图商标驳回复审案”[⑤]等案件中,法院认为争议申请人在诉讼阶段提交的证据虽然不是商评委裁定依据,但是在证据的关联性较强的情况下,如果一律不予采纳有损当事人的合法权益,不符合司法审查的价值。

(1)基于原有事实的新证据采信

在“海尼根公司诉商评委的商标异议复审行政纠纷案”[⑥]中,原告海尼根公司经国际注册获得“HEINEKEN 及图”的商标权,在第 32 类[⑦]商品上注册并使用,之后又在中国注册“喜力”商标,同在第 32 类商品上使用。行政诉讼中第三人泰中公司在中国注册“喜力”商标并用于第 34 类商品上,海尼根公司就该商标向商标局提出异议。商标局认为被异议商标与异议人的商标虽然在文字上相同,但异议人的商标在第 34 类商品上没有知名度,异议理由不成立。之后异议

---

① 韩笑:《商标争议制度中的行政权与司法权界分》,载《湖南科技学院学报》2013 年第 7 期。

② 北京市高级人民法院(2010)高行终字第 1008 号行政判决书。

③ 北京市第一中级人民法院(2008)一中行初字第 1238 号行政判决、北京市高级人民法院(2009)高行终字 1325 号行政判决书、最高人民法院(2011)知行字第 9 号驳回再审申请通知书。

④ 北京市高级人民法院(2012)高行终字第 1128 号行政判决书。

⑤ 北京市第一中级人民法院行政判决书(2011)一中知行初字第 1719 号、北京市高级人民法院行政判决书(2011)高行终字第 1494 号。

⑥ 北京市高级人民法院(2004)高行终字第 67 号行政判决书。

⑦ 《商标注册用商品和服务国际分类尼斯协定》第 32 类:啤酒,矿泉水和汽水以及其他不含酒精的饮料,水果饮料及果汁,糖浆及其他供饮料用的制剂。第 34 类:烟草,烟具,火柴。

人又向商评委提出复审，商评委认为异议人提交的证据不足以证明其在第32类商品上使用的商标构成驰名商标，无法获得及于非类似商品的商标跨类保护，并且异议人同样无法证明其商标在第34类商品上享有知名度，据此异议复审理由不成立。

在诉讼过程中，原告认为其进行过大量的广告宣传、其商品在中国市场上广为人知，并且第32类商品与第34类商品在中国消费者眼中密切相连，第三人对相同商标的使用会构成混淆以及导致其驰名商标淡化。被告商评委主要认为原告在行政程序中提交的证据证明力不足以支持其注册商标为驰名商标的主张，且第32类商品与第34类商品有明显区别。但是，原告在诉讼中提交了10多份之前在行政程序中并未提交的新证据，被告和第三人认为法院不应采信。

一审法院认为原告在行政程序中所提交的证据证明力不能支持其复审理由，而在诉讼中提交的新证据却可以证明其商标为驰名商标。一审法院从社会公众利益角度出发，认为如果不对新证据予以采信，会导致消费者的混淆。新证据的采信引起商标争议结果发生变化，商评委应当重新裁定。为充分保护原告、第三人及社会公共利益，且原告、第三人在行政诉讼中均提交新证据的情况下，要求被告重新作出裁定具有合理性及法律基础。但是，二审法院认为原告应当承担其在行政程序中举证不能的法律后果，一审法院采纳新证据进行判决属于适用法律错误，据此撤销一审行政判决。

该案一审、二审法院的分歧主要在于新证据的采信问题上，而新证据引入规则受到行政诉讼模式本身的限制。有法官在之后所撰写的有关本案的案件评析中指出："一审法院在行政诉讼中采信新证据并非滥用权利，比照相关规定，既然'因当事人提交新证据而发回重审的民事案件不会被认为是一审法院的判决出现错误'，那么因新证据的出现而需要商评委重新裁定同样不是对行政机关裁决的否定。二审法院仅仅依据《行政诉讼证据规定》第59条而对新证据一律不采纳的态度直接损害到商标权人的利益及社会公众利益，一审法院的判决更加符合商标的实际使用情况，而二审的判决理由可能会造成原告的经济损失。"①

在"富士寳FUSHIBO及图商标争议案"中，商评委作出维持争议商标裁定的理由为："富士宝公司在行政程序中所提交的证据不足以证明其标识在所争议

① 北京市第一中级人民法院民事审判第五庭编：《入世后中国知识产权司法审查经典判例评析》，知识产权出版社2005年版，第366～374页。

商标申请注册前已在相关公众中具有一定的知名度,富士宝公司申请撤销争议商标的主张不成立"[①],富士宝公司随后提起行政诉讼。本案的焦点为当事人在诉讼阶段提交的新证据能否为法院采信。北京市高级人民法院认为,富士宝公司在诉讼中提交的新证据(涉及该商标知名度的北京市高级人民法院民事判决书及最高人民法院民事调解书)虽然不是商评委第06284号裁定的依据,但是其证据内容与本案争议焦点问题有较强关联性,可以据此认定"富士宝"牌空调扇在市场上有一定知名度,商品销量形成规模,如果不考虑这些证据将会对当事人的合法权益造成较大影响。据此,法院对一审判决予以纠正,商评委应在考虑当事人新证据的基础上重新作出裁定。最高人民法院认为:"根据《行政诉讼证据规定》第2条[②]、第59条的规定,法院不予采纳新证据的前提为该证据是原告在原行政程序中本应提供而拒不提供的,且法院对该证据的处理方式为一般不予采纳,并非一律排除,考虑到本案具体情况及当事人寻求司法救济的目的,法院可以采信原告在诉讼中提交的能够支持其主张的新证据,商评委应当依据原有证据和新证据重新作出裁定。"[③]

在"创维SKYHIGH"商标争议案[④]中,商评委在裁定[⑤]中认为创维公司在第9类商品上的商标被认定为驰名商标的时间(2004年2月25日)晚于新时代公司的商标申请日(2000年3月22日),创维公司所提交的证据不足以证明其在争议商标申请注册之前已为驰名商标,据此裁定维持争议商标。一审、二审法院均认为创维公司在诉讼期间提交的新证据不是商评委原裁定的依据,不予采信。但是,最高人民法院则认为创维公司所提交的证据材料属于补强证据,认定与否直接影响案件的实体判决,法院除审查具体行政行为的合法性外,还应当考

---

① 商评字(2008)第06284号《关于第1718310号"富士宝FUSHIBAO及图"商标争议裁定书》(简称第06284号裁定)。

② 《最高人民法院关于行政诉讼证据若干问题的规定》第2条:原告或者第三人提出其在行政程序中没有提出的反驳理由或者证据的,经人民法院准许,被告可以在第一审程序中补充相应的证据。

③ 最高人民法院(2011)知行字第9号驳回再审申请通知书。

④ 北京市第一中级人民法院(2009)一中知行初字第2685号判决;北京市高级人民法院(2010)高行终字第337号行政判决;申请再审人创维公司与被申请人商标评审委员会商标争议行政纠纷案,最高人民法院行政判决书(2012)行提字第22号。

⑤ 商评字(2009)第11698号《关于第1586269号"创维SKYHIGH"商标争议裁定书》(简称第11698号裁定)。

虑当事人诉讼请求的合理性及合法性。据此最高人民法院判决撤销一审、二审判决和商评委第11698号裁定。

(2)有关新事实的证据采信

在商标驳回复审案件中,一个商标可能已经通过使用获得了显著性,满足法律规定的可注册条件,但由于当事人在行政诉讼中所提交的能够证明其商标显著性的新证据不被法院采信,其拟注册商标最终难以获得法律保护。此外,一律不采纳新证据很可能不利于法院对案件进行全面审查,商标评审委员会也难以在判决作出后重新进行裁定。①例如,在"BEST BUY及图商标驳回复审案"中,商评委认为申请商标属于图文组合商标,其主体部分字母组合"BEST BUY"直译为"最好的购买",是常见英文词汇,对于相关公众在而言,不能区分服务来源,商标缺乏显著性,也没有证据可以证明该商标通过使用获得了显著性,据此驳回商标的注册申请。② 原告BBY公司不服商评委作出的决定而向法院提起行政诉讼,且在诉讼阶段向法院提交了新证据,即最高人民法院行政判决书③。在新证据(新判决)中,最高人民法院认为从商标整体上进行分析,以及考虑到相关公众的识别能力,该商标具有显著性。二审法院认为最高人民法院判决中的第3909917号"BEST BUY及图"商标④与本案第6904716号"BEST BUY及图"商标⑤基本相同,且其申请注册、使用的服务类别与本案商标所申请注册、指定使用的服务相同或类似(第35类)。最高人民法院已认定"BEST BUY商标"整体上具有显著性,在国际上具有较高知名度,且通过在中国市场上实际使用也获得

① 景灿、顾润丰:《商标行政诉讼新证据问题初探》,载《中华商标》2011年第11期。

② 商评字(2011)第03878号《关于第6904716号"BEST BUY及图"商标驳回复审决定书》(简称第03878号决定)。

③ 最高人民法院(2011)行提字第9号行政判决书。

④ 第3909917号"BEST BUY及图"商标申请注册,指定使用在第35类"推销(替他人)、进出口代理、商誉管理咨询、替他人作中介(替其他企业购买商品或服务)、商业管理辅助、商业信息代理、广告、计算机数据库信息编入、人事管理咨询、会计"等服务上,分属于第3501、3502、3503、3504、3506、3507类似群组。

⑤ 提出第6904716号"BEST BUY及图"商标申请注册,指定使用在第35类"广告、商业管理辅助、替他人推销、人员招收、商业场所搬迁、计算机数据库信息系统化、会计、自动售货机出租、寻找赞助、样品散发、为零售目的的在通信媒体上展示商品、外购服务(商业辅助)、为消费者提供商业信息和建议(消费者建议机构)、价格比较服务、进出口代理、替他人采购(替其他企业购买商品或服务)"服务上,分属于第3501-3508类似群组。

了一定知名度,该商标能够起到区分来源的功能。因此,根据最高法院判决所认定的事实,本案中的申请商标也应具有显著特征,应当准许注册。二审法院最终判决撤销一审判决和商评委第 03878 号决定,商评委应根据新事实重新作出决定。

因此,在举证期限制度、当事人举证能力等相关规定不够完善的情况下,法院尽可能不采取对行政相对人在诉讼中提交的新证据一概不采纳的做法,对新证据予以适度采纳更为合理。① 有法官建议:"对商标授权确权纠纷事由进行分类,从法律规范的内在价值进行判断,以其中的具体法益及目的归属为判定依据,兼顾行政机关和行政相对方的合法权益,对不同纠纷中的诉讼新证据应否予以接受进行归纳,即新证据采纳规则的类型化。既要确保行政行为的稳定性,又要最大限度保障行政相对人的利益,尽量在二者之间寻求最佳的平衡点,逐步总结出具体采信标准。"②

2018 年 2 月 7 日最高人民法院正式发布的《最高人民法院关于适用〈中华人民共和国行政诉讼法〉的解释》从第 34 条至第 47 条对证据问题予以进一步明确,第 42 条③规定反映案件真实情况、与待证事实相关联、来源和形式合法的证据应当予以采信。因此,对于当事人在诉讼阶段提交的用以证明原有事实的新证据或因案件事实已发生变化而提交的新证据,法院应当根据案件具体情况对新证据予以考虑,以保护当事人的合法权益。

(二)转变为民事诉讼模式

1.商标纠纷本质的要求

有关知识产权权利冲突究竟是纳入行政程序还是民事程序,抑或两种程序能够并行不悖,关键取决于如何界定权利冲突的法律属性,是否存在相应的法律关系是法律救济途径选择的前提和基础。④ 有法官指出:除了商标驳回具有较

① 北京市高级人民法院知识产权审判庭编:《商标授权确权的司法审查》,中国法制出版社 2014 年版,第 444 页。

② 陶钧:《商标授权确权行政诉讼中"新证据"采纳的类型化分析》,载《中华商标》2016 年第 2 期。

③ 《最高人民法院关于适用〈中华人民共和国行政诉讼法〉的解释》第 42 条:能够反映案件真实情况、与待证事实相关联、来源和形式符合法律规定的证据,应当作为认定案件事实的根据。

④ 孔祥俊:《商标与不正当竞争法:原理与判例》,法律出版社 2009 年版,第 529 页。

强的行政行为色彩，商标异议、争议以及有申请人的商标撤销案件是其他人对注册商标的有效性或对商标申请人拟注册商标的可注册性提出的异议，始终存在着行政程序申请人和被申请人的对抗，属于双方当事人程序，而商评委实际上仅仅是私权归属的判断者，商评委的行政程序没有使得争议本身的属性发生任何转变，纠纷的实质问题仍然是围绕商标权益产生的平等主体之间的民事争议。[①]还有法官认为："经过行政程序的民事权利仍然属于民事权利，因这些民事权利行使的冲突所产生的争议，在法律性质上仍然属于民事争议。从法理或法律逻辑上进行分析，应以权利行使引发的争议性质为基础决定相应争议的受理和裁判规则。"[②]

因此，商标权作为一种私权，无论是一方当事人与商标管理机构的纠纷，还是双方当事人之间的纠纷，各方当事人关心的实质问题是商标权的归属。行政程序中申请人提出商标异议、商标无效、商标撤销申请的主要原因在于其商标权利受到损害或其正常的市场竞争行为受到妨碍；之后当事人寻求司法救济的最终目的同样在于定分止争，确定法律关系、实现其合法权益。

从诉讼效率价值出发，有外国学者主张，"商标作为知识财产有别于专利技术和文学艺术作品或计算机软件，商标权没有人身权，只有财产权，英美法系将商标视为诉讼中的物(chose in action)，一旦一个商标获得注册，就像其他个人财产或动产一样可以转让给他人或许可他人使用"[③]。因此，有学者认为"我们所要考虑的是如何授予和保护这些标志的专有财产权才是必要的，以确保商标可以发挥其法律、经济和组织功能，以及这些权利该如何调整以有助于商标所产生的利益最大化"[④]。既然围绕商标之间的权利冲突仍然属于民事权利之间的冲突，且"围绕知识产权产生的权益纠纷大部分已经依据其民事争议的属性而采

---

① 周云川：《商标授权确权诉讼：规则与判例》，法律出版社 2014 年版，第 6～10 页。

② 孔祥俊：《论解决知识产权权利冲突的民事司法与行政程序之界分》，载《河南社会科学》2005 年第 6 期。

③ Tanya Aplin and Jennifer Davis, *Intellectual Property Law: Text, Case, and Materials* (Third Edition), Oxford University Press, 2017, p.363.

④ Andrew Griffiths, *An Economic Perspective on Trade Mark Law*, Edward Elgar Publishing Limited, 2011, p.218.

用民事诉讼解决”①,那么将诉讼模式予以调整以适应案件法律关系的性质无疑更加符合诉讼效率原则。此外,有学者提出:“诉讼模式的调整同样可以改变商评委疲于应诉的困境,促进商评委高效完成其职责范围内的商标行政工作。”②因此,法院应当根据争议性质的分类选择纠纷解决的诉讼程序,民事诉讼模式更加符合该类商标纠纷的本质,商标授权确权程序转变为民事诉讼将与整个知识产权司法保护的理念和制度相协调。

《商标法第三次修改草案》第 56 条、第 57 条③对诉讼模式问题曾作出过尝试性规定,“对于只有一方当事人的案件按照行政诉讼程序进行;在原行政程序中存在争议双方的案件,则适用民事诉讼程序解决商标权益纠纷,商评委参加诉讼是为协助案件的审理而非被告。赋予法院对原行政裁决的司法变更权,可对商标纠纷直接作出判决,商标局依据判决直接执行即可”。这不但明确了商标权行政保护与司法保护之间的界线,还使得商评委从大量的诉讼案件中脱离,从而有精力投入其他商标事务的处理中,提高行政效率。

对此,有法官认为商标授权确权纠纷案件之所以一直由行政诉讼程序解决而未予以转变的主要原因在于:“实践中,注册商标权是通过商标局的申请程序授予的,导致具有私权属性的商标权存在公权力的介入因素,进而在之后的解纠程序中二者也必然紧密联系,纠纷解决程序的法律依据也以行政法及行政诉讼法为主;另外,立法者在基于对商标类案件中实体正义与程序正义关系等诸多因素的考量之上而进行的制度设置可能都会各有优劣,使得无论案件最终适用民事诉讼程序还是行政诉讼程序都有一定的合理性,同样也会存在相应的问题,没

---

① 孔祥俊:《商业标识权利冲突司法处理的逻辑标准与政策标准》,载《清华法学》2007 年第 7 期。

② 庄乾龙:《完善商标权行政保护制度》,载《中华商标》2010 年第 7 期。

③ 《中华人民共和国商标法第三次修改草案》(2008 年 1 月 2 日)第 56 条(对驳回复审决定提起行政诉讼):商标申请人不服商标评审委员会驳回复审决定向人民法院起诉的,以商标评审委员会为诉讼的对方当事人,适用《中华人民共和国行政诉讼法》的规定。人民法院判决撤销商标评审委员会驳回复审决定的,应当提出明确的司法意见,由商标评审委员会根据生效判决重新作出复审决定。第 57 条(对裁定提起民事诉讼):当事人不服商标评审委员会异议裁定、宣告商标注册无效裁定,向人民法院起诉的,以评审裁定的对方当事人为诉讼的对方当事人,适用《中华人民共和国民事诉讼法》的规定。在案件审理中,人民法院要求商标评审委员会提供涉案相关情况的,商标评审委员会应当予以协助。对商标异议、撤销和无效宣告争议作出的生效判决,人民法院应当向商标局送达协助执行通知,由商标局协助执行。

有哪一种模式必定是完美无缺、一劳永逸的。”[①]但是，也正是因为不同类型的诉讼程序之间存在可选择性，在法律没有明文禁止的情况下，可以进行不断尝试，对诉讼模式予以合理调整来应对司法实践产生的具体问题。

2.引入和解制度的需要

大陆法系国家对行政诉讼中的和解均进行了具体规定，例如《德国行政法院法》第 87 条[②]、第 106 条[③]允许当事人和解。我国台湾地区的“行政诉讼法”在第七节第 219 条至第 227 条对行政诉讼中的和解程序、和解效力以及第三人和解分别予以规定。而我国《行政诉讼法》第 60 条[④]规定法院审理行政案件一般不适用调解，且没有关于和解的规定。行政诉讼模式不适用调解、和解制度存在一定的弊端，我国商标局、商评委对于商标的审查规则与司法审查标准并非完全一致，行政程序中的当事人进入行政诉讼后不允许调解、和解，行政机关作为被告不愿败诉，竭尽全力进行抗辩，导致法院的最终判决可能并非是双方都满意的结果。[⑤] 我国现行《民事诉讼法》第 50 条、第 53 条、第 54 条、第 59 条、第 230 条均包含对和解的相关规定，如转变为民事诉讼模式，法院可以按照《民事诉讼法》的相关规定，允许当事人以达成和解协议[⑥]的方式结案。

因此，在不损害国家利益、社会公共利益的前提下，为愿意进行和解的当事

① 孔祥俊：《论解决知识产权权利冲突的民事司法与行政程序之界分》，载《河南社会科学》2005 年第 6 期。

② 《德国行政法院法》第 87 条：审判长或其指定之法官，为使争讼尽可能一次言词辩论终结，于言辞辩论之前有权为必要之命令。其有权试行参与人为争讼之善意解决之和解。

③ 《德国行政法院法》第 106 条：诉讼当事人可以依法达成和解，以便全部或部分终结诉讼。诉讼和解既是一种诉讼行为，又是一种公法合同。当事人可以在处理该案的法院，或者在指定的或受委派的法官面前作成和解笔录，也可以在法院以书面形式一致接受法院的和解建议达成和解。有效成立的和解等价于一个相应的法院裁判，依据《行政法院法》第 168 条第 1 款第 3 项的规定具有执行力。

④ 《行政诉讼法》第 60 条：人民法院审理行政案件，不适用调解。但是，行政赔偿、补偿以及行政机关行使法律、法规规定的自由裁量权的案件可以调解。调解应当遵循自愿、合法原则，不得损害国家利益、社会公共利益和他人合法权益。

⑤ 徐晓建：《我国商标确权行政程序与司法程序之重构（下）》，载《中华商标》2005 年第 11 期。

⑥ 根据我国《合同法》第 124 条、第 128 条的规定，和解协议可以视为一种当事人之间为解决争议而订立的无名合同。史尚宽：《债法各论》，中国政法大学出版社 2000 年版，第 866 页。

人提供条件,充分尊重商标案件当事人的意志,将商标权益纠纷案件解决的主导权交由争议双方。尊重当事人的自由意志及其主体地位,既可以妥善化解当事人之间的民事争议,又有利于节约行政、司法资源。

3.商标授权确权案件与商标侵权案件裁判规则的相通性

商标授权确权案件与商标侵权案件不但审判结果可能互相影响,而且裁判思路存在相通性,一方面,除商标驳回复审案件外,其他三类复审案件均有第三人加入诉讼,案件实际上存在着平等民事主体之间围绕民事权利义务的纠纷,当事人在提出行政诉讼的同时往往又提起民事侵权诉讼;另一方面,体现在两种类型的诉讼案件都面临着商标显著性判断、混淆认定、驰名商标保护、在先权利保护等问题。

具体而言,《商标法》第 9 条、《最高人民法院关于审理商标民事纠纷案件适用法律若干问题的解释》第 9 条至第 12 条、《最高人民法院关于审理商标授权确权行政案件若干问题的规定》(以下简称《规定》)第 7 条至第 11 条均包含对于商标显著性、混淆的认定,对相关公众的判断、商标与其商品或服务的联系等方面的规定,具有高度一致性。无论是行政案件还是民事案件,这些规定都是核心内容。

例如,《规定》中关于三维标志是否因被长期或者广泛使用而获得显著性的规定同样可以适用于民事案件,以及《规定》第 12 条中关于混淆的考量因素与法官在商标侵权案件中进行的判断类似,将商标申请人的主观意图作为判断混淆可能性的参考因素之一对于判断商标侵权案件中的恶意抢注行为有很大帮助。[①]《商标法》第 13 条、《最高人民法院关于审理涉及驰名商标保护的民事纠纷案件应用法律若干问题的解释》(以下简称《解释》)第 9 条与《规定》第 13 条都包含驰名商标保护的规定,其中“诉争商标的使用是否足以使相关公众认为其与驰名商标具有相当程度的联系”与“足以使相关公众认为使用驰名商标和被诉商标的经营者之间具有许可使用、关联企业关系等特定联系”均属于对《商标法》第 13 条“容易导致混淆”进行的具体说明,且该《解释》以列举的方式对《规定》中的“相当程度”予以说明,并且这些条款均为目前驰名商标反淡化保护的法律依据。

---

① 张莹:《商标授权确权行政案件裁判规则在商标侵权案件审判中的适用——以〈关于审理商标授权确权行政案件若干问题的规定〉对商标侵权案件审判的影响为视角》,载《法律适用》2017 年第 17 期。

同时,《规定》对于《商标法》所规定的“在先权利”进行细化,《商标法》仅仅将其规定为一种民事权利或合法权益,但是《规定》在第18条至第22条中将权利类型具体为著作权、自然人姓名、企业字号、作品名称、作品中的角色名称,并且包括商标混淆的判断标准,而这些权利人又通常以商标侵权民事诉讼的当事人身份出现。

通过对以上条文的解读,商标侵权民事案件的相关司法解释在商标授权确权行政案件中也可作为法律依据,二者同为最高人民法院在司法实践中总结商标类案件审理经验的基础之上所发布的司法解释,可以进一步明确《商标法》的条文内涵,发挥着填补法律漏洞的功能,为《商标法》的实施提供便利。因此,诉讼类型的划分没有改变民事主体之间商标纠纷的本质,密切联系的裁判规则有在不同诉讼类型的商标案件中适用的可能性。

因此,从商标权属纠纷引发的争议性质看,并非严格意义上的行政纠纷,商标管理部门参与诉讼仅仅起到陈述其行政裁决理由的作用。大多数的商标异议复审、注册商标撤销复审等有双方当事人的商标争议案件完全具备民事纠纷的特征,适用民事诉讼的审理规则更为合理。

结　语

总之,为保障市场交易安全、节约公共资源,需要正确认识当前我国商标授权确权案件的特殊性,积极应对商标授权确权行政诉讼模式下产生的当事人诉讼地位失衡、行政程序与行政诉讼循环、民事纠纷与行政争议叠加等诸多问题,并在合理借鉴美国、日本、欧盟、德国、我国台湾地区的商标授权确权纠纷解决制度以及TRIPS协议中的司法审查制度的基础上,进一步完善商标授权确权司法审查制度。一方面,可以在行政诉讼模式下进行合理调整,必要时法院可以通过直接判决商标权的效力、合理引入与采信新证据的方式及时解决当事人的纠纷,确定当事人法律关系,保护当事人合法权益,避免案件陷入循环诉讼。另一方面,根据商标纠纷本质的要求以及商标授权确权案件与商标侵权案件裁判规则的相通性,将行政诉讼模式转变为民事诉讼模式,这样不但有利于解决当事人诉讼地位失衡问题,而且便于当事人进行和解,发挥司法途径保护商标权的作用。

比较法研究

日本执行官制度及其对我国的启示

侯欣怡[*]

摘要:最新修订的《中华人民共和国人民法院组织法》删除了有关执行员的规定,而《民事诉讼法》《民事强制执行法(草案)》中却规定了执行员的执行实施权。在此背景下,有必要重新审视执行员的地位。通过梳理日本执行官制度,可知日本执行官主要行使执行实施权,而不享有执行裁决权。执行官的事务来自于当事人强制执行的申请和法院依职权启动这两方面。执行依申请的事务并不需要遵守申请人的具体指示,具有充分的自主性;法院交代的执行事务,主要是文书送达和辅助执行法院进行强制执行。我国可以借鉴日本执行官制度,通过分离执行裁决权和执行实施权来破解司法腐败和执行效率低下的问题。

关键词:执行官;强制执行;执行实施权;执行监督

引 言

2018 年最新修订的《中华人民共和国人民法院组织法》删除了执行员的有关规定,《强制执行法草案(第六稿)》第 4 条规定,执行实施权由执行员行使,执行裁判权由执行法官行使。同时民事强制执行法也被纳入全国人大常委会第二批立法计划中,意味着新一轮的民事强制执行法的序幕已经拉开。在此背景下,执行员的地位是十分值得探讨的。他山之石,可以攻玉,本文力图通过考察日本执行官制度及其实务运用状况,为我国的强制执行法制定中执行员制度的存废

---

* 作者系北京航空航天大学法学院 2017 级法律硕士。

及设立提供一些借鉴。

一、日本执行官制度的历史沿革

日本的执行吏是单独的司法机关，独立执行裁判、送达裁判所文书。在程序上，大多是有关事实处分的执行，因此而设立执行吏制度。执行吏一般来说是独立的政府机关，是国家公务员，是独立行使执行权的司法机关。

日本的执行吏制度是明治维新后向德国学习的制度。德国19世纪中叶之前，并没有执行吏制度，裁判所的权限没有送达和执行，而是由裁判所的下级职员廷吏和执行员在裁判所的监督之下来送达和执行的。Boten（廷吏）和Exekutor（执行员）接受裁判所的指挥和监督。①

日本的执行吏制度，也是由法国的制度而来的。法国1860年的民事诉讼法，受到当时的自由民权思想的影响，采用了将诉讼的进行委任于当事人的方式。其结果是，作为送达以及执行机关的执行吏可以直接与当事人交涉。执行吏不受裁判所的指挥，独立行动，从当事人手中直接收取手续费。

但是，德国的Gerichtsdiener、Boten、Büttel（法警）和Exekutor（执行员）主要是退伍军人，这样的人只能担当第一线的直接的事务工作，并且要在裁判所不间断的指挥和监督下进行。② 例如，Boten（法警）的送达工作要在Botenmeister（法警长官）的监督下进行，Exekutor（执行员）在进行强制执行的事务时要服从Exekutionsgericht（执行裁判所）的命令。在情况紧急时，可以基于自己的审查和判断来进行执行，但是必须在法律规定的范围内执行职务。如果超出法律规定的范围做出审查和判断时，要重新向Exekutionsinspektor（执行员监督官）报告并接受其监督。

19世纪中叶以后，德国逐渐吸收法国的制度。《汉诺威民事诉讼法》在法国制度的基础上做了一些修正并采用了其Gerichtsvogte（法警）的制度。1877年的《帝国司法法》对担任送达、传唤以及执行的官吏采用Gerichtsvollzieher（法

① ［日］寺田治郎：《執行吏制度》，载民事訴訟法学会编：《民事訴訟法講座（第4卷）》，有斐閣1955年版，第1069页。

② ［日］寺田治郎：《執行吏制度》，载民事訴訟法学会编：《民事訴訟法講座（第4卷）》，有斐閣1955年版，第1069页。

警)制度。[①]

德国的Gerichtsvollzieher制度是在明治维新之后传入日本的。而后，在《裁判所构成法》和《民事诉讼法》中首次出现了“执达吏”的相关规定。在制定《裁判所构成法》时，对执达吏采用工资制还是佣金制这个问题展开了激烈的讨论。起草委员会认为，采用佣金制可以使执行更加迅速圆滑地进行，赞成佣金制的委员占多数，因此《裁判所构成法》《执达吏规则》等最终采取了佣金制的意见。

当时日本的执达吏设置在区裁判所中，司法大臣对执达吏具有任命权。成为一名执达吏需经过六个月的学习并通过考试，但从官立或府县立的初中毕业生或已通过法院书记员考试的人或担任判任官的人可以免于考试。

执达吏制度主要有如下三大特征：第一点是役场制，即一开始各执达吏的办公地点并不在地方法院内，而是在另外的地点设立办公场所，并且自己承担责任，自己计算支出和收入。因为办公场所不在法院内，所以不便于法院的监督，办公场所的人员和设备的配备也不够齐全。再后来，执达吏们可以联合租借一个场所作为办公地点，但该场所的选择须经所属法院的同意，其运作方式类似于小规模企业。[②] 在后述的执行官制度中，役场制被废止。第二点是自由选择制，即债权人有权从隶属于同一法院的多名执达吏中任意地选择一名执达吏然后委任其执行法院裁判等债务名义。但在后述的执行官制度中，该制度也被废除，执行官的工作不再来自于当事人的委托，而是先由当事人申请，再由地方法院负责将案件分配给各个执行官。第三点是佣金制，执达吏并不从国家财政领取薪水，而是从执行的委任中获得佣金。[③] 这个体制避开了官僚体制的繁杂的程序，直接连接了执达吏和债权人，使执达吏在法律允许的范围内为了债权人可以敏捷迅速地展开活动。但是，执行吏和当事人之间容易产生私情，在职务执行中渐渐展现出不明朗、不公正等弊端。

战后的日本在1947年制定了《裁判所法》，其中除将“执达吏”更名为“执行吏”外，基本沿袭了之前“执达吏”制度的规定，没有做大幅度的修改。但成为执行吏的条件改为经过六个月的学习并通过了考试，如果是高中毕业生或担任三

---

① 这里的Gerichtsvollzieher没有权利对债权和不动产进行扣押。

② [日]西村宏一、貞家克己：《執行官について(一)》，载《法曹時報》1966年18卷11号，第1724页。

③ [日]中野貞一郎：《民事執行法〔增補新訂六版〕》，青林書院2010年版，第57页。

级以上官职的人可以免于考试。[①] 同时将执行吏的所属和任命权人从司法大臣变更为地方裁判所。

在1966年的《执行官法》制定的过程中，将"执行吏"的名称改为"执行官"，在过去的执行吏制度的基础上彻底抹除了个人经营的色彩，废除了役场制和自由选择制，但保留了佣金制，执行官被彻底地公务员化。[②] 执行官设置在裁判所的机构内，强化了监督。在此之前执达吏和执行吏的执行事务来自当事人的委托，但从执行官时期开始，其执行事务均来自当事人的申请，并经法院按规定分配所得。[③] 这样的改变更加突出体现了执行官的公务员性质，就此执行官成为了内设于法院内的一个组织。

二、执行官的地位

执行官是配置在各地方裁判所的裁判所职员，是专职的国家公务员，具有极其特殊的性质。执行官原则上应准用国家公务员法和人事院规则。但是，执行官的工资不是国家发放的，是从申报案件的当事人手中领取手续费，一年内收到的手续费的金额达不到政令规定的金额时，从国库发放不足的金额，这是作为国家公务员的特殊的一面。

(一)任命

各地方裁判所从具有必要资格的人中选任最高裁判所规定的执行官。有多年法律实务经验者且符合最高裁判所规定的标准的人，通过地方裁判所的笔试和面试考试，具有任命资格，但法院书记员或通过相关的国家考试的人可以免除全部或部分笔试。[④]

在地方裁判所设置执行官录用考试委员会(以下简称考委会)，考委会由两名法官、事务局局长、民事首席书记员、刑事首席书记员等人员组成。执行官录用选拔委员会由两名法官、秘书长、民事总书记官和刑事总书记官组成。

---

① [日]三谷忠之:《日本の民事執行制度の歴史及び近時の民事執行法改正について》,载《香川法学》2014年33卷,第82页。

② [日]中野貞一郎:《民事執行法〔増補新訂六版〕》,青林書院2010年版,第57页。

③ [日]上原敏夫、長谷部由起子、山本和彦:《民事執行・保全法》,有斐閣アルマ2014年版,第30页。

④ [日]三谷忠之:《日本の民事執行制度の歴史及び近時の民事執行法改正について》,载《香川法学》2014年33卷,第83页。

笔试范围包括宪法、执行官法、民法、民事诉讼法、民事执行法、民事保全法和刑法,以选择形式和论文形式进行。面试考试对适应性以及执行官所需的专业能力进行考察。

另外,《执行官规则》第1条第2项所规定的"进行审判相关事务所需的国家考试"是指司法修习生考试、简易裁判所法官选拔考试、副检察官选拔考试、司法书士考试以及律师考试,这些通过国家考试的人,可以免除全部或一部分的笔试。

(二)办公场所

执行官在所属地方裁判所的管辖区域内,在裁判所制定的地点设置办事场所。在同一个地点有两名以上执行官的,应当设立联合办公场所。在联合办公场所,通常将当事人申请的案件按照顺序分配给各个执行官,手续费作为联合办公场所的收入,从中支付办公场所的经费、工资等。同时,除积累一定的办公场所维持费用等,剩余的手续费按照各执行官的年功工资、联合办公场所的事务的分担、案件处理的实际功绩分配支付。①

(三)待遇

执行官不实行工资制,而是从其负责的案件的当事人那里直接得到一定金额的手续费作为报酬。但是手续费金额不能增减,也不允许收取除手续费、垫付金以外的报酬。执行官一年收入不能达到政令规定的金额时,从国库支付不足的金额,这是为了保证执行官的最低生活保障。由于执行官不属于国家公务员互助工会,不能接受互助工会的给付,但是可以根据《国家公务员灾害补偿法》接受补偿。另外,执行官退任时,可以根据《恩给法》获得养老金(退休金)。

(四)监督制度

执行官的工作受到两方面的监督,一方面是所属地方法院的司法行政监督,日本学界称之为事前监督,一方面是当事人可以对执行处分以及延迟怠慢的执行行为向执行法院提出不服申请监督,日本学界称之为事后监督。对执行官直接的事前监督是由其所属的地方裁判所来进行的,同时该地方裁判所还设置了监督官和总括执行官来实施监督。

① [日]寺田治郎:《執行吏制度》,载民事訴訟法学会編:《民事訴訟法講座(第4卷)》,有斐閣1955年版,第1084页。

1.监督官、监督辅佐官

关于对执行官司法行政上的监督权，地方裁判所的其他职员同样由所属地方裁判所监督。执行官作为地方裁判所的工作人员，也受到所属地方裁判所司法行政上的监督。但该监督不同于其他工作人员，其并不受到地方裁判所对其组织上的监督，并且在执行具体的案件时执行官并不受地方裁判所的具体指挥。裁判所专门设有监督官和监督辅佐官行使对执行官工作的监督职权。① 虽然监督官和监督辅佐官是从裁判所的领导组成人员中选拔而出的，但其并不是以原来的身份行使监督权的，而是以新被赋予的监督官或监督辅佐官的身份，这点不仅是执行官这个执行机关高度独立性的一种体现，也是其独立性的来源之一。

监督官从地方法院院长、代理院长行使司法行政事务的法官、执行部门的领导法官、派出法庭的庭长中指定。监督辅佐官从事务局局长、会计科科长、派出法庭的庶务科科长、民事首席书记员、执行部门的主任书记员等人当中指定。监督官和监督辅佐官在对执行官履行监督有关的事务时可以寻求总括执行官的协助，必要的话可以寻求其他法院的工作人员的协助。监督官和监督辅佐官除了要调查、监督执行官事务处理程序的正当与否，还要审核预缴的执行费、负责查封扣押金钱的保管、精算相关事务及佣金等是否正当合理，并且每年至少两次对执行官的工作进行一般性的审查。② 高等裁判所有权对其辖区内的地方裁判所针对执行官的监督工作进行必要的指示。

2.总括执行官

为了应对社会形势的急速变化，提高执行官的职务质量，使执行官的事务整体得当、顺利地执行，整备执行官的指导监督态势，有组织地谋求事务处理等是必不可少的。于是，设置了总括执行官指导监督地方裁判所执行官。

总括执行官主要负责执行事务的处理和事务的协调，同时也负责审查执行官的工作是否合法适当且高效，并进行指导和调整。总括执行官还要就指导监督的情况与监督官和监督辅佐官沟通，必要情况下可以对具体事务发表个人意见。③ 总括执行官不仅可以指导监督执行官，还可以指导监督受执行官调用的事务员。总括执行官的任命条件有如下三点：

---

① 執行官実務研究会編:《執行官実務の手引》，民事法研究会 2015 年版，第 10 页。

② 執行官実務研究会編:《執行官実務の手引》，民事法研究会 2015 年版，第 10 页。

③ 執行官実務研究会編:《執行官実務の手引》，民事法研究会 2015 年版，第 11 页。

(1)任执行官五年以上,且对执行官的工作和组织运行具有一定的认知。

(2)虽然不满足(1)所述的条件,但得到了最高裁判所的认可。

(3)地方裁判所任命总括执行官前需要以适当的方式听取执行官的意见后再做决定。

三、执行官的职务

在日本,执行官是独立的执行机关,其职务相对独立。执行官可以基于债权给付而进行一系列事实性行为,包括对债务人的动产采取执行措施、负责动产交付、调查不动产现况、接受债务人支付的款项、帮助管理人强行占有债务人的不动产、实施投标和拍卖等,执行官无权处理执行涉及程序或实体判断性事项。

(一)职务的内容

执行官的事务全部来自于执行裁判所的分配,自己不能依据申请而直接着手处理事务。执行裁判所给执行官分配事务应当按照如下的规定进行,但有特殊情况可以另作安排。

1.依申请的事务

(1)地方裁判所的执行官的管辖区域不包括派出法庭的管辖区域。

(2)在派出法庭因为事务较少所以没有配置执行官,并且因为地理状况和交通不便不能共享执行官的情况下,该派出法庭可以指定书记员来代为执行执行官的事务。

(3)作为(1)项规定的例外情况,如果执行的事务存在关联性等原因可以将关联事务一起交由同一个执行官去执行。

2.非依申请的事务

裁判所可以将自己管辖的案件中的一部分事务直接交给自己裁判所的执行官处理,但如果是没有配置执行官的派出法庭,可以指定书记员来执行执行官的事务。

如果裁判所内部配备有两名以上执行官,在分配任务之前要听取他们的意见,事务的分配必须根据区域位置和受理顺序来安排,如果被分配事务的执行官有特殊情况不能执行职务,那么应该按照顺序来指定其他的执行官代为执行,并且该代替执行的顺序应当要预先确定好。①

(二)管辖范围

除法律、法规有特殊规定外,执行官在所属的地方裁判所的管辖区域内进行职务。职务执行区域也间接地规定了执行官的地域管辖范围。在所属地方裁判所的管辖区域外执行职务虽然是违法的,但只要不被有关执行方法的异议的裁判等撤销,就可以理解为并不是当然无效的。② 在案件受理之后,发现有必须要去管辖区域之外去执行的情况或者属于不在自己职权范围内的事务,执行官应该直接驳回申请,并且法律上并不认可基于地域管辖错误或超出职权范围的理由而采取移送执行及其他类似措施的行为。③

(三)回避

执行官在与案件的当事人有一定的亲属关系时,应当进行职务执行的回避。执行官违反回避制度做出的职务行为原则上是无效的,利害关系人可就此提出不服申请来撤销。虽然采取的是无效说,但如果执行裁判所担任执行机关,将一部分事务交由执行官执行,执行官对执行的不动产实施了不可恢复的执行措施,那就要另行进行考虑,然而这样的情况在现实中并不少见。④

(四)职务的执行

执行官的执行事务均来自当事人的申请,并且执行官有权决定是否受理。虽然日本的执行机关为二元制,但执行官并无执行裁决权,并不能判定实体上的权利义务关系,所以只能通过法律文书即债务名义和执行文来进行形式上的判断。债务名义为表示请求权的存在和范围的有执行力的执行依据,包括判决书、公证书、书记员所作出的有关诉讼费、执行费的处分决定等,而执行文所载明的内容为确认债务名义的执行力的存在及范围,确认适格的当事人,以及判断附条件的请求权中的条件已满足等信息,相当于我国的执行裁定(如果是小额诉讼,执行文可以省略)。执行文由书记员或公证人做出,附于债务名义之后,债权人提出执行申请的时候需向执行机关提交。所以执行官并不需要经历执行裁定便

① 参考2015年7月28日开始实施的下达给高等法院院长以及地方和家庭法院院长的有关执行官事务的通知:《執行官に関する事務について》。

② [日]寺田治郎:《執行吏制度》,载民事訴訟法学会編:《民事訴訟法講座》,有斐閣1955年版,第4卷,第1090页。

③ [日]福永有利:《民事執行法 · 民事保全法》,有斐閣2011年版,第25页。

④ [日]鈴木忠一、三ヶ月章:《民事執行法》,第一法規出版株式社1986年版,第63页。

可直接按照文书上的内容予以执行。[①]

(五)强制执行

执行官是独立的司法机关。不接受上司的命令指挥,通过自己的判断行使权限,其他机关不能代替执行官行使其职务。在一定情况下,执行官在进行执行处分时需要执行裁判所的许可。利害关系人对执行官的行为提出执行异议,或者作出不服申请时,执行裁判所要对执行官进行事后审查。在有一定事由的情况下,执行官需要回避,回避也需要所属地方裁判所的许可。

执行官在实施执行行为时,原则上是通过当事人申请而开始的。申请人和执行官的关系是私人与国家机关的公法上的关系。在有合法的申请时,执行官根据自己的判断和职权,通过法定的程序进行执行和执行处分,关于执行实施的方法执行官无须受到申请人的具体指示的拘束。申请人在做出执行申请时不能限定执行官的法定权限,另外执行官无权代替债权人做出代物清偿的受领、和解、反对给付的提供等在私法上有代理权性质的决定。但是,在对动产的变卖以及请求动产交付的强制执行过程中,执行官可以从债务人或第三人处受领任意偿付,也有权决定是否接受分期偿还。

对债务人和第三人,执行官作为国家机关在执行实施时有行使必要的强制力的权限。执行官在进行执行处分时,大多伴随着事实行为,是在裁判所的办公场所外并要介入债务人的现实生活中的。在实施这些会侵害当事人的执行行为时,一方面要保障实施效果,另一方面要确保职务执行的合法有效。

执行官在实施执行时被赋予了强制执行力。执行官在对债务人占有的动产进行扣押,对不动产的交付、腾退请求权的强制执行等执行行为时,执行官可以根据规定对债务人占有的不动产强制进入、搜索,或者为了打开闭锁的门和容器可以进行必要的处分。在发生前述情况时,执行官为排除抵抗可以行使武力,在必要时可以请求警察的援助。此外,为了民事执行还可以向官厅或公署请求援助。

强制执行权限的行使,会经常面对确保合法行使的强烈要求。因此,执行官在执行职务时要携带证明身份的文书,利害关系人提出请求时,执行官应当出示证明身份的文书。执行官在进入他人住所开始执行职务时,没有遇到户主及其代理人、同居亲属、使用人、其他从业人员等了解情况的人时,必须有市町村的职

① 江必新:《比较强制执行法》,中国法制出版社 2014 年版,第 219～220 页。

员、警官或其他可以公正地陈述证言的局外人在场见证。在休息日或者夜间进入他人的住所执行职务时,要有执行裁判所的许可,在执行职务时要向关系人出示其许可书。执行官在受到抵抗行使武力或请求警察的援助时,即使不进入他人住所,也需要上述的见证人。在违反如上的规定进行执行处分时,当事人可以通过执行异议请求撤销执行。

四、执行官制度对中国的借鉴意义

最新修订的《中华人民共和国人民法院组织法》(2018 年 10 月 26 日公布,2019 年 1 月 1 日起施行)删除了关于"执行员"的原有规定。而现行的《民事诉讼法》第 228 条规定:"执行工作由执行员进行。"《强制执行法草案(第六稿)》第 4 条规定,执行实施权由执行员行使,执行裁判权由执行法官行使。无论实践中还是理论上,执行员的法律地位并不清晰,组织法上的条件也并不成熟。尽管实务部门早就呼吁要尽快完善执行员制度,但关于执行员的任职资格、任免程序、工作职责等,法律及司法解释却迟迟未出台专门规定。

中国的执行员具体负责实施执行的制度最早可追溯到 1979 年的《中华人民共和国人民法院组织法》,其中明确提出了执行员这个法律概念。修改前的《中华人民共和国人民法院组织法》第 40 条规定,地方各级人民法院设执行员,办理民事案件判决和裁定的执行事项,办理刑事案件判决和裁定中关于财产部分的执行事项。《民事诉讼法》第 228 条规定,执行工作由执行员进行。《最高人民法院关于人民法院执行工作若干问题的规定(试行)》第 5 条规定,执行程序中重大事项的办理,应由三名以上执行员讨论,并报经院长批准。因此,执行员是独立于法院其他工作群体、履行特定职责的法院专职人员,执行员和书记员、司法警察一起作为法院的其他人员,同法官并列。① 当前司法实践中,法院专门任命"执行员"的做法比较少见,大多是由法官助理、书记员、司法警察等实施执行。

我国现阶段的民事执行制度改革处在探索阶段,关于执行改革模式,不同学者持有不同的观点。② 有的主张彻底外分模式,即行政机关说,将执行权定义为

---

① 郝绍彬、黄志佳:《执行员制度期待实践创新》,载《人民法院报》2018 年 11 月 2 日第 2 版。

② 参见江必新、刘贵祥:《审判权和执行权相分离的最优模式》,载《法制日报》2016 年 2 月 3 日第 12 版。

行政权,在法院之外重新成立新的执行机关负责执行,根据行政机关的垂直模式建立;有的主张折中模式,该模式是指法院与行政机关共同行使执行权;有的主张深化内分模式,该模式是指仍然将执行权保留在法院系统内部,即行政执行机构仍留在法院。在该模式下的"审执分离"是将执行权能进行细分,执行机构不再负责执行裁判工作,交由法院审判机构或专门成立的其他国家机关行使。[①]因此梳理日本执行官制度对我国民事执行有一定的借鉴意义。

(一)提高文书送达效率

执行官制度体现了一种司法工作的专业化和明细化,这符合了社会分工细化的发展趋势,从世界范围而言也是较为主流的一种制度。执行官不仅在强制执行中扮演了重要的角色,也承担了法律文书送达的工作。

由于人口流动性大、当事人抗拒、邮寄送达不规范等原因,导致了法律文书的送达难。在司法实务中,我国现阶段的文书送达主要先采用邮寄送达,邮寄送达不能再由书记员或法官上门进行直接或留置送达,再无果则进行公告送达。这样的送达方式显而易见是存在问题的。[②] 首先邮递员并无公务员的身份,其送达方式同快递并无二致,如地址填写错误或者受送达人搬迁或出行,就导致了邮寄送达的不能。所以邮寄送达是一种单一且效率低的方式。如果由具有公务员身份的专门的人去送达,其有权通过询问邻居了解受送达人的居住情况或利用自身的权限查询当事人另外的住址信息或联系方式再进行另外的送达,如还未能取得联系则可以留置送达,这样的送达方式可以减少送达的次数和送达的时间,节约了财力和人力,缩短了案件的审理期间。但如果由书记员或法官亲自送达,鉴于当前的人案矛盾,加上书记员和法官本身很高的办案压力,这个方法显然是不可行的。执行官送达所产生的费用可以被计算入诉讼费之中,最后由当事人负担,并不会增加国家的财政负担,另外也能加快案件的审理进程,及时地解决纠纷。

(二)设置专员行使执行实施权的必要性

从执行工作的内容性质与执行人员的职责资格之相关性这一视角来看,考虑到我国三种执行模式均认同"涉执行诉讼"的审判权和执行审查(裁决)权理应

---

① 孟建柱:《完善司法管理体制和司法权力运行机制》,载《人民日报》2014 年 11 月 7 日 06 版。

② 杨长青:《诉讼文书送达机制的整合和优化》,载《人民司法》2016 年第 7 期。

由具备法官资格的人员行使，根本分歧便落脚于应否将执行实施权交由法院以外的部门及人员行使。① 我国现阶段的强制执行是由一个法官对一个执行案件一直负责到底，这样的制度带来了很多弊端。首先是提高了执行的成本，也给法官带来了较大的工作压力，影响了执行的效率和效果，其次容易造成司法上的腐败。这两个问题也是执行制度改革所要解决的最主要两大问题。《中共中央关于全面推进依法治国若干重大问题的决定》指出，完善司法体制，推动实行审判权和执行权相分离的体制改革。这是基于执行权的复合性及其与审判权行使的不同规律而提出的。② 执行案件不同于审判案件，执行案件具有同质性和可分性，而诉讼案件则具有个性化和不可分性。因此，诉讼案件与执行案件的处理，应当遵循不同的原则。③

执行法官既行使执行裁决权，又行使执行实施权，而日本执行官制度实际上是将执行法官的大部分事务性工作剥离出来，也就是将裁决权和实施权分离，将全部或大部分实施权交与了执行官，这是司法分工化精细化的体现。完成事务性工作并不需要太高专业的法律素养，而更需要的是工作上的积极性。由执行法官同时完成该两种工作，对其法律专业素养是一种浪费，另一方面导致法官因将大量的时间花费在事务性工作上而使其专业素养降低。事务性较强的执行事项一般交由适合外勤工作的专业执行人员；弱裁判性或辅助性执行事项则交由司法辅助人员。从根本上讲，狭义执行员在执行组织中的职能定位，一方面源于凭借业务分工实现执行迅速化的理念要求，另一方面则出于减轻法官工作负担的现实要求。④ 当前日本的司法改革中一个很重要的改革方向就是疏解法官的事务性工作，将这些工作分散给其他非法官工作人员，而让法官更加专一于对案件的审理。这使得司法工作人员的分工更加明细、更加专业化，这如同强化了司法审判的流水线化，提高了审判效率和准确率。

（三）执行监督的借鉴意义

权力必须有监督，否则就会导致权力滥用，就会产生腐败。作为强制实现权利人权利的国家权力，必然需要强大而有效的监督，否则难以确保依法执行，“执

① 雷彤：《执行体制改革背景下“执行员”的再解读》，载《当代法学》2019 年第 1 期。

② 肖建国：《民事审判与和执行权的分离研究》，载《法制与社会发展》2016 年第 2 期。

③ 肖建国：《民事审判与和执行权的分离研究》，载《法制与社会发展》2016 年第 2 期。

④ 雷彤：《执行体制改革背景下“执行员”的再解读》，载《当代法学》2019 年第 1 期。

行乱”的问题就不可能解决，而我国原《民事诉讼法》和《最高人民法院关于适用〈中华人民共和国民事诉讼法〉的解释》中没有有关执行监督的明确规定。

日本执行官的工作受到两方面的监督，一方面是所属地方法院的司法行政监督，日本学界称之为事前监督；另一方面是当事人可以对执行处分以及延迟怠慢的执行行为向执行法院提出不服申请监督，日本学界称之为事后监督。①

在我国，民事执行权由人民法院执行机构行使。《最高人民法院关于人民法院执行工作若干问题的规定(试行)》中虽然规定了执行监督，但其监督完全是法院系统内部的。这些监督能否有效实施，完全取决于各级法院。客观上，法院对民事执行活动实行内部监督的方式方法具有监督范围不清、监督程序不规范、缺乏透明度、监督力度有限等先天的缺陷和不足。这种监督是法院系统自上而下的一种自我纠错与自我监督，虽然具有一定的监督作用，但总体而言效果是会打折扣的，也是令人难以信服的。这种法院系统内部的监督制约，并不能替代来自外部的权力监督。“监督从人性角度分析正是对被监督对象失去信任的结果，自己监督自己永远是一个逻辑上的悖论，如果将其用于制度设置则更是自欺欺人。”因此为规范民事执行权的运行，引入来自民事执行机关外部的监督对民事执行行为进行过滤与矫正是有必要的。民事执行检察监督体制正是从民事执行机关外部引入一种公权力，以过滤和矫正不法的民事执行行为。②

民事执行检察监督的对象是民事执行权，民事执行检察监督的方式应当针对民事执行权的特性而进行设置。民事执行权分为执行实施权和执行裁决权。执行实施权更注重执行程序效率价值的实现；执行裁决权则更侧重于民事执行程序公正价值的实现。对执行实施权的检察监督“应当以同步性和高效性为目标”③。因此，由执行法院的同级人民检察院对人民法院的执行实施行为进行监督比较合理。执行裁决权更侧重于执行公证，对它的监督由执行法院的上级人民检察院来承担更为合适。

---

① [日]山本和彦、小林昭彦、浜秀樹等編：《民事執行法》，日本評論社 2014 年版，第 20 页。

② 董少谋：《民事强制执行法学》，法律出版社 2011 年版，第 54 页。

③ 何小敏、吴世东：《检察机关民事执行监督职能管见》，载《检察论丛》，法律出版社 2004 年版，第 54 页。

结 语

最新修订的《中华人民共和国人民法院组织法》删除了有关执行员的规定，因此重新审视执行员的地位是十分必要的。本文通过梳理日本执行官的历史沿革、地位、职务等方面较为详尽地介绍了日本执行官制度的运作方式。纵观日本的执行制度，其执行官具有相当独立的地位，且对执行官工作的监督也非常充分。这种监督并不是来源于法院对执行官的一种上下级管理，而是另外分化出一套体系由法院以监督官的身份去履行司法行政上的监督，日本学界称之为事前监督；另外再设置当事人的救济，即不服申请来进行救济，通过法院的裁判对执行官的行为进行监督，则被称为事后监督。我国可以借鉴执行官的制度分离执行裁决权和执行实施权来破解司法腐败和执行效率低的问题。将执行实施权赋予执行员，与执行法官的职能严格进行区分，同时引入民事执行检察监督体制对强制执行进行监督，从而达到提高执行效率并降低司法腐败的目的。

香港行政上诉制度与内地行政复议制度之比较研究

吴军辉*

摘要:在非司法化初次解决行政争议方面,中国内地与香港特区采取了近似但不完全相同的制度安排,内地采用的行政复议制度,而香港采用的是行政上诉制度。两者在法律依据方面、裁决体制方面、证据制度方面、裁决程序、程序保障、与行政诉讼的相互关系等方面都存在明显差异。比较这些差异有助于推进内地行政复议制度的改革与司法改革,合理配置行政复议与行政诉讼的功能与资源。

关键词:香港行政上诉;行政复议;法律比较

引　言

自新修订的《行政诉讼法》于2015年5月1日起正式施行以来,大量行政诉讼案件涌入中级法院、高级法院以及最高法院巡回法庭,影响了司法资源在各类案件中的合理分配及较高级别法院的办案指导功能的发挥。分析其中的原因,不应当完全归责于《行政诉讼法》受案范围、立案制度、级别管辖的变化,还应当彻底反思早已存在的行政复议制度功能发挥不理想,反思行政诉讼不实行复议前置对司法审判机关作为纠纷解决最后一道防线的角色定位的冲击。

观察香港特别行政区的行政争议案件数量在行政复议与行政诉讼之间的分配比较合理,一个主要原因在于其行政复议制度的功能发挥比较充分,与行政诉讼制度的相互关系安排得当。为平衡政府监管与经济自由、个人与企业合法权益保护,香港设立了与内地行政复议制度近似的行政上诉制度,以高效、便捷的

---

* 作者系中共广东省委党校(行政学院)法学教研部教授,法学博士。

方式解决了绝大部分政府监管中的争议,取得了很好的效果。在内地积极进行司法改革和行政复议改革的当下,香港行政上诉制度非常值得我们考察和借鉴,但目前有关该制度的理论文献较少,希望本文能够起到抛砖引玉的作用,促进对香港行政上诉制度乃至行政诉讼制度的重视与研究。

一、香港行政上诉制度的源流

法律的发展呈现出丰富的多样性,但由于人类社会发展过程中面临问题的共同性,导致不同法系国家和地区产生许多同样和近似的法律制度,这些法律制度也许名称不同、具体内容不同,却有几乎相同的功能。在行政权不断扩张的近代社会发展大背景下,以强化公民、企业、社会组织权利救济及防止大量行政争议涌向法院的考量目标,许多国家都发展出了允许公民、企业、社会组织(行政法理论统称其为行政相对人)向作出行政行为的上级行政机关或特定机构提出不服申请,由这些上级行政机关或特定机构对被争议的行政行为进行合法性和合理性审查并予以纠正的法律制度。目前,在大陆法系影响下的东亚国家和地区,这种制度的名称有行政审判(韩国)、行政不服审查(日本),行政诉愿(中国台湾地区)、行政上诉(中国澳门),在中国内地,该制度被称为行政复议制度。

在中国香港特区,非司法化解决行政争议制度的源头是英国的行政裁判所制度(香港称为行政审裁制度,但机构名称多样化,并不都是称审裁处)。香港在1939年到1962年间共设立了18个行政审裁机构,在1970年至1982年间共成立了45个行政审裁机构。香港学者将各种行政审裁机构分为三类:转化为司法机关或准司法机关的;享有行政管理权并处理行政争议的;只处理行政争议的。① 按照内地行政复议制度的定义,笔者认为只处理行政争议的这类行政审裁机构的活动才属于行政复议的范围。参照香港特区相关法规及法院判决中的表述,以及特区政府通过《行政上诉委员会条例》设立了一个较大范围管辖权的行政上诉委员会的事实,笔者认为香港特区具有行政复议功能的制度可称为行政上诉制度(administrative appeal system)。

① 林峰:《香港行政审裁处制度的现状及未来——比较研究》,载许崇德、韩大元主编:《中国宪法年刊2010》,法律出版社2011年版,第143~153页。

二、香港行政上诉制度的特点

由于内地与香港在法系归属上分属大陆法系和英美法系，两者在行政争议解决制度设置方面有一些差异。内地行政法理论习惯称之为行政争讼制度，包括行政复议制度及行政诉讼制度。与这两种制度相近似的行政争讼制度在香港法律制度中都存在，但其名称与内容则有自己的特色，前者即为行政上诉制度，后者则被司法复核制度所包含。①

香港特别行政区在行政法治建设方面卓有成效，为创建高效、廉洁、法治化的特区政府管理提供了坚实保障。在强调对个人权利实施全面的司法保护、对行政权进行制约的英国普通法传统影响下，在香港进行司法复核并非难事，但市民和企业申请对行政行为进行司法复核的案件数量不是太多，究其原因，一方面是香港的行政法治程度较高、行政执法水平较高；另一方面则是行政上诉制度比较完善，有效地解决了大部分的行政争议。与内地行政复议制度相比，香港的行政上诉制度特殊性表现在以下几个方面②：

第一，香港行政上诉机构的设立依据及其对案件的管辖权具有多样性。内地行政复议机关的设立并没有专门的法律规定，凡是依据行政复议法有权受理并处理行政复议案件的行政机关自然是行政复议机关，其内设工作部门称为行政复议机构专门处理行政复议事务。大致上，县级以上地方各级政府工作部门的上级部门及县级以上各级政府都是行政复议机关，也就是作出原具体行政行为的行政主体的上级机关或同级人民政府。在管辖方面以纵向的部门行政管辖和横向的地方政府综合性管辖为原则，且当事人有选择权。③

按照英国法理论，当事人的行政上诉权是一种法定权利，必须依法行使，即行政上诉权及相关制度是由成文法设立的，其来源于立法机关的制定法规定，而不是来源于以判例法为基础的普通法。行政上诉权的依法赋予与行政上诉制度(包括行政上诉委员会的设立)规定是密切关联的，香港没有统一的行政上诉法

① 香港的司法复核制度还处理对立法机关立法行为的合法性审查案件。

② 本文中进行比较的内地行政复议制度内容以现行《行政复议法》为依据，不涉及改革试点内容。

③ 对海关、金融、国税、外汇管理等实行垂直领导的行政机关和国家安全机关的具体行政行为不服的，向上一级主管部门申请行政复议。

典,现在主要有三种立法方式:一是在单行行政法规中规定,如在《建筑物条例》《入境条例》中都各自规定有行政上诉制度内容;二是在《行政上诉委员会条例》中规定设立一个行政上诉委员会,由其实施跨部门的复议管辖。在该条例的附件中明确列出适用本条例进行行政上诉的74个行政法规,其中包括《石矿场(安全)规例》《杂类牌照条例》《化学品管制条例》《猫狗条例》《教育条例》《学术及职业资历评审条例》等;三是单独立法设立某个行政上诉委员会用于解决某种特定行政争议的,如《香港特别行政区护照(上诉委员会)规例》。

在这种立法模式下,行政上诉案件的管辖就呈现出集中与分散并行的态势。如果某个部门行政法规中设立有自己的行政上诉机构,则因执行该行政法规引发的行政上诉案件由该机构进行处理;如果某部门行政法规中未设立行政上诉机构,则执行该行政法规所引发的行政上诉案件由一个特别行政区政府设立的行政上诉机构实施跨部门的集中管辖。这种管辖机制也许并不是作为一个立法目标而建立起来的,更多是由于对行政上诉权的越来越广泛地赋予及提高行政上诉效率而使用的一种补救方式。在普通法传统下,如果没有制定法的依据,行政相对人可以向行政长官(部长大臣)申请行政复核,但这种处理方式显然不及行政上诉制度完善而高效。

第二,香港行政上诉制度具有第三方独立裁决的性质。制度的性质与制度的功能是密切相关的。内地的行政复议制度功能定位于一种行政系统内部的自我纠错机制。这决定了行政复议制度的行政制度属性,决定了负责行政争议解决的复议机构的性质和行政复议裁决的性质。行政复议活动被视为一种解决行政争议的行政活动,行政复议机构是行政机关,行政复议决定是该复议机构以行政主体的名义作出的一个单方的具体行政行为,对该行政复议决定不服,相当于对一个具体行政行为不服,行政相对人可以相关行政主体为被告向法院提起行政诉讼。

香港的行政上诉制度来源于英国早期的行政裁判所制度,是一种介于行政制度与司法制度之间的行政争议解决制度。其制度设置目的是利用专门人才与知识高效解决行政争议,避免较大数量的行政争议直接由法院处理、避免高成本的司法程序的介入。在香港,负责处理行政争议的行政上诉机构被称为独立的法定团体,既不是行政机关,也不是司法机关,也不隶属于司法机关或行政机关。其名称多种多样,如某某上诉委员会、某某审裁团。大部分上诉委员会的人员组成都不包含现职公务员,而是由法律专业人士与该被诉行政事务行业相关的社会名流或一般的中上层社会人士。香港《城市规划条例》第17条明确禁止行政长官委任规划委员会成员、公职人员、高等法院上诉法庭法官为上诉委员团委员。在行政上诉委员会成员职权保障方面,《行政上诉委员会条例》第26条还明确规定“委员会主席、副主席及委员在执行本条例所委以的职责时,享有原讼法庭法官在原讼法庭民事诉讼中所享有的特权及豁免权”。

上诉委员会的裁决是完全独立的,无须征询相关行政机关的意见,并以上诉委员会自己的名义作出。若双方当事人在法定期限内无异议,则该裁决产生法律约束力;若对上诉委员会裁决不服,不仅行政相对人(申请人)可以以作出原行政行为的行政机关为被告向法院提出进行司法复核(行政诉讼)的申请,作出原行政行为的行政机关(答辩人)也可以以提出行政上诉的行政相对人(申请人)为被告向法院提出进行司法复审的申请。[①] 在2015年的文伟声居留权争议中,入境人事登记处就曾不服审裁处的裁决向法院申请司法复核,并得到法院支持推翻了审裁处的裁决。[②]

另外,香港行政上诉委员会在行政诉讼中的地位特殊,只是形式意义上的被告。在香港,行政诉讼案件的提起方式是向香港高等法院申请司法复核,如获法院许可,即可立案进入审理程序。在申请书和判决书中,无论行政上诉委员会的决定怎样,是行政相对人提起诉讼还是作出原行政行为的行政机关提起诉讼,行政上诉委员会都将被列为答辩人,另一方列为答辩人或利益当事人。而根据司法惯例,行政上诉委员会不必出席庭审和提交答辩意见,也无须委托律师出庭。

从行政上诉委员会的法律属性、职权保障、裁决的独立性、当事人不服裁决的诉讼权利与司法复审中地位安排可以看出,行政上诉制度具有独立第三方裁决的性质。至于说这种制度是否具有准司法性还需要进一步的分析。

第三,行政上诉机构人员构成具有显著的法定性、开放性。在内地,行政复议是一种纯粹的行政活动,具体承办行政复议案件的部门要么是某行政机关中的法制科、法制处,要么是某级政府中的法制办、法制局内的复议科或复议处。行政复议程序及决定也以本职能部门的名义指挥进行和签署,行政复议机构的人员组成并不是一个行政复议法关注的问题,因为其人员组成与普通的行政机

① 香港的司法复审实行许可制,当事人申请后必须获法院同意才能正式进行。

② 香港高等法院判决 HCAL 11 of 2013。

构并无差异，对复议人员资格要求并不高。[①] 复议人员的任免与调配完全由行政机关自己内部掌握，而且复议人员全部都是本职能部门的公务员。

与内地行政复议机构人员组成情况相反，香港的行政上诉委员会组成具有显著的法定性和开放性。以《行政上诉委员会条例》为例，其有 4 部共 31 条，在第 2 部“设立上诉委员会”中用第 5 条、第 6 条、第 7 条、第 8 条专门规定了上诉委员会人员组成及任免的内容。其中包括机构名称及人员组织、任职资格、委任与辞职程序及薪酬等内容。香港的各种行政上诉委员会组成基本上是一致的。上诉委员团（组）由主席 1 人、副主席 1 人或 1 人以上、委员若干人、秘书 1 人构成；主席及副主席必须具有获委任为区域法院法官的资格；所有人员须由行政首脑委任，其中主席、副主席及委员委任应当在宪报上刊登，任期 3 年，可连续委任；秘书没有委任年限，其接受主席及行政首脑的指示；所有人员的薪酬由行政首脑决定；副主席在主席缺席时可代行主席职责。在处理一个具体案件时，由主席或副主席及 2 名以上的委员组成一个上诉委员会，以委员会的名义对该案件进行审理和裁决。

不同的法规对此两层组织称呼有差异。《城市规划条例》称为上诉委员团和上诉委员会；《建筑条例》称为上诉审裁团与审裁小组；《税务条例》称为上诉委员会和聆讯小组；《香港特别行政区护照（上诉委员会）规例》称为上诉委员组及上诉委员会。[②]

香港行政上诉委员团（组）的人员构成以社会人士为主，其主席、副主席、委员大多为非现职行政部门人员，其开放性特征非常突出。这种人员构成的开放性，实质上体现了行政复议权力向社会开放，而不是由行政机关独享。以成员较多的税务上诉委员会为例，该委员会于 1947 年根据《税务条例》第 65 条的规定成立。该委员会现有 1 名主席、5 名副主席及 90 余名委员。处理行政上诉案件时须组成聆讯小组以委员会名义负责审理，该小组人员不得少于 3 人，其中一人必须为主席或副主席。而人数较少的如公众集会及游行上诉委员会，现有成员包括一名主席、两名副主席和 13 名成员，他们均为非公职人员，其中有前法官、

---

① 最新的法律修改在《行政复议法》第 3 条中增加一款，作为第 2 款：“行政机关中初次从事行政复议的人员，应当通过国家统一法律职业资格考试取得法律职业资格。”

② 也有一层组织的情况：《入境条例》《人事登记条例》分别规定只设立一个相关的审裁处，其人员包括总审裁员、副总审裁员各一名及审裁员若干名。

律师、教授、牙医、商人等。

第四,行政上诉决定具有高度的民主性。内地复议决定的作出方式非常明确,由复议机关依行政职权作出。《行政复议法》第28条规定,行政复议机关负责法制工作的机构应当对被申请人作出的具体行政行为进行审查,提出意见,经行政复议机关的负责人同意或者集体讨论通过后作出行政复议决定。

香港各类行政上诉委员团(组)的成员虽然均由行政首脑委任,但委员会及其成员与该行政机关并无隶属关系。相关法规规定上诉委员会的职责就是审理(聆讯)依法向委员会提出的上诉,并作出裁决。其作出上诉决定的原则是完全一致的,实行多数决。即在审理后,上诉委员会以投票表决的方式进行,多数人支持的裁决意见则为委员会正式决定。上诉委员会在审理和作出上诉决定的过程中,无论是其成员还是委员会本身都具有完全的独立性,没有义务征求和服从行政机关或行政首脑的意见。[①] 在形成上诉决定时也是以票决的方式进行,无须以主席或副主席的意见为准。对上诉委员会成员的限制主要集中于利害关系回避,《城市规划条例》第17A条规定,上诉委员团主席或副主席若与某个上诉案件有直接或间接的利害关系,则他们不能行使该案件上诉委员会的组成人员提名权。

第五,行政上诉证据具有广泛性。内地行政复议制度对行政复议所采纳的证据种类并没有专门的规定,通常与《行政诉讼法》的规定保持一致,包括书证、物证、视听资料、电子数据、证人证言、当事人陈述、鉴定意见、勘验笔录及现场笔录。

在英国普通法传统下,为配合陪审团审理实施了非常严格而复杂的证据规则,许多禁止性规定将一些与案件事实有关的材料排除在可采纳证据范围之外并对证据取得程序有较严的限制,前者如传闻证据。但在香港行政上诉制度中,相关立法都明确指明上诉委员会在审理案件时可以接受比诉讼证据规则下更广范围的证据。《行政上诉委员会条例》第21条中规定,上诉委员会可"接受及考虑任何资料,不论是口头证据、书面陈述、文件或其他形式的资料,亦不论该等资料可否在民事或刑事诉讼中被接受为证据","藉秘书签署的书面通知,规定任何人出席聆讯、作证及出示文件","在出席聆讯的人经任何形式宣誓后或未经宣誓

① 《建筑条例》第48条规定组成上诉审裁小组的人中公职人员不能超过半数,且公职人员在履行审裁职责时只能以个人身份行事,不接受行政上级的任何指示。

下讯问该人，并可规定该人回答委员会提出的问题或经委员会同意而提出的问题”等。在可取得的证据范围方面受到的唯一限制是诉讼中“享有不予证据披露的特权”，在《香港特别行政区护照（上诉委员会）规例》中表述为“任何人不得被强制提供或交出其在法院的法律程序中不能被强制提供的证据或交出的文件”。

第六，行政上诉程序准司法化突出。审理诉讼案件的基本要求是：直接、言辞、集中审理。行政复议案件审理的程序是否具有准司法的特征，概况可从是否在一定程度上实现了这些原则去判断，其他还包括是否实行独立裁判、回避制度、公开审理、辩论原则、律师代理等。对比之下，香港行政上诉制度在审理程序方面准司法化比较突出。

首先是内地行政复议程序的基本规定。依据《行政复议法》《行政复议法实施条例》，内地行政复议程序分为行政复议申请与行政复议决定两大阶段。除非有法律规定，或复议机关认为有必要，或被申请人同意停止执行，行政复议期间具体行政行为不停止执行。申请人、第三人有权委托代理人参加复议。

审理复议案件，原则上采取书面审查的办法，特殊情况下可听取意见、进行调查及采取听证的方式审理。行政复议人员向有关组织和人员调查取证时，可以查阅、复制、调取有关文件和资料，向有关人员进行询问，进行实地调查核实证据。

行政复议人员对被申请人作出的具体行政行为进行审查后，提出意见，经行政复议机关的负责人同意或者集体讨论通过后，作出行政复议决定。决定种类包括：决定驳回申请；决定维持；决定一定期限内履行职责；决定撤销、变更或者确认该具体行政行为违法等等。另外，行政复议机关还可以对自由裁量具体行政行为、当事人之间的行政赔偿或补偿争议引发的复议案件进行调解。

行政复议机关审理复议案件的期限为 60 天，案件情况复杂最多可延长 30 天。行政复议申请人无须承担复议费用。

其次是香港行政上诉程序的基本规定。以香港《行政上诉委员会条例》规定为例，香港行政上诉程序分为简易程序和一般程序，两个程序的主要区别在于是否以口头聆讯（言辞听审）作为裁决的基础。行政上诉一般程序的规定如下：行政上诉的申请需要有法律依据，上诉人应在法律规定的期限内或收到行政决定后 28 日内向上诉委员会秘书提交规定格式的上诉通知，秘书应在收到上诉通知后 14 日内向作出行政决定的行政机关（答辩人）送达；接受上诉通知送达后，若存在利益相关人（利害关系人），如行政决定效力约束的人或曾经就决定相关事宜向答辩人作出陈述的人，答辩人应该将利益相关人的姓名、名称及地址在14日内通知秘书。秘书应在收到上诉通知28日内向利益相关人送达上诉通知。

《行政上诉委员会条例》指出，遭上诉反对的行政决定，在上诉通知递交秘书之日起暂缓生效，直至上诉程序完成；若决定机关认为暂缓生效会违反公众利益，并在发出有关该项决定的通知时，已附带作出决定不因行政上诉而暂缓生效的书面声明，则该项决定无须暂缓生效。

在接到上诉通知后，上诉委员会主席可命令答辩人提交答辩书并列明作出行政决定的理由与证据，包括事实证据、法律依据、行政政策等，并特别说明相关理由与证据有无向申请人知会。在秘书将此命令及上诉通知副本送达后28日内，答辩人应执行此命令并将答辩书及相关材料递交给秘书、上诉人及利益相关人。若答辩人主张个别材料属于不予披露特权保护范围内，也应进行说明。如主席认为答辩书所列材料并不足够，有权指令答辩人在一定期间内就指定的材料进行补充。该补充答辩的指令权也可在正式聆讯后由委员会或主席行使。

上诉委员会审理案件的基本方式为聆讯(听审、听证)。除特殊情况外，委员会的上诉聆讯须公开进行。秘书应合理择定聆讯日期、时间及地点，以便聆讯可在可行范围内尽快展开，并须于聆讯日期最少28日前，向上诉当事人送达通知书，说明聆讯日期、时间及地点。上诉当事人可出席上诉聆讯，并可亲自陈述，或由大律师或律师代表陈词，如获得秘书的批准，亦可由任何上诉当事人书面授权的其他人代表陈词；作为答辩人的行政机关可由《律政人员条例》所指的律政人员代表陈词。特殊情况下，聆讯上诉的委员会在咨询上诉当事人后，可借命令指示聆讯的全部或部分过程以非公开形式进行，并指示何人可出席聆讯。

裁决由聆讯小组表决形成。聆讯小组由上诉委员会的主席或一名副主席、两名委员组成，以委员会的名义作出裁决。裁决采取简单多数的原则形成，裁决书须依聆讯上诉的成员的多数意见作出。上诉委员会可决定驳回上诉、维持被上诉的行政决定，或对遭上诉反对的行政决定予以更改或推翻，或可代之以适当的决定，或作出其他它认为适当的命令。

上诉委员会须书面说明作出裁决的理由，其中须包括对重要的事实问题查究所得的结果，以及就该等结果所根据的证据及其他资料所作的概要。秘书须将委员会的裁决及其理由的副本，送达上诉当事人。若委员会未命令指明裁决生效日期，则裁决在作出后即时生效。

上诉委员会对处理案件时遇到特殊的法律争议时，可由主席裁决或在作出裁决之前用提交案件呈述的方式，将该法律问题交由上诉法庭裁决。上诉法庭就案件呈述进行聆讯后发出法庭命令，而委员会须遵从该命令。

无论是否胜诉，原则上行政上诉人无须支付任何费用，只有在上诉委员会确信上诉人以琐屑无聊或无理取闹的方式处理案件时，委员会才可判上诉人付上诉费及其他费用。

需要注意的是，香港各种法规中有关行政上诉制度及程序内容的规定不完全一致，例如：在提起行政上诉期限方面，《建筑条例》规定为 21 天，《税务条例》规定为 1 个月、《城市规划条例》规定为 60 天、《香港特别行政区护照（上诉委员会）规例》规定为 90 天；《香港特别行政区护照（上诉委员会）规例》《税务条例》两者都规定相关的行政上诉聆讯均以不公开的形式进行；一些法规对聆讯小组人员人数规定也不同，遇到偶数成员讨论裁决意见出现表决票数平局时，主持聆讯的主席或副主席可再投决定票；在证据调查方面，《建筑条例》第 53 条特别规定，上诉审裁小组有权亲自或指示公职人员进入与上诉案件有关的土地与处所，弄开缺口并提取样本。

第七，行政上诉程序具有刑法保障性。内地行政复议的程序保障集中体现在《行政复议法》中的法律责任规定，主要针对的是被申请人（作出原具体行政行为的行政机关）消极参与复议及阻挠复议工作的行为，如阻挠行政相对人申请行政复议、报复陷害申请人、不提交书面答复和相关材料、拒绝配合行政复议人员调查取证。这些行为的直接责任人将面临各种行政处分以及非常概括地表述可能被治安处罚或被追究刑事责任。

依照香港《行政上诉委员会条例》规定，行政上诉委员会拥有完整的行政权上诉审理决定权，除了作出上诉决定外，还包括审理活动的指挥权，以及在征得终审法院同意下的规则制定权。在审理案件过程中，上诉委员会会依职权或依申请发出一系列命令、通知、规定或指示，当事人及其他人都有义务服从，若不服从，可能构成犯罪。《行政上诉委员会条例》第 28 条规定，任何人不遵从委员会或主席的合法命令、规定或指示，或不遵从主席依法订立的规则，或扰乱干扰委员会的程序，即属犯罪，可处第 3 级罚款及监禁 6 个月。《城市规划条例》第 17 条规定：任何人在接到上诉委员会要求提供证据材料或证词的传票后，若没有充分理由而不出席聆讯或不交出任何规定交出的文件、纪录或其他东西，或拒绝宣誓或提供证据，或拒绝遵守上诉委员会作出的相关命令，即属犯罪，可处罚款 5 万港币。

第八，行政上诉前置具有绝对性。在内地，行政复议并不是行政诉讼的必然前置程序，除非法律有特别规定。大部分情况，行政相对人可以选择在行政争议发生后进行行政复议或直接向法院起诉，又或者在行政复议后再提起行政诉讼。

但在香港，提起行政诉讼(申请司法复核)的基本条件之一就是行政系统的权利救济途径已经用尽，也就是说在行政上诉与行政诉讼的关系方面实行的绝对性的行政上诉前置制度。如果法规规定可以进行行政上诉的，就必须先进行行政上诉，对其结果不服才能提起行政诉讼；放弃行政上诉的权利也必然导致失去提起行政诉讼的资格。另外，香港行政上诉同内地一样实行一次上诉规则，即当事人对行政上诉结果不服，不能再次提起行政上诉。

行政上诉前置的绝对性有利于发挥行政复议制度的优越性，有利于将行政争议绝大部分解决在诉讼系统外，有利于行政上诉制度的完善，同时也表达出司法在介入行政争议方面的谦抑态度。①

三、香港行政上诉制度的借鉴意义

内地的行政复议改革正在讨论和试点过程中，许多方面都还未有定论，学界借鉴的重点大多在韩国模式和我国台湾地区模式，鲜有考察和借鉴香港行政上诉制度的观点。通过前述的考察和比较，笔者认为香港行政上诉制度还是比较成功的，也有不少的地方值得我们借鉴。

(一)应考虑实行普遍性的行政复议前置

笔者认为应当实现普遍性的行政复议前置。在提起行政复议与提起行政诉讼的关系方面，内地行政复议制度未实现普遍性的行政复议前置，允许当事人选择先提起行政复议或直接提起行政诉讼，致使不少的行政争议未经行政复议就直接进入行政诉讼，不仅增加了讼累，消耗了宝贵的司法资源，也使一些地方或部门的行政复议机构形同摆设。从香港行政上诉制度的实践来看，实行行政复议前置，对于充分发挥行政复议制度的功能，减少争议解决成本，避免珍贵的司法资源的耗费是非常有效的。

---

① 也有非常特殊的例外规定：《税务条例》第 67 条规定向税务上诉委员会提起上诉后，上诉人和税务局长有权以通知的方式申请将该案移交高等法院原讼庭，以取代上诉委员会对该案进行聆讯和裁定。该移交需获得对方当事人同意。若双方都申请，则视为上诉人申请。

就世界范围来看，英美法系国家大都奉行“救济权利用尽”原则，实现普遍性的行政复议前置。强调若相关法律允许进行行政复议，则必须用尽行政法上的救济程序，先进行行政复议，对复议结果不服，才能提起行政诉讼。在东亚国家和地区，行政复议制度比较发达，成为目前内地行政复议改革主要参考对象的韩国和我国台湾地区，也都实行普遍性的行政复议前置。

另外，内地不实现普遍性行政复议前置的历史背景已经不复存在。内地行政复议制度是在1989年《行政诉讼法》颁布后，被行政诉讼制度倒逼而发展起来的。1991年才实施行政法规位阶的《行政复议条例》，直至1999年才有法律位阶的《行政复议法》。在行政复议制度不健全之时，实现普遍性的行政复议前置是不现实的，不利于行政相对人合法权益的保护，所以1989年《行政诉讼法》允许行政相对人选择提起行政复议或直接提起行政诉讼具有合理性。但行政复议制度历经近30年的发展，无论是现实制度还是理论研究，都达到了一个新的阶段，完全可以应对行政复议前置带来的压力。

（二）应确保行政复议委员会的代表性与专业性

当前内地行政复议体制的改革方向是参考韩国和我国台湾地区的行政复议制度，建立起以行政复议委员会为核心的复议体制。① 试点地区大都实行“三统一”：统一建立一个复议机构，即行政复议委员会；统一受理辖区内地方政府有权处理的所有的行政复议案件；由行政复议委员会统一议决这些行政复议案件。具体做法是在一个地级市的政府内部建立一个行政复议委员会，该复议委员会除了由政府官员担任主任、副主任、常任委员外，还聘请一定数量的社会人士担任非常任委员，参与行政复议案件的处理。这种模式下的行政复议委员会由于由政府官员主持，具有明显行政化的特点，但也因吸收了相当数量的社会人士而具有一定的开放性、独立性、民主性。对比香港行政上诉制度的有关方面，有两点可以考虑改进：

一是应当保证行政复议委员会的代表性。行政复议委员会中公职人员的数量应当受到限制，不应多于三分之一，其余应为社会人士委员，而且来源应尽可能广泛，不应只局限于法律专业人士；每次行政复议委员会议决案件时，应保证出席会议的人数中，社会人士不少于二分之一。这些措施的目的是使行政复议

① 刘莘、陈悦：《行政复议制度改革成效与进路分析——行政复议制度调研报告》，载《行政法学研究》2016年第5期。

委员会的构成外貌及裁决更凸显其体现社会正义，具有高度公正性的特质。这有助于消除“官官相护”的印象，提升行政复议裁决的公信力和权威性。

二是应当保证行政复议委员会的专业性。这种相对集中管辖的行政复议体制，较内地现行法定分散的行政复议体制有许多优点，但也带来对专业性较强的行政复议案件审理的困难。如医疗、环境保护、城市规划、金融等类型的行政复议案件审理通常需要较高的专业性。而香港行政上诉制度非常注重专业性，对特殊部门行政大都设立专门的上诉委员会。应对两种模式进行综合，克服明显的缺点。这需要各地根据实际情况需要，在行政复议委员会中有针对性地设立一些松散型的专业分会或小组，将公职委员与非公职委员分置其中，对专业性较强的案件进行初步的讨论或参与该案件的言辞审理。

(三)应向行政复议申请人提供言辞审理、公开审理的机会

香港行政上诉实行言辞审理、公开审理为原则，书面审理、不公开审理为例外的制度，内地审理复议案件以书面审查为原则，只是在《行政复议实施条例》第33条中规定，对重大、复杂的案件，申请人提出要求或者行政复议机构认为必要时，可以采取听证的方式审理。而听证是否对社会公开则语焉不详。但就申请人角度看：一则并非只有重大、复杂案件对当事人才利益攸关；二则即使申请人提出了申请，行政复议机构也并非一定同意采取听证的方式审理。要想让申请人及公众感觉到、看得到“公平正义”，提高复议裁决的认可度，赋予申请人获得言辞审理、公开审理的机会是非常必要的。审理程序应在保障效率与程序正义方面保持平衡，法律应规定：审理行政复议案件以书面审查为原则，但申请人提出要求或者行政复议机构认为必要时，应当采取听证的方式审理。采取听证方式审理的案件，行政复议委员会应指派若干委员组成听证小组进行公开听证，并在听证完成后由该小组讨论形成初步裁决意见供行政复议委员会议决。

(四)应确保行政复议申请人取得相关证据的权利

行政争议的公正解决必须以相关证据充分汇集、相关事实有效呈现为基础。香港行政上诉制度对此提供了有力保障，如依据《行政上诉委员会条例》，任何上诉当事人除提供自己原来掌握的证据外，还可以在行政上诉受理后，通过三种方式获取证据：其一，发出获取详情的通知。如需从任何其他上诉当事人获得进一步的详情，当事人可在取得主席的批准后，向该另一方送达通知，指明所需的进一步详情。其二，提出文件查阅请求。当事人在取得主席的批准后，可随时向任何其他上诉当事人送达通知，要求对方出示与上诉有关的任何文件，供他查阅及

准许他复印该文件。其三，申请证人作证。为获取案外人所掌握的证据，上诉当事人可随时以主席指定的格式提出申请，请求委员会向其姓名载于申请书内的人发出书面通知，要求他出席委员会聆讯以便作证，并出示任何由他持有或掌管并与上诉有关的文件。上述获取进一步详情的通知和文件查阅的通知都有法律强制力，其效力相当于主席的合法命令、规定或指示。另一方必须在通知送达后14日内提供相关详情，或出示文件以供查阅及准许复印文件。

内地现行《行政复议法》第23条第2款仅仅是规定了申请人、第三人有权查阅被申请人提出的书面答复、作出具体行政行为的证据、依据和其他有关材料。并在《行政复议法实施条例》第35条中要求行政复议机关应当为申请人、第三人查阅有关材料提供必要条件。相比香港行政上诉制度的相关规定，内地行政复议申请人能获取证据的范围更窄、方式更少，相关保障措施也明显不足，使得申请人在行政复议审理中处于不利位置，影响了权利救济目的的达成。未来的行政复议法应当规定申请人有权申请复议机构向行政机关、相关案外人发出获取有关证据的通知，并规定行政机关、案外人有义务履行按照通知要求提供证据材料。

结 语

与属于大陆法系的内地行政复议制度相比，香港特区的行政上诉制度在许多方面令人惊讶。虽然香港行政上诉制度来源于英国的行政裁判所制度，具有浓厚的英国法背景，但随着时代的发展、香港的现代化进程，本土因素也开始渗入其中，塑造出其独有的面貌。香港社会对该制度认可度较高，并没有追随英国将其完全司法化。香港行政上诉制度设计充分体现了分权治理模式、自然公正原则、注重程序保障的理念，在行政复议的行政化与司法化需求方面也大致达成平衡，该制度的许多地方值得我们在行政复议制度改革和司法改革中予以思考和借鉴。